普通高等教育经管类专业“十三五”规划教材

# 保险学原理与实务

杨　娟　周艳玲　付书科　编著

清华大学出版社

北　京

## 内 容 简 介

本书主要介绍风险、风险管理与保险的基础知识，保险合同，保险的基本原则，人身保险，财产保险，再保险，保险经营，保险市场和保险监管，社会保险等有关内容。全书知识体系清晰合理，逻辑结构严密。

本书将保险学原理与实务相结合，融合了近些年来保险理论界与实务界的研究成果，体现了我国保险行业的发展趋势。本书在介绍保险学基本理论知识的基础上，配合相关案例分析，引入了保险业界新闻热点，同时通过例题、课后知识拓展以及习题等环节加深读者对保险学原理和实务的理解和认识，体现出学以致用的特色。目前国内适用于应用型本科的保险学原理与实务教材较少，本书在这方面进行了有益的探索。

本书既可作为高等院校经济管理类相关专业的教学用书，也可作为保险从业人员、银行专业理财规划人员学习保险基础知识和参与资格认证考试的参考教材，还可作为保险客户以及对保险相关知识感兴趣的广大读者的保险知识普及用书。

本书配套的电子课件、习题答案、课后拓展案例和题库可以到 http://www.tupwk.com.cn/downpage 网站下载，也可以扫描前言中的二维码下载。



图书在版编目(CIP)数据

保险学原理与实务 / 杨娟，周艳玲，付书科编著. —北京：清华大学出版社，2021.2
普通高等教育经管类专业“十三五”规划教材
ISBN 978-7-302-57466-8

I. ①保… II. ①杨… ②周… ③付… III. ①保险学—高等学校—教材 IV. ①F840

中国版本图书馆 CIP 数据核字(2021)第 022712 号

责任编辑：胡辰浩
封面设计：周晓亮
版式设计：孔祥峰
责任校对：成凤进
责任印制：沈 露

出版发行：清华大学出版社
网 址：http://www.tup.com.cn，http://www.wqbook.com
地 址：北京清华大学学研大厦 A 座 邮 编：100084
社 总 机：010-62770175 邮 购：010-62786544
投稿与读者服务：010-62776969，c-service@tup.tsinghua.edu.cn
质 量 反 馈：010-62772015，zhiliang@tup.tsinghua.edu.cn
印 装 者：大厂回族自治县彩虹印刷有限公司
经 销：全国新华书店
开 本：185mm×260mm 印 张：23 字 数：633 千字
版 次：2021 年 4 月第 1 版 印 次：2021 年 4 月第 1 次印刷
定 价：79.00 元

产品编号：088332-01

# 前　言

保险业作为金融业三大支柱产业之一，在我国金融服务产业中占据着重要地位。保险独有的经济补偿功能使得保险业在促进改革、保障经济、稳定社会、造福人民生活等方面发挥了重要作用。2019 年我国保险行业总资产首次突破 20 万亿元，完成了历史性跨越。面向未来，保险业发展站在一个新的历史起点上，发展潜力和空间巨大。保险业的发展日新月异，这既为保险业提供了前所未有的发展机遇，又对保险业提出了更高要求。

保险业是朝阳产业，得到了国家政策的大力支持，发展前景广阔。但由于我国保险业起步较晚、基础相对薄弱、再加上历史和社会观念等原因的影响，导致人们对保险的认识不足，造成保险覆盖面不广，功能和作用发挥不充分，保险业的发展与我国现有的经济规模不相匹配。要进一步加快保险业的改革发展，离不开全民保险意识的提高和保险专业人才的培养。因此，在经济管理等相关专业设置保险学原理与实务课程，对于普及保险知识，培养具有较强保险意识的现代公民就显得尤为重要。

目前，保险学原理方面的教材很多，各有特点，但结合时事发展，适合应用型本科的保险学原理与实务教材却不多见，本书在这方面进行了有益的探索。本书在编写过程中，从应用型本科教学的实际需要出发，避免了以往教材过分偏重理论知识的倾向，坚持理论与实践相结合的原则，运用大量时事新闻和案例分析，提高了本书的可读性和趣味性。

本书结构合理、思路清晰、示例翔实、深入浅出、简明易懂，既包含对保险学领域的传统理论、基础内容和实务知识的介绍，同时又整合了有关保险业发展的新数据资料及对各种保险业界新闻热点的分析介绍。每一章的课前导读部分概括了本章的作用和内容；在每一章的正文中，结合所讲述的关键知识，穿插了大量极富实用价值的例题和案例分析，大部分章节还附有课后拓展及时事案例；每一章末尾都安排了有针对性的复习思考题，有助于读者巩固所学的基本概念和知识，培养独立分析能力，增强对相关知识的理解和实际应用能力，体现出学以致用的特色。本书的目的在于使读者能从宏观的角度对保险学有一个整体而全面的认识，没有过多强调理论深度，而是注重保险学科的基础知识和相关应用，方便读者首先对保险学建立一个体系观念，也为后续课程的学习留下合理空间。

本书的特色体现在：第一，兼顾保险基础理论知识和实务，既系统介绍了保险基础知识，又吸收了我国保险理论和实践创新方面的最新成果，贴近理论前沿和实践发展，同时也贴近生活实际；第二，语言简洁精练，在基础理论知识部分，我们摒弃了晦涩难懂的专业内容和繁杂的公式推导，力求用通俗易懂的语言呈现其间的逻辑关系和深奥的道理，主要培养应用型本科人才对理论知识的运用能力；第三，内容新颖，及时呈现保险行业、保险市场、保险法规等方面的最新发展状况；第四，通过案例分析、课后拓展及习题等调动学生开展参与性学习，可以增强学生的学习能力，开拓学生的视野。

本书既可作为高等院校应用型本科经济管理类相关专业的教学用书，也可作为保险从业人员、银行专业理财规划人员学习保险基础知识和参与资格认证考试的参考教材，还可作为保险客户以及对保险相关知识感兴趣的广大读者的保险知识普及用书。授课教师可根据教学对象和授课学时的不同，灵活选择相关内容进行重点教学。

本书主要由杨娟、周艳玲、付书科负责编著。全书共计十章，由杨娟担任总体策划，主要编写人员及其分工如下。

杨娟(武汉工程大学)：编写第三章、第四章、第六章和第七章。

周艳玲(黑河学院)：编写第二章、第五章和第十章。

付书科(武汉工程大学)：编写第一章、第八章和第九章。

此外，王亭亭、胡长林和胡涛等也参与了本教材部分章节、案例与习题的编写工作及相关课件、题库等资料的制作与整理工作。全书最后由杨娟负责总纂。

本书参阅、使用和引证了国内外大量的文献资料，限于篇幅，无法一一列出，在此谨对所有相关作者、编者和出版社表示诚挚的谢意！本书在写作过程中就相关问题向保险顾问王雪莲女士进行了咨询并得到了热情的解答，在此表示感谢！

由于编者水平有限，书中缺点在所难免，敬请读者不吝指正，以便我们在今后的工作中修改完善。我们的邮箱是 992116@qq.com，电话是 010-62796045。

本书配套的电子课件、习题答案、课后拓展案例和题库可以到 http://www.tupwk.com.cn/downpage 网站下载，也可以扫描下方的二维码下载。

编　者

2020 年 10 月

# 目　录

# 第一章

# 风险、风险管理与保险

【课前导读】

风险的客观存在是保险产生和发展的前提条件，无风险，无保险。风险管理与保险有着密切的关系，两者相互影响，共同构成人类处置风险的强有力手段。本章主要阐述了作为保险存在基础的风险及风险管理的相关基础知识。通过本章的学习，读者应全面准确地理解并掌握风险、风险管理及可保风险的概念；理解风险的特征、构成要素，可保风险的构成条件；了解风险管理的目标；熟悉风险的分类、风险管理的基本程序和风险管理方法；在掌握上述知识的基础上，充分理解风险、风险管理与保险的关系。

## 第一节　风险

风险的客观存在是保险产生和发展的基础，无风险，无保险。因此，学习和研究保险学有关知识需要从认识风险开始。

### 一、风险的含义

#### (一) 风险的一般含义

一般认为，风险(Risk)是指某种事件发生的不确定性。

不确定性是风险最典型的特征。这种不确定性主要表现为某一事件发生与否、发生的时间与地点、发生的状况和结果等都是人们不能事先准确预测的。即在特定的客观条件下，特定时期内，某一事件的实际结果与人们的预期结果之间存在偏差，这种偏差就是不确定性。偏差越大，不确定性越大；不确定性越大，风险越大。

从经济学角度来说，风险的不确定性体现为某一事件的发生可能导致三种结果：损失、无损失或盈利。如果未来结果低于预期价值就称为损失；如果未来结果等于预期价值就称为无损失；如果未来结果高于预期价值就称为盈利。

#### (二) 风险的特定含义

从风险的一般含义可知，风险既可指盈利的不确定性，也可指损失发生的不确定性。在未来不确定的几种结果中，损失尤其值得我们注意，因为损失的发生会带来各种不利结果，影响社会经济的顺利发展和人们生活的安定。

保险作为人们处理风险的一种方法，通过其特有的风险处理机制对因特定原因给人们造成的经济损失进行补偿，它所关注和研究的是损失发生的不确定性。

因此，保险学意义上的风险是指在经济生活中，随机事件的发生给经济、生活带来的损失的不确定性。

## 二、风险的特征

### (一) 客观性

从总体上说，风险是客观存在的，是不以人的意志为转移的，是不可能完全排除的。

人们只能在一定条件下、一定程度上改变风险存在和发展的条件，以降低风险发生的频率和损失程度，但不可能从根本上完全消除风险。

在一定条件下，风险的发生还带有一定的规律性，这种规律性给人们提供了认识风险、估测风险和管理风险，把风险减少到最低程度的可能性。

正是风险的客观存在，决定了保险的必要性。

### (二) 普遍性

风险无时不有，无处不在。在社会经济的发展过程中和人们的日常工作、生活中随时随地会面临着各种各样的风险。在当今时代，风险渗透到了社会、企业和个人生活的方方面面。

风险的普遍存在，为保险的发展提供了广泛的基础，使保险的发展成为可能。

### (三) 损害性

各种风险事故的发生会使人类社会的利益受到损害，构成风险。

损害是风险发生的可能后果。财产上的损害(或称损失)可以用货币进行衡量。人身损害虽然不能以货币衡量，但一般都表现为所得的减少，或支出的增加，或两者兼而有之，终究还是经济上的损失(当然也有精神上的损害)。而保险虽然不能保证风险的不发生，但是可以对风险发生的后果(即损失)进行经济补偿。

因此，风险的损害性也使保险成为必要。

### (四) 不确定性

风险的不确定性主要表现在以下四个方面。

(1) 是否发生不确定。从总体上来看，风险的发生往往呈现出明显的规律性，具有一定的必然性，但就个体而言，风险发生与否是偶然的，具有不确定性。如火灾的发生是客观存在的风险事故，但就某一次具体火灾事故的发生而言则是不确定的，也是不可预知的，需要人们提高防火意识，采取各种防范措施。

(2) 空间上的不确定性。例如，一些自然现象(地震、洪水等)的发生具有一定的规律性，但具体会发生在哪些国家或地区则是不确定的。

(3) 时间上的不确定性。虽然从总体上来说，有些风险是必然要发生的，但何时发生却是不确定的。如对个人来说，死亡是必然的，但何时死亡，在健康状况正常的情况下是不可预知的。

(4) 损失程度的不确定性。如沿海地区经常遭受台风袭击，有时损失惨重，有时却影响甚微。

所以尽管人们知道每年要遭遇或大或小的台风袭击，但还是无法预知未来年份发生的台风会造成多大程度的财产损失和人身伤亡。

风险的客观性、普遍性和损害性形成了经济单位与个人对保险的需求，而风险的不确定性使之成为可保风险。

### (五) 可测定性

个别风险的发生是偶然的、不可预知的。但从总体来看，风险的发生又有一定的必然性，呈现出明显的规律性。根据数理统计原理，随机现象一定要服从于某种概率分布。所以人们可以运用概率论和数理统计方法测算出风险发生的概率、损失程度及其波动性等，并据此采取一定的方法对风险进行预防和处理，把不确定性转化为可测定性。最典型的案例是生命表，它表明虽然死亡对于个体来说是偶然性事件，但是通过对某一地区人员各年龄段死亡率的长期观察统计，就可以较为准确地得出该地区各年龄段稳定的死亡率。

风险的可测定性使保险企业可以根据风险发生的规律来准确地厘定保险费率，从而使保险成为可能。

### (六) 发展性

随着社会的发展和科技的进步，人们预测和抵御自然灾害、意外事故等各种风险的能力大大增强，但同时也带来了一些新的风险，尤其是高科技的发展与运用使大量的系统性风险、巨额风险不断出现，使风险的发展性更为突出。如核电站的建设带来了核污染风险，向太空发射卫星使风险拓展到外层空间。

风险的发展性为险种创新和保险发展提供了客观依据和方向。

## 三、风险的构成要素

一般认为，风险由风险因素、风险事故和损失三个要素构成。

### (一) 风险因素

风险因素也称为风险条件，是指引发某一特定损失或增加其发生的可能性或扩大损失程度的原因或条件。

风险因素是风险事故发生的潜在原因，是造成损失的间接原因。

按照性质不同，风险因素可以分为物质风险因素、人为风险因素两种类型。

#### 1. 物质风险因素(有形风险因素)

物质风险因素是指某一标的本身所具有的足以引起或增加损失机会或加重损失程度的物质性条件。例如，汽车的刹车系统、发动机功能，可燃材料的存储方式，建筑物的坐落地址、建筑材料、结构、消防系统等。

#### 2. 人为风险因素(无形风险因素)

人为风险因素是指人的观念、态度、文化、制度等看不见的风险因素。如制度缺陷、道德风险、心理风险因素等。

1) 道德风险因素

道德风险因素是指与人的品德修养有关的无形因素，即出于个人的恶意行为或不良企图，故意促使风险事故发生，以致形成损失结果或扩大损失程度的原因和条件，如诈骗、纵火等行为。

2) 心理风险因素

心理风险因素是与人的心理状态有关的无形因素，它是指由于人们思想上的麻痹大意、漠不关心等，以致增加风险事故发生的机会和扩大损失程度的原因和条件。

### (二) 风险事故

风险事故也称风险事件，是指造成财产损失或人身伤害的偶发事件，是造成损失的直接原因或外在原因，也就是风险由可能变为现实、以致引起损失的结果。

风险因素是损失的间接原因，因为风险因素要通过风险事故的发生才能导致损失。

风险事故是损失的媒介物。风险事故意味着风险因素即风险的可能性转化成了现实的结果，即风险因素通过风险事故的发生才导致损失。

风险事故和风险因素的区分有时并不是绝对的。判定的标准就是看是否直接引起损失。如暴风雨毁坏了房屋、庄稼等，暴风雨就是风险事故；如果是暴风雨造成道路积水泥泞、能见度差，引发车祸造成人员伤亡，暴风雨就是风险因素，车祸才是风险事故。

### (三) 损失

#### 1. 损失的含义

在风险管理和保险经营中，损失是指意外的经济价值的减少，即经济损失。构成损失必须满足以下两个条件，缺一不可。

(1) 损失必须是“意外损失”，即损失必须是非故意的、非计划的和非预期的。例如，恶意行为、折旧、机械设备的自然损耗等造成的后果，因其分别属于故意的、计划的和预期的，因而不能被视为风险管理和保险学意义上的损失。

(2) 损失必须是“经济价值的减少”，即损失必须是能用货币来衡量其大小的。例如，某人记忆力衰退，这一事件的后果不能用货币来衡量其价值，因此不能称作损失。再如，一次意外车祸造成汽车损毁、驾驶员高位截瘫，汽车作为物质财产，肯定是可以用货币来衡量其价值的，而人的身体价值虽然不能用货币来衡量，但驾驶员受伤以后所需支付的医疗费和因残疾而导致的收入减少却是可以用金钱来衡量的，所以意外车祸造成的后果可以被视为风险管理和保险学意义上的损失。

#### 2. 损失的形态

1) 直接损失

直接损失是指与事故有必然因果关系的、在量上可以确认或界定的损失，即实质损失。例如，酒店发生火灾直接造成房屋、设备等财产的损坏。

2) 间接损失

间接损失是指事故的发生触发了新的事件，或改变了事物的既定状态而导致的损失，包括额外费用的损失、收入损失和责任损失等。例如，酒店因火灾被迫中断营业后收入减少、营业中断又会导致员工的离开与客户的流失等。

### (四) 各个风险要素之间的关系

风险因素、风险事故和损失之间既相互区别，又密切联系。

风险因素是引发风险事故的原因和条件，是损失的间接原因。而风险事故则是将损失由可能性转化成了现实结果，是损失的直接原因，即风险因素引发风险事故，风险事故导致损失。损失发生之后，就需要经济补偿，从而使保险成为必要。

需要注意的是，风险因素不是必然转化为风险事故，这种转化需要一定的条件。

**案例1-1**

**风险构成要素识别案例**

甲度假山庄有几栋木制房屋，某晚突发暴风雨等恶劣天气，附近的一根电线被刮断了，电线短路起火引发火灾，木制房屋及其屋内财产全部被烧毁，损失达50万元。试分析在此次风险事件中，风险因素、风险事故和风险损失分别是什么？

**【分析】**：

在此次风险事件中，暴风雨等恶劣天气是风险因素，电线短路起火引发房屋火灾是风险事故，风险损失为木制房屋及屋内财产被烧毁导致损失50万元。

## 四、风险的分类

### (一) 按风险产生的原因分类

风险按其产生的原因可以分为自然风险、社会风险、政治风险、经济风险和技术风险。

#### 1. 自然风险

自然风险是指自然力的不规则变动引起的种种现象给人类造成财产损失或人身伤害等实质性风险。如地震、洪水、火灾、风灾、雹灾、旱灾、虫灾以及各种瘟疫等，都属于自然风险。自然风险具有如下特征：

(1) 自然风险形成的不可控性。自然灾害的发生是受自然规律作用的结果，是不以人的意志为转移的。虽然人类对自然灾害具有基本的认识，但对地震、洪水、飓风等自然灾害的发生仍然缺乏控制手段。

(2) 自然风险形成的周期性。如春季可能出现瘟疫或旱灾，夏季可能出现水灾或台风，秋季可能出现洪灾或旱灾，冬季可能出现冻灾、雪灾等。针对这种周期性，人类可以提前采取一些防御措施。

(3) 自然风险事故引起后果的共沾性。自然风险事故一旦发生，后果所涉及的地区和对象往往很广，有时甚至会影响到全世界，使人类社会损失惨重。例如，一些疫病的大规模蔓延，会给人们的生命、身体和财产造成极大的威胁。

#### 2. 社会风险

社会风险是指由于个人或团体的不当、过失或故意行为等给社会生产及人们生活造成损失的风险。如盗窃、玩忽职守、罢工等行为引起的财产损失或人身伤害。

#### 3. 政治风险

政治风险又称为国家风险，是指在对外贸易和投资过程中，由于政治或订约双方所不能控制的其他原因，导致债权人可能遭受损失的风险。如由于政治冲突、战争、国有化、进出口管制等原因造成进出口合同无法履行、投资无法收回，从而给进出口商和国外投资者带来的损失。

#### 4. 经济风险

经济风险是指在生产和销售等经营活动中由于各种市场因素和经济因素的变动给经济组织或个

人带来的收入减少、亏损乃至破产倒闭的风险。如汇率变动、通货膨胀、消费需求变化、决策者决策失误、经营管理不善等方面的原因导致企业或个人经济上遭受损失的风险。

5. 技术风险

技术风险是指伴随着科学技术的发展、生产方式的改变而产生的威胁人们生产与生活的风险。如核辐射、空气污染和噪声等。

### (二) 按风险的性质分类

风险按其性质可以分为纯粹风险和投机风险。

1. 纯粹风险

纯粹风险是指那些只有损失机会而无获利可能的风险。其导致的结果有两种，即无损失或有损失。自然灾害、意外事故以及人的生老病死等均属于此类风险。

2. 投机风险

投机风险是指那些既有损失机会，又有获利可能的风险。其导致的结果有三种，即无损失、有损失或盈利。例如，买卖股票、博彩等都属于此类风险。

区别纯粹风险和投机风险是非常重要的。前者的后果总是不幸的，这种风险的发生会给人们带来损失，所以为人们所畏惧和厌恶；而后者则可能给人们带来利益，具有一定的诱惑性，所以总是有人为了获取盈利的机会而甘愿去冒这种风险。

区别纯粹风险和投机风险对于保险的意义在于，纯粹风险在一定的条件下具有一定的规律性，容易适用大数法则，同时其结果的发生往往是社会的净损失，属于可保风险，可以通过保险加以转移。而投机风险规律性不明确，不易适用大数法则，其结果往往是社会财富的转移，而不一定是社会的净损失，属于不可保风险，保险人是不予承保的。

### (三) 按风险产生的环境分类

风险按其产生的环境可以分为静态风险和动态风险。

1. 静态风险

静态风险是指在社会经济正常情况下，由于自然力的不规则变动或人们行为的过失或错误判断所导致的风险。如地震、洪水、飓风等自然灾害，交通事故、火灾、工业伤害等意外事故均属于静态风险。大多数静态风险是纯粹风险，一般只对个体产生损害影响，在一定的条件下具有某种规律性。

静态风险与社会经济和政治变动无关，在任何社会条件下都是不可避免的。

2. 动态风险

动态风险是指由于社会经济结构变动或政治变动而产生的风险。如生产方式和生产技术的变动、通货膨胀、消费者偏好的变动、经济政治体制的改革、社会动乱、战争等引起的风险。

动态风险大部分是投机风险，其影响范围比较广泛，无论对个体还是对整体而言均无规律可循。

3. 静态风险和动态风险的区别

(1) 损失与否不同。静态风险无论是对于个体还是对于社会来说，都是纯粹损失；而动态风险对于一部分个体来说可能有损失，但对另一部分个体来说则可能获利，从社会总体上看也不一定有损失，甚至有可能受益。

(2) 影响范围不同。静态风险通常只影响到少数个体；而动态风险的影响则比较广泛，往往会带来连锁反应。

(3) 发生的规律性不同。静态风险在一定条件下具有一定的规律性，也就是服从概率分布；而动态风险则不具备这一特点，无规律可循。

(4) 性质内容不同。静态风险一般为纯粹风险，而动态风险包含纯粹风险和投机风险。如经济萧条时期商品大量积压，这属于投机风险；而商品积压期间越长，遭受各种意外事故导致损失的机会就越大，这又属于纯粹风险。

### (四) 按风险损害的对象分类

风险按其损害的对象可以分为财产风险、责任风险、信用风险和人身风险。

#### 1. 财产风险

财产风险是指一切导致有形财产毁损、灭失或贬值的风险。如建筑物遭受火灾、地震等引起破坏或倒塌；船舶在航行过程中碰撞、搁浅或沉没；运输途中的货物遭遇雨淋浸泡导致价值降低或损毁等。

#### 2. 责任风险

责任风险是指经济组织或个人因行为上的疏忽或过失，造成对他人的人身伤害或财产损失，依照合同或法律应当承担民事赔偿责任的风险。如某酒店因栏杆垮塌导致人员伤亡，依法应承担的民事赔偿责任。

#### 3. 信用风险

信用风险是指在经济交往过程中，权利人和义务人之间，因一方的违约或违法行为给另一方造成经济损失的风险。例如，在进出口贸易中，出口方(或进口方)会因进口方(或出口方)不履约而遭受经济损失。

#### 4. 人身风险

人身风险是指可能导致人的伤残、死亡或丧失劳动能力的风险。如疾病、意外事故、年老等。这些风险除了给人带来身体和精神上的伤害以外，还可能导致两种经济后果：一是收入的减少；二是费用的增加。这种风险一旦发生可能给其本人、赡养者或抚养者等造成经济困难和精神痛苦，影响他们的正常生活。

### (五) 按风险结果的影响范围分类

风险按其结果的影响范围可以分为基本风险和特定风险。

#### 1. 基本风险

基本风险是指由一些重大事件引起，会影响到整个社会或社会主要部门的风险。这类风险的起源与影响后果都是非个人和单独的，是社会普遍存在的风险。基本风险的发生常常是由于经济失调、政治变动、特大自然灾害等因素所引起的，其形成通常需要较长的过程，发生的原因及其蔓延一般很难控制，影响后果也十分严重。因为基本风险或多或少是由遭受损失的个人无力控制的原因所引起的，因此，国家及社会应当对处理这类风险负起相应责任。例如，失业是应当使用社会保险来处理的基本风险。

#### 2. 特定风险

特定风险是指由特定因素引起，损失仅影响少数组织或个人的风险。这类风险发生的原因、后果与特定的社会个体有因果关系且可由其采取措施加以控制，影响范围相对较小。如火灾、爆炸、盗窃以及对他人财产损失或人身伤害所负的法律责任均属此类。

## 第二节 风险管理

风险管理作为人类社会对客观存在的风险的主观能动行为和经验总结，古已有之。但其形成独立的管理系统进而成为一门新兴的学科，是在20世纪50年代才从美国开始的。经过20世纪50年代的推广、60年代的系统研究、70年代的迅速发展，直到1983年，美国风险与管理协会年会上通过了《101条风险管理准则》，风险管理才更加规范化和系统化。经过不断发展，风险管理已逐渐形成了一套较为成熟的体系和方法。在保险业中，风险管理作为一门系统的管理科学，已经从单纯转嫁风险的保险管理发展为以经营管理为中心的全面风险管理，改革并促进了保险业与其他金融领域的融合发展。

### 一、风险管理的概念

风险管理(Risk Management)是指人们认识、控制和处理各种风险的主动行为。它要求人们研究风险发生和变化的规律，估算风险对社会经济生活可能造成伤害的程度，并选择有效的手段，有计划、有目的地处理风险，以最小的成本代价，获得最大的安全保障。

对风险管理概念的理解主要涵盖以下四个方面的内容。

(1) 风险管理的主体可以是任何组织和个人，包括个人、家庭、企事业单位、社会团体、政府及其他组织。

(2) 风险管理的对象是各种风险。从现代风险管理实践看，风险管理的对象已不限于纯粹风险和静态风险，还包括对投机风险和动态风险的管理。广义的风险管理的对象包括存在于个人、家庭和组织的各种风险，如财产风险、市场风险、投资风险、环境风险、技术风险、责任风险等。全面的、整体的风险管理受到日益广泛的重视。

(3) 风险管理是一个有序的过程，包括从风险的识别和预测到对风险进行控制和处理以实现风险管理目标的整个过程，其中风险管理技术运用的前提是风险识别、风险衡量和风险评价。

(4) 风险管理的目标是以最小的成本达到最大的安全保障。风险成本是指由于风险的存在和风险事故发生，人们所发生的支出以及管理风险所发生的费用和减少的预期经济利益。风险成本一般分为如下五类。①期望损失成本。期望损失成本包括直接损失期望成本和间接损失期望成本。直接损失期望成本主要包括对损毁资产进行修理或重置的成本，对遭受伤害的员工提出的赔偿、诉讼的支付成本，以及对其他法律诉讼进行辩护和赔偿的成本；间接损失期望成本包括所有因发生直接损失而导致的净利润的减少。②损失控制成本。损失控制成本是指公司为降低损失频率和损失程度，采取一定手段来提高预防损失的能力、减少风险行为所发生的成本。具体包括资本支出和折旧费、安全人员费(含薪金、津贴、服装费等)、训练计划费用、施教费以及增加的机会成本。③损失融资成本。损失融资成本包括自保成本、保险费中的附加保费，以及拟定、协商和实施套期合约和其他合约化风险转移合同过程中的交易成本。其中自保成本包括为支付损失而必须持有自保资金的成本。④内部风险抑制成本。内部风险抑制成本包括与实现分散经营相关的成本以及与管理这些分散行为相关的成本，也包括对数据以及其他类型的信息进行收集、分析以进行更精确的损失预测而产生的成本。⑤残余不确定性成本。残余不确定性成本指通过损失控制、保险、套期、其他合约化风险转移合同以及内部风险抑制措施并不能完全消除损失的不确定性。公司选择并实施了损失控制、损失融资以及内部风险抑制措施后残余的那部分不确定性成本称为残余不确定性成本。

## 二、风险管理的基本目标

风险管理的基本目标是以最小的成本获得最大的安全保障。它具体可分为损失前目标和损失后目标。

### (一) 损失前目标

损失前目标是指通过风险管理消除或减少风险发生的可能性，从而为人们提供安全的生产和生活环境。它具体包括如下两点。

#### 1. 减少风险事故发生的机会

经济组织或个人需要充分考虑自身所面临的各种风险因素，并对这些风险因素可能引发的风险事故加以分析，从经济和技术的角度采取预防措施，降低风险事故发生的频率，从而减少损失。如医院为了防止停电影响手术等医疗行为或医疗设备的使用而造成意外，一般都要预先购置好备用发电机。

#### 2. 减轻或消除精神压力

风险因素的存在，给人们正常的生活和工作带来了各种各样的精神压力。通过各种风险管理计划的制订和实施来减轻或消除这种压力，有利于社会的稳定和发展。

### (二) 损失后目标

损失后目标是指损失发生后及时采取措施减少损失及其影响程度，尽快恢复生产和经营，安定人们生活。它具体包括如下两点。

#### 1. 控制损失的影响范围

损失一旦出现，风险管理者应及时采取有效措施予以控制和抢救，以防止损失的扩大和蔓延，控制损失的影响范围。

#### 2. 减少损失的危害程度

损失发生后，受损企业可能会因此被迫中断生产和经营，家庭也可能会陷入经济困境，因此应及时进行补救，以使企业获得资金尽快恢复生产和经营，帮助个人重建家园，从而保证经济的顺利发展和社会生活的安定。

## 三、风险管理的基本程序

风险管理的基本程序包括风险识别、风险衡量、风险评价、风险管理技术选择和风险管理效果评价等环节。

### (一) 风险识别

风险识别是风险管理的首要环节，是指对风险主体面临的现实及潜在风险加以判断、归类和鉴定风险性质的过程。风险识别是风险管理的基础，也是一项最为复杂和困难的工作。

识别风险包括感知风险和分析风险两方面内容。首先，要通过一定的方法或技术手段，全面认识到自身面临哪些风险(包括潜在的和客观存在的)；其次，要对所面临的风险进行识别和分类，分析其产生的原因，这就要求将各种可靠的有关资料做彻底的、连续的、系统的分析。

对风险的识别，一方面要依靠感性认识、经验判断；另一方面，可利用实地调查法、财务分析法、生产流程分析法和风险列举法等加以分析和归类。在此基础上，鉴定风险的性质，从而为风险的估测做准备。风险识别的要点在于要注意历史记录和情况的变化，不忽视任何隐患。

风险识别是风险管理的关键。如果根本没有对各种风险进行识别，或者没有详细、全面的识别，就谈不上进一步的分析和处理。

### (二) 风险衡量

风险衡量是指在风险识别的基础上，通过对所收集的大量详细损失资料加以分析，找出具体的风险因素，运用概率论、数理统计及其他科学方法进行定量分析，寻找风险的损失规律，从而得到风险发生的概率和损失程度两项重要指标，为科学决策提供依据。

风险衡量不仅使风险管理建立在科学的基础上，而且使风险分析定量化。通过损失分布的建立、损失概率和损失期望值的预测等，为风险管理者进行风险决策、选择最佳管理技术提供可靠的科学依据。

风险衡量的内容主要包括两个方面：一是衡量事故发生的概率或可能性；二是估测事故一旦发生会造成的损失程度大小，包括损失的价值、风险单位、保护与施救的费用，直接损失和间接损失有哪些等。

风险衡量为人们应该采取何种风险对策以及这些对策背后的资源分配提供了依据。

### (三) 风险评价

风险评价是指在风险识别和风险估测的基础上，将风险发生的概率、损失程度结合其他因素综合考虑，得出系统发生风险事故的可能性及其危害程度，并与公认的安全指标相比较，确定系统的风险等级，决定是否采取以及应该采取何种程度的控制措施。

具体而言，经济组织或个人可以按照损失发生的可能性和严重性，将所面临的风险进行排序，分为致命风险、重要风险和一般风险。

致命风险是那些风险事故一旦发生则损失很大，有可能会导致企业破产或家庭困境的风险。

重要风险是那些风险事故发生以后不会导致企业破产或家庭困境，但会对经济组织或个人产生重大影响的风险。例如需要企业大量举债才能维持正常经营的风险。

一般风险是指那些风险事故一旦发生会对经济组织或个人产生影响但不会引起经济上较大困难的风险。

经济组织或个人也应把风险发生后可能造成的损失，与其进行风险处理可能发生的成本相比较，从经济上来判断是否有必要采取某项风险管理措施。

### (四) 风险管理技术选择

风险管理技术选择是指风险管理者根据风险评价的结果，为实现风险管理目标，选择最佳风险管理技术并予以实施。这是风险管理中最重要的环节。

风险管理技术分为控制型和财务型两大类。前者的目的是降低损失频率和减少损失程度，重点在于改变引起意外事故和扩大损失的各种条件。后者的目的是以提留基金或订立保险合同等方式，对无法控制的风险做出财务安排。

#### (五) 风险管理效果评价

风险管理效果评价是指风险管理者对所选择的风险管理技术的适用性、收益性及其实施情况进行分析、检查、评估和修正。

最常用的方法是对风险管理效益进行分析。常用的评估公式如下。

$$效益=\frac{因采取该项分析处理方案而减少的风险损失}{采取该项风险处理方案所需费用+机会成本}$$

若效益比值小于1，则该风险处理方案不可取；若效益比值大于1，则该风险处理方案可取。风险管理的目标是以最小的经济成本取得最大的安全保障，在所有的方案中，能使效益比值达到最大的风险处理方案是最佳方案。在实务中，评价风险管理效果还要考虑与整体管理目标是否一致，是否具有具体实施的可行性、可操作性和有效性等。

## 四、风险管理技术

风险管理技术即风险管理方法，包括控制型风险管理技术和财务型风险管理技术两大类。

#### (一) 控制型风险管理技术

控制型风险管理技术是指在风险事故发生前防止和减少风险损失，在风险事故发生后降低风险损失的技术性措施。其目的在于针对经济组织所存在的风险因素，降低损失频率和减轻损失程度。控制型风险管理技术包括避免、预防、控制和集合分散四种方式。

##### 1. 避免

避免是指放弃或减少某些具有风险的活动以减少风险损失的一种风险管理方法。

通常在两种情况下可以采用避免技术：①某种特定风险所导致损失频率和损失程度相当高；②在处理风险时成本大于其产生的收益。

避免风险是一种最简单易行的风险处理方法，但同时也是一种消极的方法，存在很大的局限性。首先，风险是不可能完全避免的，如经济危机和人的生老病死都是不可避免的，而且人们在设法避免某种风险的同时可能会面临着其他风险。其次，人们在避免风险的同时可能会丧失一些利益，因而在经济上是不合算的。如企业为了避免风险放弃某些经营活动，但没有这些经营活动就会减少企业的利润。

##### 2. 预防

预防是指在风险损失发生前有针对性地采取一些具体的处理措施，消除或减少可能引发损失的各种因素。其目的在于通过消除或减少风险因素来降低损失发生的频率。预防通常针对损失频率高且损失程度大的风险采用。

损失预防措施可分为工程物理法和人类行为法。工程物理法是指损失预防措施侧重于风险单位的物质因素的一种方法，如建筑物的防火结构设计、防盗装置的安装等。人类行为法是指损失预防侧重于人们行为教育的一种方法，如各种企事业单位进行的职业安全教育、消防教育等。

##### 3. 控制

控制是指在风险事故发生前做好准备，以便在事故发生时或发生之后及时采取合理措施，来防止事故蔓延和减少损失程度的风险管理办法，如在建筑物内安装火灾警报器和自动喷淋系统等。

#### 4. 集合分散

集合分散是指集合具有同类风险的大量风险单位，各单位共同分担风险损失，使某一单位所承受的风险较以前减少；或者将具有不同风险的单位组合起来，使之互相协作，提高各单位应付风险的能力，由于大数法则的作用，使损失的不确定相对减少。通过集中与分散，达到降低风险的目的。如企业通过合并、扩张、联营或采用商品品种多元化经营的方式，以利于分散或减轻可能遭到的风险。

### (二) 财务型风险管理技术

财务型风险管理技术是指通过财务计划或合同安排提留风险补偿资金，用以对风险事故造成的经济损失进行补偿的风险处理方法，包括自留风险和转嫁风险两种方式。

#### 1. 自留风险

自留风险是指由面临风险的经济组织或个人自己承受风险损害后果的风险处理方法。

自留风险有主动自留和被动自留两种。主动自留是指在充分认识风险的基础上，把那些没有适当处理方法的风险、认为自己承担责任和损害后果可能会比采用其他方法更加经济合算的风险、认为自己完全有能力承担损失后果的较小风险，自己保留下来的一种方法。被动自留是指由于没有意识到风险的存在，或虽觉察却心存侥幸而未加处理的风险，一旦发生只能自己承担。

自留风险的最高级形式是设立自保公司。自保公司一般是由母公司为保险目的而设立和拥有的保险子公司，它主要向母公司及其他子公司提供保险服务。

自留风险方法的优点是可以节省开支、增加收益，提高经济组织或个人加强风险管理的积极性。但这种方法需要较高的风险管理能力和充足的后备基金。现代市场经济条件下，单纯依靠自留风险的方法往往不能满足经济组织或个人风险保障的需要。

自留风险的方法通常在风险所致损失频率低、损失程度不大，或者损失频率较大但损失金额很小，损失短期内可预测以及最大损失不影响经济组织或个人的财务稳定时采用。在这样的情况下采用风险自留，其成本要低于其他风险管理技术，且方便有效。

虽然自留风险可以减少潜在损失、节省费用支出和取得基金运用收益等，但自留风险有时会因风险单位数量的限制而无法实现其处理风险的功效，一旦发生风险损害，可能导致财务调度上的困难而失去其作用。

#### 2. 转嫁风险

转嫁风险也称为转移风险，是指面临风险的经济组织或个人为避免承担风险损失，有意识地将损失或与损失有关的财务后果转嫁给其他经济组织或个人去承担的一种风险管理方式。

转嫁风险的方式主要有以下两种。

(1) 保险转嫁，是指面临风险的经济组织或个人向保险公司投保，以交纳保险费为代价，将风险转嫁给保险人承担，当发生风险损失时，由保险人按照合同约定责任给予经济补偿。

(2) 非保险转嫁，具体又分为两种方式：出让转嫁和合同转嫁。出让转嫁一般适用于投机风险，如预测股市行情即将下跌时将股票及时卖出以转嫁风险。合同转嫁是指面临风险的经济组织或个人通过签订合同或协议，将有关法律责任和财务后果转嫁给其他经济组织或个人承担，如承包、租赁、分包、签订免责协议等。

综上所述，在不同的损失概率和损失程度下，风险管理技术的选择大致如表1-1所示。

表1-1　风险管理技术选择

| 损失概率 | 损失程度 | |
|---|---|---|
| | 大 | 小 |
| 高 | 避免风险 | 自留、预防 |
| 低 | 转嫁、预防和控制、集合分散 | 自留 |

通过对各种风险管理方法的分析和比较可以看出，避免风险是一种简单而消极的方法，其实际运用受到一定的限制；预防和控制虽然在一定程度上可以减少风险事故发生的机会或降低损失程度，但都不可能从根本上消除风险事故和损失的发生；集合分散在一定程度上提高了经济组织应付风险的能力，或使风险更加分散，但也不能杜绝风险事故的发生；自留风险不能充分满足人们的风险保障需求；而转嫁风险则可能使单位失去财产的所有权或相关业务从而丧失应有的利益。在现实生活中，究竟选择哪一种方式最为合理，要根据风险的不同特性并结合行为主体所处的环境和条件而定。

# 第三节　风险管理与保险

## 一、风险管理与保险的关系

### (一) 联系

风险管理和保险无论是在理论上，还是在实务操作中，都有着密切的联系。

从理论起源上看，先出现保险学，后出现风险管理学。保险学中关于保险性质的学说是风险管理理论基础的重要组成部分，而且风险管理学的发展在很大程度上得益于对保险理论研究的深入。同时，风险管理学后来的发展也在不断促进保险理论和实践的发展。

#### 1. 风险管理与保险针对的客观对象都是风险

风险管理和保险都是针对风险所采取的手段和措施，它们所管理的共同对象是风险。风险是风险管理存在的前提，没有风险的存在也就不需要进行风险管理。风险管理主要研究风险发生的规律，运用各种风险管理方法实现对风险的有效控制。风险也是保险经营的对象，“无风险，无保险”。保险是以风险存在为前提，通过对风险规律的研究设计不同的险种，开发业务、应对风险的同时促进保险业的持续发展。

#### 2. 保险是风险管理理论发展的基础

首先，从风险管理理论的发展历史来看，最早形成系统理论并在实践中广泛应用的风险管理技术就是保险。在风险管理理论形成以前的相当长时间里，人们主要通过保险的方法来管理企业和个人的风险。

其次，保险为风险管理提供了丰富的经验和数据基础资料。保险业经过长期的经营活动已经积累了丰富的识别风险、估测风险和防灾防损的经验和技术资料，掌握了许多风险发生的规律，制定了大量的预防和控制风险的有效措施，所有这些都为风险管理理论和实践的发展奠定了基础。

#### 3. 风险管理与保险都以概率论等数理统计原理作为分析基础和方法

风险管理与保险进行风险衡量的科学基础相同。风险管理和保险都要在准确估测预期损失率的基础上达到以最低成本获得最大安全保障的目的。

#### 4. 保险是传统有效的风险管理方法

风险管理从创立到发展至今，始终将保险作为其最主要的财务型风险管理技术。保险对购买者来说是风险的转移，对经营者来说是风险的集中和承担，它集合了各种风险管理方法的优点，理所当然地被人们作为风险管理的主要手段。因此，在现代市场经济条件下，保险是人们处理风险最普遍、最有效的方法。

#### 5. 风险管理是保险公司稳健经营的重要手段

保险公司作为经营风险的企业，自身也面临着经营风险，需要进行风险管理。风险管理作为保险业务经营的主要环节，是保险公司降低赔付取得承保利润的重要手段。不仅如此，保险公司在向客户提供承保、理赔和理财等服务的同时，还能运用其掌握的风险管理技术为被保险人提供高水平的风险管理服务，可以有效地帮助保险公司提高竞争能力，提高经营效益。

总的来说，风险管理与保险是一种互补关系。保险是风险管理中最普遍的办法；而风险管理理论和技术的发展，提高了保险的经济效益。

### (二) 区别

#### 1. 二者所管理风险的范围不同

风险管理的对象是所有风险，而保险所处理的对象仅限于纯粹风险中的可保风险。

#### 2. 风险管理比保险复杂得多

不管是从形态上还是管理的技术和手段上看，风险管理都远比保险要复杂得多。

## 二、可保风险的构成条件

可保风险(Insurable Risk)是指符合保险人的承保条件、保险人愿意承受的风险，即投保人可以通过购买保险来转嫁的风险。保险公司所愿意承保的风险是有条件的，并不是所有的风险均可以向保险公司转嫁。构成可保风险必须满足以下条件。

### (一) 风险必须是纯粹风险，不是投机风险

保险人所承保的风险，必须是那些风险事故一旦发生只有损失机会而无获利机会的纯粹风险。而投机风险则不同，其发生既可能带来损失机会，也可能带来获利机会，引发的不是社会的一种纯损失。对这种有获利机会的投机风险，保险人是不予以承保的。

### (二) 风险的发生必须是偶然和意外的

风险发生的偶然性包含两层意思，一是发生的可能性，即风险有可能发生，也有可能不发生。如果风险肯定不会发生，就不会产生保险需求；而如果风险必然发生，保险人不会予以承保。二是发生的不确定性，即发生的对象、时间、地点、原因和损失程度等，都是不确定的。

风险发生的意外性也包含两层意思，一是风险的发生或风险损害后果的扩展都不是投保人的故意行为。投保人故意行为引发的风险事件或扩大损害后果均为道德风险，保险人是不予赔偿的。二是风险的发生是不可预知的，因为可预知的风险往往带有必然性。

**案例1-2**

**电器线路自然老化导致火灾是否属于可保风险？**

2019年6月15日，李先生向保险公司投保了为期一年的家庭财产保险，保险金额为5万元。同年

8月20日，李先生家发生火灾导致室内家具、电器等财产被烧毁，李先生随后向保险公司提出索赔。经消防部门检查出具报告，认为李先生家的火灾是因为其卧室空调使用已有二十年，超过厂商规定的正常使用年限，自然损耗严重，线路老化，且李先生出门之前没有关闭空调，空调长时间运行导致自燃起火。请问由于电器自然损耗、线路老化引起火灾是否属于可保风险？由此造成的财产损失保险公司是否应该赔偿？

【分析】：

由于电器超过正常使用年限，自然损耗、线路老化，导致空调自燃，引发火灾致使保险标的遭受损毁，属于不可保风险，是保险公司的除外责任，保险公司是不承担赔偿责任的。

### (三) 风险损失应是可以被确定和计量的

风险损失可以被确定和计量的含义是指发生的损失必须在时间和地点上可以被确定，在数量上可以被计算和衡量。损失在时间和地点上可以被确定，才能确定此项损失是否为保险公司承保范围之内的损失。而损失可以被衡量，一方面是指风险造成损失的概率分布应该是可以被计算的，因为保险经营风险的前提是可以确定一个合理的保险费率，而保险费率的确定是建立在预期损失的基础上的，预期损失是根据损失的概率分布计算出来的，如果风险造成的损失的概率可以确定在一个合理的精确度内，则这项风险就是可保的。另一方面指的是风险事故结果造成的损失程度必须可以用货币来衡量，只有这样，保险人才能对损失进行补偿。

### (四) 风险应有发生重大损失的可能性

风险的发生应有导致重大损失的可能性，才会产生对保险的需求。如果风险可能导致的损失只局限于轻微损失的范围，就不需要通过保险来获取保障，因为这在经济上是不合算的，对于此类风险，人们可以通过自留风险和控制损失频率等方法来解决。判断损失的严重性没有一个确定的数量标准，它是相对于企业、家庭或个人能够并且愿意承担损失的大小而定，不是绝对的。

### (五) 风险必须是大量标的均有遭受损失的可能性

这一条件是为了满足保险经营的大数法则要求。大数法则是统计学中的一个重要定律，是指随着样本数量的不断增加，实际观察结果与客观存在的结果之间的差异将越来越小，这种差异最终将趋于零。因此，随着样本数量的增加，利用样本的数据来估计的总体的数字特征也会越来越精确。

大数法则在保险中的应用是指随着投保的保险标的数量的增加，保险标的的实际损失与用以计算保险费率的预测损失之间的差异将越来越小。大数法则的运用必须存在着大量的、相似的或同类的保险标的，只有这样才能体现出大数法则所揭示的规律性。也就是说，某一风险必须是大量标的均有遭受损失的可能性，但实际出险的标的仅为少数，才能计算出合理的保险费率，让投保人付得起保费，保险人也能建立起相应的赔付基金，从而实现保险“千家万户帮一家”的宗旨。如果某种风险只是一个或少数几个个体所具有，就失去了保险的大数法则基础，对保险人而言承保此类风险相当于是下赌注，进行投机的行为。

### (六) 一般不发生特大灾难性的风险损失

特大灾难损失(巨灾损失)特指两种情况：一种是所有的或者大部分标的都面临同样的风险因素和发生同样的风险事故；另一种是保险标的的价值巨大，一旦发生损失后果很严重。特大灾难损失对于保险人来说损失范围和程度巨大，难以承受，可能导致破产，因此一般情况下是保险人不愿意承担的。例如保险公司一般都会把战争造成的风险损失作为除外责任，列为不可保风险。

可保风险与不可保风险之间的区别并不是绝对的。如战争、地震、洪水等巨灾风险，在保险技术相对落后和保险公司财力不足、再保险市场规模较小时，它的潜在损失一旦发生，就可能给保险公司带来毁灭性打击，保险公司根本无法承保这类风险。但随着保险公司资本日益雄厚，保险新技术不断出现，以及再保险市场的扩大，这类原本不可保的风险已经被一些保险公司列在保险范围之内。随着保险业和保险市场的不断发展，可保风险包含的范围将越来越大。

## 本章小结

1. 保险学意义上的风险是指在经济生活中，随机事件的发生给经济生活带来的损失的不确定性。风险具有客观性、普遍性、损害性、不确定性、可测定性及发展性等特征。

2. 风险的构成要素包括风险因素、风险事故和损失。风险因素是引发风险事故的原因和条件，是损失的间接原因。而风险事故则是将损失由可能性转化成了现实结果，是损失的直接原因，即风险因素引发风险事故，风险事故导致损失。损失发生之后，就需要经济补偿，从而使保险成为必要。

3. 风险管理是指人们认识、控制和处理各种风险的主动行为。它要求人们研究风险发生和变化的规律，估算风险对社会经济生活可能造成伤害的程度，并选择有效的手段，有计划、有目的地处理风险，以最小的成本代价，获得最大的安全保障。风险管理的基本目标是以最小的成本获得最大的安全保障。

4. 风险管理的基本程序包括风险识别、风险衡量、风险评价、风险管理技术选择和风险管理效果评价等环节。风险管理方法包括控制型风险管理技术和财务型风险管理技术两大类。其中，控制型风险管理技术包括避免、预防、控制和集合分散四种方式；财务型风险管理技术包括自留风险和转嫁风险两种方式。

5. 可保风险是指可以用保险方式来处理的风险，即投保人可以通过购买保险来转嫁的风险。构成可保风险必须满足以下条件：风险必须是纯粹风险，不是投机风险；风险的发生必须是偶然和意外的；风险损失应是可以被确定和计量的；风险应有发生重大损失的可能性；风险必须是大量标的均有遭受损失的可能性；一般不发生特大灾难性的风险损失。

## 课后知识拓展

### 2017年度中国最具代表性十大风险管理案例

随着中国保险业不断发展，其风险保障的核心功能也日益彰显。2018年3月14日，中国保险行业协会在北京发布“2017年度中国最具代表性十大风险管理案例”，其中理赔金额最高达到7.88亿元。这些案例聚焦“代表性”和“风险管理”两大关键词，涵盖了公共巨灾险、信用险、政策农房保险、大病医疗等险种，生动展示了保险业在服务实体经济、脱贫攻坚、民生保障等方面有温度有责任的行业形象。

这些案例虽典型，但仍只是冰山一角。据统计，2017年，中国保险业稳健运行，全行业实现原保险保费收入36 581亿元，同比增长18.16%；全行业赔付支出11 180.79亿元，同比增长6.35%；为全社会提供风险保障4154万亿元，同比增长75%；人身险累计支付赔款6093亿元，最高赔付金额为1.18亿。

中国保监会保险消费者权益保护局副局长沈海波表示，发布年度代表性风险管理案例，一方面反映出保险业在服务民生、支持实体经济、助力扶贫攻坚等方面发挥的积极作用；另一方面也可帮助民众和社会进一步认识风险、了解保险，从而科学合理地运用保险机制管理风险，使保险能够更好地保障经济社会发展和人民群众美好生活。

最终评选出来的2017年度中国最具代表性十大风险管理案例(财产险)包括："6•23"龙卷风灾害某电力公司大额理赔案例；某地震勘探企业海外工程信用险案例；内蒙古农作物重大干旱损失理赔案例；某深水钻井平台产品质量缺陷事故理赔案例；祁阳县"7•2"特大洪灾农房保险理赔案例；某铝业公司特大洪水灾害事故案例；某货轮大风倾覆沉没事故理赔案例；进口PX承运船碰撞救助理赔案例；某电力建设企业海外项目特高压电缆受损案例；"8•5"聊城特大交通事故保险理赔案例。

2017年度中国最具代表性十大风险管理案例(人身险)包括：保险业积极应对"8•8"九寨沟7.0级地震灾害案例；保险业快速应对"8•10"京昆高速重大交通事故案例；政企合作开启"扶贫保"一站式直付理赔案例；民生保障，上海嘉定区老年人意外身故理赔案例；探索"保险+公益新模式"，全国环卫工人大型公益行动保险关爱案例；意外无情保险暖心，人身险超亿元高额理赔案例；丰城181高压电塔施工人员坠塔事故理赔案例；积极理赔石材厂员工重大疾病案例；保险+科技完成对重疾患者极速理赔案例；海外援建人员突遇意外，保险跨境快速理赔案例。

中国保险行业协会秘书长商敬国表示，近年来，保险业在风险管理、风险定价、制度设计、快速处置、积极理赔等方面积累了大量的防灾救灾经验和数据，同时也在创新理赔模式、方法及风险提示、预警、防灾减灾等方面做出积极探索。未来中国保险行业协会将继续提高保险业服务水平，提升全社会风险防范和救助能力，推动保险成为保障人民群众美好生活的制度安排和生活的必需品。

### 保险业协会发布2019年度财产险十佳理赔案例

2020年5月13日，中国保险行业协会发布"2019年度中国财产保险十佳理赔案例"。

银保监会数据显示，2019年保险业为全社会提供风险保障超过6470万亿元，承保保单件数495亿件，累计赔付支出1.29万亿元。财产险公司提供风险保障5369万亿元，累计赔付支出7279亿元。民生相关风险保障作用明显，其中农业保险提供风险保障3.81万亿元，同比增长10.12%；责任保险签单保单数93.47亿件，同比增长28.57%，风险保障金额1560.19万亿元，同比增长80.13%。

与此同时，保险业不断完善应急管理机制，有效助推灾后重建。2019年"利奇马"台风来势汹汹，保险业第一时间启动重大灾害应急预案，携手全力积极应对。根据保险业协会统计，截至2019年底，行业总赔付支出达40.31亿元，其中车险结案13.79万件，赔付支出17.91亿元，非车险结案10.15万件，赔付支出22.40亿元，有力地支援了大灾恢复重建工作。

据了解，在此次十佳理赔案例评选过程中，保险行业协会面向财产保险公司征集了近100件具有代表性的理赔案例，涵盖了财产保险、信用保险、农业保险、责任保险、船舶货运保险、工程保险等多个险种，本着公平、公正和透明化原则，经过行业专家认真评审，最终评选出"2019年度中国财产保险十佳理赔案例"，分别为黑龙江省洪涝灾害30.5亿元理赔案例、山东省民生综合保险台风灾害1.17亿元理赔案例、美家纺巨头破产1852万美元理赔案例、新疆棉花价格"保险+期货"1.30亿元理赔案例、新疆兵团棉花雹灾1.21亿元理赔案例、某在建水电站堰塞湖1.34亿元理赔案例、"货船H轮"沉没致纸浆全损1064万元理赔案例、某运输公司特大交通事故1154万元理赔案例、某轮胎制造公司重大火灾事故1.72亿元理赔案例、四川达州某商贸城火灾1.08亿元理赔案例。

这些案例充分彰显了财产保险业在服务国家重大战略和实体经济、保障民生、助力脱贫攻坚、服务社会治理体系和社会治理能力现代化中的功能作用，并从消费者的角度出发，把保护消费者权益作为评选重点之一，强调保险作为风险管理的市场化机制和社会安排。通过持续发布典型性案例，将进一步促进保险业市场主体更好地承担服务大局、服务民生、保障民生的社会责任，并切实承担起保护保险消费者合法权益的主体责任，改善服务能力和水平。同时，将进一步提升社会公众的金融素养和风险责任意识，不断提高风险识别和应对能力。

下一步，在银保监会的指导下，保险业协会将继续推动行业进一步提高社会责任意识，督促行业进一步提高理赔服务水平，不断提升社会整体风险防范能力，让保险真正成为人民追求美好生活的可靠保障。

(资料来源：www.xinhuanet.com)

# 习　题

## 一、名词解释

1. 风险　2. 风险因素　3. 风险事故　4. 基本风险　5. 纯粹风险
6. 静态风险　7. 动态风险　8. 风险管理　9. 转嫁风险　10. 可保风险

## 二、单项选择题

1. 某日因暴雨造成路面积水、行车困难，某运输公司一辆正在路上行驶的货车与迎面驶来的一辆轿车相撞，造成双方车辆损失严重和轿车上人员伤亡，在此次事故中，暴雨是(　　)。

A. 风险代价　B. 风险因素　C. 风险事故　D. 风险损失

2. 房主外出忘了锁门属于(　　)风险因素。

A. 道德　B. 社会　C. 心理　D. 物质

3. 按风险的性质分类，风险可分为(　　)。

A. 人身风险与财产风险　B. 纯粹风险与投机风险
C. 经济风险与技术风险　D. 自然风险与社会风险

4. 在高速公路上我们经常能看到一些警示牌，如“前面弯道”“请慢行”等，并且在高速公路上每隔一段距离都有122报警电话。从风险管理对策角度看：安装警示牌属于(　　)，设置122报警电话属于(　　)。

A. 风险预防；风险预防　B. 风险控制；风险控制
C. 风险预防；风险控制　D. 风险控制；风险预防

5. 以下各种风险管理的方法中，属于风险转移的是(　　)。

A. 为了免于被动吸烟的危害，尹先生禁止他人在自己家中和车内吸烟
B. 为了减少事故发生的可能性，王先生十分注重行车安全和车辆保养
C. 医生在手术前告知病人手术存在风险，并要求病人家属签字同意手术
D. 金融危机出现后，李先生担忧境外投资的安全性，于是撤回境外投资，转为投资国内产品

6. 下列关于风险管理的说法中，错误的是(　　)。

A. 风险管理是一个系统的过程，包括风险识别、风险评估、风险处理等步骤
B. 风险管理的目的在于避免风险

C. 风险自留是一种主动的风险处理手段
D. 保险是一种财务型的风险转移机制

## 三、多项选择题

1. 可保风险的特征是(　　)。
A. 风险必须具有不确定性
B. 风险在合同期内预期的损失是可测的
C. 风险必须是少量标的均有遭受损失的可能性
D. 风险可能会导致较大损失

2. 下列关于风险的说法中，错误的是(　　)。
A. 风险就是人们承受损失的不确定性　　B. 保险就是一种风险管理办法
C. 承担较高的风险就可以得到较高的回报　D. 风险管理的目的就是防止风险的产生

3. 控制型风险管理技术主要有(　　)。
A. 预防　　B. 抑制　　C. 避免　　D. 保险

4. 下列事件中，属于投机风险的是(　　)。
A. 车祸　　B. 疾病　　C. 赌博　　D. 股票买卖

5. 风险事故的不确定性表现在(　　)。
A. 风险何地发生不确定　　B. 风险是否发生不确定
C. 风险发生的状况不确定　　D. 风险何时发生不确定

## 四、判断题

1. 当损失概率为0和1时，风险不存在。(　　)
2. 纯粹风险所导致的结果有三种，即损失、无损失和盈利。(　　)
3. 运用控制型风险管理技术的目的是降低损失频率和减少损失程度。(　　)
4. 权利人因义务人违约而遭受经济损失的风险是责任风险。(　　)
5. 风险管理中最为重要的环节是风险管理技术选择。(　　)

## 五、简答题

1. 风险的构成要素有哪些？它们之间的关系如何？
2. 简述风险管理与保险的关系。
3. “无风险，无保险”是不是说有风险就有保险？

## 六、案例分析题

1. 某日，刘某由于疏忽大意忘记锁门导致小偷溜进屋偷走手机1部，损失3000元。试分析在此次风险事件中，风险因素、风险事故和风险损失分别是什么？

2. 某风景区内有一人工湖，时常有游人不慎落入水中，景区为了应对该风险，可以采取哪些风险管理技术？请至少列举六种并给出具体措施。

# 第二章

# 保 险 概 述

【课前导读】

本章主要阐述保险的定义、构成要素和基本特征；分析保险的功能和作用；探讨保险的分类标准及不同保险形态的概念及特点；比较保险与其他类似经济行为的联系与区别，系统介绍保险产生和发展的历史以及现阶段世界和中国保险业的发展概况。通过本章的学习，读者将对保险的基础理论知识有进一步的认识。

## 第一节　保险的含义、要素与特征

### 一、保险的含义

#### (一) 保险的概念

1. 广义的保险定义

保险是集合面临同类风险的众多经济组织或个人，以合理计算分担金的形式，实现对少数成员因该风险事故所致经济损失的补偿或给付行为。

此定义具有普遍的适用性，适用于各种保险。

理解保险的概念，需要注意以下几点。

(1) 没有风险就没有保险。自然灾害、意外事故以及人的生老病死残等情况的客观存在是保险产生和发展的前提条件。

(2) 保险属于国民收入的分配环节，是对国民收入中的一部分后备基金的分配和再分配活动。

(3) 保险分配采取价值形式，体现为保费的收取和保险金的赔付均采取货币形式。

(4) 保险分配遵循公平合理的原则。它是一种对经济损失补偿的部分或全部的平均分摊，同时投保人缴纳的保险费要与其面临的风险程度相适应。

(5) 保险是以善后处理经济损失补偿为目的的联合行为，为了实现充分保障，必须有多数人参加才可能有保险行为。

(6) 保险是一个属概念，其内涵量的规定性必须使其外延量能够概括所有的保险经济现象。

#### 2. 狭义的保险定义——商业保险

根据《中华人民共和国保险法》(简称《保险法》)[①]第二条的规定，保险是指投保人根据合同约定，向保险人支付保险费，保险人对于合同约定的可能发生的事故因其发生所造成的财产损失承担赔偿保险金责任，或者当被保险人死亡、伤残、疾病或者达到合同约定的年龄、期限等条件时承担给付保险金责任的商业保险行为。

广义的保险包括社会保险和商业保险，狭义的保险专指商业保险。

### (二) 从不同角度对保险的理解

#### 1. 从经济角度看，保险是分摊灾害事故所致损失的一种经济补偿制度

保险是分摊灾害事故损失的一种财务安排，是为了确保经济生活的安定，对特定风险事故或特定事件的发生所导致的损失，运用多数单位的集体力量，根据合理计算，共同建立基金，进行补偿或给付的经济制度。

#### 2. 从法律角度看，保险是一种合同行为

保险是一方同意补偿另一方损失的合同安排，是根据法律规定或当事人的双方约定，一方承担支付保险费的义务，换取另一方对因意外事故或特定事件的出现所导致的损失负责经济保障的权利的法律关系。

#### 3. 从社会角度看，保险是社会生产和生活的“稳定器”

保险是社会经济保障制度的组成部分。它通过对保险合同约定范围内的事故造成的财产损失或人身伤害进行补偿或给付，可以保障社会再生产过程的持续进行、经济的顺利发展和人们生活的安定，从而达到稳定社会的目的。

#### 4. 从风险管理角度看，保险是风险管理的一种方法

保险是经济组织或个人转嫁风险的一种方法，是一种传统有效的风险管理措施，也是诸多风险管理方法中的一种。

## 二、保险的构成要素

保险的构成要素是指从事保险活动所应具备的必要的因素。保险的构成要素主要有可保风险的存在、大量同质风险的集合与分散、保险费率的厘定、保险基金的建立和保险合同的订立等。

### (一) 可保风险的存在

“无风险，无保险”。风险的客观存在是保险产生和发展的自然前提，但这并不意味着所有风险都可以通过保险方式来处理，而是有一定的范围限制。通常，保险人予以承保的风险必须是满足一定条件的特定风险即可保风险。可保风险的存在使保险既成为必要又有了现实的可能性。

### (二) 大量同质风险的集合与分散

保险分散风险和损害的功能是通过大量的具有相同性质风险的经济单位的集合与分散来实现的。保险人通过与众多投保人签订保险合同并收取保险费的方式将投保人所面临的风险集中起来，当发生保险责任事故时，又将少数人遭遇的风险损失通过补偿或给付的方式分摊给所有投保人，实现风险的分散。因此，保险的过程既是风险集合的过程，也是风险分散的过程。

---

① 本书参照的是《中华人民共和国保险法》2015年修正版。

### (三) 保险费率的厘定

保险是一种商品，保险费率即保险商品的价格。保险的买卖是一种商品交换行为，投保人以交纳保险费为条件，换取保险人在保险事故发生时对被保险人的保险保障，保险费率的高低直接影响到保险市场的供求状况，为保险商品制定合理的价格即厘定保险费率就成为保险交换的基础。因此，保险费率的厘定是保险的基本构成要素之一。为了保障保险双方的利益，保险费率的厘定要遵循适度、合理、公平和稳定的原则。

### (四) 保险基金的建立

保险人履行其赔偿或给付义务是通过建立保险基金来实现的。保险基金是指用以对因自然灾害、意外事故和人体自然规律所致的经济损失和人身损害进行补偿或给付的专项货币基金。保险基金具有来源上的分散性与广泛性、使用上的专项性、总体上的返还性和运用上的增值性等特点。保险基金的来源主要是开业资本金和保险费。保险基金的存在形式是各种准备金，包括未到期责任准备金、赔款准备金、总准备金和其他准备金等。当保险基金处于闲置状态时，保险人可以将保险基金重新投入社会再生产过程加以运用。可见，保险基金既是保险人赔付保险金的基础，又是保险人从事保险资金运用的基础。保险基金的规模大小，制约着保险企业的业务发展规模。

### (五) 保险合同的订立

投保人参加保险之后，保险事故是否发生、何时发生、损失程度如何等均具有较大的随机性，因此就要求投保人和保险人以法律的形式来约定双方的权利和义务，并在其约束下享受权利、承担义务。这种法律形式就是保险合同。保险合同是约定保险双方权利和义务关系的协议，是保险经济关系存在的形式，也是保险双方权利和义务的依据。如果不以保险合同的方式来明确双方的权利和义务，保险关系则难以成立。

## 三、保险的特征

### (一) 经济性

保险的经济性体现在以下几个方面。

(1) 保险给人们提供的是经济保障，即当人们因保险事故的发生导致经济利益受损时，提供经济上的帮助，表现为保险金的补偿或给付。

(2) 保险保障的对象是财产和人身，两者都直接或间接属于社会再生产中的生产资料和劳动力两大经济要素。

(3) 保险实现保障的手段即补偿或给付都是采取货币形式进行的。

(4) 保险保障的根本目的是维护社会稳定、推动经济发展。

### (二) 商品性

保险体现了一种等价交换的商品经济关系，即投保人通过缴纳保险费购买保险和保险人出售保险提供经济保障的关系。这种经济关系直接表现为个别投保人与个别保险人之间的交换关系，间接表现为一定时期内全体投保人和全体保险人之间的关系。

#### 1. 保险商品属性的内涵

保险是一种商品。这是因为在市场经济条件下，保险基金的筹集和保险补偿(或给付)一般不可能采取直接摊派方式，而只能采取保险人出售保险单和投保人交付保险费的买卖方式实现，从而使保险的商品形态成为保险分配关系得以实现的一种形式。

保险是一种特殊的劳务商品，属于国民经济第三产业。保险商品的特殊性表现为：首先，保险是一种无形商品；其次，保险是一种非渴求商品；再次，保险的消费和服务具有不可分割性。保险商品的这些特性，决定了保险必须进行推销才能完成其交易活动。

#### 2. 保险商品的价值和使用价值

1) 保险商品的价值

保险商品的价值是物化于保险本身的劳动，即用来生产因风险损失引起的保险补偿过程中所必须消耗的那部分生产资料和生活资料的劳动。

保险商品价值量的规定性表现为纯保险费率。保险商品的价值量取决于保险标的的平均损失率。它与一般商品不同，一般商品的价值量取决于生产该商品的社会平均必要劳动量，价值规律在这里发生作用，而保险商品的价值量则取决于风险损失概率，即决定于损失概率所要求的生产资料或生活资料的价值量。所以，保险商品的价值量决定不受价值规律支配，而是受风险发生的概率支配。

2) 保险商品的使用价值

保险是一种保障性商品，其使用价值是为被保险人提供某些保障。它具体表现为两个方面，一是免除恐惧，即人们参加保险以后，由于将全部或部分风险转移给了保险人，从而在整个保险期间内获得了安全感，这是一种精神上的消费。二是补偿经济损失，即保险人对被保险人在保险期限内因保险事故所遭受的经济损失进行补偿，这是一种实质上的消费。由于保险仅对损失补偿，且被保险人不可能从损失补偿中获得额外的利益，因此，善意投保人或被保险人并不希望实现对保险商品的实质性消费(生存保险和储蓄保险除外)。保险商品的实质性消费是精神上消费的物质基础，但保险商品的消费主要是精神上的消费，体现着“人人为我，我为人人”的互助共济理念。

保险商品使用价值的量表现为保险金额，它是保险人承担约定赔偿或给付保险金的最高限额。

#### 3. 保险商品的等价交换

商品的等价交换原则是商品价值等量交换的原则，即参与交换的两种商品的价值量相等。而保险商品的交换，表面上看是投保人用少量的、固定的保险费支出换取了大量的不确定的经济保障，不论是否发生事故，二者都是不相等的。实际上，保险商品的等价交换表现为一种“对价”，即保险人提供的经济保障由于具有不确定性使其在价值上就值投保人所缴纳的保险费这个价。

#### 4. 保险商品交换的特点

(1) 契约性。保险商品的交换是以买卖双方签订保险合同的方式来进行的，保险合同是保险关系存在的唯一形式，双方的权利和义务都要通过保险合同加以明确。

(2) 期限性。保险合同的签订并不意味着保险交易过程的结束，而恰恰是被保险人享受保险保障和保险人提供保险服务的开始。在保险合同规定的期限内被保险人因保险责任事故而遭受经济损失或人身伤害，保险人应履行赔偿或给付义务。这说明，保险商品的交换不是瞬间完成的，而是一个有期限的交易过程。

(3) 条件性。保险商品的交换是有条件限制的。对于购买者即投保人来说，首先，要具有完全的行为能力和权利能力；其次，对保险标的必须具有保险利益；再次，只能为那些符合条件的被保险人购买保险。这些条件的规定是为了防止道德风险的发生。

(4) 诺承性。一般商品的交易通常是实践性交易，而保险商品交换具有诺承性，即在保险合同的签订和履行过程中，保险双方必须遵循最大诚信原则，恪守信用，严格履行合同规定的义务。

#### (三) 互助性

保险具有“人人为我，我为人人”的互助特性。保险在一定条件下，分担了部分经济组织或个人所不能独自承担的风险，从而形成了一种经济互助关系。表面上看，投保人之间是毫无关系的个体，但实际上他们通过保险人这个媒介建立了一种间接的互助关系。这种互助关系是通过保险人用所有投保人缴纳的保险费建立保险基金，对少数遭受风险损失或人身伤害的被保险人进行补偿或给付来实现的。离开了多数人的经济互助，保险就无从发挥其作用。

从本质上来说，保险就是一种社会互助的经济保障制度，保险的互助性是其得以存在和发展的社会思想基础。

#### (四) 契约性

保险体现了一种法律关系。保险关系的建立表现为保险合同的签订，保险双方的权利和义务要通过保险合同加以明确，并受法律的保护和规范。

#### (五) 科学性

保险是应对风险的科学有效措施。概率论和大数法则是寻求某种随机现象规律性的科学，它们都是现代保险经营产生和发展的数理基础。在保险业的发展过程中，从市场调查、数据统计、产品开发到费率的厘定，从准备金的提取到再保险的安排，都以精密的数理计算为基础，体现了其科学性。

## 第二节　保险的功能和作用

### 一、保险的功能

2006年发布的《国务院关于保险业改革发展的若干意见》(简称“国十条”)中明确指出，保险具有经济补偿、资金融通和社会管理功能，是市场经济条件下风险管理的基本手段，是金融体系和社会保障体系的重要组成部分，在社会主义和谐社会建设中具有重要作用。

#### (一) 经济补偿功能

经济补偿功能是保险最基本的功能，是保险自身所特有的，最能体现保险的本质属性。

保险的经济补偿功能是通过分散风险和补偿损失(或给付保险金)来实现的。

##### 1. 分散风险

保险人把某一时期内某一组织或个人因偶发的自然灾害、意外事故或人身事件所导致的经济损失，通过收取保险费的办法平均分摊给所有参加者，从而使每个人所面临的风险损失相应减少。保险标的数量越多，保险人可能筹集的保险基金就越多，用于补偿的资金实力越雄厚。同时，风险也能在更大的范围内进行分散。

##### 2. 补偿损失

保险人把集中起来的保险基金用于补偿被保险人因合同约定的保险事故所致经济损失，或对人身事件的发生给付保险金，包括财产保险的补偿和人身保险的给付。财产保险的补偿是指保险人通过收取保险费，建立保险基金，当发生保险事故造成保险标的损失时，在损失金额内给予经济上的补偿，以保障社会生产的持续进行和社会生活的安定。人身保险的给付是在保险合同约定的保险事故发生或达到约定的年龄或保险期限届满(统称为保险事件发生)时，保险人按照合同约定的金额给付保险金。

分散风险和补偿损失是手段和目的的统一，是保险本质特征的最基本反映。其中，分散风险是手段，补偿损失是目的。

### (二) 资金融通功能

资金融通功能是指保险业将在履行保险经济补偿功能过程中形成的暂时闲置资金投入到社会再生产过程中所发挥的金融中介作用。

一方面，由于保险费收入与保险金的赔付支出之间存在着时间差；另一方面，保险事故一般也不会都是同时发生，保险人收取的保险费不可能一次全都赔付出去，保险人收取的保险费与赔付支出之间也存在着数量差，这些都为保险人进行保险资金的融通提供了可能。

保险的资金融通功能使得保险业可以在对各种风险进行有效控制管理的基础上实现保险资金的保值和增值，同时也增加了社会的生产性资金，能够有效地促进社会经济的繁荣与发展。但保险资金的融通还是应以保证保险的补偿或给付为前提，同时坚持安全性、流动性和收益性的原则。

### (三) 社会管理功能

社会管理是指对整个社会及其各个环节进行调节和控制的过程，目的在于正常发挥各系统、各部门、各环节的功能，从而实现社会关系和谐，整个社会良性运行。保险的社会管理功能是指通过保险的内在特性，促进经济社会的协调以及社会各领域的正常运转和有序发展。保险的社会管理功能是在保险业逐步发展成熟、在社会发展中的地位不断提高之后衍生出来的一项功能，主要体现为如下四个方面。

#### 1. 社会保障管理

社会保障管理被誉为社会的“减震器”，是保持社会稳定的重要条件。社会保障体系一般由社会保险、社会救济、社会福利、社会优抚和安置等各项不同性质、作用和形式的社会保障制度组成。其中，社会保险是社会保障的核心内容。除了社会保险之外，商业保险也是社会保障体系的重要组成部分，在完善社会保障体系方面发挥着重要作用。首先，商业保险可以为一些没有参与社会基本保险制度的劳动者提供保险保障，有利于扩大社会保障的覆盖面；其次，商业保险具有产品灵活多样、选择范围广等特点，可以为社会提供多层次的保障服务，提高社会保障的水平，减轻政府在社会保障方面的压力。

#### 2. 社会风险管理

保险业从开发产品、制定费率到承保、理赔的各个环节，都直接与灾害事故打交道，不仅具有识别、衡量和分析风险的专业知识，而且积累了大量风险损失资料，为社会风险管理提供了有力的数据支持；同时，保险业能够积极配合有关部门做好防灾防损工作，并通过差别费率等措施，鼓励投保人和被保险人主动做好各项预防工作，降低风险发生的概率，实现对风险的控制和管理；保险业还可以在国家应对公共突发事件应急处理机制中发挥作用。

#### 3. 社会关系管理

通过保险应对灾害损失，不仅可以根据保险合同约定获得合理的损失补偿，还可以提高事故的处理效率，减少当事人之间可能出现的各种纠纷。由于保险介入灾害处理的全过程，参与到社会关系的管理之中，逐步改变了社会主体的行为模式，为维护政府、企业和个人之间正常、有序的社会关系创造了有利条件，减少了社会摩擦，提高了社会运行的效率。

#### 4. 社会信用管理

最大诚信原则是保险经营的基本原则，保险经营的产品实际上是一种以信用为基础、以法律为保障的承诺，在培养和增强社会的诚信意识方面具有十分重要的作用。同时，保险在经营过程中可以收集企业和个人的履约行为记录，为社会信用体系的建立和管理提供重要的信息资料来源。

保险的三大功能是一个有机联系、相互作用的整体。经济补偿功能是保险的最基本功能，是保险区别于其他行业的最根本的特征；资金融通功能是在经济补偿功能的基础上产生的派生功能，体现了保险的金融属性；社会管理功能是在保险业发展到一定程度且在社会经济发展中有了相当地位并不断增强之后衍生的一项重要功能，只有在经济补偿功能和资金融通功能实现的基础上才能充分发挥。

## 二、保险的作用

保险的作用是保险在执行其功能时所产生的社会效应，是保险功能发挥的结果。

### (一) 保险在微观经济中的作用

保险在微观经济中的作用主要是指保险作为经济组织或个人风险管理的财务手段所产生的对微观主体的经济效应。

#### 1. 有助于受灾企业及时恢复生产或经营

风险是客观存在的。不可避免的自然灾害或意外事故的发生，尤其重大灾害事故的出现，会破坏企业的资金循环，缩小企业的生产经营规模，甚至中断企业的生产经营过程，导致企业的经济损失。如果相关企业参加了保险，在遭受了保险责任范围内的损失时，就可以按照保险合同的约定，从保险公司及时获得保险赔款，重新购置资产，恢复生产经营。

#### 2. 有助于企业加强经济核算

财务型的风险管理技术之一就是通过保险来转嫁风险。如果企业参加了保险，就能够将其所面临的不确定的大额灾害损失，转化为确定的小额的保险费支出，并摊入企业的生产成本或流通费用中。这既符合企业的经营核算制度，保证了企业经营成本的均衡；又保证了企业财务成果的稳定，不至于因为各种灾害损失遭到破坏。

#### 3. 有助于企业加强风险管理

保险公司常年与各种灾害事故打交道，积累了较为丰富的风险管理经验，可以通过承保时的危险调查和分析、承保期内的危险检查与监督等活动，帮助投保企业尽可能地消除各种潜在的风险因素，达到防灾防损的目的。保险公司还可以通过保险合同的约束以及保险费率这一价格杠杆调动企业防灾防损的积极性，共同搞好风险管理工作。

#### 4. 有助于安定人民生活

灾害事故的发生对于家庭和个人来说同样是不可避免的。参加保险不仅是企业风险管理的有效手段，也是家庭和个人风险管理的必要选择。家庭财产保险可以使受灾家庭恢复原有的物质生活条件；人身保险可以帮助被保险人转嫁生、老、病、死、残等意外或必然事件带来的风险，保障家庭或个人的正常生活。

5. 有助于民事赔偿责任的履行

在日常生活及社会活动中，难免会发生一些因民事侵权或其他侵权行为引发民事赔偿责任的事件。如因致害人的过错或无过错导致受害的第三者遭受财产损失或人身伤亡，引起民事损害赔偿责任。担心承担民事赔偿责任的单位或个人可以通过购买保险的方式将相关风险损失转嫁给保险公司，使被侵权人的合法权益得到保障并顺利获得在保险金额以内的民事赔偿。这样既可以分散被保险人的意外责任风险，又能切实保障受害的第三者的经济利益。

(二) 保险在宏观经济中的作用

从宏观经济方面来看，保险对于促进整个经济的正常运行作用显著。

1. 有助于保障社会再生产的顺利运行

社会再生产过程包括生产、分配、交换和消费四个环节，这四个环节在时间和空间上相互联系，互为依存。整个社会再生产过程在正常情况下会连续均衡进行，但是，在此过程中一旦出现各种自然灾害和意外事故，导致某个环节出现了问题，经济链条就有可能中断。如某家原材料生产企业遭受巨灾损失，无力及时恢复生产，导致该企业不能按时履行供货合同和清偿债务，这就对相关投资者、上游供货商和下游生产企业产生连锁反应，进一步影响到整个社会再生产过程的均衡发展。如果该企业通过保险的方式提前做了风险管理，此时就可以通过保险的经济补偿，及时迅速地对社会再生产过程的中断和失衡进行修补，保证其连续、稳定运行。

2. 有助于促进对外经济交往的发展和国际收支的均衡

在对外贸易、对外投资等国际经济交往中，保险是不可缺少的重要环节。保险业务的发展，如出口信用保险、投资保险、海运货物运输险、远洋船舶保险以及更多相关新险种的开发，既可以促进对外经济贸易，保障国际经济交往，又能带来无形的贸易收入，平衡国际收支。

3. 有助于促进社会稳定

首先，企业的稳定和家庭的安定都是社会稳定的构成因素，保险通过对保险责任范围内的损失和伤害进行补偿和给付，分散了被保险人的风险，使被保险人能够及时地恢复正常的生产和生活，从而为社会稳定提供了切实有效的保障。

其次，保险业解决了大批人员的就业问题。

再次，保险业作为金融业的三大支柱之一，通过参与金融市场交易，有利于金融市场的稳定与繁荣。

案例2-1

人保财险山东民生综合保险台风灾害理赔案例

2018年8月19日，受“8·19温比亚”台风大范围强降雨天气影响，山东省境内潍坊、东营、济宁、菏泽等多地不同程度受灾，潍坊地区尤为严重。

灾害发生后，人保财险山东省分公司立即启动大灾预案，成立大灾救援应急小组，调度各方面理赔资源，累计投入3975人次，历时45天，及时完成对受灾的165个乡镇、2978个行政村农房的查勘、定损工作。截至2019年2月1日，共赔付2.96万户居民房屋及财产赔款1.17亿元。

山东潍坊市民生综合保险2015年在重点县市试点、2016年在全市开办。该保险保费由各地县、市、区财政承担，不需要个人支付任何费用。人保财险严格按照保险合同约定，损失查勘工作采用与村委对接，逐村逐户排查，保证每个受灾群众都能得到合理赔偿。在理赔时，查勘小组同时对受灾群众进行安抚工作，稳定了受灾地区人民群众的情绪，圆满完成理赔工作。

山东省灾害民生综合保险的保障范围全面，包括了自然灾害、特定意外事故造成的房屋损失、室内家庭财产损失及人身伤亡，在广大居民群众中赢得了良好口碑。2019年，该险种充分发挥保险在防灾减灾和灾害救助中的重要作用，极大提升了辖内居民抵御自然灾害的能力。该险种惠及全省行政区域内常住人口以及灾害发生时在本行政区域内的其他人员，实现共享普惠，对于加快促进构建社会力量和市场机制参与的自然灾害应急管理体系，提升灾害救助质量和水平，帮助受灾群众快速恢复生产生活，维护社会和谐稳定，具有重要意义。

(资料来源：www.iachina.cn)

# 第三节　保险的分类

按照不同的标准对保险进行分类，可以使保险合同的购买者能够清楚地对照自己的不同需要来购买符合自己需求的保险；同时也有利于保险人针对不同的人群推荐和销售不同的保险产品，提高销售的效率和管理的科学性。以下是几种常见的保险分类方式。

## 一、按保险的实施方式划分

### (一) 强制保险(Compulsory Insurance)

强制保险又称为法定保险，是指国家对一定的对象以法律、法令或条例规定其必须投保的一种保险。如我国的机动车交通事故责任强制保险和旅行社责任险等。

强制保险的实施方式有以下两种：

(1) 保险对象与保险人均由法律限定。

(2) 保险对象由法律限定，保险人由投保人自由选择。

### (二) 自愿保险(Voluntary Insurance)

自愿保险也称为合同保险或任意保险，是指保险双方当事人通过签订保险合同，一方缴纳保险费，另一方提供保险保障，自愿组合、实施的一种保险。在自愿保险中，是否投保、向谁投保、选择什么样的保障范围、保障程度和保障期限都是由投保人自主决定的。当然，保险人也可以根据自己的情况选择是否承保、怎样承保，并可以自由选择保险标的、设定投保条件。我们通常见到的大多数商业保险都是自愿保险。如家庭财产保险、车辆损失保险、人寿保险等。

## 二、按保险标的划分

按照保险标的不同，可以将保险划分为人身保险和财产保险两大类(如图2-1所示)。

### (一) 人身保险(Personal Insurance)

人身保险是以人的生命或身体为保险标的，当发生保险责任事件时，保险人履行给付保险金责任的一种保险。因为人的生命或身体无法简单地用货币来衡量，因此人身保险合同一般采用定额保险合同的方式，以双方事先约定的保险金额作为给付标准。根据保障范围的不同，人身保险可以分为人寿保险、意外伤害保险和健康保险。

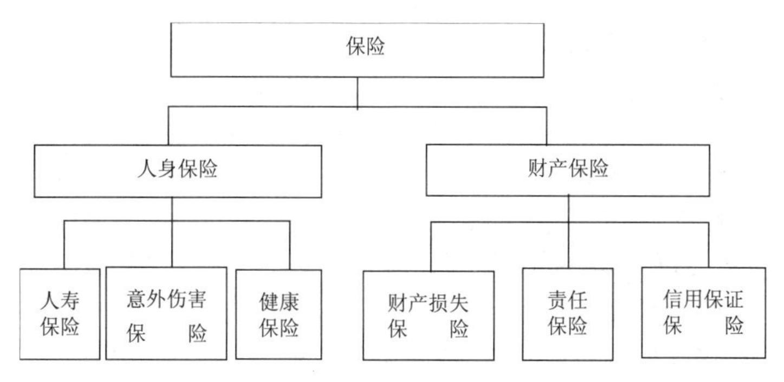


图2-1 按保险标的不同对保险的分类

### (二) 财产保险(Property Insurance)

广义的财产保险是以财产和有关利益为保险标的的一种保险，包括财产损失保险、责任保险和信用保证保险。财产分为有形财产与无形财产，如厂房、机械设备、运输工具、产成品等为有形财产；预期利益、权益、责任信用等为无形财产。

#### 1. 财产损失保险(Property Loss Insurance)

财产损失保险(即狭义的财产保险)是指以有形的财产物资及其利益为保险标的，保险人对因保险事故发生导致的财产损失给予补偿的保险，包括团体火灾保险、家庭财产保险、运输工具保险、交通运输保险、工程保险和农业保险等。

#### 2. 责任保险(Liability Insurance)

责任保险是以被保险人依法应承担的民事损害赔偿责任或经过特别约定的合同责任作为保险标的的保险。其主要险种有公众责任险、雇主责任险、产品责任险、职业责任险等。

#### 3. 信用保证保险

信用保证保险是以信用风险作为保险标的的保险，它是一种担保性质的保险。保险人对信用关系的一方因对方未履行义务或不法行为而遭受的损失承担经济赔偿责任。信用关系的双方即债权人和债务人都可以投保。当债权人作为投保人向保险人投保债务人的信用风险时就是信用保险(Credit Insurance)；当债务人作为投保人向保险人投保自己的信用风险时就是保证保险(Guarantee Insurance)。

随着经济的持续发展，社会分工不断细化，财产保险的标的也随之改变，财产保险合同的种类也在不断增加。

## 二、按保险承保方式划分

### (一) 原保险(Original Insurance)

原保险是指投保人与保险人直接签订保险合同而建立保险关系的一种保险。在原保险方式中，保险需求者直接将风险转嫁给保险人，这种风险转嫁方式是投保人对原始风险的纵向转嫁，是第一次风险转嫁。

### (二) 再保险(Re-insurance)

再保险是指保险人将其承担的保险业务，以分保形式部分或全部转移给其他保险人的一种保险，即对保险人的保险，又称分保。分出再保险业务的一方称为分出人；接受分保业务的一方称为分入人。这种风险转嫁方式是原保险人对原承保业务风险的纵向转嫁，是第二次风险转嫁。

原保险与再保险的区别如下。①合同主体不同。原保险合同主体一方是保险人，另一方是投保人与被保险人；再保险合同主体的双方均为保险人。②保险标的不同。原保险合同中的保险标的既可以是财产及其有关利益，也可以是人的生命或身体；再保险合同中的保险标的只能是原保险人承保的保险合同责任的一部分。③合同性质不同。原保险合同中的财产保险合同和健康保险属于补偿性质，人寿保险与人身意外伤害保险合同属于给付性质；而再保险合同都属于补偿性质，再保险人按照合同规定对原保险人所支付的赔款或保险金进行分摊。

### (三) 共同保险(Co-insurance)

共同保险简称共保，是由两个或两个以上的保险人联合直接承保同一保险标的、同一保险利益、同一保险责任，且总保险金额不超过保险标的可保价值的保险。在发生赔偿责任时按照各保险人各自承保的保险金额进行比例分摊。这种风险转嫁方式是保险人对原始风险的横向转嫁，仍属于风险的第一次转嫁。

共同保险与再保险的区别在于：在共同保险中，每一个保险人直接面对投保人，风险在各保险人之间被横向分散；在再保险中，投保人直接面临的是原保险人，原保险人又与再保险人发生业务关系，投保人与再保险人之间没有直接的联系，两者通过原保险人发生间接关系，风险在原保险人与再保险人之间被纵向分散。

### (四) 重复保险(Double Insurance)

重复保险是指投保人以同一保险标的、同一保险利益、同一保险事故分别与数个保险人订立保险合同，且保险金额总和超过保险价值的一种保险。

重复保险的构成条件如下。①保险标的相同。②保险利益相同。基于同一保险标的的不同保险利益订立不同的保险合同，不构成重复保险。③保险事故相同。④与两个以上的保险人签订保险合同。⑤保险期间相同。⑥保险金额总和超过保险价值。即便存在多个保险人，若保险金额之和不超过保险价值，也只是原保险或共同保险。

为了防止投保人从重复保险中获得经济补偿之外的额外利益，《中华人民共和国保险法》第五十六条明确规定，重复保险的各保险人赔偿保险金的总和不得超过保险价值。有些国家甚至不承认重复保险合同的法律效力。

重复保险与共同保险的区别如下。①重复保险的保险金额之和超过保险价值；共同保险的保险金额之和不超过保险价值。②在重复保险中，投保人与各保险人分别签订保险合同，因此存在多个保险合同；在共同保险中，若干保险人事先达成协议，联合起来共同承保，投保人与所有保险人之间只存在一个保险合同。

**案例2-2**

**8家中资公司组成RX咖啡董责险“底层共保体”**

2020年4月2日晚，RX咖啡承认其在2019年二季度至四季度内存在伪造交易行为，牵涉约22亿元交易额。数据显示，RX咖啡2019年前三季度的主营业务收入为29.29亿元，而22亿元的造假规模，已逼近其三个季度总的主营业务收入规模。受此消息影响，美东时间4月2日盘前，RX咖啡股价暴跌逾80%。

RX咖啡投保的上市公司董(监)事及高级职员责任保险(以下简称“董责险”)能否为其带来巨额赔偿，由此成为市场关注焦点。

所谓董责险，全称为董监事及高级管理人员责任保险，指的是公司董事及高级管理人员在行使职权时，因过错导致第三者遭受经济损失，依法应承担相应经济赔偿责任的风险，将它转嫁给保险公司，由保险公司按合同约定来承担经济赔偿责任。大型董责险项目对一家保险公司来说独立承保风险太大，一般会有几家保险公司组成一个共保体，并设置不同比例“赔层结构”。当损失达到约定额度后，“底层”将被击破，再由紧接着的“超赔层”承保公司继续赔付。“底层”承保公司往往受到影响最大，反之，越往上，损失越小。

一般而言，董责险会在上市之前购买，而本次事件的主角RX咖啡，于2019年5月17日在美国纳斯达克交易所上市之前，就已经购买了董责险。

RX咖啡董责险保单组成的“共保体”一共有4层，总保额达2500万美元，“底层共保体”由8家中资公司组成，除了中国平安产险(承保份额30%)外，参与的保险公司分别为：中国太保产险(承保份额17.5%)、中国人保财险(承保份额15%)、中华联合财险(承保份额15%)、国任财险(承保份额10%)、大地保险(承保份额5%)、锦泰财险(承保份额5%)、前海财险(承保份额2.5%)。

RX咖啡底层保额为1000万美元，中国平安产险是“底层”首席承保方，承保底层份额达到30%，即平安产险承保30%份额，承保保额是300万美元，按汇率计算约为2127万元人民币。

值得一提的是，业内人士介绍，投保董责险之时是否履行如实告知义务，是RX咖啡能否得到巨额保险赔偿的关键，该项结果将直接决定RX咖啡保险保单的法律有效性。

作为承保方之一的中国平安和中国太保等公司分别表示，已收到RX咖啡的董责险理赔申请，正在进一步处理中。

(资料来源：https://.finance.sina.com.cn)

## 四、按保险的属性划分

### (一) 政策性保险(Policy Insurance)

政策性保险是指政府为了一定的政策目的，委托商业保险公司或成立专门的政策性保险经营机构，运用一般的商业保险技术开办的保险。政策性保险一般可分为两类：一类是社会政策性保险，主要包括社会保险；另一类是经济政策性保险。

#### 1. 社会保险(Social Insurance)

社会保险是国家或政府通过立法形式，采取强制手段对全体公民或劳动者因遭遇年老、疾病、生育、伤残、失业和死亡等社会特定风险而暂时或永久失去劳动能力、失去生活来源或中断劳动收入时的基本生活需要提供经济保障的制度。在现实生活中，有许多风险是商业保险不能解决的，如大规模的失业、贫困化等问题。这些风险如果得不到保障，就会造成社会动荡，直接影响经济发展和社会稳定。社会保险是国家为了稳定社会秩序，贯彻社会公平原则而开办的，具有一定的政治意义。它体现的是政府的责任，不以追逐利润为经营目的，属于公共经济的范畴。在社会保险基金发生困难时，国家财政将予以支持并承担最终的给付责任。社会保险通常包括基本养老保险、基本医疗保险、工伤保险、失业保险和生育保险等五个方面。

#### 2. 经济政策性保险(Economic Policy Insurance)

经济政策性保险是国家从宏观经济利益出发，对某些关系国计民生的重要行业实施保护政策的保险，如出口信用保险、农业保险和存款保险等。经济政策性保险往往表现出国家对于某些产业的扶持态度，很多国家政府都会对经济政策性保险业务采取补贴、免税以及立法保护等方式予以扶持。

### (二) 商业保险(Commercial Insurance)

商业保险是指投保人根据合同约定，向保险人支付保险费，保险人对于合同约定的风险所导致的财产损失承担赔偿责任；或当被保险人死亡、伤残、疾病、达到合同约定的年龄或期限时承担给付保险金责任的一种保险。商业保险的目标是利润最大化，属于私人经济的范畴。商业保险一般是自愿保险。

## 五、按保险营利与否划分

### (一) 营利性保险(Proprietary Insurance)

营利性保险是指由保险公司开办的、以营利为目的的各类保险，即商业性保险。一般的财产保险和人身保险多为商业保险。

### (二) 非营利性保险(Non-Proprietary Insurance)

非营利性保险是指不以营利为目的的保险。按经营主体不同，是否带有强制性，可以分为政策性保险、相互保险和合作保险。

## 六、按保险赔付形式划分

### (一) 定额保险(Quota Insurance)

定额保险是指在保险合同订立时，由保险双方当事人协商确定一定的保险金额，当保险事故发生时，保险人依照预先确定的金额给付保险金的一种保险。定额保险主要适用于人身保险。

### (二) 损失保险(Damage Insurance)

损失保险是指保险事故发生以后，由保险人根据保险标的的实际损失额支付保险金的一种保险。损失保险主要适用于财产保险。

## 七、按保险的经营主体划分

### (一) 公营保险(Public Insurance)

公营保险是指由国家或地方政府投资经营的保险。

### (二) 私营保险(Private Insurance)

私营保险是指由私人投资经营的保险，如股份保险公司经营的保险等。

## 八、按投保单位划分

### (一) 个人保险(Personal Insurance)

个人保险的投保人是自然人，是指自然人以其生命、身体或家庭财产为保险标的与保险公司签订保险合同确立保险关系的一种保险业务。

(二) 团体保险(Group Insurance)

团体保险主要适用于人身保险，它是指以团体组织作为投保人与保险人签订保险合同，由保险人用一份总的保险合同向团体内的众多成员提供保险保障的一种保险业务。在团体保险中，投保人是团体组织，如机关、社会团体、企事业单位等独立核算的单位组织，被保险人是团体中的在职人员，保费由团体组织来缴纳。

# 第四节　商业保险与保险公司

除“第十章　社会保险”这一章以外，本书所讨论的保险，均是以商业保险为主。保险经济活动、保险分配关系、保险的功能都必须通过一定的组织形式来实现，保险公司就是保险分配关系外部组织的高级形式。本章先对商业保险和保险公司的性质和功能等进行概略介绍。

## 一、商业保险

### (一) 商业保险的定义

商业保险又称合同保险或自愿保险，是指保险双方当事人自愿订立保险合同，由投保人缴纳保险费，用于建立保险基金；当被保险人发生合同约定的财产损失或人身事件时，保险人履行赔付或给付保险金的义务。

《中华人民共和国保险法》第二条规定：“本法所称保险，是指投保人根据合同约定，向保险人支付保险费，保险人对于合同约定的可能发生的事故因其发生所造成的财产损失承担赔偿保险金责任，或者当被保险人死亡、伤残、疾病或者达到合同约定的年龄、期限等条件时承担给付保险金责任的商业保险行为。”

由此可见，《中华人民共和国保险法》是一部“商业保险法”。

### (二) 商业保险的构成要素

#### 1. 专营机构

《中华人民共和国保险法》第六条规定：“保险业务由依照本法设立的保险公司以及法律、行政法规规定的其他保险组织经营，其他单位和个人不得经营保险业务。”

能够在保险市场上经营保险业务的组织包括保险公司和各种保险中介机构，其中保险公司是商业保险专营机构的主要形态，它是保险供给主体。保险公司是依法成立的经济法人。

#### 2. 保险合同

保险合同是投保人与保险人约定保险权利义务关系的协议。签订保险合同是法律行为，经过投保人与保险人之间的要约与承诺，保险合同就构成法律事实。由于保险活动不是即时结清的买卖行为，所以保险活动必须采用书面协议的方式，并由保险法或保险合同加以规范和调整。

#### 3. 保险利益

保险利益是指投保人或者被保险人对保险标的必须具有法律上或事实上的利益。保险合同的成立，以投保人具有保险利益为前提条件，如果投保人对投保标的不具有保险利益，已签订的保险合同无效。

#### 4. 大数法则

商业保险的险种要求具有大量标的，使危险损失率符合概率的要求，只有这样才能使保险费率的定价符合公平合理的要求，商业保险的经营才有科学的依据。

#### 5. 保险基金

保险基金主要由保险公司的实收资本和历年的以收抵支后的结余及保险公司的责任准备金等构成，它决定着保险公司的承保能力。商业保险活动如果没有相应数量的保险基金是不可能进行的。

### (三) 商业保险与类似制度或行为的比较

#### 1. 商业保险与社会保险的比较

商业保险与社会保险同为保险制度，具有一定的相同点。例如，它们都需要筹集资金作为制度运行基础，都具有风险分摊机制，都通过风险转移的方式来降低损失，都能够为参保人提供经济补偿，都具有为偶然性风险提供保障等特征。当然，商业保险和社会保险也具有明显的区别，主要体现在如下几个方面：经营主体和目的不同；实施方式不同；管理方式不同；保障程度不同；保障关系不同；保障对象不同；保险费的负担不同；保险金额的确定不同等(详细分析见本书第十章)。

#### 2. 商业保险与经济政策性保险的比较

1) 举办主体不同

商业保险可以是国营、公私合营或私营，而经济政策性保险一般针对的都是风险大、利润薄、甚至亏本的项目，商业保险公司出于风险和盈利角度的考虑都不愿意承保，但这些项目又关系国计民生，国家非扶持不可。所以，经济政策性保险一般都由政府成立专门的专业保险公司予以承保，如农业保险公司、出口信用保险公司等。有的国家会指定商业保险公司承保，但同时给予优惠政策。

2) 经营目标不同

商业保险公司以利润最大化为经营目标；政策性保险公司虽然也要求经济核算，但更注重社会宏观经济效益，在亏损项目上会由政府财政给予适度支持。

3) 承保机制不同

商业保险提供的险种比较多，可由投保人自由选择，同时在保险利益的价值范围内由投保人自己决定投保金额，甚至保险费率也可以谈判。经济政策性保险一般是设定特定的险种、单一费率，同时保险人为了防止投保人的逆向选择行为，一般要求投保人必须将政策性保险项目的所有对象都予以投保，这种做法近乎以经济手段强制投保，从而达到有效消除逆向选择风险因素的目的。

#### 3. 商业保险与储蓄的比较

商业保险与储蓄都是客户以现有的剩余资金用作将来需要的准备，都可以作为处理经济不稳定的善后措施，需求者也往往将商业保险与储蓄进行比较。实际上商业保险与储蓄之间存在较大区别。

1) 需求动机不同

投保人对商业保险的需求一般是基于特定事件发生与否、发生时间和损失程度的不确定性，对投保人而言，参加商业保险的目的是以小额的保费支出将不确定的风险转嫁给保险人，使被保险人获得生产、生活安定的保障。而储蓄的需求动机一般是基于购买准备、支付准备和预防准备，这些需求在时间上和数量上大多是可以确定的。所以当风险可以预测且结果可以计算时，一般采用储蓄的方法。

2) 保障性质不同

商业保险必须依赖多数经济单位或个人才能实现，是一种联合互助的行为。大量同质风险的集合与分散，是保险的构成要素之一。保险人将大量投保人缴纳的保险费集中起来，对其中少数遭遇保险事故的被保险人进行补偿或给付，从而实现了被保险人之间的互帮互助，共同分担风险，消化损失。而储蓄作为经济生活中的后备措施，则是由每一个储户单独、个别地进行，只能是自助的行为，不具备转移风险的功能。

3) 权利主张不同

商业保险贯彻投保自愿、退保自由原则，但投保人必须在保险事故发生或保险期限届满以后，才能请求保险人赔偿或给付保险金，如果投保人中途退保，所领回的退保金在扣除保险公司管理费、手续费等费用后一般小于所缴保险费总和，或小于保单的现金价值；如果不退保，一旦发生保险责任事件，被保险人所获得的保险金却又可能大大超过投保人所缴纳的保险费。而储蓄是以存款自愿、取款自由为原则，存款人对自己的存款有完全的随时主张权，支取未到期存款虽然将损失部分的利息收入，但本利和一定大于本金。

4) 运行机制不同

储蓄行为主要受诸如利息率、物价水平、工资收入及流动性偏好等因素的影响，而且无须特殊的技术进行计算。商业保险行为主要受风险损失的不确定性影响，而且需要特殊的技术，即概率论的方法计算保险费率，达到损失补偿均摊的目的。

#### 4. 商业保险与救济的比较

商业保险和救济都是对风险损失的补偿方式，但两者也存在着明显的区别。

1) 权利义务关系不同

救济是一种基于人道主义的单方施舍行为，没有对应的权利义务关系，救济的数量可多可少，形式多种多样，金钱、实物均可，接受救济者无权提出自己的主张。救济方没有义务实施救济，接受救济者也无须向救济方履行任何义务。而商业保险合同行为则要求合同双方必须权利义务对等，贯彻等价有偿原则。保险金的赔偿或给付必须严格按照合同约定，被保险人可按合同的约定主张对保险金的请求权，如有异议还可向法院提起诉讼，或要求仲裁，以实现请求权。如果从合同角度论之，救济是单务合同，而保险是双务合同。

2) 提供保障的主体不同

商业保险保障是由保险公司集中所有投保人缴纳的保险费，形成保险基金来提供的，是一种商业互助行为。而救济则是依赖外来的援助，既不是自助也不是互助，是一种他助行为。提供救济的有政府、社会团体和公民个人，救济可以分为政府救济和民间救济两种。政府救济属于社会行为，也称为社会救济；民间救济纯粹是一种施舍，属于慈善行为。

3) 提供保障的资金来源和规模不同

商业保险保障以保险基金为基础，主要来源于投保人缴纳的保险费，其形成有相应的科学依据，而且国家对保险公司有最低偿付能力标准的规定。政府救济的资金来源于国家或地方财政，救济规模取决于政府的财力；民间救济的资金是救济人自己拥有或募捐而来的，救济规模取决于其自身的财力或影响力。救济资金的来源限制了救济的数量、时间、地区和范围。

4) 保障的对象不同

商业保险的保障对象都是在合同中事先确定的被保险人或受益人。而救济的对象往往事先不能确定，且相当广泛，可能是各种灾害事故的受灾者或贫困者等。

#### 5. 商业保险与赌博的比较

商业保险与赌博都取决于偶然事件的发生，都有可能获得大大超过支出的收入，两者从表现形态上看有相似之处：其一，单个的给付与反给付不均等；其二，都存在给付的确定性与反给付的不确定性。但实际上两者存在着显著的区别。

1) 参与目的不同

投保人参加商业保险是为了转嫁风险，获得经济生活安定的保障。而赌博的参与者则是想以小额的赌注博得大额钱财，牟取暴利。

2) 参与条件不同

参加商业保险不仅要交保险费，而且必须对保险对象具有保险利益，所保的风险是纯粹风险，所以被保险人从保险事故赔偿中无法获得额外利益。而赌博只要拿得出约定的赌注均可参加，赢者可获大量额外的钱财。

3) 风险产生的机制不同

保险的风险是客观存在的，是不以人的意志为转移的，风险损失在被保险人之间平均分担，达到互助共济处理善后的目的。而赌博输赢的风险完全是人为的，输赢完全是赌博各方之间个人的事。

4) 法律地位和社会后果不同

商业保险是受国家鼓励的事业，保险行为以法律为依据，受国家法律保护。保险发展的深度和密度，已经成为世界各国评价国家综合国力的重要指标之一。而赌博则会带来家庭和社会经济生活的不安定，甚至有可能引发刑事犯罪，除少部分国家或地区经特许设有经营性赌城外，一般国家和地区都明令取缔，赌博行为不受法律保护。

## 二、保险公司

保险公司(Insurance Company)是依照保险法和公司法设立的公司法人，是采用公司组织形式经营保险业务，提供保险保障的企业。

保险公司享有收取保险费、建立保险费基金的权利，与此同时，当保险事故或事件发生时，保险公司有义务对被保险人承担赔偿或给付责任。保险公司的主要类型包括股份保险公司、相互保险公司、专属保险公司等。

### (一) 保险公司的性质

保险公司是非银行金融机构的一种形态。

保险公司之所以被定位为金融机构，是因为其拥有巨额的保险基金可以用于金融市场融资，而且几乎都表现为资金的融出，成为金融市场的几大金融支柱之一。

但保险公司的融资活动和商业银行不同，它的融资活动主要是在资本市场，而不是货币市场。

### (二) 保险公司的功能

#### 1. 组织经济补偿功能

保险公司通过承保业务把被保险人的风险集中在自己身上，出险时则履行赔偿义务，实现了保险的补偿损失功能；另一方面，它又通过扩大承保面(标的大量化)和再保险把风险分散出去，在被保险人和保险人之间进行风险的分摊，从而实现了保险分散风险损失的功能。

保险公司这种集散风险的操作能力，就是保险公司组织经济补偿的功能。

#### 2. 掌管保险基金功能

保险公司为了实现其组织经济补偿功能，通过收取保险费，建立赔偿或给付准备金(保险基金)。保险费的收入表现为货币单方面转移，保单相当于有条件的“债权证书”，所以尽管保险公司所积累的保险基金属于保险公司所有，但是从保险分配关系的本质看，应该说是保险公司的或有债务。保险公司的这种负债，就是其掌管保险基金的功能。

为了防止保险公司把“债务”转化为收入，保障被保险人的合法权益和保证保险公司在巨额损失下的偿付能力，保险监管部门必须对保险公司采取“限利政策”，有效的办法就是监督其按承保总量扩充总准备金，令其承保业务与其偿付能力相适应。

#### 3. 防灾防险功能

保险公司是专门与灾难事故和危险打交道的行业，它在承保时，通过对风险因素的调查和识别，提出风险处理的方案；在承保期间，通过对风险因素的监督检查，提出整改和防范措施；在标的出险时，通过对出险原因的检验核查，总结防灾防险的经验；凭借自己跟风险打交道的丰富经验，开展风险管理的咨询服务等。

#### 4. 融通资金功能

保险公司把积累的暂时不需要赔偿或给付的巨额保险基金用于短期放贷或投资，这种把补偿基金转化为生产建设基金资金的能力，就是其融通资金的功能。这是保险公司掌管保险基金功能的派生功能。此时的保险公司则又相当于基金管理公司。

融资功能可以极大地降低保险公司整体经营和积累保险基金的机会成本，实现保险基金的保值和增值，增加保险公司盈利，同时，还可以为降低保险费率提供物质条件。

但是，风险发生的不确定性决定了保险公司的经营也具有不确定性的特点，即一旦发生较大的灾损，其投资就要马上兑现。所以，为了保证保险公司的即时偿付能力，维护被保险人的合法权益，保险监管部门必须规定保险公司的贷放对象、投资范围和结构以保证资产流动性，规定保险公司必须从盈余中提留特别危险准备金、呆账准备金等，并实施监督管理。

#### 5. 吸收储蓄功能

严格地说，只有寿险公司才具备该项功能。在人寿保险的不同险种中，单纯的死亡保险和单纯的生存保险无疑是纯粹的保险，又都带有极强的射幸性和逆选择，顾客有限。基于寿险可以提供长期性资金，同时也为了迎合和吸引顾客，保险公司设计了诸如生死两全保险、年金保险、儿童保险、婚嫁保险等名目繁多的带有储蓄性质的险种，从而将保险和储蓄巧妙地结合起来，这就使得保险公司具备了吸收储蓄的功能。

注意是“吸收储蓄功能”，而不是“储蓄功能”，因为储蓄是属于货币信用的范畴，既非保险的功能，亦非保险公司的功能。保险公司吸收储蓄的功能，是保险公司向金融领域扩张的一种强有力手段，形成了与其他金融机构竞争储蓄资源的格局。

## 第五节 保险的产生与发展

### 一、保险产生与发展的条件

#### (一) 风险的客观存在是保险产生和发展的前提条件

风险的存在是不以人的意志为转移的，人类社会自从形成以来就面临着各种各样的风险。风险事故一旦发生，就会影响到社会生产、生活乃至整个国民经济的顺畅运行。因此，我们需要通过风险管理来预防风险事故的发生，降低风险事故发生的概率，或在风险事故发生以后对风险所导致的损失和伤害进行分摊与补偿，而保险就是一种组织后备基金进行损失补偿的行之有效的风险管理手段。“无风险，无保险”是对保险产生和发展的最好诠释。

### (二) 剩余产品的存在和增加是保险产生和发展的物质条件

剩余产品的存在是物质损失补偿得以实现的前提。当生产力水平低下，产品仅能维持基本生存需要时，人们不可能建立起相当规模的物资后备来弥补因自然灾害、意外事故等造成的经济损失。只有当生产力不断发展，社会产品有了剩余，人们才可能将一部分剩余产品积存起来，作为后备资产应对未来可能发生的风险损失。剩余产品的存在和增加，是建立物资后备的基础，也是保险产生和发展的物质条件。

### (三) 商品经济的持续发展是保险产生和发展的经济条件

生产力的发展促进了商品、商人和市场的出现，充当一般等价物的特殊商品——货币应运而生，货币形态的后备基金随之出现，这是保险基金的一般价值形态。随着商品经济的进一步发展，保险行为逐渐产生并发展成为现代商业保险。

(1) 商品经济的发展促进了社会分工的细化，保险作为一种特殊的职能部门，逐渐从商品生产环节独立出来。

(2) 商品等价交换的原则被运用于保险经营之中，使保险合同关系得以成立，并促进了保险基金的积累。

(3) 发达的商品经济关系，使不同地域的广大生产者结成普遍的经济联系，奠定了保险经营的科学基础，即大量同质风险的存在，使运用大数法则来科学计算保险费率成为可能。

社会分工、等价交换和生产的社会化构成了保险形成和发展的必要社会经济条件。

## 二、世界保险的产生与发展

### (一) 古代的原始保险形态

在古代，为了防范或减少风险造成的损失，人类发明了多种方式来应对风险。这些方式虽然不是现代意义上的保险，但有些方式已经体现出了保险的“互帮互助”思想，类似于现代的人寿保险和意外伤害保险。

公元前4500年左右，古埃及的石匠之间盛行一种互助基金组织，通过向会员收取会费的方式来支付会员死亡以后的丧葬费用和遗属生活费。

公元前18世纪的巴比伦王汉谟拉比时代曾在法典中规定，在商队间如马匹、货物等中途被劫或发生其他损失，经宣誓并无纵容或过失等，可免除其个人的债务，由商队共同补偿。这种办法后来传至腓尼基，并扩充适用于船舶载运的货物。

地中海沿岸，在长期的运输过程中，商人们采取多种方法防范和补偿风险损失。在公元前2000年左右，他们发明了一种处理海上风险的做法，即当船舶遭遇海难，船长可以决定通过将一部分货物抛弃入海的方式从而使整船货物损失减少到最低程度。而抛弃入海的这一部分货物损失则由船货各方共同分摊。

在中世纪的欧洲出现了一种叫“基尔特”的制度。按照该制度，相同职业的成员组成一个行会，这些行会具有互助性质，除了维护整个行业的利益，还要共同出资对其会员的死亡、伤残、火灾、疾病、盗窃或诉讼等不幸的人身和财产损失事故进行帮助救济。这种制度在13~16世纪特别盛行，并在此基础上产生了相互合作的保险组织。

### (二) 近现代保险的发展

#### 1．海上保险

海上保险是一种最古老的保险，近代保险业的发展就是从海上保险开始的。

1) 共同海损分摊原则是海上保险的萌芽

公元前916年，《罗地安商法》规定：“凡因减轻船只载重而投弃入海的货物，如为全体利益而损失的，须由全体分摊归还。”这就是著名的“共同海损”的基本原则，它可以说是海上保险的萌芽。

2) 海上借贷是海上保险的雏形

随着海上贸易的发展，在古巴比伦和腓尼基时期，海上贸易中流行着海上借贷、冒险借贷和无偿借贷等，这些做法被看作是海上保险的原始形态。

3) 近代海上保险发源于意大利

11世纪后期，意大利商人曾控制了东西方之间的贸易路线，并在他们所到之处推行海上保险。在14世纪中期，经济繁荣的意大利北部城市热那亚、佛罗伦萨、比萨和威尼斯等地，就已经出现了类似现代形式的海上保险。起初的海上保险是口头缔约，后来出现了书面合同。

人类历史上第一份具有现代意义的保险契约是1384年出立的一份从法国南部的阿尔兹到意大利比萨间的四大包纺织品的货物运输航程保单，历史上称为“比萨保单”。在这张保单中规定有明确的保险标的和保险责任。书面保险合同的签发标志着现代海上保险的出现。1424年，第一家海上保险公司在热那亚出现。

随着海上保险的发展，保险纠纷相应增多，1468年，威尼斯制定了关于法院如何保证保险单实施及防止欺诈的法令。1523年，佛罗伦萨制定了一部比较完整的条例，并规定了标准保险单的格式。

4) 现代海上保险形成于英国

美洲新大陆发现以后，世界贸易的中心逐渐地由地中海转移到大西洋沿岸，英国的对外贸易迅速发展，保险的中心逐渐转移到了英国。

1568年，伦敦市长批准开设了第一家皇家交易所，为海上保险提供了交易场所。1575年，经英国女王特许在伦敦皇家交易所内设立保险商会，办理保险单登记和制定标准保单和条款。1601年，伊丽莎白女王颁布了第一部有关海上保险的法律——《英国海上保险法》，使英国真正成为当时海上保险和保险法律的中心。

17世纪末到18世纪，劳合社从一家船东、船长、商人、经纪人和银行高利贷者聚会的咖啡馆逐渐发展成为专营海上保险业务的保险市场，成为英国海上保险交易的中心。

1906年英国颁布了《1906年海上保险法》，进一步规范了海上保险，使其步入法治化、正规化的发展轨道。

#### 2．火灾保险

火灾保险的起源可以追溯到1118年，当时冰岛出现了火灾互助社。

但现代火灾保险起源于德国。在16世纪初，德国出现了许多火灾保险的互助组织——火灾合作社。为了充实资金，增强实力，1676年由46家火灾合作社联合起来，在汉堡市成立了世界第一家政府火灾保险组织——市营公众火灾合作社。此后，德国颁布法令，在全国推广这一做法，一些城市也逐步出现了火灾保险组织，到18世纪初又在全国实行了强制火灾保险的特别条例，开创了世界公营火灾保险的先河。

真正意义上的火灾保险产生于英国，是在1666年9月2日伦敦大火后发展起来的。当时大火整整烧了5天，13200户住宅被毁，20多万人流离失所。灾后的幸存者非常渴望能有一种可靠的保障，来对火灾造成的损失提供补偿。

在这种背景下，1667年，医学博士兼房地产商尼古拉斯·巴蓬在伦敦开办了一家火灾保险事务所，开始经营房屋火灾保险。1680年，他与他人合作成立了第一家火灾保险公司——凤凰火灾保险公司，这是世界上第一家专业火灾保险公司。在收费标准上，巴蓬采取了差别费率，即保险费按房屋租金和建材结构区别计算，规定木质结构的房屋收取相当于砖瓦结构房屋两倍的保险费。正因为使用了差别费率，巴蓬被称为“现代保险之父”。

18世纪末到19世纪中期，英、法、德、美等国家相继完成了工业革命，机器生产代替了手工操作，物质财富大量集中，使人们对火灾保险的需求也变得更加迫切。这一时期火灾保险发展异常迅速，而且火灾保险组织以股份公司形式为主。

### 3. 人身保险

人身保险起源于海上保险。15世纪末欧洲奴隶贩子将其贩卖的奴隶当作货物投保海上保险，由于这种海上保险是以人的生命或身体为保险标的，成为人身保险的起源。

1536年，英国人马丁提出将保险从海上保险业务扩展到人的生命保险，并当即开始尝试。

1583年，伦敦皇家交易所的16个属于保险协会的商人共同签发了世界上第一份人身保险的保单。但这个保险协会并不是真正的人身保险组织，只是兼营而已。

1693年，埃德蒙·哈雷编制了世界上第一张生命表，精确计算了每个年龄的人的死亡率，奠定了现代人寿保险发展的数理基础。

1699年，英国孤寡保险社成立，明确了社员的健康和年龄条件，并规定了缴费的宽限期。

18世纪初，托马斯·辛普森依据生命表，制作成依年龄增加而递增的费率表。

1756年，詹姆斯·多德森按照辛普森的理论，根据哈雷的生命表，计算了各年龄组的人投保定期寿险的保险费，并在此基础上提出了均衡保费理论。

1762年，辛普森和多德森发起组织了“伦敦公平保险公司”，首次将生命表运用于计算人寿保险费率上，使用均衡保费法计算了终身寿险的保险费率，这标志着现代人身保险的形成。

工业革命后，机器的大量使用以及各种交通工具的发明和推广使用使人身职业伤亡和意外伤害事故增多，这为广泛开展人身保险开辟了市场。

### 4. 责任保险

责任保险是对无辜受害人的一种经济保障。它是在19世纪工人阶级为了获得保障而进行斗争，迫使统治者制定保护劳动者的法律以后兴起的。责任保险起始于法国，在拿破仑法典中有了民事赔偿责任的规定。1857年，责任保险在英国逐渐正规，当时英国铁路旅客保险公司向曼彻斯特、谢菲尔德和林肯铁路系统提供了意外责任事故责任保险。

第二次世界大战以后，责任保险的险种越来越多，几乎达到了无所不保的地步。20世纪70年代以来，责任保险更是获得了全面、迅速的发展。

### 5. 信用保证保险

信用保险是随着资本主义商业信用的普及，道德风险的频繁出现而产生的，其发展历史并不长，最早产生于19世纪中叶的欧美国家，当时称为商业信用保险，业务仅限于国内贸易。第一次世界大战以后，信用保险得到发展。

随着1934年英国、法国和西班牙等国信用保险机构联合发起的“国际信用与投资保险人协会”

的成立，各国保险机构间的交流与合作不断加强，标志着信用保险的发展进入了一个新的时代。

保证保险出现于18世纪末19世纪初，它是随着商业信用的发展而产生的。该险种最早产生于美国，首先出现的是忠诚保证保险，由一些商人或银行开办；后又出现了合同担保，为从事建筑和公共事业的订约人提供担保。1901年美国马里兰州的诚实存款公司首次在英国提供合同担保，后英国几家公司相继开办此项业务，并逐步将其推向了欧洲市场。

### (三) 世界保险业的发展现状

#### 1. 保费收入持续增长

第二次世界大战之后，世界保险业得到了极大的发展，社会对保险的依赖程度越来越高。1950年全世界的保费收入为207亿美元，1999年则达到了23240亿美元。在近50年里，保费收入平均年增长10%左右。根据瑞士再保险公司官方网站数据统计，2019年全球保费收入已达62926亿美元，同比增长2.3%。其中寿险保费收入为29162.67亿美元，同比增长1.18%，非寿险保费收入为33763.33亿美元，同比增长3.35%。

表2-1是1999年到2019年全球保费收入及根据通货膨胀率进行调整之后实际增长率的变化情况。

表2-1 1999—2019年全球保费收入与实际增长率情况

| 年份 | 保费收入(万亿美元) | 实际增长率(%) |
|---|---|---|
| 1999 | 2.324 | 4.50 |
| 2000 | 2.444 | 6.60 |
| 2001 | 2.408 | 1.00 |
| 2002 | 2.627 | 5.50 |
| 2003 | 2.941 | 2.00 |
| 2004 | 3.244 | 2.30 |
| 2005 | 3.426 | 2.50 |
| 2006 | 3.723 | 5.00 |
| 2007 | 4.060 | 3.32 |
| 2008 | 4.270 | -2.00 |
| 2009 | 4.066 | -1.10 |
| 2010 | 4.339 | 2.70 |
| 2011 | 4.597 | -0.80 |
| 2012 | 4.613 | 2.40 |
| 2013 | 4.641 | 1.40 |
| 2014 | 5.441 | 17.20 |
| 2015 | 5.341 | -1.84 |
| 2016 | 5.490 | 2.80 |
| 2017 | 5.790 | 5.46 |
| 2018 | 6.149 | 6.20 |
| 2019 | 6.293 | 2.34 |

数据来源：www.swissre.com。

总体而言，经济越发达的国家和地区，保险业务越发达。截至2020年，发达国家在全球保险业中仍然占据统治地位，但新兴市场国家发展更快。从发展速度来看，发达市场自2000年以来保费增长速度逐步放缓，而新兴市场则保持稳健发展态势。2019年发达市场总保费收入为5.13万亿美元，比上年仅增长了1.58%；而新兴市场总保费收入为1.16万亿美元，较上年增长了5.45%。发达市场份额降至81.6%，新兴市场份额则升至18.4%。发达市场和新兴市场在寿险和非寿险的占比分别为78.82%和21.18%、83.88%和16.12%。美国、中国、日本、英国、法国为全球保险业排名前五的国家，其保费收入在全球保费收入的比例高达66.27%。在全球保险业排名前五的国家中，只有中国来源于新兴市场国家，其他国家均属于发达市场国家。具体情况如表2-2所示。

表2-2　2019年全球保费收入前五的国家

| 排名 | 国家 | 总保费收入(万亿美元) | 份额(%) |
|---|---|---|---|
| 1 | 美国 | 2.46 | 39.1 |
| 2 | 中国 | 0.62 | 9.85 |
| 3 | 日本 | 0.46 | 7.31 |
| 4 | 英国 | 0.37 | 5.88 |
| 5 | 法国 | 0.26 | 4.13 |

数据来源：www.swissre.com。

### 2. 保险密度不断增加

保险密度是指按全国(或地区)人口计算的人均保费额。保险密度反映了该国家(或地区)国民参加保险的程度。

$$保险密度=\frac{保费收入}{总人口}$$

2019年，发达市场保险密度为4664美元，较上年的4616美元，上升了1%；人均寿险支出从上一年的2064美元降至2056美元，非寿险支出则从2552美元升至2608美元。新兴市场保险密度为175美元，较上年的168美元，上升了4%；人均寿险支出从上一年的90美元升至93美元，非寿险支出从78美元升至82美元。从总体的平均值来看，发达市场的保险密度几乎是新兴市场的26.7倍。2019年保险密度最高的国家依次是美国、瑞士、丹麦、爱尔兰、卢森堡。中国的保险密度为430美元，尚未达到世界平均水平。具体情况如表2-3所示。

表2-3　2019年世界保险密度排名

| 国家 | 排名 | 保险密度(美元) |
|---|---|---|
| 美国 | 1 | 7495 |
| 瑞士 | 2 | 6835 |
| 丹麦 | 3 | 6384 |
| 爱尔兰 | 4 | 5920 |
| 卢森堡 | 5 | 5165 |
| 中国 | 37 | 430 |
| 世界平均 | - | 793 |

数据来源：www.swissre.com。

### 3. 保险深度总体有所提高

保险深度是指保费收入和国内生产总值(GDP)之比，它反映了一个国家(或地区)的保险业在整个国民经济中的地位。保险深度不仅取决于一国总体发展水准，而且还取决于保险业的发展速度。世界保险业保险深度的提高主要得益于新兴市场的保费增速持续超过其年均经济增速。

$$保险深度=\frac{保费收入}{国内生产总值}$$

从平均值来看，发达市场的保险深度约为新兴市场的3倍。2019年发达市场的总体保险深度为9.6%，其中寿险深度为4.2%，较上年下降了0.1%，非寿险深度为5.4%，较上年上升了0.1%。新兴市场的总体保险深度为3.3%，较上年上升了0.1%。2019年保险深度最高的国家或地区依次为中国台湾、南非、美国、韩国、丹麦。2019年世界保险深度总体平均值为7%，我国的保险深度为4.3%，大约为世界平均水平的61%。具体情况如表2-4所示。

表2-4　2019年世界保险深度排名

| 国家或地区 | 排名 | 保险深度(%) |
| --- | --- | --- |
| 中国台湾 | 1 | 20 |
| 南非 | 2 | 13.4 |
| 美国 | 3 | 11.4 |
| 韩国 | 4 | 10.8 |
| 丹麦 | 5 | 10.7 |
| 中国 | - | 4.3 |
| 世界平均 | - | 7 |

数据来源：www.swissre.com。

### 4. 新的保险险种不断涌现

保险业务的范围是以经济的发展水平以及被保险人规避风险的需要为拓展基础的，新技术的发展推动了新工艺、新工业的产生，同时也带来了新的风险。例如，2020年6月，瑞士再保险公司发布了最新的《SONAR 2020》报告，报告详细提示了在2020年出现的14种新兴风险，其中被列为高风险的分别是：与边缘计算相关的网络安全、代际失衡(冠状病毒大流行起到推动作用)与碳清除。此外，技术的进步也使一些过去被认为是不可保的风险成为可保风险，这些都为新险种的开辟提供了机会。保险范围不断扩大，几乎到了无险不保的程度。

## 三、中国保险业的起步与发展

### (一) 旧中国保险业的起步与发展

旧中国的保险业是在帝国主义国家金融资本的入侵和压制下艰难发展起来的。

1805年，英国保险商人在广州开设了我国第一家保险机构“广州保险会社”，从此，我国保险业发展的帷幕在外国资本的入侵过程中徐徐拉开。1835年，英国商人在我国香港设立了保安保险公司，这是当时最为活跃的一家公司。1856年，第二次鸦片战争爆发，战后各帝国主义国家对中国进行大肆掠夺，纷纷在中国开设企业、航空公司、银行、保险公司等各种机构。从19世纪70年代起，英国商人陆续在上海设立了扬子保险公司、香港保险公司、中华保险公司、太阳保险公司、巴勒保险分公司等。20世纪以后，美国、法国、德国、瑞士、日本等国的保险资本相继进入中国，先后在中国设立保险公司、分公司和代理机构，经营各类保险业务。直到全国解放以前，外国资本一直控制着中国保险市场，它们凭借着不平等条款及其在华特权，借助其保险经营技术和雄厚资金，利用各种手段实行垄断经营，当时的一切保险条款、保险费率都是由外商保险公司确定的。外商保险公司长期霸占我国保险市场，攫取了巨额利润。

外国保险资本对我国保险市场的掠夺，激起了我国人民奋发图强、维护民族权利、自办保险的民族意识。1865年，中国人自己创办的第一家保险公司“义和公司保险行”在上海诞生，它打破了外商保险公司独占我国保险市场的局面，开辟了民族保险业的先河。此后，仁和水险公司、济和水火险公司(这两家保险公司后来合并为仁济和水火险公司)、安泰保险公司、常安保险公司、万安保险公司、华安人寿保险公司等相继成立。到1911年，华商保险公司已有45家。在旧中国保险业发展的过程中，上海成为中国保险业的中心。1907年，上海有9家华商保险公司组成了历史上第一家中国人自己的保险同业公会组织——华商火险公会，用以抗衡洋商的“上海火险公会”，这标志着民族保险业开始迈出联合团结的第一步。但从总体来说，这一时期我国民族保险业的规模较小，与外商保险公司相比仍处于薄弱地位。

在“一战”期间和此后的一段时间，中国民族保险业获得了进一步发展，一些规模较大的民族保险公司甚至将业务扩展到海外。1936年10月，由国民党官僚资本成立了中央信托局保险部，官僚资本开始大量进入保险市场，形成了官僚资本对保险市场的霸权地位。同时，虽然中国民族保险业发展较快，但外国保险资本更为强大，占据着旧中国保险市场的主导地位。由于当时正处于半殖民地半封建社会，国民党对民族保险业保护和支持不够，致使民族保险公司自留业务能力较低，自留业务量很小，不得不依靠洋商保险公司分保，因而在业务经营上无法摆脱洋商保险公司的控制和支配，实际上成为洋商保险公司的买办。在外商和官僚资本保险公司的双重控制下，再加上国民党政府的腐败统治导致国民经济陷入崩溃状态，到1949年，华商保险公司已处于奄奄一息的境地。

### (二) 新中国保险业的发展历程

新中国保险业的发展经历几乎是与国家的改革发展进程同步推进的。过去的70多年我国保险业的发展历程大致可分为四个阶段。

#### 1. 第一阶段：新中国保险业的形成和初步发展(1949—1958年)

1949年9月，中央召开第一次全国保险工作会议，批准成立中国人民保险公司。同年10月20日，中国人民保险公司成立，这是中华人民共和国成立后的第一家国有保险公司，标志着中国的保险事业进入一个新的历史发展时期。

与此同时，政府开始着手整顿中国保险市场，接管和清理官僚资本保险公司、整顿和改造民族资本保险公司、限制和取缔外国资本保险公司等。经过几年的努力，旧中国的各类保险公司基本上都退出了历史舞台。

为配合国民经济的恢复和发展，成立后的中国人民保险公司迅速在全国设立分支机构，并以各地人民银行为依托，建立起了广泛的保险代理网，先后开办了火灾保险、人身保险、农业保险、国家机关和国营企业财产强制保险、物资运输保险和运输工具保险，以及铁路、轮船和飞机旅客意外伤害强制保险等不同险种。与此同时，根据国家对外贸易和对外经济交往的需要，陆续开办了各种对外保险业务，如出口货物运输保险、远洋船舶保险、国际航线的飞机保险以及在华外国人财产保险和汽车保险等。中国人民保险公司还致力于发展国外业务，与许多友好国家建立了再保险关系。中国人民保险公司迅速成为全国保险业的领导力量。

从1949年10月中国人民保险公司成立到1958年的10年间，全国保险机构发展到了4000多个，职工5万多人，保险费收入16.2亿元。在此期间，保险公司共支付保险赔款和保险金3.8亿元(不含国外业务)，还向有关部门拨付防灾补助费1300余万元，向国家上缴5亿元，积累保险基金4亿元。实践证明，保险业为国家经济的恢复和发展提供了极大的经济保障和资金支持作用。

**2. 第二阶段：国内保险业务的暂时停办(1958—1979年)**

中国保险业的发展并不是一帆风顺的。1958年10月，在西安召开的全国财贸工作会议上通过了《关于农村人民公社财政管理问题的意见》，其中提出“人民公社化以后，保险公司的作用已经消失，除国外保险继续办理外，国内保险业务应立即停办。”这样，从1959年起，中国人民保险公司停办了全部国内保险业务，改为专营涉外保险业务的机构。全国各地保险职工逐步减少到了200余人，总公司一度只剩下9个人的编制。国内保险业务停办后，我国涉外保险业务也逐步萎缩，对外有再保险关系的国家从原来的32个减少到17个，有业务往来的公司从67家减少到20家，业务合同从219份减少到49份。

**3. 第三阶段：改革开放后保险业恢复发展(1979—2001年)**

1979年，政府决定恢复保险业务，沉睡了20年的中国保险业开始进入复苏及对外开放试点的第三阶段。

1979年4月，国务院批转的《中国人民银行分行行长会议纪要》中明确指出：“开展保险业务，为国家积累资金，为国家和集体财产提供经济补偿……要逐渐恢复国内保险。”同年11月，中国人民银行召开全国保险工作会议，决定从1980年起，恢复停办达20年之久的国内保险业务，同时在原有基础上大力发展涉外保险业务。到1980年底，中国人民保险公司在全国绝大部分地区恢复了分支机构，各级机构总数达810个，专职保险干部3423人，全年共收保费4.6亿元。1980年9月，经国务院批准，中国人民保险公司升格为国务院直属局级经济实体。从1984年1月开始，其分支机构脱离中国人民银行，改由总公司领导，实行系统管理。

在随后的十年中，中华联合保险公司前身新疆生产建设兵团农牧业保险公司、中国太平洋保险公司前身交通银行保险部、平安保险相继成立，打破了过去由中国人民保险公司独家经营的传统格局，开始出现多家保险公司共同经营的局面。

同时，随着改革开放的实行，从1980年开始，外资保险公司纷纷到中国设立代表处。1992年，国务院批准在上海进行保险市场开放试点。同年10月，美国友邦保险获准在上海开业，成为改革开放后中国第一家外资保险公司。

中国金融博物馆编著的《图说中国保险史》中的数据显示，1999年，全国共有28家保险公司，其中国有独资公司4家、股份制保险公司9家、中外合资保险公司4家、外资保险公司分公司11家。截至1999年底，共有17个国家和地区的外资保险机构在我国设立196个代表处。保险市场初步形成了以国有商业保险公司为主体、中外保险公司并存、多家保险公司竞争发展的新格局。

**4. 第四阶段：中国保险业的全面发展时期(2001年至今)**

自2001年12月中国正式加入世贸组织之后，中国保险业就进入了全面发展时期。2004年底保险业结束加入世贸组织的过渡期，率先在金融领域实现全面对外开放。保险业也成为我国金融体系中开放时间最早、程度最高的行业。

伴随着我国社会主义市场经济的发展，由保险公司、保险中介机构、再保险公司、保险资产管理公司等市场主体组成的统一开放、竞争有序、充满活力的保险市场体系逐步建立。2014年《关于加快发展现代保险服务业的若干意见》(简称“新国十条”)的发布更是标志着我国以“顶层设计”形式明确保险业在社会经济中的地位，明确了中国保险业要努力由保险大国向保险强国转变。

进入全面发展时期之后，伴随着中国经济的腾飞，中国保险业的发展势头一发不可收。数据显示，中国保险业的年保费收入从1980年的4.6亿元，增加到2019年底的42645亿元。1992年全国只有6家保险公司，但截至2019年底，我国保险公司数量达240家，保险营销员队伍超过800万人。我国的保险市场规模先后超过德国、法国、英国、日本，全球排名升至第二位，在世界500强中有7家中国的保险公司，我国也成为全球最重要的新兴保险市场大国。

### (三) 中国保险业发展现状

#### 1. 保险行业实力增强，保障作用增大

保障功能是保险业的立业之基。近年来，随着我国保险业向着回归保障本源的方向加快转型脚步，其保险保障功能不断得到强化和拓展。

银保监会统计数据显示，2019年保险业为全社会提供保险金额约6470万亿元，原保险赔付支出近1.29万亿元，同比增长4.85%。保险业资金运用余额18.53万亿元，较年初增长12.91%，总资产20.56万亿元，较年初增长12.18%；净资产2.48万亿元，同比增长16%。

相关数据表明我国保险业转型已经取得阶段性成果，充分展示了我国保险业资产总额持续上升(如表2-5所示)，保险业实力不断增强，为社会提供风险保障的能力与水平均在稳步提升的情况。

表2-5　1999—2018年中国保险业资产总额表

| 年份 | 保险业资产总额(亿元) | 年份 | 保险业资产总额(亿元) |
|---|---|---|---|
| 1999 | 2604 | 2010 | 50482 |
| 2000 | 3374 | 2011 | 60138 |
| 2001 | 4591 | 2012 | 73546 |
| 2002 | 6320 | 2013 | 82887 |
| 2003 | 9089 | 2014 | 101592 |
| 2004 | 11954 | 2015 | 123598 |
| 2005 | 15286 | 2016 | 151170 |
| 2006 | 19731 | 2017 | 167489 |
| 2007 | 29004 | 2018 | 183309 |
| 2008 | 33418 | 2019 | 205645 |
| 2009 | 40639 | | |

数据来源：www.cbirc.gov.cn。

#### 2. 保险市场体系逐步完善，行业自律不断加强

我国保险公司的数量从1980年的1家，到1992年的6家，再到2001年的52家，一直发展到2019年的240家。其中包括出口信用保险公司1家，财产险公司88家，人身险公司89家，再保险公司12家，保险集团(控股)公司14家，保险资产管理公司26家，外资保险公司7家，其他类型3家。保险专业中介机构达到2647家，一个包含交易所、股份保险公司、相互保险公司、自保公司、互助社、各种保险中介机构等多元主体的，涵盖“线上”“线下”不同交易空间的，有“进”有“出”、包容开放的市场体系架构已经基本形成，支持创新、鼓励区域协调发展的政策引领方向也已十分明确。

2001年2月23日，中国保险业的全国自律性组织——中国保险行业协会正式成立。该协会是由保险业相关机构自愿结成的全国性、行业性、非营利性社会组织，业务主管单位为中国银行保险监督管理委员会，接受社团登记管理机关中华人民共和国民政部的业务指导和监督管理。目前，中国

保险行业协会共有会员超过300家，其基本职责为自律、维权、服务、交流、宣传。中国保险行业协会的成立标志着中国保险行业自律在不断加强。

### 3. 保险业对外开放幅度逐步增大

1992年，我国开始在上海进行保险市场对外开放的试点。1992年9月，美国友邦保险有限公司经批准在上海设立分公司，经营人寿保险业务和财产保险业务。随后，外资保险公司数量逐渐从1992年的1家，增加到2001年的32家，再到2017年的57家，截至2019年二季度末，境外保险公司在我国共设立59家外资保险法人机构和131家代表处(如表2-6所示)。

表2-6 2018年中资、外资保险公司数量及资产状况

| | 中资保险公司 | 外资保险公司 |
|---|---|---|
| 数量(家) | 158 | 59 |
| 资产(亿元) | 171696 | 11609 |

数据来源：www.stats.gov.cn。

我国金融管理部门坚决贯彻落实党中央、国务院的决策部署，持续推动保险业对外开放。仅2018年4月，银保监会就发布实施了15条对外开放措施，市场反应积极，目前正在有序推进实施。在深入研究评估的基础上，银保监会还推出一些对外开放新措施，如允许境外金融机构入股在华外资保险公司；取消外国保险经纪公司在华经营保险经纪业务需满足30年经营年限、总资产不少于2亿美元的要求；允许外国保险集团公司投资设立保险类机构；鼓励和支持境外金融机构与民营资本控股的银行业保险业机构开展股权、业务和技术等各类合作。

未来，外资进入保险业的组织形式将更加灵活，大大增强了外资保险公司经营的灵活性与自由度。进一步的开放对于推动保险市场改革，促进保险市场竞争，提高市场效率以及保护消费者利益都具有积极的意义。

### 4. 保险业务发展迅猛

(1) 保险规模迅速扩大。进入21世纪之后，保险规模扩大的速度也越来越快。2019年，中国保险业总保费收入达到42645亿元，同比增长12.17%；与21世纪初的2000年的1596亿元相比，增长了25.7倍，跟1980年的4.6亿元相比，增长了9270倍(如表2-7所示)。

表2-7 中国保险业保费收入增长及结构情况

| | 总保费收入 | | 寿险 | | 非寿险 | |
|---|---|---|---|---|---|---|
| 年份 | 总收入(亿元) | 较上年增长率(%) | 总收入(亿元) | 占比(%) | 总收入(亿元) | 占比(%) |
| 1980 | 4.60 | | | | | 100 |
| 2000 | 1595.86 | 2.50 | 997.47 | 62.50 | 583.39 | 37.50 |
| 2001 | 2109.35 | 32.17 | 1423.96 | 67.51 | 685.39 | 32.49 |
| 2002 | 3053.14 | 44.74 | 2274.84 | 74.51 | 778.30 | 25.49 |
| 2003 | 3880.40 | 27.09 | 3010.99 | 77.59 | 869.41 | 22.41 |
| 2004 | 4318.14 | 11.28 | 3228.25 | 74.16 | 1089.89 | 25.24 |
| 2005 | 4927.34 | 14.10 | 3697.48 | 75.04 | 1229.89 | 24.96 |
| 2006 | 5641.44 | 14.49 | 4132.01 | 73.24 | 1509.43 | 26.76 |

(续表)

| 年份 | 总保费收入 | | 寿险 | | 非寿险 | |
|---|---|---|---|---|---|---|
| | 总收入(亿元) | 较上年增长率(%) | 总收入(亿元) | 占比(%) | 总收入(亿元) | 占比(%) |
| 2007 | 7035.76 | 24.71 | 5038.02 | 71.61 | 1997.74 | 28.39 |
| 2008 | 9784.10 | 39.06 | 7447.39 | 76.12 | 2336.71 | 23.88 |
| 2009 | 11137.30 | 13.83 | 8261.47 | 74.18 | 2875.83 | 25.82 |
| 2010 | 14527.97 | 30.44 | 10632.33 | 73.19 | 3895.64 | 26.81 |
| 2011 | 14339.25 | -1.30 | 9721.42 | 67.80 | 4617.82 | 32.20 |
| 2012 | 15487.90 | 8.01 | 9958.10 | 64.30 | 5529.90 | 35.70 |
| 2013 | 17222.20 | 11.20 | 11010.00 | 63.90 | 6212.30 | 36.10 |
| 2014 | 20234.81 | 17.49 | 12690.28 | 62.72 | 7544.40 | 37.28 |
| 2015 | 24285.19 | 20.01 | 16287.60 | 67.08 | 7995.00 | 32.92 |
| 2016 | 30961.01 | 27.50 | 17442.22 | 71.82 | 8724.50 | 28.18 |
| 2017 | 36581.01 | 18.16 | 26746.35 | 73.12 | 9834.66 | 26.88 |
| 2018 | 38016.62 | 3.92 | 27246.54 | 71.67 | 10770.08 | 28.33 |
| 2019 | 42645.00 | 12.17 | 30995.00 | 72.68 | 11649.00 | 27.32 |

数据来源：www.cbirc.gov.cn。

(2) 各保险公司经营的保险险种日益丰富。随着保险业的发展和保险主体的不断增多，保险公司推出的保险创新险种越来越多，涵盖的范围也越来越宽。

在财产保险方面，除传统的车险、财产险以外，责任险范畴不断扩大，如医疗责任保险、雇主责任保险、客运承运人责任保险、道路危险货物承运人责任保险、上市公司董事和高管人员责任保险、环境污染责任保险等。在农业保险方面也有了很大的进展，如开展龙头企业重点订单农畜产品保险试点，服务越来越多的农户。出口信用保险也进入了规范、快速发展的阶段，承保项目包括出口产品如轻工、机电、农产品等短期保险业务，一些国家重点外经贸项目的中长期保险业务，同时还发展了投资保险业务和担保业务。

人身保险方面，在传统寿险保险项目的基础之上发展而来的兼具保障和投资功能的万能保险、分红保险和投资联结保险等保险项目得到了社会更大的认可；同时，伴随着社会保障体系的变革，养老型的年金产品、新型农村合作医疗保险等也得到了整个社会越来越多的关注。

(3) 互联网保险等新兴保险模式持续发展。近年来互联网保险模式逐渐进入大众视野，并且慢慢发展壮大。互联网保险是保险公司或保险中介以互联网为媒介，为客户提供保险产品和一系列保险服务的方式，从投保、承保、核保、保全、理赔，到保险信息的咨询、保单信息的查询、保全、变更、续期缴费等全过程都实现了在线化。相比传统的保险行业，互联网保险更加方便用户进行保险产品的对比，而且保险费用、权益理赔更加清晰透明，索赔效率更高，给用户提供了极大的方便。中国保险行业协会的公开数据显示，互联网保险在2012—2015年经历了爆发式增长，保费收入增长近20倍(如图2-2所示)。

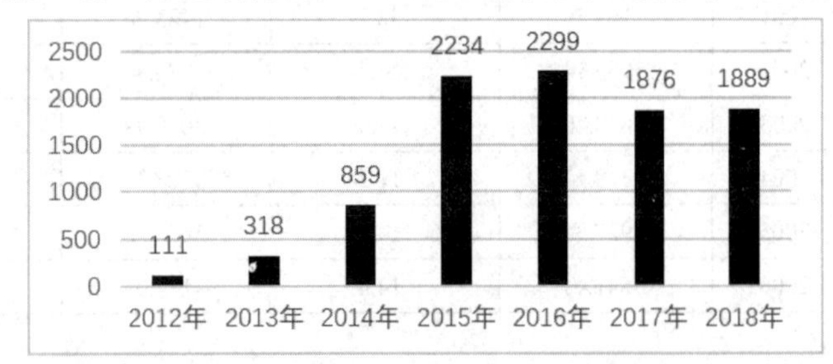


数据来源：www.iachina.cn。

图2-2　2012—2018年中国互联网保险保费收入(亿元)

### 5. 保险资金运用渠道逐步拓宽，支持了国民经济建设

改革开放以来，随着我国经济与金融体制改革的不断深入，保险业得到了长足发展。我国保险资金运用也经历了从无到有、从窄到宽的一个过程。

根据我国《保险资金运用管理暂行办法》的规定，我国保险资金运用渠道包括：银行存款；买卖债券、股票、证券投资基金份额等有价证券；投资不动产；国务院规定的其他资金运用形式。

2014年，中国保监会印发了《保险业服务新型城镇化发展的指导意见》，明确加大保险资金投资基础设施建设和运营力度。发挥保险资金优势，积极支持铁路、地下管网、污水和生活垃圾处理、公共交通系统、城市配电网等基础设施建设，提高城市综合承载能力。在风险可控的前提下，完善对基础设施项目主体资质和增信措施的政策要求。加大基础设施债权投资计划发展力度，探索项目资产支持计划、公用事业收益权证券化、优先股以及股债结合、夹层基金等新型投资工具和方式，满足基础设施建设多元化的融资需求。同时，鼓励保险资金支持民生项目建设，引导保险机构完善投资保障性住房项目、棚户区改造项目的有效商业模式。探索保险资金投资市政债券等新型融资工具，支持建立多元可持续的新型城镇化建设资金保障机制。

2017年，中央经济工作会议指出，在合理管控风险的前提下，支持保险资金通过创业投资基金等方式服务科技型企业、中小微企业和战略性新兴产业等，既有利于促进科技创新，用新技术、新业态全面改造提升传统产业，推动供给侧结构性改革；又有利于使中小微企业更好地参与市场公平竞争，服务实体经济；还有利于激发新兴市场、新兴业态的市场活力，扩大社会就业和促进社会稳定。保险资金是振兴实体经济、提高发展质量和核心竞争力的重要资金来源。

一些国家重大工程如新型城镇建设，“一带一路”工程等项目中，都有保险资金的运作，在坚持保险本源的过程中，保险业作为国家经济发展“压舱石”的作用不言而喻。在支持实体经济、协助政府构筑民生保障网、完善多层次社会保障体系、完善社会治理体系、建立巨灾保险制度、创新支农惠农方式、支持“一带一路”建设等方面，保险业都取得了令人瞩目的成绩。以“一带一路”为例，数据显示，仅2016年，我国的海外投资保险就承保了“一带一路”项目263个，承保金额307.3亿美元。保险资金的运用，极大程度地支持了国民经济建设。

### 6. 保险法律法规建设日臻完善

从保险业务恢复以来，我国保险法制建设取得很大成绩。

1982年开始实施的《中华人民共和国经济合同法》对财产保险合同做了专门规定，这是新中国首次有了实质意义上的有关保险的法律规定。

1983年9月，国务院颁布并实施了《财产保险合同条例》。1985年3月，国务院颁布《保险企业管理暂行条例》，对加强保险业的监管发挥了重要作用。1992年11月，《中华人民共和国海商法》颁布，对海上保险合同做出了规定。

1995年6月，《中华人民共和国保险法》颁布，同年10月1日起施行。该法对发展社会主义市场经济、规范保险经营活动、保护保险活动当事人的合法权益、促进保险事业的健康发展具有十分重要的意义。2002年，为适应加入WTO(世界贸易组织)要求，《中华人民共和国保险法》做了第一次修正。2009年，为适应保险业改革发展和保险监管的需要，《中华人民共和国保险法》全面修订，在经营规则、强化监管、规范市场秩序等方面进行了较大的修改；随后，分别于2014年8月和2015年4月进行两次修正，取消和调整了一批行政审批事项，依法推进行政审批制度改革和政府职能转变。《中华人民共和国保险法》出台后，中国人民银行相继制定了一些配套的保险业管理规定，如《保险管理暂行规定(试行)》《保险代理人管理规定(试行)》《保险经纪人管理规定》等。

1998年11月中国保险监督管理委员会成立后，立即对保险市场的现状和存在的问题进行调查研究，并着手修改、补充和完善保险法律法规体系，先后颁布了《保险公司管理规定》《向保险公司投资入股暂行规定》《保险公估人管理规定(试行)》等一系列保险规章。

2002年，《外资保险公司管理条例》实施。该条例由国务院颁布实施，是中国第一部外资保险法规。

2006年，国务院发布《关于保险业改革发展的若干意见》(简称“国十条”)。

2012年11月，国务院发布《农业保险条例》，自2013年3月1日起施行。《农业保险条例》规范农业保险活动，保护农业保险活动当事人的合法权益，提高农业生产抗风险能力，促进农业保险事业健康发展。

2014年，“新国十条”出台，把发展保险事业从行业意愿上升到国家意志。2014年8月13日，国务院印发《关于加快发展现代保险服务业的若干意见》(简称“新国十条”)，以“顶层设计”形式明确保险业在经济社会中的地位，提出到2020年，保险深度(保费收入/国内生产总值)要达到5%，保险密度(保费收入/总人口)要达到3500元/人，基本建成保障全面、功能完善、安全稳健、诚信规范，具有较强服务能力、创新能力和国际竞争力，与我国经济社会发展需求相适应的现代保险服务业，努力由保险大国向保险强国转变；明确今后较长一段时期保险业发展总体要求、重点任务和政策措施。

2015年，《互联网保险业务监管暂行办法》出台，成为金融领域第一部关于互联网金融的制度文件。2016年4月保监会会同财政部等十五个部委联合发布《互联网保险风险专项整治工作实施方案》，同年10月国务院办公厅发布的《互联网金融风险专项整治工作实施方案》使互联网保险和互联网金融领域得到了有力监管。

#### 7. 保险监管不断加强和完善

20世纪50年代初，中国人民银行是保险业的主管机关，后于1952年将保险业监管工作交由财政部负责。1959年国内保险业务停办，中国人民保险公司只办理涉外保险业务，在行政上成为中国人民银行国外业务局的一个处。随着国内保险业务的恢复，中国人民保险公司于1984年从中国人民银行分设出来，成为国务院直属局级经济实体。因此，在1959年到1984年之间，中国人民银行既经营保险业务，又负责对保险业的领导和管理。从1984年开始，中国人民银行专门行使中央银行职能，保险监管是其中一项重要工作。1985年颁布的《保险企业管理暂行条例》、1995年颁布的《中华人民共和国中国人民银行法》和《中华人民共和国保险法》，均明确中国人民银行是保险业的监管机关。

随着金融体制改革的逐步深入和保险业的不断发展，保险监管不断强化，1998年，为加强保险监管，落实银行、保险、证券分业经营、分业管理的方针，党中央、国务院决定成立中国保险监督管理委员会。中国保险监督管理委员会的成立，是我国保险发展史上的一个重要里程碑，从此中国保险业进入一个新的历史发展时期。2003年，中国保险监管管理委员会统计信息部筹备成立，它肩负着保险行业的信息化宏观监管以及保监会的信息化建设两项职责。

2018年3月，第十三届全国人民代表大会第一次会议表决通过了关于国务院机构改革方案的决定，设立中国银行保险监督管理委员会。2018年4月8日上午，中国银行保险监督管理委员会正式挂牌，中国银行业监督管理委员会和中国保险监督管理委员会成为历史。

2017年以来，保险业监管厘清“监管姓监”“保险姓保”，在保险业回归保障本源的理念指引下，保险市场出现了市场秩序重塑和业务结构优化，踏上了高质量发展的转型之路。顺应综合经营和金融业态创新的趋势，银监会与保监会职能合并，分离发展与监管职能，成为我国保险业制度建设的重要探索。随着一系列更加专业有效的监管文件和制度的出台，保险业积极调整业务结构，由重速度和规模转向重质量和效益，合规和风控逐渐成为保险业发展的主题。

### (四) 中国现代保险业进一步发展面临的机遇与挑战

#### 1. 中国保险业进一步发展面临的机遇

在当今中国经济形势大好，社会秩序更加稳定时期，中国现代保险业迎来了史无前例的发展机遇，得益于这方面的发展机遇，未来中国现代保险业将会获得更加长足的发展。

(1) 从社会环境看，我国市场经济制度的逐步完善，为保险发展奠定了制度基础，促使潜在的保险需求释放出来；社会主要矛盾的变化，决定了人民生活需求的多层次，为保险的发展指明了方向；“两个一百年”奋斗目标的提出，为保险业发展指明了保险需求的阶段性；多层次社会保障体系的建立，全民参保计划的全面实施，城镇职工和城乡居民基本养老保险制度尽快实现养老保险全国统筹，完善统一的城乡居民基本医疗保险制度和大病保险制度，均为商业人身保险的补充功能以及与社会保险的互补提供了空间；法治的完善，促使责任保险的市场潜力释放，也为保险经营创造了更好的条件；面对人口老龄化和二胎政策的实施，会进一步产生健康、养老、意外等人身保险需求。

(2) 在经济环境方面，新的发展理念、建设现代化经济体系，经济结构调整、新型产业的兴起，乡村振兴战略、区域协调发展战略，会带来新的财产保险需求；对外开放新格局的出现，国家“一带一路”发展倡议，会带来投资保险、出口信用保险、工程保险等保险需求，带来保险投资机会，也为保险公司“走出去、请进来”创造了条件；创新型国家建设的提出，大数据时代的到来，区块链的广泛应用，互联网、车联网、物联网的出现，人工智能的应用，促使保险公司改善保险经营模式和精算技术，增加了科技保险需求，也加速保险产业链和保险服务化。金融合营趋势增强，为保险业整合金融资源、加快发展提供了新的契机。

(3) 在保险市场布局方面，随着我国改革开放的不断深入，我国保险业主体逐步呈现出多元化结构。从1979年我国恢复保险业务时仅有中国人民保险公司一家保险机构从事财产险业务开始，40多年之后的今天，从保障方面来看，和国际一样，有保障人身的寿险公司和保障财产的财产险公司；从分担风险来看，还有了再保险公司；在保险资金的运用方面，出现了保险资产投资公司；从所有制形式方面来看，除国有保险公司外，出现了大量的合资和外资保险公司；从经营的区域来看，有同时经营全国业务的保险公司，也有经营局部区域的保险公司。

(4) 在保险专业化方面，随着保险市场主体的进一步增多，竞争的进一步加剧，各保险机构已逐步从原来的人海战术过渡到走专业化经营的道路。越来越多的公司更加注重经营品质，着力于创建保险品牌，打造专业化的员工队伍，在社会中树立专业化形象。

(5) 在国际交流方面，中国参与国际交流与合作的频率越来越高，中国对外投资项目增多，吸引外资能力更强，中国将在更大范围、更广领域和更深层次上参与国际市场竞争，中国保险业发展将有更大的舞台。

#### 2. 中国保险业进一步发展面临的挑战

我国现代保险业在快速发展过程中也面临着一些挑战，受制于一些矛盾，主要表现在如下几个方面。

(1) 保险业的供给与国民经济和社会需要的矛盾。中国是全球人口第一大国，国内生产总值第二大国，总保费收入位居全球第二位，但2018年底我国保险深度(保费收入/国内生产总值)和保险密度(保费收入/人口总量)分别为4.22%、406美元，低于世界平均水平的6.09%、682美元，分别位居全球38位、44位，与我国的人口与经济不协调。

(2) 市场潜力挖掘不够导致保险结构失衡。这主要表现在再保险与原保险市场发展不匹配，再保险主体数量少、承保能力有限；区域发展不平衡，东部发达，西部落后，表面是量上不均衡，内在原因是质上不均衡，无差异经营，不能满足当地经济需要，同时，产品结构上带有投资性的产品偏多。

(3) 保险公司业务发展迅速而专业人才严重不足。我国保险公司增加非常快，但人才远远没有跟上保险公司发展的需求，从而在一定程度上限制了保险公司业务的发展，也限制了保险功能的充分发挥。虽然已经有多所大学设置了保险专业或者在其他经济、管理专业设置保险专业课，但保险专业人才还是难以满足日益发展的保险市场的需求，更加缺乏能够与国际保险市场接轨的专业人员。

(4) 社会保险与商业人身保险不匹配的矛盾。社会保险保障面太窄、保障程度较高，导致社会保险在一定程度上替代了商业人身保险，商业人身保险对社会保险难以起到补充作用。

(5) 保险保障的范围不断扩大，保险产品和服务更加复杂，保险公司经营管理面临的不确定性相应增加；国际形势变化多端，世界各国和地区的监管重点更为突出，保险监管的国际合作与融合将变得更加复杂。

总之，中国现代保险业的发展面临着一个战略机遇期，有效把握好这一机遇，同时努力克服保险业发展过程中面临的各种挑战和困难，我国现代保险行业的实力必将大大增强，也将迎来从保险大国向保险强国的迈进，保险行业的长足发展将助力我国综合实力的提升，也将加快中华民族伟大复兴的进程。

## 本章小结

1. 广义的保险是集合面临同类风险的众多经济组织或个人，以合理计算分担金的形式，实现对少数成员因该风险事故所致经济损失的补偿或给付行为，包括社会保险和商业保险等。狭义的保险是指投保人根据合同约定，向保险人支付保险费，保险人对于合同约定的可能发生的事故因其发生所造成的财产损失承担赔偿保险金责任，或者当被保险人死亡、伤残、疾病或者达到合同约定的年龄、期限等条件时承担给付保险金责任的商业保险行为。

2. 保险的构成要素是指从事保险活动所应具备的必要的因素。保险的构成要素主要有可保风险的存在、大量同质风险的集合和分散、保险费率的厘定、保险基金的建立和保险合同的订立等。保险具有经济性、商品性、互助性、契约性和科学性五大特征。

3. 保险具有经济补偿、资金融通和社会管理三大功能，其中经济补偿功能是保险最基本的功能。资金融通和社会管理功能是保险的派生功能。保险的作用主要体现在促进改革、保障经济、稳定社会和造福人民等方面。

4. 按照不同的标准，可以将保险分为不同类型。按照保险的实施方式不同可以分为强制保险和自愿保险；按照保险标的不同可以分为财产保险和人身保险；按照承保方式不同可以分为原保险、再保险、共同保险和重复保险；按照保险属性不同可以分为政策性保险和商业保险；按营利与否可以分为营利性保险和非营利性保险；按照赔付方式不同可以分为定额保险和损失保险；按照经营主体不同可以分为公营保险和私营保险；按照投保单位不同可以分为个人保险和团体保险。

5. 商业保险与社会保险、经济政策性保险、储蓄、救济等制度以及赌博行为都存在明显区别。保险公司是依照保险法和公司法设立的公司法人，是采用公司组织形式经营保险业务，提供保险保障的企业，它是一种非银行金融机构，具有组织经济补偿、掌握保险基金、防灾防险、融通资金和吸收储蓄等功能。

6. 近代保险业的发展是从海上保险开始的，火灾保险、人身保险、责任保险等随后陆续发展起来。现代世界保险业呈现出保费持续增长、保险密度和保险深度不断提高的发展趋势。

7. 我国的保险业起步较晚，但在改革开放以后增长迅速，主要表现为：保险行业实力增强，保障作用增大；保险市场体系逐步完善，行业自律不断加强；保险业对外开放幅度逐步增大；保险业务发展迅猛；保险资金运用渠道逐步拓宽，支持了国民经济建设；保险法律法规建设日臻完善；保险监管不断加强和完善。

# 课后知识拓展

## 巨灾保险制度有待进一步完善

2020年夏季，我国南方出现严重洪涝灾害，让巨灾保险再次成为关注焦点。

巨灾一般是指由于台风、暴雨、洪水、地震和海啸等强大自然灾害造成的损失。巨灾风险管理体系包括灾前防灾预测、灾中救援减损以及灾后补偿重建等综合多层次体系。我国是地震、洪水等自然灾害多发的国家。目前，我国各类自然灾害造成的经济损失补偿严重依赖于国家财政，使本已紧张的国家财政承受了更大的压力，而保险这种社会化的风险分散与补偿机制在管理巨灾风险方面的作用还远未发挥出来。因此，面对巨灾，保险的作用仍待进一步发挥，巨灾保险制度仍待完善。专家建议，需进一步拓宽巨灾保险的保障内容，推动包含更广泛灾因的巨灾保险出台。

巨灾保险一般指政府运用保险机制，通过制度性安排，将因发生地震、台风、海啸、洪水等自然灾害可能造成的巨大财产损失和严重人员伤亡的风险，通过保险形式进行风险分散和经济补偿。巨灾保险制度是利用保险机制预防和分散巨灾风险，提供灾后损失补偿的制度安排。

目前我国保险市场上的家庭财产保险、企业财产保险、农业保险、建筑安装工程保险、机动车辆保险中都含有因洪水等部分自然灾害造成财产损失的责任，而人身保险产品中也包含因洪水等部分自然灾害导致人身伤亡的保险责任。这些保险产品在洪灾损失中起到了一定作用，特别是农业保险在保障洪水造成的农业生产损失方面的作用还是比较大的。但目前以巨灾形式专门保障洪灾的保险制度并没有建立起来。

业内人士认为，应充分发挥商业保险在应对风险管理、辅助灾后重建等方面的功能作用，运用市场手段完善社会治理方式，健全灾害救助、灾害管理和民生救助机制，逐步建立体系完善的巨灾保险制度，提升突发事件应急管理和抗灾救灾的效率。

我国的优势是政府在洪水风险保障和防灾救灾方面承担主要职能，但商业保险的作用没有充分发挥出来。我们可以考虑借鉴国外商业巨灾保险的经验，推动商业保险的发展，将政府救灾和商业保险的优势都发挥出来，构建起政府支持的商业巨灾保险制度，发挥商业保险在防灾减灾和经济补偿方面的效率优势，使之与政府防灾救灾更好地结合。

近年来，建立巨灾保险制度已上升为国家意志。十八届三中全会明确提出："完善保险经济补偿机制，建立巨灾保险制度"。《中共中央国务院关于推进防灾减灾救灾体制机制改革的意见》提出，"加快巨灾保险制度建设，逐步形成财政支持下的多层次巨灾风险分散机制。"

在巨灾面前，保险如何更好地发挥作用？专业人士认为，应进一步拓展巨灾保险的保障内容。

我国除了保险交易所和中国城乡居民住宅地震巨灾保险共同体部分成员联合开发的中国城乡居民住宅台风洪水巨灾保险产品，以及瑞士再保险集团联合黑龙江、广东政府与当地保险公司开发的巨灾指数保险外，目前的巨灾保险主要限于地震，尚不包含台风、滑坡、泥石流、洪水、森林火灾等其他灾因，保障内容有待进一步丰富。

未来公众需要提高风险管理和保险意识，保险公司需要优化产品、创新销售渠道。同时巨灾保险立法也非常必要，我们应尽快出台包括洪水巨灾保险在内的《巨灾保险条例》，完善巨灾保险立法，建立财政支持下的多层次巨灾风险分散机制。

(资料来源：www.xinhuanet.com)

# 习　　题

## 一、名词解释

1. 商业保险　2. 强制保险　3. 自愿保险　4. 原保险
5. 共同保险　6. 重复保险　7. 经济政策性保险　8. 定额保险
9. 团体保险　10. 保险公司　11. 保险密度　12. 保险深度

## 二、单项选择题

1. 按照保险实施方式，保险分为(　　)。
   A. 强制保险、自愿保险　B. 人身保险、财产保险
   C. 社会保险、商业保险　D. 原保险、再保险
2. 根据保险标的的不同，可将保险分为(　　)。
   A. 社会保险和商业保险　B. 自愿保险和强制保险
   C. 财产保险和人身保险　D. 共同保险和重复保险
3. 几个保险人就同一保险利益、同一风险一起缔结保险合同的一种保险是(　　)。
   A. 原保险　B. 再保险　C. 重复保险　D. 共同保险
4. 政府救灾的属性是(　　)。
   A. 社会保障　B. 政策保险　C. 强制保险　D. 商业保险
5. 以下各类保险中产生最早的是(　　)。
   A. 火灾保险　B. 人身保险　C. 责任保险　D. 海上保险
6. “千家万户保一家”体现了保险的(　　)。
   A. 契约性　B. 经济性　C. 群众性　D. 互助性

## 三、多项选择题

1. 保险的派生职能有(　　)。
   A. 经济补偿　B. 防灾防损　C. 保险金给付　D. 社会管理
2. 商业保险一般可以承保(　　)。
   A. 纯粹风险　B. 自然风险　C. 责任风险　D. 战争风险
3. 下列各项中，属于自愿保险方式的是(　　)。
   A. 家庭财产保险　B. 车辆损失保险　C. 货物运输保险　D. 人寿保险
4. 下列有关重复保险叙述正确的是(　　)。
   A. 投保人应将重复保险的有关情况通知保险人
   B. 有两个保险人

C. 保险金额总和不超过保险标的价值

D. 保险金额总和超过保险标的价值

5. 对“保险学”中保险的含义可以从以下几个方面来理解(　　)。

A. 从风险管理角度看，保险是单位或个人风险转移的一种方法

B. 从法律角度看，保险是一种合同行为

C. 从社会角度看，保险是社会经济生活的稳定器

D. 从经济角度看，保险是一种经济补偿制度

## 四、判断题

1. 保险商品遵循等价交换原则。(　　)
2. 再保险、重复保险和共同保险都是同一风险由两个以上的保险人来承担赔偿责任。(　　)
3. 融通资金是保险最基本的功能。(　　)
4. 从经济角度看，保险对投保人来说意味着风险的转移。(　　)
5. 保险商品价值的量表现为保险费。(　　)

## 五、简答题

1. 简述保险在微观经济和宏观经济中的作用。
2. 简述中国保险业的发展现状。

# 第三章

# 保 险 合 同

【课前导读】

保险商品的买卖是建立在合同的基础之上的，保险合同是建立保险经济关系的法律协议，是保险交易双方都必须严格遵守的法律文件，是保险学的核心内容。本章主要阐述保险合同的概念、特征和主要类型；分析保险合同的构成要素，包括其主体、客体、基本内容及形式；介绍保险合同从订立到生效、变更、终止的全过程；说明保险合同的解释原则与争议处理方式。在学习完本章后，读者应熟练掌握上述内容及相关法律知识，并能够运用保险合同有关理论知识分析各种保险案例。

## 第一节　保险合同概述

### 一、保险合同的概念

#### (一) 合同的定义及其构成要件

合同也称契约，是民事主体之间设立、变更、终止民事法律关系的协议。

合同的订立应遵循平等、自愿、公平、诚实信用、公共利益和协商一致的原则，并具备以下法律要件。

(1) 合同的当事人必须具有民事行为能力。

(2) 合同的订立是当事人双方意思表示一致的法律行为。任何一方都不能把自己的意志强加给另一方；任何单位或个人对当事人的意思表示不能进行非法干预。

(3) 合同必须合法，包括主体合法、客体合法、内容合法和订立程序合法等。任何自然人、法人和其他经济组织不能利用合同进行违法活动以及损害他人或社会公众利益。不合法的合同是得不到法律保护的。

#### (二) 保险合同的概念及一般法律要件

保险合同也称保险契约，《中华人民共和国保险法》第十条规定：“保险合同是投保人与保险人约定保险权利义务关系的协议。”具体而言，保险合同是投保人向保险人支付保险费，保险人则在保险标的发生约定事故时承担经济补偿的责任，或当约定事件发生时履行给付保险金义务的协议。

保险合同是保险关系产生的依据，是保险活动最基本的法律表现形式。

保险合同属于合同的一种，因此，它的一般法律要件与上述合同的构成要件是一致的。

保险合同是民商事合同中的一种，调整具有保险内容的民事法律关系。因此，保险合同不仅适用于《中华人民共和国保险法》，也适用于《中华人民共和国民法典》[①](简称《民法典》)的有关规定。

## 二、保险合同的特征

### (一) 保险合同是双务合同

按照当事人取得权益是否需要付出相应对价为标准，可以将合同分为单务合同(Unilateral Contract)和双务合同(Bilateral Contract)。单务合同是指对当事人一方只发生权利，而对另一方只发生义务的合同，如赠与合同、无偿保管合同和无偿借贷合同等。双务合同是指合同当事人一方享有合同约定的权益，需向对方当事人偿付相应对价的合同，即当事人双方互相都享有权利和承担义务，一方的权利即为另一方的义务，如买卖合同、租赁合同等。

保险合同的双务性在于保险合同的投保人负有按照约定缴纳保险费的义务，而保险人则负有在保险事故或事件发生时赔偿或给付保险金的义务。但保险合同的对价关系与一般双务合同的对价关系不同。在一般双务合同中，双方的义务都是确定的。在保险合同中，就单个合同而言，对价关系并不十分明确。其中投保人的义务是确定的，必须支付保险费；但保险人是否支付赔款或给付保险金是不确定的，取决于保险事故或事件是否会发生。所以说保险合同是双务合同，但它是附有条件的双务合同——保险事故或事件的发生。

从另一角度来说，我们可以将保险合同中的对价关系理解为：投保人负担保险费这一义务的对价，是保险人负有对被保险人提供经济保障的义务，即无论损失发生与否，被保险人的保险标的都有了经济保障。

### (二) 保险合同是射幸合同

根据相关民法理论，双务合同可以分为实定合同和射幸合同。实定合同是指合同订立时，当事人的给付义务即已确定的合同。而射幸合同是指合同订立时，当事人的给付义务尚未确定的合同，即合同当事人一方的履约有赖于偶然事件的发生。

“射幸”是传统民法术语，意思是侥幸、碰运气。射幸合同的两大特点包括一方履行给付义务的不确定性和双方交换关系的非等价性。保险合同正好具备这两大特点：首先，保险人是否履行赔偿或给付保险金义务的不确定性；其次，一旦保险事故或事件发生，保险人补偿或给付的保险金将远远大于投保人支付的保险费，二者之间并不对等。所以说保险合同是一种射幸合同。保险合同的射幸性在财产保险中表现得尤为明显，而一些具有储蓄性的人寿保险则射幸性相对较弱。

保险合同的射幸性是就单个保险合同而言的。从保险公司承保的全部保险合同来看，保险是根据大数法则运作的，保险费率是通过精算厘定的，保险费与保险金额之间的关系是以精确的数理计算为基础的，收入与支出基本保持平衡。因此，从总体上来说，保险合同还是符合价值规律的，不存在射幸性问题。

① 《中华人民共和国民法典》自2021年1月1日起施行。《中华人民共和国婚姻法》《中华人民共和国继承法》《中华人民共和国民法通则》《中华人民共和国收养法》《中华人民共和国担保法》《中华人民共和国合同法》《中华人民共和国物权法》《中华人民共和国侵权责任法》《中华人民共和国民法总则》同时废止，原有关内容修订后纳入《民法典》相关编目。

### (三) 保险合同是附和合同

根据订立合同时双方的地位来划分，合同可以分为议商合同和附和合同。议商合同是指当事人可以就合同条款进行充分协商而订立的合同。附和合同又称为标准合同或格式合同，是指合同的条款由一方当事人事先拟定好，另一方只有接受或不接受合同条款的选择，无权商议或变更条款的合同。

保险合同条款一般事先由保险人拟定，经监管部门审批。投保人往往不熟悉保险业务，很难对保险条款提出异议。投保人购买保险，要么附和保险人的合同，即同意合同条款并购买该保险；要么拒绝购买保险，一般没有修改合同内容的权利。即使需要变更某项内容，也只能采纳保险人事先准备的附加条款。因此，在保险合同中，保险人较之投保人和被保险人处于明显优势。由于保险合同的这种附和性，当合同双方对保险合同条款的某些词义理解存在分歧时，法院通常会做出有利于投保人或被保险人的解释。大多数保险合同属于附和合同，不过，随着保险市场竞争的激烈化，保险客户对有关内容在某些条件下也存在修改的可能性，个别保险业务甚至可以临时协商，订立无既定格式的保险合同。一些特殊险种的保险合同，例如核保险、航天保险等就属于协议保险合同。

### (四) 保险合同是诺成性合同

根据合同的成立是否需要交付标的或完成其他给付为条件，合同可以分为诺成性合同与实践性合同。诺成性合同是指当事人一方的意思表示一旦为对方同意即能产生法律效力的合同，其特点是当事人双方意思表示一致时合同即告成立。实践性合同是指除当事人双方意思表示一致以外，还需要交付标的才能成立的合同。

学术界大都认为保险合同是诺成性合同，原因如下：

(1)《中华人民共和国保险法》第十三条规定，投保人提出投保要求，经保险人同意承保，保险合同成立。按照这一条规定，保险合同成立与否取决于保险人是否同意投保人的投保要求，此外并无其他规定。

(2)《中华人民共和国保险法》第十四条规定，保险合同成立后，投保人按照约定交付保险费，保险人按照约定的时间开始承担保险责任。由此可见，投保人交付保险费是在合同成立之后，交付保险费是投保人履行保险合同中自己应尽的义务，而不是保险合同成立的要件。

(3) 在保险实务中，大多数保险单规定，投保人只有在一次性缴清保险费或者缴纳了首期保险费以后，保险合同才生效。而《中华人民共和国保险法》第十三条中也有“投保人和保险人可以对合同的效力约定附条件或者附期限”的规定，由此可见保险单中的这种规定应视为当事人约定的合同生效要件而不是保险合同的成立要件。

根据上面的分析可以得知，保险合同应为诺成性合同。

### (五) 保险合同是要式合同

根据合同的成立是否应以一定的形式为标准，可将合同分为要式合同和非要式合同。要式合同是指法律要求必须采取特定方式才能成立的合同，即需要履行特定的程序或采取特定的形式合同才能成立。如房屋买卖合同必须是书面形式，中外合资经营合同不仅要采用书面形式，而且必须经过国家有关部门批准方可成立。非要式合同是指不需要特定方式即可成立的合同。

《中华人民共和国保险法》第十三条规定，“保险人应当及时向投保人签发保险单或其他保险凭证。保险单或者其他保险凭证应当载明当事人双方约定的合同内容。当事人也可以约定采用其他书面形式载明合同内容。”由此可以看出《中华人民共和国保险法》要求保险合同必须是书面形式。因此，保险合同是要式合同。

## 三、保险合同的类型

### (一) 按照保险标的不同分类

#### 1. 财产保险合同

财产保险合同是指以财产及其有关利益为保险标的的保险合同。按照合同承保的财产类型和保险风险的不同，又可以分为团体火灾保险合同、家庭财产保险合同、运输工具保险合同、运输货物保险合同、工程保险合同、农业保险合同、责任保险合同及信用保证保险合同等。

#### 2. 人身保险合同

人身保险合同是指以人的生命和身体为保险标的的保险合同。按照保障范围的不同，又可以分为人寿保险合同、意外伤害保险合同和健康保险合同。

### (二) 按照保险合同的保障性质分类

#### 1. 损失补偿性保险合同

损失补偿性保险合同的特征是：保险事故发生所造成的后果表现为被保险人的经济损失，并且可以用货币衡量，保险人的责任以补偿被保险人的经济损失为限，最多使其恢复到事故发生以前的状态，被保险人不会因此获得额外的利益，并且对被保险人的补偿不得超过保险金额。财产保险合同、健康保险中的疾病津贴和医疗保险合同属于此类。

#### 2. 定额给付性保险合同

定额给付性保险合同的特征是：保险事件的发生不一定造成损失，即使造成损失，也不能或很难用货币衡量损失金额，因此，双方当事人在保险合同中约定一定的保险金额，在保险事件发生或约定期限届满时，保险人按合同规定的保险金额给付保险金，不得增减，也不用再另行计算。除健康保险中的疾病津贴和医疗保险以外，其他各类人身保险合同均属于定额给付性保险合同。

### (三) 按照保险合同所保障的保险标的是否特定分类

此种分类仅适用于财产保险。

#### 1. 特定式保险合同

特定式保险合同又称为分项式保险合同，是指保险人对所保的同一地点、同一所有人的各项财产，均逐项列明保险金额，发生损失时对各项财产在各自的保险金额额度内承担赔偿责任的保险合同，如家庭财产保险。

#### 2. 总括式保险合同

总括式保险合同是指保险人对所保的同一地点、同一所有人的各项财产，不分类别，确定一个总的保险金额，发生损失时不分财产类别，只要在总保险金额限度以内，都可获得赔偿的保险合同。

### (四) 按照保险合同保障的风险范围不同分类

#### 1. 特定风险保险合同

特定风险保险合同是指保险人仅承保特定的一种或数种风险责任的保险合同。在此类合同中，保险人承保的风险一般都在保险条款中予以列举约定，如火灾保险、地震保险、盗窃保险等。其中，一份合同仅承保一种风险责任的，称为单一风险保险合同；一份保险合同同时承保两种及两种以上特定风险责任的，称为多种风险保险合同或综合风险保险合同。

#### 2. 一切风险保险合同

一切风险保险合同是指除了合同中列举的除外不保的风险外，保险人承担其他一切风险责任的保险合同。在一切风险保险合同中，保险人并不列举其所承保的具体风险，而是以“除外责任”条款规定其不承保的风险，凡未列入除外责任条款的风险，均属于保险人承保的风险责任范围。

### (五) 按照保险价值在保险合同中确定与否分类

保险价值是指投保人和保险人订立保险合同时，作为确定保险金额基础的保险标的的价值。由于人的生命和身体是无价的，因此此种分类仅适用于财产保险。

#### 1. 定值保险合同

定值保险合同是指保险合同当事人事先确定保险标的的价值并在保险单中载明确定保险金额的保险合同。

当事人订立定值保险合同，发生保险事故时，保险人与被保险人不必再对保险标的进行估价。若保险标的因保险事故导致全损，不论发生事故时保险标的的市场价值是多少，保险人均按合同载明的保险金额的全部进行赔偿。如果保险标的因保险事故导致部分损失，保险人按损失程度进行赔偿。常见的定值保险合同包括海上保险合同、国内货物运输保险合同，以及以珠宝、古玩、字画等不易确定价值的艺术品为保险标的的财产保险合同等。某些农业保险合同也采用定值保险合同的形式。

定值保险合同的优点在于保险事故发生以后可以直接按照事先确定的保险价值进行理赔，不用重新估值，理赔手续简便；保险金额的确定简便易行，也因此减少了保险当事人之间的纠纷和争议。定值保险合同的缺点在于事先确定保险价值时需要保险人有足够的估值经验和特有的专业知识，否则很容易被利用进行欺诈行为，所以多数保险人不愿采用这种方式，有的国家甚至禁止使用这种合同方式。

#### 2. 不定值保险合同

不定值保险合同是指保险合同当事人事先不约定保险标的的价值，只在保险合同中列明约定的保险金额作为赔偿的最高限额，在保险事故发生后再确定保险标的实际价值的保险合同。在保险实务中，如果没有特别约定，大多数财产保险合同都是不定值保险合同。如果发生约定的保险事故，保险人按保障程度赔偿。

$$保障程度=\frac{保险金额}{实际价值}$$

不定值保险合同的优点在于事故发生后再根据实际情况确定保险标的的真实损失，定值更加合理、科学，多数保险人更愿意采用这种方法，因此，不定值保险合同成为保险合同的主要形式。不定值保险合同的缺点在于保险当事人对确定保险标的的保险价值的计算方法容易产生分歧，争议较多；而且保险金额不是事先确定的，在保险事故发生以后，要再来确定保险赔偿金额，由此需要经历的程序很多，理赔手续繁杂。

### (六) 按保险金额与出险时保险价值的对比关系分类

在不定值保险合同中，以保险金额与出险时保险价值的关系为标准，可以分为足额保险合同、不足额保险合同和超额保险合同。

#### 1. 足额保险合同

足额保险合同是指保险金额与出险时保险价值相等的保险合同。足额保险合同发生损失时足额赔偿。如果保险标的遭受全部损失，则保险人按照保险价值进行足额赔偿。如果保险标的遭受部分损失，保险人按照实际损失进行赔偿。

#### 2. 不足额保险合同

不足额保险合同是指保险金额小于出险时保险价值的保险合同。不足额保险合同发生损失时按照比例赔偿。若保险标的遭受全部损失，保险人按照保险金额进行赔偿，超出保险金额以外的损失，保险人不承担赔偿责任。若保险标的遭受部分损失，保险人按照保险金额与保险价值的比例承担赔偿责任。

不足额保险合同出现的原因可能有以下几种。

(1) 根据保险人的规定，不设置足额保险，目的是促使被保险人注意防范风险。

(2) 出于被保险人的自愿，目的是节省保险费。

(3) 由于被保险财产价值的上涨，而使被保险财产的实际价值高于保险金额。

#### 3. 超额保险合同

超额保险合同是指保险金额大于出险时保险价值的保险合同。超额保险合同中，如果保险标的遭受全部损失，保险人还是按照保险价值进行赔偿，保险金额超出保险价值的部分是无效的。如果保险标的遭受部分损失，保险人按照实际损失进行赔偿。

### (七) 按照保险人是否转移保险责任分类

#### 1. 原保险合同

原保险合同是指投保人与保险人之间最初签订的各种保险合同。原保险合同直接保障的对象是被保险人。在原保险合同下，如果发生约定的保险事件，由保险人对被保险人承担赔偿责任。

#### 2. 再保险合同

再保险合同指原保险人在已经签订原保险合同的基础之上，为了分摊已承保保险的风险而与再保险人(其他保险人)签订的保险合同。再保险合同直接保障的对象是原保险人。

原保险合同与再保险合同既相互依存，又相互独立。一方面，再保险合同以原保险合同为基础；另一方面，原保险合同和再保险合同又是相互独立的合同。再保险接受人不得向原保险的投保人要求支付保险费；原保险的被保险人或受益人，也不得向再保险接受人提出赔偿或给付保险金的请求。

# 第二节 保险合同的构成要素

任何法律关系都包括主体、客体和内容三个必不可少的要素，保险合同的法律关系也不例外。

## 一、保险合同的主体

保险合同的主体是指在保险合同中享受权利和承担义务的人。一般包括保险合同的当事人和保险合同的关系人。

### (一) 保险合同的当事人

保险合同的当事人是指直接订立保险合同的人，通常是投保人和保险人。

#### 1. 投保人(Applicant)

投保人又称要保人，是指与保险人订立保险合同，并按照合同约定负有支付保险费义务的人。

作为保险合同的当事人，投保人必须具备下列三个条件。

(1) 投保人必须具有完全的民事权利能力和民事行为能力。投保人可以是自然人、法人或其他组织，但都必须具备完全的民事权利能力和行为能力。未依法登记或未取得法人资格的组织和无民事行为能力的自然人都不能成为保险合同的投保人；限制民事行为能力人签订的保险合同，只有经过其法定代理人追认，方才有效。

(2) 投保人必须对保险标的具有保险利益。如果投保人对保险标的不具有保险利益，就不能申请订立保险合同。订立合同时，投保人对保险标的不具有保险利益的，合同无效。投保人可以为自己的利益投保，也可以为他人的利益投保。投保人为他人利益投保时，在未经委托的情况下，应征得他人同意或将其订约目的告知保险人，以便保险人查明其是否具有保险利益并决定是否承保。

(3) 投保人负有缴纳保险费的义务。保险合同是有偿合同，获得保险保障的对价就是支付保险费。不论保险合同是为投保人自己的利益还是他人的利益而订立，投保人均须承担缴纳保险费的义务。在保险合同是投保人为他人利益订立的情况下，如果投保人未履行按时缴纳保险费的义务，为维持保险合同的效力，保险合同关系人可以代投保人缴纳，保险人也不能拒收关系人代付的保险费，但这只是代付性质，并非说明保险合同关系人也有缴纳保险费的义务。

#### 2. 保险人(Insurer)

保险人又称承保人，根据《中华人民共和国保险法》第十条的规定，保险人是指与投保人订立保险合同，并按照合同约定承担赔偿或者给付保险金责任的保险公司。保险人享有收取保险费的权利，同时负有当约定的保险事件发生时承担损失赔偿或给付保险金的责任。由于保险人的特殊地位和作用，各国政府对保险公司的设立和业务经营都做了严格规定，以确保保险公司经营的稳定性，保护社会公众利益。

保险人的成立必须符合以下三个条件。

(1) 保险人必须具备法定资格。因保险经营的特殊性，各国法律都对保险人从业的法律资格做出专门规定。大多数国家都要求只有符合国家规定的条件，且经政府批准的法人才能成为保险人，并在执照规定的范围内经营保险。如果保险人不具备法人资格，其所订立的保险合同无效。但也有少数特例，如英国的劳合社，是由经国家批准，具有完全民事行为能力，符合一定资产、信誉要求的自然人来作为保险人经营保险业务的。

《中华人民共和国保险法》对保险人所必须具备的法定资格，主要是从三个方面做了较为严格的规定：第一，保险人必须是依照法定条件和程序设立的保险公司；第二，保险公司的组织形式应是股份有限公司或国有独资公司；第三，保险公司应该按照分业经营的原则在金融监督管理部门核定的业务范围内从事保险活动并接受监管。

(2) 保险人必须以自己的名义订立保险合同。保险人必须是依法设立的保险公司，但保险公司并不当然就是保险人。保险公司只有用自己的名义与投保人订立保险合同以后，才能成为保险合同的当事人。

(3) 保险人必须依照保险合同的规定承担保险责任。订立保险合同的目的在于使保险人在合同约定的保险期限内，对于发生的保险事故或事件，承担赔偿或给付保险金的责任，这是保险人最主要、最基本的合同义务。

《中华人民共和国保险法》还规定，保险公司实行分业经营，同一保险人不得兼营财产保险业务和人身保险业务。但是，经营财产保险业务的保险公司经国务院保险监督管理机构批准，可以经营短期健康保险业务和意外伤害保险业务。例如，中国平安单设寿险公司经营人身保险业务，又单设财险公司经营财产保险业务。保险人必须在核准的经营范围内经营保险业务，如果超出经营范围，则其进行的保险活动无效。

### (二) 保险合同关系人

保险合同的关系人是指与保险合同的订立间接发生关系的人，主要包括被保险人和受益人。

#### 1. 被保险人(Insured)

1) 被保险人的定义

《中华人民共和国保险法》第十二条规定，被保险人是指其财产或者人身受保险合同保障，享有保险金请求权的人。

在财产保险合同中，被保险人可以是自然人，也可以是法人或其他组织；在人身保险合同中，被保险人只能是自然人。

2) 被保险人与投保人的关系

被保险人与投保人的关系一般有两种情况。第一种情况是投保人为自己的利益订立保险合同，此时投保人就是被保险人。第二种情况是投保人为他人的利益订立保险合同，此时投保人和被保险人是相互独立的。在这种情况下，只要投保人对保险标的具有保险利益，其订立的合同在法律上就有效。

3) 被保险人成立应具备的条件

(1) 被保险人必须是财产或人身受保险合同保障的人。在财产保险合同中，被保险人必须是保险标的的所有权人或其他权利人。在人身保险合同中，被保险人的生命或身体就是保险标的本身。

(2) 被保险人必须享有保险金的请求权。在财产保险合同中，保险事故发生后，未造成被保险人死亡的，保险金请求权由被保险人本人行使；造成被保险人死亡的，由其继承人按《中华人民共和国继承法》继承。在人身保险合同中，保险事故发生后，被保险人仍然生存的，保险金请求权由被保险人本人行使；被保险人死亡的，保险金请求权由被保险人或者投保人指定的受益人行使；未指定受益人的，保险金请求权由被保险人的继承人行使。

《中华人民共和国保险法》第三十三条规定：“投保人不得为无民事行为能力人投保以死亡为给付保险金条件的人身保险，保险人也不得承保。父母为其未成年子女投保的人身保险，不受前款规定限制。但是，因被保险人死亡给付的保险金总和不得超过国务院保险监督管理机构规定的限额。”

#### 2. 受益人(Beneficiary)

1) 受益人的定义

受益人又称为保险金受领人，《中华人民共和国保险法》第十八条规定，受益人是指人身保险合同中由被保险人或者投保人指定的享有保险金请求权的人。按照人身保险合同的约定，保险受益人于被保险人死亡后有权请求和受领保险人给付的身故保险金。除此之外，受益人在保险合同中不享有其他权利，也不负有缴纳保险费和其他义务。

在财产保险合同中并没有专门的受益人的规定，这是因为财产保险的被保险人通常就是受益人。只有在某些特殊情况下，财产保险合同的当事人才约定第三者享有优先受领保险赔偿的权利，而第三者一般是被保险人的债权人或者是被保险人对其负有民事赔偿责任的人，并非保险法上的受益人。

在人身保险合同中，受益人是由被保险人或投保人指定，经保险人同意享有保险金请求权的人，可以是一人，也可以是数人。投保人、被保险人都可以成为受益人。我国法律对受益人的资格没有特别的限制，受益人可以是自然人、法人，甚至是活体的胎儿(以出生时存活为必要条件)。

2) 受益人的产生和变更

(1) 受益人的产生。

受益人产生的方式是指定。有权指定受益人的主体是投保人和被保险人。由投保人指定受益人的，必须经过被保险人同意，方才有效。被保险人一般可以任意指定受益人，但被保险人为无民事行为能力人或者限制民事行为能力人的，可以由其监护人指定受益人。

《中华人民共和国保险法》第三十九条规定："人身保险的受益人由被保险人或者投保人指定。投保人指定受益人时须经被保险人同意。投保人为与其有劳动关系的劳动者投保人身保险，不得指定被保险人及其近亲属以外的人为受益人。被保险人为无民事行为能力人或者限制民事行为能力人的，可以由其监护人指定受益人。"

**【知识链接】**

**单位为员工投保，受益人不得指定为本单位**

在2009年的《中华人民共和国保险法》修订实施之前，很多单位为职工购买人身保险时，直接指定本单位为受益人，发生保险事故时，单位对职工进行赔偿之后，就可以获得保险公司的赔偿。而按照保险利益原则，单位是不应当作为受益人的，因此也不应当获得给付的保险金。实践中该现象多被诟病，保险法也在根据实践的要求不断做出调整。2009年修订后的《中华人民共和国保险法》第三十九条第二款明确规定："投保人指定受益人时须经被保险人同意。投保人为与其有劳动关系的劳动者投保人身保险，不得指定被保险人及其近亲属以外的人为受益人。"也就是说，单位不得被指定为此类保险的受益人。该规定的出发点是最大限度地保护劳动者的利益，体现了法律对劳动者权益保护的日益重视。

此后修订的《中华人民共和国保险法》一直沿用了这条规定。

(2) 受益人的变更。

有权变更受益人的主体是投保人和被保险人。当投保人变更受益人时，也必须经过被保险人的同意。被保险人或者投保人变更受益人时，应书面通知保险人。保险人收到书面通知后，应当在保险单上做出批注或附贴批单。如果没有履行合法的变更保险受益人的手续，则变更无效。

《中华人民共和国保险法》第四十一条规定："被保险人或者投保人可以变更受益人并书面通知保险人。保险人收到变更受益人的书面通知后，应当在保险单或者其他保险凭证上批注或者附贴批单。投保人变更受益人时须经被保险人同意。"

3) 受益人的确定与未确定

(1) 已确定受益人。

已确定受益人是指投保人和被保险人已在保险合同中明确指定了受益人。《中华人民共和国保险法》第四十条规定："被保险人或者投保人可以指定一人或者数人为受益人。受益人为数人的，被保险人或者投保人可以确定受益顺序和受益份额；未确定受益份额的，受益人按照相等份额享有受益权。"

(2) 未确定受益人。

根据《中华人民共和国保险法》第四十二条的规定，受益人未确定的情形包括：投保人和被保险人未明确指定受益人、指定的受益人先于被保险人死亡、指定的受益人依法丧失受益权、指定的受益人放弃受益权且没有其他受益人等。如果未确定受益人，保险金可视为被保险人的遗产，由保险人依照《中华人民共和国继承法》的规定，履行给付保险金的义务。

如果受益人与被保险人在同一事件中死亡，且不能确定死亡先后顺序的，推定受益人死亡在先。

4) 受益人的受益权

受益人的受益权是指在人身保险合同中，受益人在被保险人死亡的保险事故发生后请求和受领身故保险金的权利。

(1) 受益权是一种财产权。它以请求和受领保险金为内容，是一种典型的财产权。

(2) 受益权是身故保险金的请求权和受领权。按照人身保险合同的约定，保险受益人于被保险人死亡后有权请求和受领保险人给付的身故保险金。除此之外，受益人在保险合同上不享有其他权利，也不负有缴纳保险费和如实告知、危险增加的通知等义务。

(3) 保险受益权是一种兼有期待权和既得权特性的权利。民事权利依其是否可以现实地享有和行使为标准，可以分为既得权和期待权。既得权是指已经取得并能够现实地享有和行使的权利；期待权是指因法律要件尚未充分具备而尚未能享有和行使的权利。在被保险人死亡这一保险事故发生之前，保险受益人仅享有保险金给付的期待权。被保险人死亡时，保险受益权才转化为既得权，受益人才可以现实地享有和行使受益权。

(4) 受益权是受益人的固有权。民事权利的取得有原始取得和继受取得之分，原始取得是指通过事实行为或者法律的直接规定取得物权的方式，在这种情形下，权利从一开始就属于权利人，而不是从他人那里继受过来的，如建造取得和先占取得等；继受取得又称传来取得，是指从前权利人那里通过继受方式取得权利。保险受益权是保险受益人基于投保人、被保险人的指定或者法律的推定而对保险人享有的权利，属于原始取得，是其固有的权利，而非从投保人或被保险人那里继受的权利。

保险合同中的受益人与传统的遗产继承人是有区别的。两者虽然都是在他人死后受益，但性质不同。受益人享有的是受益权，是原始取得，受益人获得的保险金不属于被保险人的遗产，既不纳入遗产分配，也不用于清偿被保险人生前的债务；而继承人获得的遗产是继承取得，在其继承遗产的范围内有为被继承人偿还债务的责任和义务。

(5) 受益人在特定情况下会丧失受益权。根据《中华人民共和国保险法》第四十三条规定："投保人故意造成被保险人死亡、伤残或者疾病的，保险人不承担给付保险金的责任。投保人已交足二年以上保险费的，保险人应当按照合同约定向其他权利人退还保险单的现金价值。受益人故意造成被保险人死亡、伤残、疾病的，或者故意杀害被保险人未遂的，该受益人丧失受益权。"

案例3-1

**被保险人身故保险金赔付案例**

2017年2月，王女士为儿子小明投保了一款长期人寿保险，保险金额为20万元，没有指定受益人。不久以后，王女士与丈夫李先生离婚，小明与其母亲王女士共同生活。李先生按月支付抚养费和教育费，王女士也没有再婚，同自己的父亲即小明的外公一起生活(王女士的母亲早已去世)。

2019年8月，小明和母亲王女士在旅游途中发生了交通意外，母子俩都在这场突如其来的灾难中不幸遇难。不久，小明的父亲李先生和外公几乎同时去保险公司申请领取小明的身故保险金，并发生了争议。

(1) 保险公司是否应该赔付?

【分析】：被保险人身故属于人寿保险的保险责任，保险公司应赔付保险金。

(2) 在未指定受益人的情况下，本案保险金应如何处理？

【分析】：根据《中华人民共和国保险法》的规定，被保险人死后，没有指定受益人的，保险金将作为被保险人遗产，并由其法定继承人继承。第一顺序法定继承人包括：配偶、子女、父母。

(3) 假设小明和王女士的死亡先后顺序无法确定，这笔保险金应该如何分配？小明的父亲和外公是否有权领取保险金？

【分析】：本案的关键问题是确定母子二人死亡的先后顺序，由此决定母亲是否有继承权。按照我国的司法实践和寿险理赔的惯例，多人同时出险，无法确切查实死亡顺序的，假定年长者或辈分高者先死亡。因此可以推定在这场事故中母亲先死亡，那么王女士不能作为儿子的法定继承人享有该保险金的继承权，她的父亲(小明的外公)也就无权代表她申领保险金。

根据我国《民法典(婚姻家庭篇)》的规定，父母和子女的关系不因父母离异而消失。父母离婚后，子女无论和哪一方生活，由哪一方抚养，虽然夫妻之间的权利和义务消失，但是他们与子女之间的权利和关系并不因此而消失。因此小明的父亲作为其第一顺序法定继承人，有权继承全部保险金。

(4) 如果交通部门调查认定儿子小明先死亡，保险金应该支付给谁？

【分析】：如果小明先死亡，母亲王女士和父亲李先生就共同成为这笔保险金的第一顺序法定继承人。在王女士死后，其父亲即小明的外公作为女儿遗产的第一顺序法定继承人，应当享有这笔保险金的请求权。所以最后应由小明的父亲和外公平分这笔保险金。

(5) 如果合同中确定母亲为受益人，且不能明确死亡先后顺序，保险金应该支付给谁？

【分析】：依据《中华人民共和国保险法》第四十二条的规定：“受益人与被保险人在同一事件中死亡，且不能确定死亡先后顺序的，推定受益人死亡在先。”受益人死亡在先的情况下，这笔保险金应视为小明的遗产归其父亲李先生继承。

(6) 如果合同中确定母亲为受益人，交通部门调查又认定儿子小明先死亡，保险金应该支付给谁？

【分析】：如果母亲是受益人且小明死亡在先，这笔保险金就应该赔付给受益人王女士，随后成为王女士的遗产。而王女士的父亲作为女儿遗产的第一顺序继承人，应当享有该笔保险金的继承权。

从本案例中，您得到了哪些启示？

## 二、保险合同的客体

保险合同的客体是指保险双方当事人权利和义务所共同指向的目标(对象)。

### (一) 保险合同的客体是保险利益

保险合同的客体是保险利益，是指投保人或被保险人对保险标的所具有的法律上承认的利益。

保险标的是保险合同中所载明的投保对象，是保险事故发生所在的本体，即作为保险对象的财产及其有关利益或人的生命、身体和健康。

投保人以财产或人身等保险标的向保险公司投保，但他们要求保险公司保障的并不是保险标的本身在保险有效期内不受损害，而是当保险标的被损毁时被保险人经济利益的损失，即保险利益。

而保险人向被保险人提供的保障也是基于保险标的的经济利益，即保险利益。

所以，保险利益是保险合同当事人或关系人的权利和义务共同指向的对象，是保险合同的客体。

### (二) 保险标的与保险利益的关系

保险标的与保险利益互为表里、互相依存。保险标的是保险利益的有形载体，保险利益是保险标的的经济内涵，也是投保人转嫁风险的经济额度，是保险人确定其承担最高责任限额的重要依据。

一般来说，在被保险人没有转让保险标的的情况下，保险利益以保险标的的存在为条件：保险标的存在，投保人或者被保险人的经济利益也存在；保险标的遭受损失，投保人和被保险人也将蒙受经济上的损失。

## 三、保险合同的内容

保险合同的内容是保险合同主体在合同中的权利和义务的具体体现，表现为保险合同的条款。对于保险关系中的任意一方来说，都必须清楚了解保险合同的主要条款、双方的权利和义务、保险合同的形式等，以便充分利用保险的作用，防止法律纠纷的出现。

### (一) 保险合同条款的概念及类型

保险合同条款简称保险条款，是保险合同双方当事人依法约定各自权利和义务的条款。保险条款在保险合同中居于核心地位，对保险合同双方当事人具有法律约束力。

#### 1. 基本条款和特约条款

根据合同内容的不同，保险条款可以分为基本条款和特约条款。

1) 基本条款

基本条款是指规定保险合同双方权利和义务基本事项的条款，是保险合同必须具备的条款。基本事项是按照法律一定要记载的事项。一般是由保险人事先拟定好并印在保险单上。保险的险种不同，其基本条款也不同。

2) 特约条款

特约条款是指除基本条款以外，投保人与保险人协商确定的保险合同的其他条款，是投保人与保险人根据特殊需要约定的合同条款，其实质是对基本条款的修正和限制。特约条款由双方共同拟定，与基本条款具有同等法律效力。在保险实务中保险合同的特约条款具体包括附加条款、保证条款和协会条款。

保险合同双方当事人常常根据需要，在保险单基本条款的基础上，附加一些补充条文，用以扩大或者限制原基本条款中所规定的权利和义务，这些补充就是附加条款。例如：防灾防损条款、危险增加条款、保险事故通知条款、索赔期限条款、代位求偿条款等。

保证条款是指投保人或被保险人对特定事项进行保证，以确认某项事实的真实性或承诺某种行为的条款。即保险人要求投保人或被保险人保证做或者不做某事，或者保证某事态存在或者不存在，否则就是违背保证；保证如被违背，保险人自投保人或被保险人违背保证之日起即有权解除合同，因此，保证条款实际上是一种消极性的特约条款。保证条款是投保人或被保险人必须遵守的条款。

协会条款是指保险同业协会根据某种需要，经协商一致而制定的条款。如伦敦保险人协会制定的有关船舶和货物运输的保险条款。

#### 2. 法定条款和任意条款

根据合同约束力的不同，保险条款可以分为法定条款和任意条款。

法定条款是指根据法律要求必须在保险合同中明确规定的条款。按照《中华人民共和国保险法》第十八条的规定，保险合同应该包括下列事项：保险人的名称和住所；投保人、被保险人的姓名或者名称、住所，以及人身保险的受益人的姓名或者名称、住所；保险标的；保险责任和责任免除；保险期间和保险责任开始时间；保险金额；保险费以及支付办法；保险金赔偿或者给付办法；

违约责任和争议处理；订立合同的年、月、日。基于此，我国所有的保险合同条款对以上各项内容均不得偏废。保险合同的基本条款包括法定条款的各项内容。

任意条款也称为任选条款，是指由保险合同当事人自由选择的条款。《中华人民共和国保险法》第十八条第二款规定："投保人和保险人可以约定与保险有关的其他事项。"实际上，任意条款也是由保险人自己根据某种实际需要列入保单的条款。如保险人办理某些人身保险业务需要对保险金额加以限制的，则会在条款中予以规定。

### (二) 保险合同的基本事项

#### 1. 保险人的名称和住所

《中华人民共和国保险法》明确规定保险人为保险公司，因此，保险人的名称一般就是保险公司的名称；保险人的住所就是保险公司的营业场所。在保险合同中对保险人的名称或住所应当准确、清楚地加以记载，以便于保险人行使收取保险费的权利、履行赔偿或给付保险金的义务。

#### 2. 投保人、被保险人的姓名或者名称、住所，以及人身保险的受益人的姓名或者名称、住所

投保人是保险合同的一方当事人，在保险合同中明确记载其姓名或者名称、住所，有利于投保人履行缴纳保险费的义务；被保险人作为保险合同的关系人，载明其姓名或者名称、住所，有利于被保险人履行保险合同规定的义务，以及在保险事故发生以后行使保险金的请求权和受领权；如果在人身保险合同中规定了受益人，也应将受益人的姓名或者名称、住所记载清楚，以便于受益人在被保险人身故以后行使请求和受领保险金的权利。

#### 3. 保险标的

保险标的是指作为保险对象的财产及其有关利益，或人的生命、身体和健康。财产保险合同的保险标的是财产及其利益；人身保险合同的保险标的是人的生命、身体和健康。

当事人在订立保险合同时，必须将保险标的明确记载于合同中，这样才能确定合同的种类，并据以判断投保人或被保险人是否对之具有保险利益、明确保险人承担责任的对象及范围、确定保险金额、确定诉讼管辖等。

同一保险合同中并不限于单一的保险标的。

#### 4. 保险责任和责任免除

保险责任是指在保险合同中载明的对于保险标的在约定的保险事故发生或人身保险约定的期限届满后，保险人应承担的赔偿和给付保险金的责任。

责任免除又称除外责任，是指保险人不负赔偿和给付责任的范围，包括不保风险、不赔损失和不保标的。在保险合同中列明除外责任是保险人对自己所承担责任的范围加以明确限制，这有利于更好地确定双方当事人的权利和义务关系。

#### 5. 保险期间和保险责任开始时间

1) 保险期间

保险期间又称保险期限，是指保险合同的有效期限，即保险合同从开始生效到终止的期间。保险人仅对保险期间内发生的保险事故所造成的损失承担赔偿或给付保险金的责任和义务。

保险期间的确定方法如下。①按日历时间确定。人身保险合同和绝大多数财产保险合同都是如此。如财产保险的保险期间通常为一年，期满后可以续订新约；人身保险的存续时间较长，有5年、10年、15年、20年甚至终身等。②按航程确定。如货物运输保险。③按工程期或生长期确定。如工程保险和农作物保险。

2) 保险责任开始时间

保险责任开始时间是指保险人开始承担保险责任的时间。

我国保险实务中采用“零时起保制”，即以约定起保日的零点为保险责任开始的时间，以合同期满的二十四点为保险责任终止的时间。

保险合同生效时间与保险责任开始时间不是同一概念。保险合同生效后，并不意味着保险人就开始承担保险责任，保险人何时开始承担保险责任，取决于保险合同对保险人承担保险责任期间的约定。保险责任开始的时间才是被保险人真正享受保险合同保障期间的开始。

在签订保险合同的过程中，如果没有特别约定，保险合同生效的时间与保险责任开始的时间是一致的，但有两种情况下是不一致的。

(1) 追溯保险。追溯保险即保险责任期间追溯到保险期间开始前的某一个时点，也就是保险人对于合同成立前所发生的保险事故也要承担保险责任，通常适用于海上保险合同。

(2) 观察期间的规定。观察期间的规定一般是合同生效若干日后，保险人才开始承担保险责任。即保险责任的开始时间在保险合同生效之后，如健康保险合同。

### 6. 保险金额

保险金额又称保额，是指保险人承担赔偿或给付保险金责任的最高限额。保险金额是保险人计算保险费的重要依据。

在财产保险合同中，保险金额根据保险标的的实际价值或投保时保险标的的账面价值来确定。财产保险合同中的保险金额不得超过保险价值，超过保险价值的，超过部分无效；保险金额低于保险价值的，除合同另有约定外，保险人按照保险金额与保险价值的比例承担赔偿责任。在人身保险合同中，保险金额根据被保险人的保障需要与投保人支付保险费的能力，由保险合同双方当事人协商确定。

需要注意的是，保险金额只是保险人负责赔偿的最高限额，实际赔偿金额在保险金额内视情形而定。

### 7. 保险费及其支付办法

1) 保险费

保险费是指投保人为使被保险人获得保险保障，按照保险合同约定支付给保险人的费用。它是投保人为换取保险人承担风险赔偿责任而支付的对价。保险费是保险基金的主要来源，按时缴纳保险费是投保人应履行的基本义务。保险费的多少是由保险金额的大小、保险费率的高低以及保险期限等因素决定的。

$$保险费=保险金额\times保险费率$$

2) 保险费率

保险费率是保险商品的价格，是指保险人在一定时期按一定保险金额收取保险费的比例，通常用百分率或千分率来表示。保险费率由纯费率和附加费率组成。

纯费率是保险费率的基本组成部分，是指纯保费与保险金额的比率，也称净费率，是用于保险事故发生后进行赔偿和给付保险金的费率。在财产保险中，主要依据保险标的的损失率来确定纯费率；在人身保险中，则是依据人的死亡率或生存率、利率等因素确定纯费率。

附加费率是附加保费与保险金额的比率。它主要是依据保险人在一定期限内的各种营业费用及预定利润来确定的，用于保险人的业务费用支出、手续费支出以及提供部分保险利润等。它通常以占纯费率的一定比例表示。它是以保险人的营业费用为基础计算的，一般来说，保险企业的营业费用主要包括以下几个方面。①业务费用。它包括代理费用、宣传广告费用、税金、工资、办公费用、培训费、招待费等。②防灾防损费用。它包括为被保险人购置防灾器材费用、防灾宣传费用和防灾奖励费用等。③准备金。为了保持保险财务的稳定性，保险公司必须积累一笔准备金，即用于应付发生重大损失、当年保险基金不足以赔付时而准备的资金。附加费率在保险费率中处于次要地位，但附加费率的高低，对保险企业开展业务、提高竞争力有很大的影响。

3) 保险费的支付办法

短期保险一般是在订约时一次性付清保险费。长期保险中保险费的支付主要有趸缴和分期缴费两种方式。

趸缴是指投保人在投保时一次性缴清全部保费。这种方式的优点在于一次性付清所有保费，保险费率会比分期缴费更优惠，而且省去了每年缴纳保费的麻烦，也不用担心因为延误缴费导致保单失效。这种方式的缺点就是需要一次性支付较大金额的保险费，而且中途不可以追加购买新的附加险。

分期缴费也称为期缴，是指在投保时缴纳第一次保险费，以后每隔一段时期缴纳一次保险费。它可以分为年缴、季缴和月缴等。依据缴费期限与保险期限的关系，分期缴费又可以分为限期缴费和满期缴费两种。①限期缴费，是指缴费期限短于保险期限，投保人只在保险期限的前一阶段缴纳保险费。如在终身死亡保险中，投保人可以在被保险人年满60岁之前分期缴费，被保险人年满60岁以后不再缴费，而只享受保险保障。②满期缴费，是指缴费期限与保险期限相同，投保人要在整个保险期限内分期缴纳保险费。定期两全保险一般采用的就是满期缴费的方式。

保险期限1年期及1年期以下的产品必须选择趸缴，而其他种类的保险可以根据客户自己的意愿去选择缴纳保费的方式。

#### 8. 保险金赔偿或给付办法

保险金赔偿或给付办法是指保险人承担责任的方法。原则上采用货币形式进行赔偿或给付，但也有一些财产保险合同对特定的损失采用修复、置换等办法予以经济补偿。保险金赔偿或给付办法的明确约定，有利于保险人更好地履行保险赔付责任，减少保险双方的赔付纠纷。

#### 9. 违约责任和争议处理

违约责任是指保险合同当事人因未履行或未能完全履行合同义务而应承担的法律后果。在保险合同中任何一方违约都可能给对方造成不同程度的损失，因此，应在保险合同中明确哪些行为是违约行为以及发生违约行为的一方应该承担的法律责任，以保障保险合同主体的合法权益。

#### 10. 订立合同的年、月、日

保险合同应注明订立的具体时间，订约时间对于核实订约当时投保人对保险标的是否具有保险利益以及保险双方当事人权利义务法律主张的时间效力等具有重要意义。

### (三) 保险合同的形式——保险合同内容的载体

#### 1. 投保单

投保单又称要保单，是投保人向保险人申请订立保险合同的书面要约。

投保单由保险人事先准备好，通常有统一的格式，在投保单中应列明订立保险合同所必需的项目，投保人依照保险人所列项目逐一据实填写。不论是出于投保人的自动，还是保险人的邀请，投保单的填写均不改变其要约性质。投保单一经保险人承诺，即成为保险合同的重要组成部分。

在投保单中，投保人要向保险人如实告知投保风险的程度或状态等有关事项，这叫“声明”事项。“声明”事项通常是保险人核实情况，决定承保与否的依据。例如，在财产保险中，投保人需要如实填写被保险财产的所在地、内外部环境、营业性质、消防设备等情况；在人身保险中，投保人要如实填写被保险人的健康、职业、经济状况、与受益人的关系等情况。上述信息对于保险人估计风险，决定是否接受投保等，都是非常重要的。

投保单本身并非正式合同的文本，但投保人在投保单中所填写的内容会影响到合同的效力。投保单上如有记载，保险单上即使有遗漏，其效力也与记载在保险单上是一样的。如果投保人在投保单中告知不实，在保险单上又没有修正，保险人即可以投保人未遵循合同的诚信原则为由而在规定的期限内宣布合同无效。

#### 2. 暂保单

暂保单又被称为临时保单，它是正式保单发出前的临时合同。有时在保险代理人收到第一期保费后，即发给投保人作为具有暂保单效力的收据。暂保单主要运用于财产保险。

暂保单不是保险合同的必备凭证，出立暂保单也不是订立保险合同的必经程序。

使用暂保单主要有下列三种情况。

(1) 保险代理人在争取到业务但尚未向保险人办妥保险单之前，可先出具暂保单作为保障证明。

(2) 保险公司的分支机构接受投保，但尚需请示上级保险公司或总公司审批时，可先出具暂保单作为保障证明。

(3) 保险双方当事人已就合同的主要条款达成协议，但有些条件尚需进一步商榷时，可先出具暂保单作为保障证明。

暂保单的法律效力与正式保单完全相同，但有效期较短，大多由保险人具体规定，一般为30天。

保险人一旦确定承保并签发保险单，暂保单即自动失效。保险人如果确定不予承保，则有权随时提前终止暂保单效力，但必须提前通知投保人。

在保险实践中，财产保险的暂保单常常为保险双方滥用。就被保险人而言，由于保费有时可以在出立正式保单时才支付，而暂保单又具有与正式保单相同的法律效力，这就等于享受了免费保险；而保险代理人为争取客户，有时亦不注意选择良好的投保人，而依赖于暂保单的自动失效，这往往容易产生纠纷。因此，对暂保单的使用必须十分慎重。

#### 3. 保险单

保险单简称保单，是指在保险合同成立后，由保险人向投保人签发的正式书面凭证。保险单是保险人对投保人要约的一种承诺，是保险合同的记载形式之一，它所记载的内容是双方履约的依据，因此必须明确、完整地记载有关保险合同主体的权利和义务。

保险单应当载明的内容包括以下几点。

(1) 声明事项，如投保人、被保险人的姓名与地址、保险标的名称和坐落地点、保险金额、保险期限等，声明事项是保险人承保的重要依据。

(2) 保险事项，即保险人应承担的保险责任。

(3) 除外事项，即保险人对责任免除事项所引起的损失，不负赔偿责任。

(4) 条件事项，即合同双方为享受权利所需履行的义务。

(5) 其他事项，如解决争议的条款、时效条款等。

从法律意义上讲，保险单并不是保险合同，因为它并不能代表合同的全部，只是保险合同成立的书面凭证，因此保险单的签发并不构成保险合同成立的要件。只要投保人与保险人意思表示一致，保险合同即告成立，如果保险事故发生在保险单签发之前，保险人也应当依保险合同的约定承担保险责任。

保险单的制作与交付是保险人的法定义务，保险人应当将所议定的事项及暂保单的内容记载于保险单中。保险单一经交付给投保人，除有欺诈等其他违法情形存在或当事人另有约定外，保险合同的内容应当以保险单的记载为准。

#### 4. 保险凭证

保险凭证又称“小保单”，是一种简化了的保险单。它也是保险人向投保人签发的证明保险合同已经成立的一种书面凭证。采用保险凭证的主要目的在于简化手续，保险凭证上通常不列明保险合同条款，但它与保险单具有同等效力。保险凭证没有列明的内容，以保险单的条款为准；保险凭证与保险单的内容相冲突时，则以保险凭证的特约条款为准。

保险凭证只在少数几种业务中使用，如下列几种情况。

(1) 在一张团体保单项下，需要给每一个参加保险的人签发一张单独的凭证。

(2) 在货物运输保险订有预约合同的条件下，需要对每一笔货运签发单独的凭证。

(3) 对于机动车辆第三者责任险，一般实行强制保险，为了便于被保险人随时携带以供有关部门检查，保险人通常出具保险凭证。

(4) 此外，我国还有一种联合保险凭证，主要用于保险公司同外贸公司合作时附印在外贸公司的发票上，仅注明承保险别和保险金额，其他项目均以发票所列为准。当外贸公司在缮制发票时，保险凭证也随即办妥。这种简化凭证大大节省人力，在一些贸易业务中已大量使用。

#### 5. 保险批单

保险批单是指保险双方当事人协商修改或变更保险单内容的一种书面文件。批单实际上是对已签订的保险合同进行修改、补充或增减内容的批注，一般由保险人出具。在保险合同中，批单具有和保险单同等的法律效力，也是保险合同的重要组成部分。

保险批单列明变更条款内容事项，一般须粘贴在原保险单或保险凭证上，并加盖骑缝章，作为保险单的一部分。

批单的法律效力优于原保险单的同类条款。凡经批改过的内容，均以批单为准；多次批改，应以最后批改的为准。

# 第三节　保险合同的订立、生效与履行

## 一、保险合同的订立

保险合同的订立是投保人与保险人之间基于意思表示一致而做出的法律行为。通常由投保人向保险人提出保险申请，经与保险人协商，保险人同意而订立保险合同。

### (一) 保险合同的订立原则

《中华人民共和国保险法》第十一条规定：“订立保险合同，应当协商一致，遵循公平原则确定各方的权利和义务。除法律、行政法规规定必须保险的外，保险合同自愿订立。”

### (二) 保险合同的订立程序

合同的订立，必须经过要约和承诺两个阶段，保险合同的订立也是如此。

1. 要约

要约也称为订约提议，是指当事人一方以订立合同为目的而向对方做出的意思表示。

要约是一种法律行为，一个有效的要约应具备三个条件：①要约须明确表示订约愿望；②要约须具备合同的主要内容；③要约在其有效期内对要约人具有约束力。

保险合同的要约通常由投保人提出。虽然在很多场合，看起来是保险公司或其代理人在积极主动地向投保人推销保险，但这种推销并不是在发出要约，仅仅是要约邀请。投保人提出投保申请，将填写好的投保单交予保险公司或其代理人的行为才是实质上的要约。

2. 承诺

承诺是指当事人另一方就要约方的提议做出同意的意思表示。做出承诺的一方即为承诺人或受约人，即承诺是受要约人同意接受要约人提出的要约条件以缔结合同的意思表示。承诺的法律效力在于一经承诺并送达于要约人，合同即告成立。

在法律上，承诺必须具备如下条件，才能产生法律效力。

(1) 承诺须由受要约人本人或其合法代理人向要约人做出。

(2) 承诺须在要约的有效期内做出。

(3) 承诺的内容须与要约的内容一致。

在合同的订立过程中，如果对原要约内容进行修改或提出新的条件就形成新的要约，要约可以反复多次，但承诺只能有一次。因为只要做出承诺，合同即告成立。

保险合同的承诺也叫承保，它是由保险人做出的。由于保险合同要约通常都是采用投保单形式的，而投保单又是保险人事先印好的，因此，当投保人按投保单所列事项逐一填好后，经保险人审查，认为符合要求的，将予以接受，经签章后，即做出承保，保险合同随之成立。

## 二、保险合同的成立与生效

### (一) 保险合同的成立

保险合同的成立是指投保人与保险人就保险合同条款达成协议。一般而言，保险合同的订立即意味着保险合同的成立。当保险人审核投保单后并在投保单上签章表示同意承保时，即意味着保险合同的成立。

《中华人民共和国保险法》第十三条第一款规定："投保人提出保险要求，经保险人同意承保，保险合同成立。"

### (二) 保险合同的生效

保险合同的生效是指依法成立的保险合同对双方当事人发生法律约束力，即合同条款产生法律效力，双方当事人依照合同开始享有权利并承担义务。

保险合同生效一般是在合同成立时或合同成立后的某一时间。《中华人民共和国保险法》第十三条第三款规定："依法成立的保险合同，自成立时生效。投保人和保险人可以对合同的效力约定附条件或者附期限。"由此可知，保险合同的成立并不一定意味着保险合同的生效，保险合同的生效还必须符合法定生效要件或履行一定的手续。

在保险实务中，保险合同多为附生效条件或附生效期限的合同。

1. 财产保险合同的生效

我国财产保险合同普遍推行"零时起保责任制"，即合同生效的时间为"起保日"的零时。例如，某公司于2020年3月14日9时投保，双方约定合同于3月15日零时生效，为期一年，保险公司允许该公司在合同生效日起15天内交付保险费。该公司从2020年3月15日零时起15天内，如果发生约定的保险事故，保险人承担赔偿责任，但可从赔款中扣除应收保费。再如，以航程作为保险期限的海上保险合同，必须在航程开始后，合同才开始生效。

#### 2. 人身保险合同的生效

人身保险合同以投保人交付首期保费为生效条件。由于人身保险合同一般是长期合同，通常采用年均缴费的方式。因此，投保人缴纳首期保费即视为合同生效。另外，健康保险合同中一般也都要规定观察期，观察期结束以后合同才生效。

保险合同成立和生效时间的确定是保险交易过程中非常重要的环节，也是容易产生保险纠纷的一个直接原因。

### (三) 保险合同的有效

保险合同的有效是指保险合同由当事人双方依法订立并受国家法律保护，具有法律效力。保险合同有效应具备以下三个条件。

(1) 保险合同主体必须具备合同资格。即投保人和保险人都必须具备法律所规定的主体资格，否则会导致保险合同的全部无效或部分无效。

(2) 当事人意思表示一致。从事保险活动应遵循自愿和最大诚信原则，要求当事人意思表示真实，能明确自己行为的后果，有能力承担相应的法律后果。如果不是当事人出于自愿而是受到威胁或欺骗而签订的合同，则是无效合同。

(3) 保险合同的内容合法。只有内容合法的保险合同才会受到国家法律的保护，从而成为有效的合同。

## 三、保险合同的履行

保险合同的履行是指保险合同双方当事人依据合同约定全面、适当地履行各自的义务，以实现各自权利的行为。它以合同成立、生效为前提。保险合同的履行是合同对当事人所具有的法律约束力的根本体现，是依法成立的合同所必然发生的法律后果，是整个保险合同的核心。此外，在保险合同的履行过程中，保险合同的关系人即被保险人和受益人的权利和义务也会得到体现。

### (一) 投保人的权利和义务

#### 1. 投保人的权利

投保人行使自己的权利，对于保险人按保险合同约定履行义务具有很大的约束作用。投保人的权利主要有如下几点。

1) 请求保险人说明保险条款的权利

投保人有权要求保险人或其代理人对保险条款进行充分说明，以便投保人知晓相关规定，如对保险责任和责任免除条款的具体内容的说明等。

2) 合同变更请求权

《中华人民共和国保险法》第二十条规定：“投保人和保险人可以协商变更合同内容。变更保险合同的，应当由保险人在保险单或者其他保险凭证上批注或者附贴批单，或者由投保人和保险人订立变更的书面协议。”在保险标的数量、价值、危险程度、投保人要求发生变化，投保人可请求变更保险合同。保险合同变更可能会涉及保险费的增减。

3) 解约权

解约权是指投保人在签订保险合同后享有的可以中途解除保险合同的权利，即提前终止保险合同的权利，也称退保。投保人有退保的自由，但货物运输保险和运输工具航程保险合同，保险责任开始以后，合同的当事人不得解除合同。

**2. 投保人的义务**

1) 如实告知的义务

如实告知是指投保人在订立保险合同时，应将有关保险标的的重要事实以口头或书面形式向保险人做真实陈述。所谓重要事实，是指影响保险人决定是否承保及保险费率厘定的事实。投保人履行如实告知义务，是由最大诚信原则决定的。保险人只有在投保人如实告知后，才能正确决定是否承保和厘定保险费率。因此，如实告知是投保人必须履行的基本义务，也是保险人实现其权利的必要条件。我国实行的是“询问告知”的原则，即投保人只要如实回答了保险人的询问，就算履行了如实告知义务。

2) 缴纳保险费的义务

缴纳保险费是投保人的法定义务，投保人必须按照约定的时间、地点和方式缴纳保险费。缴纳保险费是投保人最基本的义务，是保险人承担保险责任的一个重要条件。

根据险种的不同，投保人可以采取不同的方式来缴纳保险费。保险费通常以现金缴纳为原则，但经保险人同意，也可以票据或其他形式缴纳。

保险费通常由投保人缴纳，也可以由有利害关系的第三人缴纳，无利害关系的第三人也可以代投保人缴纳保险费，但他们并不因此而享有保险合同上的利益，保险人也不能在第三人缴纳保险费后，请求其继续给付，而只能向投保人做出请求。

如果投保人未能按合同规定履行缴纳保险费的义务，将产生下列法律后果。

(1) 在约定保费按时缴纳为保险合同生效要件的情况下，保险合同不生效。

(2) 在财产保险合同中，保险人可以请求投保人缴纳保险费及迟延利息，也可以终止保险合同。

(3) 在人身保险合同中，合同约定分期支付保险费的，投保人支付首期保险费后如果未按约定期限(包括宽限期在内)缴纳后续的保险费，保险人应进行催告。投保人应在催告以后的一定期限内缴纳保险费，否则保险合同效力中止，或者由保险人按照合同约定的条件减少保险金额。

3) 维护保险标的安全的义务

维护保险标的的安全就是尽量避免灾害的发生或减低损失程度，也就是投保人和被保险人有积极防灾防损和施救的义务。

投保人、被保险人未按照约定维护保险标的安全的，保险人有权要求增加保险费或解除合同。

《中华人民共和国保险法》第五十一条规定：“被保险人应当遵守国家有关消防、安全、生产操作、劳动保护等方面的规定，维护保险标的的安全。保险人可以按照合同约定对保险标的的安全状况进行检查，及时向投保人、被保险人提出消除不安全因素和隐患的书面建议。投保人、被保险人未按照约定履行其对保险标的的安全应尽责任的，保险人有权要求增加保险费或者解除合同。保险人为维护保险标的的安全，经被保险人同意，可以采取安全预防措施。”

4) 危险程度显著增加的通知义务

保险合同成立后，若保险标的的危险程度显著增加，投保人或被保险人应及时通知保险人，以便保险人做出是否继续承保或是否改变承保条件的决定。

《中华人民共和国保险法》第五十二条规定：“在合同有效期内，保险标的的危险程度显著增加的，被保险人应当按照合同约定及时通知保险人，保险人可以按照合同约定增加保险费或者解除合同。保险人解除合同的，应当将已收取的保险费，按照合同约定扣除自保险责任开始之日起至合同解除之日止应收的部分后，退还投保人。被保险人未履行前款规定的通知义务的，因保险标的的危险程度显著增加而发生的保险事故，保险人不承担赔偿保险金的责任。”

5) 保险事故发生的通知义务

保险事故发生的通知也称为出险通知，是指在保险合同有效期内，当保险合同约定的保险责任范围内的事故发生后，投保人、被保险人或受益人应及时通知保险人。通知可以采用口头方式，也可以采用书面方式。

要求投保人、被保险人或受益人及时向保险人发出出险通知的目的在于：①便于保险人迅速调查事实真相；②便于保险人及时采取抢救措施；③使保险人有准备赔偿或给付保险金的必要时间。

《中华人民共和国保险法》第二十一条规定：“投保人、被保险人或者受益人知道保险事故发生后，应当及时通知保险人。故意或者因重大过失未及时通知，致使保险事故的性质、原因、损失程度等难以确定的，保险人对无法确定的部分，不承担赔偿或者给付保险金的责任，但保险人通过其他途径已经及时知道或者应当及时知道保险事故发生的除外。”

6) 出险施救的义务

出险施救的义务是指保险合同约定的保险事故发生时，投保人、被保险人除及时通知保险人外，还应当采取积极合理的措施，抢救出险的财产，以避免或减少损失的义务。

为了防止在发生保险事故后，投保人、被保险人因有保险合同的存在而听任损失的发生，或者由于懈怠而未及时实施抢救，致使本不应发生的损失发生，甚至进一步扩大，《中华人民共和国保险法》第五十七条第一款明确规定：“保险事故发生时，被保险人应当尽力采取必要的措施，防止或者减少损失。”

投保人或被保险人履行施救义务，必须以知道或应当知道保险事故的发生为前提。所以，判断其未履行施救义务的构成要件应当有两个方面：①主观上已经知道保险事故发生；②客观上没有施救的行为。因投保人或被保险人没有履行施救义务而致使损失扩大的，对扩大部分的损失，保险人不承担赔偿责任。

7) 提供有关证明和材料的义务

保险事故发生后，按照保险合同请求保险人赔偿或者给付保险金时，投保人、被保险人或者受益人应当向保险人提供其所能提供的与确认保险事故的性质、原因、损失程度等有关的证明和资料。

8) 协助保险人代位追偿的义务

在补偿性保险合同中，当保险标的因保险事故造成损失，且是第三者责任时，被保险人在获得保险人的赔偿后，应将向第三者追偿的权利转让给保险人，并协助保险人实现追偿。

### (二) 保险人的权利与义务

#### 1. 保险人的权利

1) 收取保险费的权利

收取保险费是保险人进行经济补偿和给付保险金的前提，也是保险市场存在的基础，保险费和保险费率的合理制定与收取对保险市场的健康发展起着重要作用。

2) 解约权

从保护投保人利益的角度出发，保险人的解约权受到严格的限制，只有在法定解约事由发生时，才可以行使。这一点与投保人可以自由解约有着显著区别(具体内容见本章第四节中的合同解除相关介绍)。

3) 增加保费和不承担赔偿或给付责任的权利

对由于保险标的转让或改变用途等原因造成的保险标的危险增加等情况，保险人有权增加保险费。对于保险合同约定以外的事故或属于除外责任或是由于投保方故意造成的事故，保险人不承担赔偿或给付保险金的责任。

### 2. 保险人的义务

1) 说明义务

保险人的说明义务是指保险人于保险合同订立阶段，依法应当履行的，将保险合同条款、所含专业术语及有关文件内容，向投保人陈述、解释清楚，以便使投保人准确地理解自己的合同权利与义务的法定义务。

保险合同是附和性合同，保险合同的格式条款由保险人事先制定并提供，投保人只能表示接受与否；同时，面对专业的合同条款、众多的保险产品，投保人通常又缺乏必要的知识、经验和信息，处于不对称的弱势地位。因此，在订立保险合同时，保险人应当向投保人说明合同条款，让投保人在充分了解合同条款的基础上，做出投保与否的意思表示，这是最大诚信原则对保险人的诚信要求。

《中华人民共和国保险法》第十七条规定，订立保险合同，采用保险人提供的格式条款的，保险人向投保人提供的投保单应当附格式条款，保险人应当向投保人说明合同的内容。对保险合同中免除保险人责任的条款，保险人在订立合同时应当在投保单、保险单或者其他保险凭证上做出足以引起投保人注意的提示，并对该条款的内容以书面或者口头形式向投保人做出明确说明；未做提示或者明确说明的，该条款不产生效力。

2) 及时签发保险单证的义务

保险单证是指保险单或其他保险凭证，它是保险双方当事人享有权利与承担义务的最重要的凭证和依据。保险合同成立后，及时签发保险单证是保险人的法定义务。保险单证是保险合同成立的证明，也是履行保险合同的依据。在保险实务中，保险单证因其载明保险合同内容而成为保险合同最重要的书面形式。

3) 保密义务

保险人在办理保险业务时必然会了解投保人、被保险人的业务、财产以及个人身体等有关情况，而这些情况又往往是投保人或被保险人的商业秘密、个人隐私或因其他原因不愿公开或传播的。为了维护投保人、被保险人的合法权益，保险人对其知道的这些情况依法负有保密义务。

再保险接受人在办理再保险业务的过程中，也必然知悉再保险分出人及原保险的投保人、被保险人的上述情况，因此，再保险分入人也依法负有相应的保密义务。

4) 赔偿或给付保险金的义务

这是保险人依据法律规定和合同约定所应承担的最重要、最基本的义务。投保人订立保险合同、缴付保险费的根本目的在于当保险事故或事件发生以后，能够从保险人处获得保险赔偿或给付。在财产保险合同中，保险金根据保险标的的实际损失来确定，但最高不得超过合同约定的保险标的的保险价值。在人身保险合同中，即为合同约定的保险金额。

5) 支付有关费用的义务

(1) 施救费用和救助费用。它是指保险标的发生保险事故时，投保人、被保险人或第三方为了避免和减少损失，采取积极抢救措施而产生的必要的合理的费用。

(2) 查勘检验费用。它是指保险人、被保险人为查明或确定保险事故的性质、原因和保险标的的损失程度所支付的费用。

(3) 争议处理费用。它主要是指责任保险中应该由被保险人支付的仲裁费、诉讼费以及其他必要的、合理的费用，如律师费、鉴定费等。

### (三) 被保险人的权利和义务

#### 1. 被保险人的权利

(1) 决定保险合同是否有效的权利。在人身保险合同中，以死亡为给付保险金条件的合同及其保险金额，在未经被保险人书面同意并认可的情况下，保险合同无效。

(2) 指定或变更受益人的权利。在人身保险合同中，被保险人有权指定或变更受益人，而投保人指定或变更受益人，必须事先征得被保险人的同意。

(3) 保险金请求权。它是指在财产保险合同中，当发生了保险责任范围内的保险事故时，被保险人可以要求保险人赔偿保险金；在人身保险合同中，当合同规定的事故或事件发生时，可以要求保险人给付保险金的权利。需要说明的是，某些人寿保险条款的保险金请求权为被保险人本人，如疾病保险金、高残保险金和养老保险金，保险公司不接受其他指定。保险金的请求权有时间限制，人寿保险的保险金请求权自被保险人或受益人知道或者应当知道保险事故或事件发生之日起五年内行使有效，超过期限权利消失；人寿保险以外的其他保险的保险金请求权，自其被保险人或受益人知道或应当知道保险事故发生之日起两年内行使有效，超过期限权利消失。

#### 2. 被保险人的义务

(1) 被保险人投保前进行如实告知的义务。

(2) 被保险人知悉保险事故后尽快通知保险公司的义务。

(3) 被保险人提供保险事故理赔相关证明、资料的义务。

(4) 被保险人职业发生变化或保险标的风险因素增加或减少通知的义务。

此外，被保险人也有危险增加通知义务、保险事故通知义务、防灾防损和施救义务、提供有关证明、单证和资料的义务等。当保险人行使代位追偿权的时候，被保险人有协助义务。

### (四) 受益人的权利和义务

#### 1. 受益人的权利

受益人拥有保险金请求权。此权利受法律保护，任何单位或者个人不得限制被保险人或者受益人请求取得保险金的权利。

#### 2. 受益人的义务

(1) 受益人知悉保险事故后尽快通知保险公司的义务。

(2) 受益人提供保险事故理赔相关证明、资料的义务。

## 第四节 保险合同的变更

保险合同的变更是指在保险合同的有效期内，依据法律规定的条件和程序对保险合同的内容进行修改、补充，对保险合同的主体、客体的改变；或者是保险合同的效力有所改变。

## 一、保险合同主体的变更

保险合同主体的变更是指保险人、投保人、被保险人和受益人的变更。

保险人的变更主要是指保险公司因破产、解散、合并和分立而发生的变更，一旦发生此类情况，经国家保险管理机构的批准，会将其所承担的全部保险合同责任转移给其他保险人或政府有关基金承担。但这种情况是极少发生的，所以保险人一般情况下是不会发生变更的，因此我们所说的主体变更主要是指投保人、被保险人和受益人的变更。

其中，由于投保人和被保险人变更所引起的保险合同当事人的变更又称为保险合同的转让，由于保险合同的主要形式是保险单，因此习惯上也可以称为保险单的转让。保险合同的转让一经确认，原投保人与保险人的保险关系即行消灭，受让人与保险人的保险关系随即建立。原投保人的权利和义务也一同转移给了新的合同主体。例如，货物让与前没有支付的保费，新的保单受让人负有缴费义务。

### (一) 财产保险合同的主体变更

财产保险合同主体变更主要是指投保人、被保险人的变更，通常是伴随着保险标的所有权的转移(包括买卖、让与和继承等)而产生的。

在财产保险中，关于保单转让的程序，有两种通行做法。

(1) 转让必须经过保险人的同意。在这种情况下，要想继续保持保险合同关系，被保险人在转让保险标的的所有权(或管理权)时，必须事先书面通知保险人，经保险人同意，并对保单批注后方才有效。否则，保险合同从保险标的所有权(或管理权)转移时即告终止。

(2) 允许保单随着保险标的的转让而自动转移，不需征得保险人的同意。货物运输合同一般属于这种情况。由于货物运输特别是海洋运输路途遥远、流动性大。在货物从起运到目的地的整个过程中，物权可能几经易手，保险利益也会随之转移。如果每次被保险人的变更都需要得到保险人的同意，必然影响商品流转。有鉴于此，各国保险立法一般都规定：除另有明文规定外，凡运输保险，其保险利益可随意转移，其保单可随货权的转移而背书转让。

《中华人民共和国保险法》第四十九条第一款和第二款规定：“保险标的转让的，保险标的的受让人承继被保险人的权利和义务。”“保险标的转让的，被保险人或者受让人应当及时通知保险人，但货物运输保险合同和另有约定的合同除外。”

**案例3-2**

**未办理被保险人变更手续保险公司拒赔案**

江女士于2019年10月15日从胡先生处购买哈弗汽车一辆，并办理了汽车过户手续。该车已由胡先生在某保险公司投保，保险期限自2019年3月6日至2020年3月5日。2019年10月19日和11月20日，该车两次发生交通事故，江女士均持胡先生身份证办理了保险赔偿事宜。2020年2月21日，该车再次发生交通事故，保险公司接受理赔申请后，以江女士未办理被保险人变更手续为由拒绝赔偿。

江女士认为保险公司在办理前两次事故赔偿事宜时，已经知道车主变更的事实，虽然没有书面变更车辆的被保险人，但保险公司的理赔行为表明双方存在事实上的保险合同关系，故起诉要求保险公司履行保险合同。

该保险公司辩称：公司是与被保险人胡先生签订了保险合同，江女士既不是保险合同的被保险人，在车辆转卖后，被保险人也未依合同约定以书面形式通知保险人办理合同更改，前两次的理赔属于不当理赔，并不能成为这次理赔的依据。因此，保险人对被保险人胡先生投保车辆此次的保险事故不予赔偿。

法院审理后认为：原告江女士购车后未办理被保险人变更手续，不是被保险人。与被告之间无保险合同关系，不是保险合同的相对方，无权依保险合同关系要求被告赔偿。据此，法院依法裁定驳回江女士的起诉。

根据《中华人民共和国保险法》第四十九条第二款和第四款的规定："保险标的转让的，被保险人或者受让人应当及时通知保险人，但货物运输保险合同和另有约定的合同除外。""被保险人、受让人未履行本条第二款规定的通知义务的，因转让导致保险标的的危险程度显著增加而发生的保险事故，保险人不承担赔偿保险金的责任。"

该案例中，江女士和胡先生做了车辆买卖交易之后，并未通知保险人，因此保险人不负损失赔偿责任。

(资料来源：www.isc-org.cn)

#### (二) 人身保险合同的主体变更

##### 1. 投保人变更

在人身保险中，保险单一般不需要经过保险人的同意即可转让。只要新的投保人对被保险人具有保险利益，愿意并且能够缴付保险费，则无须经保险人同意，但在转让后必须通知保险人。

以死亡为给付保险金条件的保险合同，须经被保险人书面同意，才能变更投保人。

##### 2. 被保险人确定后一般不得变更

个人人身保险中的被保险人在合同成立以后是不能变更的。因为个人人身保险合同的承保与否、保险费率的厘定等事项与被保险人的年龄、健康等情况紧密相关，若投保人变更被保险人，相当于是对第三者重新投保，原保险合同终止。因此，在个人人身保险合同中不存在被保险人变更的情况，但在某些团体保险中被保险人是可以变更的。

##### 3. 受益人变更

被保险人或投保人可以随时变更受益人，无须经保险人同意，但投保人变更受益人时须经被保险人同意。变更受益人须通知保险人。

### 二、保险合同内容的变更

保险合同内容的变更是指在合同主体不变的情况下，改变合同中约定的某些事项。

保险合同内容的变更具体包括：被保险人地址的变更；保险标的数量的增减，保险标的品种、价值或存放地点的变化；保险期限、保险金额的变更；保险责任范围的变更；货物运输保险合同中航程的变更；船期的变化等。这些变化可能会使保险人所承担的风险大小发生变化。

保险主体不变而内容变更的情况是经常发生的。各国保险立法一般都规定，保险合同订立后，投保人可以提出变更合同内容的请求，但须经保险人同意，办理变更手续，有时需增交保费，合同方才有效。

变更保险合同需要经过合法的程序，并采用书面形式——出具批单。国际上对变更事项、变更手段及时间等方面的有效性顺序规定如下。

(1) 所有批单或背书优于附加条款，附加条款优于基本条款。

(2) 手写变更优于打印变更。

(3) 旁注变更优于正文变更。

(4) 对同一事项的变更，后变更的优于前变更。

## 三、保险合同效力的变更

### (一) 保险合同的无效

保险合同的无效是指当事人虽然订立了保险合同，但保险合同不发生法律效力，不受国家法律保护。无效合同的确认权归人民法院和仲裁机构。合同的无效主要有以下几种形式。

#### 1. 约定无效与法定无效

按照保险合同无效的原因可以分为约定无效和法定无效两种。

约定无效由合同的当事人任意约定，只要约定的理由出现，则合同无效。

法定无效由法律明文规定，法律规定的无效原因一旦出现，则合同无效。造成保险合同法定无效的原因可能是如下几种。

(1) 违反了《中华人民共和国合同法》的一般规定。如投保人不具备完全民事行为能力，保险人超越经营范围经营保险业务；保险合同的内容违反法律和行政法规，有欺诈和胁迫、无权代理、恶意串通以及违反国家利益和社会公共利益等。

(2) 违反了《中华人民共和国保险法》的特别规定。如投保人对保险标的无保险利益；没有采用书面形式订立保险合同；未经被保险人同意并认可保险金额的以死亡为给付保险金条件的保险合同(法律另有规定的除外)；免除保险人依法应承担的义务或者加重投保人、被保险人责任的；排除投保人、被保险人或者受益人依法享有的权利的；保险人未对投保人做出说明的免责条款等。

#### 2. 全部无效与部分无效

按照保险合同无效的程度可以分为全部无效和部分无效。

全部无效是指合同约定的全部权利义务自始至终不产生法律效力。上述法定无效的几种情况就属于全部无效。

部分无效是指保险合同某些条款的内容无效，但合同的其他部分仍然有效。如善意的超额保险，保险金额超过保险价值的部分无效，但在保险价值限额以内的部分仍然有效。又如在人身保险中，被保险人的年龄与保单所填写的不符(只要没有超过保险人所规定的保险年龄的限度)，保险人按照被保险人的实际年龄给付保险金额，这也是部分无效。

#### 3. 自始无效与失效

按照保险合同无效的时间可以分为自始无效和失效。

自始无效是指合同自成立起就不具备生效的条件，合同从　开始就不生效。

失效是指合同成立后，因某种原因而导致合同无效。如被保险人因对保险标的失去保险利益，保险合同即失去效力。失效不需要当事人做意思表示，只要失效的原因一出现，合同即失去效力。

#### 4. 无效保险合同的后果及处理

除失效以外，保险合同被确认无效后则自始无效。如果发生保险合同约定的保险事故且保险人不存在任何过错，保险人不承担保险责任。对于无效的保险合同，处理方法有如下几种。

(1) 返还财产。保险合同被确认无效后，当事人双方应将合同恢复到履行合同之前的状态。即保险人应将收取的保险费退还投保人；发生保险金赔偿或给付的，被保险人、受益人应将该项金额返还给保险人。

(2) 赔偿损失。无效保险合同给当事人造成损失的，应按照过错责任，由有过错的一方赔偿；如双方都有过错，则相互赔偿。在赔偿的过程中要按过错责任的大小进行损失的赔偿计算。

(3) 追缴财产。对于违反国家利益和社会公共利益的保险合同，应当追缴财产，收归国库。追缴的财产包括当事人双方已经取得和约定取得的财产；追缴财产时要注意保护非故意方的利益，双方都是故意的，追缴双方财产。

### (二) 保险合同的解除

保险合同的解除是指当事人基于合同成立以后所发生的情况，使合同无效的一种单方面的行为。即当事人一方行使解除权(由法律赋予或合同中约定)，使合同的一切效果消失并恢复到合同订立前的状态。

合同的解除与无效是不同的。前者是行使解除权而效力溯及既往；后者则是根本不发生效力。解除权有时效规定，可因时效而丧失解除权；而无效合同则并不会因时效而成为有效合同。

#### 1. 保险人解除保险合同

《中华人民共和国保险法》基于保护弱者的原则，在保险合同的解除方面对保险人加以了一定的限制。《中华人民共和国保险法》第十五条规定：“除本法另有规定或者保险合同另有约定外，保险合同成立后，投保人可以解除合同，保险人不得解除合同。”

虽然保险人解除合同会受到一定的限制，但保险法在制定时也充分考虑到了保险人的合理利益，规定如果发生了下列情况，保险人也可以解除合同，这有利于保险市场的健康发展。

(1) 投保人故意或因重大过失未履行如实告知义务，足以影响保险人决定是否同意承保或者提高保险费率的，保险人有权解除合同。但是自合同成立起逾两年的除外。(《中华人民共和国保险法》第十六条)

(2) 投保人故意不履行如实告知义务的，保险人对于合同解除前发生的保险事故，不承担赔偿或者给付保险金的责任，并不退还保险费。(《中华人民共和国保险法》第十六条)

(3) 投保人因重大过失未履行如实告知义务，对保险事故的发生有严重影响的，保险人对于合同解除前发生的保险事故，不承担赔偿或者给付保险金的责任，但应当退还保险费。(《中华人民共和国保险法》第十六条)

(4) 被保险人或受益人在未发生保险事故的情况下，谎称发生了保险事故，向保险人提出赔偿或给付保险金的要求，保险人不承担保险责任，并不退还保险费。(《中华人民共和国保险法》第二十七条)

(5) 投保人、被保险人或受益人故意制造保险事故的，保险人不承担保险责任，并不退还保险费。(《中华人民共和国保险法》第二十七条)

(6) 在人身保险合同中，投保人申报的被保险人年龄不真实，并且其真实年龄不符合合同约定的年龄限制的，保险人可以解除合同，并按照合同约定退还保险单的现金价值。自合同成立起超过两年的除外，保险人不得解除合同。(《中华人民共和国保险法》第三十二条)

(7) 人身保险合同采用分期缴费方式的，合同效力中止超过两年的，保险人可以解除合同。(《中华人民共和国保险法》第三十七条)

(8) 在财产保险合同有效期内，保险标的危险程度增加的，被保险人应当按照合同约定及时通知保险人，保险人有权要求增加保险费或解除合同。被保险人未履行及时通知义务的，因保险标的危险增加而发生的保险事故，保险人不承担赔偿责任。(《中华人民共和国保险法》第四十九条)

(9) 投保人、被保险人在财产保险合同中未按约定履行其对保险标的的安全应尽的责任，保险

人有权增加保险费或解除保险合同。(《中华人民共和国保险法》第五十一条)

(10) 保险合同约定的其他可以解除合同的事由。

### 2. 投保人解除保险合同

投保人在保险合同中代表被保险人和受益人的利益，处于受保险合同保障的地位。除《中华人民共和国保险法》有规定或保险合同另有约定外，投保人有权随时解除保险合同。

《中华人民共和国保险法》中规定的投保人不能解除保险合同的情况，主要是指货物运输保险合同和运输工具航程保险合同，这类险种保险责任开始后，合同当事人均不得解除合同，以保障双方的经济利益。(《中华人民共和国保险法》第五十条)

### 3. 保险合同解除的方式

1) 法定解除

法定解除是法律赋予合同当事人的一种单方面解除权。当法律规定的原因出现时，保险合同一方当事人(一般是保险人)依法行使解除权，消灭已经生效的保险合同关系。

2) 约定解除

约定解除是指双方当事人在签订合同时可以约定解除合同的条件，一旦出现所约定的条件时，一方或双方即可有权解除合同。

3) 任意解除

任意解除是指保险合同一方当事人有权随时解除合同。在保险合同中，投保人有任意解除权，保险人无任意解除权。

### 4. 保险合同解除的后果

行使解除权的法律效力是双方都负有恢复到合同订立以前的状态的义务。

保险责任开始之前，投保人要求解除合同的，应当向保险人支付手续费，保险人则应当退还保险费。保险责任开始之后，投保人要求解除合同的，保险人可以收取自保险责任开始之日起至合同解除之日止期间的保险费，剩余部分退还投保人。

保险标的发生部分损失的，自保险人赔偿之日起三十日内，投保人可以解除合同；除合同另有约定外，保险人也可以解除合同，但应当提前十五日通知投保人。合同解除的，保险人应当将保险标的未受损失部分的保险费，按照合同约定扣除自保险责任开始之日起至合同解除之日止应收的部分后，退还投保人。

保险合同解除以后，一般情况下，责任方对他方所造成的损失，需承担损害赔偿责任，但如果保险合同的解除系投保人的不当行为所致，在这种情况下，要求保险人返还保险费，显然不利于行使解除权的保险人，因此，有时在法律或合同条款上明确规定，在上述情况下，保险人无须返还保费。

### 5. 保险合同解除的时间限制

《中华人民共和国保险法》第十六条第三款规定：“前款规定的合同解除权，自保险人知道有解除事由之日起，超过三十日不行使而消灭。自合同成立之日起超过二年的，保险人不得解除合同；发生保险事故的，保险人应当承担赔偿或者给付保险金的责任。”第六款规定：“保险人在合同订立时已经知道投保人未如实告知的情况的，保险人不得解除合同；发生保险事故的，保险人应当承担赔偿或者给付保险金的责任。”

### (三) 保险合同的中止与复效

保险合同的中止和复效主要适用于人身保险合同。

#### 1. 保险合同的中止

保险合同的中止是指在保险合同存续期间，因某种原因导致保险合同暂时失去效力。

在人身保险中，保险期限较长，投保人可能因为种种原因不能按期缴纳续期保险费，为了保障保险双方的合法权益，同时给投保人一定的回旋余地，各国的保险法一般都对缴费的宽限期及合同中止做了明确规定。《中华人民共和国保险法》第三十六条规定："合同约定分期支付保险费，投保人支付首期保险费后，除合同另有约定外，投保人自保险人催告之日起超过三十日未支付当期保险费，或者超过约定的期限六十日未支付当期保险费的，合同效力中止，或者由保险人按照合同约定的条件减少保险金额。"即人身保险合同生效后，如果投保人未按期缴纳保险费，并且超过60天的宽限期，则保险合同效力中止。在保险合同中止前的宽限期内如果发生了保险事故，保险人应承担赔付责任；但在保险合同中止以后发生的保险事故所造成的损失，保险人不承担赔付责任。

保险合同的中止并不意味着保险合同的解除，经过一定的程序仍然可以恢复法律效力。

#### 2. 保险合同的复效

保险合同的复效是指保险合同法律效力的恢复，即保险合同的法律效力在中止以后又重新开始。

保险合同效力中止以后，投保人可以在一定的条件下，提出恢复保险合同效力的申请，经保险人同意，合同的效力即可恢复，即合同复效。已恢复效力的保险合同应视为自始未失效的原保险合同。

保险合同复效的条件包括如下几点。

(1) 投保人有申请复效的意思表示。投保人应向保险人正式提出复效申请，并补缴所欠的保险费及利息。

(2) 复效应在保险合同中止之日起两年内做出，并且在此期间没有退保。若已超过了两年中止期投保人和保险人仍然没有达成复效协议，则保险人有权解除保险合同。解除保险合同时，投保人如果已经交足两年以上的保险费，则保险人退还保单的现金价值；没有交足两年保险费的，保险人应在扣除手续费以后，退还其保险费。

(3) 被保险人应该符合投保要求。这一条件是为了防止出现逆选择，投保人必须履行如实告知的义务，被保险人必须提交健康证明等文件。

### (四) 保险合同的终止

保险合同的终止是指由于某种法定或约定事由的出现，致使保险合同当事人双方的权利义务归于消灭。保险合同终止只能说明合同自终止之日后，合同主体之间的原保险合同所规定的法律关系消失；而在合同终止之前产生的法律关系，引起的法律责任仍然存在。

合同终止与合同中止的区别在于，合同中止是指合同法律效力的暂时消失，满足一定条件时还可以复效；而合同终止是指合同法律效力的彻底消失，无法恢复。

保险合同会在以下几种情形下终止。

#### 1. 自然终止

自然终止指因保险合同期限届满而终止。这是保险合同终止的最普遍、最基本的原因。

#### 2. 因义务已履行完毕而终止

保险人已经履行赔偿或给付全部保险金义务后，如无特别约定，保险合同即告终止。

#### 3. 因违约失效而终止

它是指因投保人或被保险人的某些违约行为，保险人有权终止合同。被保险人的违约行为必须是违反合同基本条款，如不按期缴纳保险费，随意改变保险标的的用途等。投保人或被保险人违约致使保险合同终止的，保险人不承担保险责任。

#### 4. 因保险标的灭失或被保险人死亡而终止

它是指由于非保险事故发生造成保险标的灭失，保险标的已实际不存在，保险合同也就随之终止。

#### 5. 因合同解除而终止

它是指在保险合同有效期尚未届满前，依据法律或约定或者经一方当事人提议，解除原有的法律关系，提前终止保险合同效力的法律行为。

**案例3-3**

**附加险不存在“复效”**

王某投保了一份长期寿险，并附加了一份住院医疗保险，第二年该缴费时，王某虽然收到了保险公司提醒缴费的通知，但因为工作繁忙，一直没有缴纳续期保险费，直到三个月后王某才到保险公司申请保单复效，保险公司审核后同意了王某的复效申请。

之后不久，王某因急性肠胃炎住院治疗，出院后，他到保险公司进行住院医疗索赔，工作人员告诉王某：因为该事故发生在住院医疗保险的观察期内，属于保险公司的除外责任，所以不能为其理赔。王某很奇怪：不是已经办理了保单复效吗？怎么还有观察期呢？

**【分析】**：

合同效力中止是指由于投保人没有在宽限期内缴纳续期保费而使保单暂时失去效力。合同效力中止以后投保人可以在一定的条件下申请合同复效。长期寿险的宽限期一般为两个月，本案中虽然王某的长期寿险保单效力中止，但在失效后两年内他可以向保险公司申请复效，同时履行复效时的告知义务，如果符合承保条件且经保险公司审核同意后，可以恢复保单的效力。但复效是针对长期险的，附加险通常保险期间是一年，到期后合同效力终止，是不存在复效问题的。如果王某还想获得附加险的保障，就需要办理“新增附险”手续即重新投保附加险，自然需要从投保时重新计算观察期或免责期等(观察期是保险公司为了防止带病投保的情况发生而设置的，观察期只发生在首次投保或非连续投保时，续保或者因意外伤害住院治疗无等待期)。因此，本案中王某在复效之前以及复效之后的观察期内罹患疾病引起的住院医疗都不属于保险责任范围内。如果王某每次都按期缴纳长期寿险保费和附加险保费，就不会出现长期保单失效问题，当然也就不存在需要重新投保附加险的问题，也不会重新计算观察期或免责期。

(资料来源：www.baidu.com)

## 第五节　保险合同的解释原则及争议的处理

保险合同的争议是指在保险合同成立后，合同主体因在保险合同内容及其履行等方面产生不一致甚至相反的理解而导致的分歧或纠纷。由于保险实务的专业性和技术性，争议涉及的问题往往非常复杂，因此，明确保险合同的解释原则，在保险活动中通过各种方式及时合理地解决保险争议是非常重要的。

## 一、保险合同的解释原则

保险合同的解释是指当保险当事人因对合同内容的用语理解不同发生争议时，依照法律规定的方式或者约定俗成的方式，对保险合同的内容或文字的含义予以确定或说明。

在保险合同履行过程中，有时由于合同条款的用词含义不明确，双方当事人对其所做的解释不一致，造成对合同约定的权利义务提出不同的主张和要求。当保险合同双方当事人就合同理解产生争议，协商解决不成的情况下，就需要由人民法院或仲裁机构等法定机关遵循一定的原则对保险合同做出最终的合理解释以解决争议。

保险合同的解释原则有如下几点。

### (一) 文义解释原则

文义解释是指按照保险条款所使用文句的通常含义和保险法律、法规及保险习惯，并结合合同的整体内容所做的解释。

对一般条款的解释，应该按照该文字通常的含义并结合着上下文和合同整体的意思来解释。对于合同中出现的专业术语，应按照该术语所属行业的通用含义进行解释。在合同中出现的同一个用词，只要没有特别说明，对它的解释应该是一致的。

文义解释原则是解释保险合同条款的最主要的方法。

### (二) 意图解释原则

意图解释是指按照保险合同当事人订立合同的真实意图，以当时的客观情况为出发点对条款所做的解释。

意图解释是无法用文义解释方式时的辅助性解释方法。在无法运用文义解释方式时，通过其他背景材料进行逻辑分析来判断合同当事人订约时的真实意图，由此解释合同条款的内容。意图解释只适用于合同的条款不精当，语义混乱，不同的当事人对同一条款所表达的实际意思理解有分歧的情况。如果文字表达清楚，没有含糊不清之处，就必须按照字面解释，不得任意推测。

### (三) 有利于被保险人或受益人的解释原则

保险合同是附和合同，它的主要条款都是保险人事先草拟或印制的，投保人只能表示接受或拒绝。保险人在拟定合同条款时可能更多地考虑自身的利益，而投保人由于专业知识和时间的限制，难以对一些专业词汇和条文含义做深入细致的研究，所以从公平合理的角度出发，也为使保险人在拟定保险合同条款时做到文字清楚、含义明确，在保险人与投保人、被保险人或受益人有争议时，人民法院或者仲裁机关对于保险合同应在遵循公正、合理原则的基础上做出有利于投保人、被保险人和受益人的解释。

但这一原则不能滥用。如果条款意图清楚，语言文字没有产生歧义，即使发生争议，也应当依据有效的保险合同约定做出公平合理的解释。

《中华人民共和国保险法》第三十条规定，采用保险人提供的格式条款订立的保险合同，保险人与投保人、被保险人或者受益人对合同条款有争议的，应当按照通常理解予以解释。对合同条款有两种以上解释的，人民法院或者仲裁机构应当做出有利于被保险人和受益人的解释。

### (四) 批注优于正文，后批优于先批的解释原则

为了满足不同投保人的需要，有时保险人需要在统一印制的保险单上加批注，或增减条款，或进行修改。无论以什么方式更改条款，如果前后条款内容有矛盾或相互抵触，采用批注优于正文、后批优于先批、书写优于打印、加贴批注优于正文批注的解释原则。

### (五) 补充解释原则

补充解释原则是指当保险合同条款约定内容有遗漏或不完整时，借助商业习惯、国际惯例、公平原则等对保险合同的内容进行务实、合理的补充解释，以便合同的继续履行。

## 二、保险合同争议的解决方式

当合同主体双方由于合同条款文字表达不明确，解释条款时产生了分歧或者由于一些赔损案件情况较复杂，对造成损失的原因、保险责任的归属、赔偿的计算等问题产生争议时，根据我国法律的有关规定，双方可以采取以下方式解决合同争议。

### (一) 协商

协商是指合同双方当事人在自愿互谅的基础上，按照法律规定和合同约定，对出现的争议或摩擦直接沟通、友好磋商、达成一致意见，自行解决纠纷的办法。这种方法比较简便，容易化解矛盾，有利于合同的继续执行和降低解决争议的费用。

### (二) 调解

调解是指在合同管理机关或法院等双方都信赖的第三方的参与下，由其说明、调停，在并非一定是法律程序条件下使双方自愿达成协议、平息纠纷。调解必须遵循法律、政策与平等自愿原则，如果一方当事人不愿意调解，就不能进行调解。

我国在处理合同纠纷时，坚持先调解原则，如调解不成立或调解后又反悔，可以申请仲裁或直接向法院起诉。

### (三) 仲裁

仲裁是指争议双方依照事先签订好的仲裁协议，自愿将彼此间的争议交由双方共同信任、法律认可的仲裁机构的仲裁员居中调解，并做出裁决。

仲裁结果具有法律效力，是终局性的，当事人必须予以执行。

### (四) 诉讼

诉讼是指争议双方当事人通过国家审判机关——人民法院进行裁决的一种方式。它是解决争议最激烈的一种方式。当事人双方因保险合同发生纠纷时，有权以自己的名义直接请求人民法院通过审判给予法律上的保护。当事人提起诉讼应当在法律规定的时效以内。

在我国，保险合同纠纷案通常由被告所在地或者保险标的物所在地人民法院管辖，由各级法院内设的经济审判庭受理，采用二审终审制。

《中华人民共和国民事诉讼法》第二十六条规定，因保险合同纠纷提起的诉讼，由被告所在地或者保险标的物所在地人民法院管辖。《最高人民法院关于适用<中华人民共和国民事诉讼法>若干问题的意见》中规定："因保险合同纠纷提起的诉讼，如果保险标的物是运输工具或者运输中的货物，由被告住所地或者运输工具登记注册地、运输目的地、保险事故发生地的人民法院管辖。"

案例3-4

## 某财产保险股份有限公司《关于保险合同中不利解释原则的适用》

——此案系中国保险行业协会2019年保险诉讼十大典型案例之一

2017年9月18日23时05分左右，赵甲驾驶某陕西牌照挂重型半挂车，沿省道313线由西向东行至94＋80N处时，由于操作不当驶入对向车道，与由东向西正常行驶的田甲驾驶的某山西牌照厢式货车发生相撞，致田甲当场死亡，厢式货车乘车人田乙、赵乙受伤，两车不同程度损坏，厢式货车货物损毁的重大交通事故。赵甲驾驶证于2003年初次申领，事故发生时属增驾A2实习期。田丙、卫某等人因赔偿事宜起诉司机赵甲、车主李某、榆林某汽车运输有限责任公司及肇事车辆保险公司。

肇事车辆保险公司辩称：该公司在商业险第三者责任限额内不应承担赔偿责任，不承担本案任何诉讼费用。事实与理由：一、依据保险合同约定，本案中被上诉人赵甲驾驶车辆没有取得相应的从业资格证，同时本案在事故发生时，赵甲的驾驶证在实习期内，以上情形属于商业险保险合同的免责条款，法院应当充分尊重双方的合约意思表示，判决上诉人在商业险中不承担赔偿责任；二、依据现行法律法规，上诉人对免责条款也尽到了提示告知与说明义务。

一审法院认为，公民享有生命健康权和财产权益。侵害公民身体造成伤害的，应当承担侵权责任，赔偿权利人有权向赔偿义务人主张赔偿。机动车发生交通事故造成人身损伤、财产损失的，当事人起诉侵权人和保险公司的，首先由保险公司基于保险合同在承保范围内根据双方交通事故责任予以赔偿，不足部分由机动车所有人、使用人根据双方过错责任的比例赔偿。本次事故经静乐县交警大队现场勘验，事故认定为赵甲负事故全部责任，田甲无责任。该事故认定书程序合法，责任明确，法院予以确认。事故车辆挂靠在被告榆林某汽车运输有限责任公司，并以该公司名义投保被告某保险股份有限公司榆林中心支公司交强险和商业第三者责任险，事故发生在保险期限内。关于事故车辆的司机赵甲持增驾A2证实习期内驾驶被保险机动车牵引挂车，保险公司是否应免除赔偿责任的问题，《中华人民共和国道路交通安全法实施条例》第二十二条第二款、第三款规定，机动车驾驶人初次申领机动车驾驶证后的12个月为实习期。在实习期内驾驶机动车的，应当在车身后部粘贴或者悬挂统一式样的实习标志。机动车驾驶人在实习期内不得驾驶公共汽车、营运客车或者执行任务的警车、消防车、救护车、工程救险车以及载有爆炸物品、易燃易爆化学物品、剧毒或者放射性等危险物品的机动车；驾驶的机动车不得牵引挂车。结合上述规定，该条款所称的实习期应理解为初次申领驾驶证后的实习期，而不包括增加准驾车型后的针对车型又设定的实习期。设定实习期的目的是督促机动车驾驶人注意安全驾驶，并提醒其他驾驶人或行人进行必要的注意。在针对增加准驾车型而设定新的实习期的情况下，如不允许机动车驾驶人驾驶经核准增加的准驾车型，则意味着机动车驾驶人应越过实习期直接驾驶增加的准驾车型，与实习期设立的目的相悖，不利于保证交通安全。因此，在机动车驾驶人增加准驾车型的情况下，针对增加的准驾车型而设定的实习期不应当理解为增加准驾车型的准驾期，驾驶人在该实习期内驾驶增加的准驾车型并不为法律禁止。涉案保险合同免责条款约定的“实习期内驾驶的被保险机动车牵引挂车”情形，亦应对之做出上述理解。本案中，赵甲的驾驶资格系增驾A2车型，而并非初次申领驾驶证。尽管发生交通事故时，原告赵甲尚在增驾A2车型的实习期内，但该实习期并非初次申领驾驶证的实习期，而是针对增加的准驾车型设定的实习期。在该实习期内赵甲驾驶牵引挂车并未违反道路交通安全法实施条例第二十二条规定及涉案保险合同约定。故原告的赔偿应首先由被告某保险股份有限公司榆林中心支公司在交强险的限额内予以赔偿，不足部分由第三者责任保险的保险金额责任限额范围内赔偿，仍有不足的，由赔偿义务人机动车所有人、使用人被告实际车主李某与被告榆林某汽车有限公司承担连带赔偿责任，故原告的诉讼请求本院应予支持。被告某保险股份有限公司榆林中心支公司抗辩意见因发生交通事故时赵甲的驾驶证A2车型系实习期，无相关证据佐证，故法院不予支持。

后某保险股份有限公司榆林中心支公司因不服静乐县人民法院一审民事判决，向山西省忻州市中级人民法院提起上诉。

二审期间，上诉人与被上诉人均未提交新证据。二审法院认定，上诉人某保险股份有限公司榆林中心支公司提出的因李某车辆没有取得相应的从业资格证即可在第三者责任险范围内不予赔偿这一上诉理由，因相关法律法规对此并未加以禁止，故不属于免赔范围。上诉人某保险股份有限公司榆林中心支公司主张其已经对免责等条款尽到了提示告知与说明义务，因本案中上诉人在一审中所提供的证据均为格式合同，仅有原审被告榆林某汽车运输有限责任公司签章佐证其观点，且未提交证据证明保险条款已经送达被保险人，原审被告榆林某汽车运输有限责任公司对此亦不予认可，对该上诉理由本院依法不予采信。综上所述，上诉人某保险股份有限公司榆林中心支公司的上诉请求不能成立，应予驳回；一审判决认定事实清楚，适用法律正确，应予维持。依照《中华人民共和国民事诉讼法》第一百七十条第一款第一项规定，判决如下：驳回上诉，维持原判。

(资料来源：www.iachina.cn)

# 本章小结

1. 保险合同是投保人向保险人支付保险费，保险人则在保险标的发生约定事故时承担经济补偿的责任，或当约定事件发生时履行给付保险金义务的协议。保险合同具有双务性、射幸性、附和性、诺成性和要式性等基本特征。

2. 保险合同的主体是指在保险合同中享受权利和承担义务的人。它一般包括保险合同的当事人和保险合同的关系人。保险合同的当事人是指直接订立保险合同的人，通常是投保人和保险人。保险合同的关系人是指与保险合同的订立间接发生关系的人，主要包括被保险人和受益人。保险合同的客体是保险利益。保险合同的内容是保险合同主体在合同中的权利和义务的具体体现，表现为保险合同的条款。保险合同的形式即保险合同内容的载体包括各种书面形式的投保单、暂保单、保险单、保险凭证和保险批单等。

3. 保险合同的订立是投保人与保险人之间基于意思表示一致而做出的法律行为。保险合同的成立是指投保人与保险人就保险合同条款达成协议。一般而言，保险合同的订立即意味着保险合同的成立。保险合同的生效是指依法成立的保险合同对双方当事人发生法律约束力，双方当事人依照合同开始享有权利并承担义务。保险合同的成立并不一定意味着保险合同的生效，保险合同的生效还必须符合法定生效要件或履行一定的手续。保险合同的履行是指保险合同双方当事人依据合同约定全面、适当地履行各自的义务，以实现各自权利的行为。保险合同的履行是整个保险合同的核心。

4. 保险合同的变更主要包括保险合同主体、客体、内容的变更及保险合同效力的变更。其中保险合同效力的变更可能由双方约定或法律规定的情形造成，合同在特定情形下还可能出现解除、中止、复效或终止等情况。

5. 当合同主体因在保险合同内容及其履行等方面产生不一致甚至相反的理解而导致分歧或纠纷，产生保险合同争议后，可以采取协商、调解、仲裁或诉讼等方式解决争议，在争议的处理过程中应遵循文义解释原则、意图解释原则、有利于被保险人或受益人的解释原则、批注优于正文，后批优于先批的解释原则和补充解释原则等。

# 课后知识拓展

## 最高人民法院关于适用《中华人民共和国保险法》若干问题的解释(二)

为正确审理保险合同纠纷案件，切实维护当事人的合法权益，根据《中华人民共和国保险法》《中华人民共和国合同法》《中华人民共和国民事诉讼法》等法律规定，结合审判实践，就保险法中关于保险合同一般规定部分有关法律适用问题解释如下：

第一条 财产保险中，不同投保人就同一保险标的分别投保，保险事故发生后，被保险人在其保险利益范围内依据保险合同主张保险赔偿的，人民法院应予支持。

第二条 人身保险中，因投保人对被保险人不具有保险利益导致保险合同无效，投保人主张保险人退还扣减相应手续费后的保险费的，人民法院应予支持。

第三条 投保人或者投保人的代理人订立保险合同时没有亲自签字或者盖章，而由保险人或者保险人的代理人代为签字或者盖章的，对投保人不生效。但投保人已经交纳保险费的，视为其对代签字或者盖章行为的追认。

保险人或者保险人的代理人代为填写保险单证后经投保人签字或者盖章确认的，代为填写的内容视为投保人的真实意思表示。但有证据证明保险人或者保险人的代理人存在保险法第一百一十六条、第一百三十一条相关规定情形的除外。

第四条 保险人接受了投保人提交的投保单并收取了保险费，尚未作出是否承保的意思表示，发生保险事故，被保险人或者受益人请求保险人按照保险合同承担赔偿或者给付保险金责任，符合承保条件的，人民法院应予支持；不符合承保条件的，保险人不承担保险责任，但应当退还已经收取的保险费。

保险人主张不符合承保条件的，应承担举证责任。

第五条 保险合同订立时，投保人明知的与保险标的或者被保险人有关的情况，属于保险法第十六条第一款规定的投保人“应当如实告知”的内容。

第六条 投保人的告知义务限于保险人询问的范围和内容。当事人对询问范围及内容有争议的，保险人负举证责任。

保险人以投保人违反了对投保单询问表中所列概括性条款的如实告知义务为由请求解除合同的，人民法院不予支持。但该概括性条款有具体内容的除外。

第七条 保险人在保险合同成立后知道或者应当知道投保人未履行如实告知义务，仍然收取保险费，又依照保险法第十六条第二款的规定主张解除合同的，人民法院不予支持。

第八条 保险人未行使合同解除权，直接以存在保险法第十六条第四款、第五款规定的情形为由拒绝赔偿的，人民法院不予支持。但当事人就拒绝赔偿事宜及保险合同存续另行达成一致的情况除外。

第九条 保险人提供的格式合同文本中的责任免除条款、免赔额、免赔率、比例赔付或者给付等免除或者减轻保险人责任的条款，可以认定为保险法第十七条第二款规定的“免除保险人责任的条款”。

保险人因投保人、被保险人违反法定或者约定义务，享有解除合同权利的条款，不属于保险法第十七条第二款规定的“免除保险人责任的条款”。

第十条 保险人将法律、行政法规中的禁止性规定情形作为保险合同免责条款的免责事由，保险人对该条款作出提示后，投保人、被保险人或者受益人以保险人未履行明确说明义务为由主张该条款不生效的，人民法院不予支持。

第十一条 保险合同订立时，保险人在投保单或者保险单等其他保险凭证上，对保险合同中免除保险人责任的条款，以足以引起投保人注意的文字、字体、符号或者其他明显标志作出提示的，人民法院应当认定其履行了保险法第十七条第二款规定的提示义务。

保险人对保险合同中有关免除保险人责任条款的概念、内容及其法律后果以书面或者口头形式向投保人作出常人能够理解的解释说明的，人民法院应当认定保险人履行了保险法第十七条第二款规定的明确说明义务。

第十二条 通过网络、电话等方式订立的保险合同，保险人以网页、音频、视频等形式对免除保险人责任条款予以提示和明确说明的，人民法院可以认定其履行了提示和明确说明义务。

第十三条 保险人对其履行了明确说明义务负举证责任。

投保人对保险人履行了符合本解释第十一条第二款要求的明确说明义务在相关文书上签字、盖章或者以其他形式予以确认的，应当认定保险人履行了该项义务。但另有证据证明保险人未履行明确说明义务的除外。

第十四条 保险合同中记载的内容不一致的，按照下列规则认定:

(一) 投保单与保险单或者其他保险凭证不一致的，以投保单为准。但不一致的情形系经保险人说明并经投保人同意的，以投保人签收的保险单或者其他保险凭证载明的内容为准;

(二) 非格式条款与格式条款不一致的，以非格式条款为准;

(三) 保险凭证记载的时间不同的，以形成时间在后的为准;

(四) 保险凭证存在手写和打印两种方式的，以双方签字、盖章的手写部分的内容为准。

第十五条 保险法第二十三条规定的三十日核定期间，应自保险人初次收到索赔请求及投保人、被保险人或者受益人提供的有关证明和资料之日起算。

保险人主张扣除投保人、被保险人或者受益人补充提供有关证明和资料期间的，人民法院应予支持。扣除期间自保险人根据保险法第二十二条规定作出的通知到达投保人、被保险人或者受益人之日起，至投保人、被保险人或者受益人按照通知要求补充提供的有关证明和资料到达保险人之日止。

第十六条 保险人应以自己的名义行使保险代位求偿权。

根据保险法第六十条第一款的规定，保险人代位求偿权的诉讼时效期间应自其取得代位求偿权之日起算。

第十七条 保险人在其提供的保险合同格式条款中对非保险术语所作的解释符合专业意义，或者虽不符合专业意义，但有利于投保人、被保险人或者受益人的，人民法院应予认可。

第十八条 行政管理部门依据法律规定制作的交通事故认定书、火灾事故认定书等，人民法院应当依法审查并确认其相应的证明力，但有相反证据能够推翻的除外。

第十九条 保险事故发生后，被保险人或者受益人起诉保险人，保险人以被保险人或者受益人未要求第三者承担责任为由抗辩不承担保险责任的，人民法院不予支持。

财产保险事故发生后，被保险人就其所受损失从第三者取得赔偿后的不足部分提起诉讼，请求保险人赔偿的，人民法院应予依法受理。

第二十条 保险公司依法设立并取得营业执照的分支机构属于《中华人民共和国民事诉讼法》第四十八条规定的其他组织，可以作为保险合同纠纷案件的当事人参加诉讼。

第二十一条 本解释施行后尚未终审的保险合同纠纷案件，适用本解释；本解释施行前已经终审，当事人申请再审或者按照审判监督程序决定再审的案件，不适用本解释。

(资料来源:www.chinacourt.org)

# 习　题

## 一、名词解释

1. 保险合同　2. 双务合同　3. 射幸合同　4. 附和合同　5. 诺成性合同
6. 要式合同　7. 受益人　8. 保险标的　9. 保险价值　10. 保险金额
11. 保险单　12. 保险批单　13. 调解　14. 仲裁

## 二、单项选择题

1. 关于保险合同变更事项的有效性顺序，下列说法中正确的是(　　)。
A. 基本条款优于附加条款　B. 正文变更优于旁注变更
C. 打印变更优于手写变更　D. 批单或背书优于附加条款

2. 保险合同的关系人是指(　　)。
A. 投保人与保险人　B. 被保险人与受益人
C. 保险人与经纪人　D. 保险人与客户

3. 被保险人或者受益人，在未发生保险事故的情况下，谎称发生了保险事故，向保险人提出赔偿或者给付保险金的请求的，保险人有权解除保险合同，并不退还保险费。保险人行使的这一合同解除权属于(　　)。
A. 任意解除　B. 协商解除　C. 法定解除　D. 约定解除

4. 根据现行《中华人民共和国保险法》的规定，保险合同中规定的保险人责任免除条款产生效力的前提条件是(　　)。
A. 保险人在保险合同中明确列明
B. 保险人在订立保险合同时向投保人明确说明
C. 保险人在订立保险合同时向投保人明示保证
D. 保险人在保险合同中承诺保证

5. 请将批单、投保单与保单的法律效力进行排序，按照法律效力从大到小依次为(　　)。
A. 投保单、保单、批单　B. 保单、投保单、批单
C. 批单、投保单、保单　D. 批单、保单与投保单一样

6. 保险条款是保险人事先拟定的，投保人只是做出是否同意的意思表示。这说明保险合同具有(　　)。
A. 附和性　B. 射幸性　C. 有偿性　D. 双务性

## 三、多项选择题

1. 根据保险金额与保险价值的关系，保险合同的类型可以分为(　　)。
A. 足额保险合同　B. 不足额保险合同
C. 定值保险合同　D. 不定值保险合同

2. 受益人有效变更的前提包括：(　　)
A. 由被保险人或投保人做出(投保人变更受益人，需征得被保险人同意)
B. 由受益人申请
C. 由保险人做出
D. 书面通知保险人

3. 按照我国法律的有关规定，保险合同争议的解决方式主要有(　　)。

A. 协商　　B. 调解　　C. 仲裁　　D. 诉讼

4. 以下有关投保人的说法中哪些是正确的？(　　)

A. 投保人须对保险标的具有保险利益

B. 投保人负有按约定交付保险费的义务

C. 投保人应具有民事权利能力和民事行为能力

D. 投保人享有保险金索赔权

5. 下列关于保险合同无效的说法中，正确的是(　　)。

A. 无效的保险合同，在一定条件下，效力可恢复

B. 保险合同无效是自始无效

C. 无效保险合同可分为全部无效和部分无效

D. 对保险合同无效有过错的一方应赔偿相对方因此所受的损失

## 四、判断题

1. 保险合同的成立、保险合同的生效、保险责任开始的时间是一致的。(　　)

2. 受益权可以继承，受益人死亡时则受益权应由受益人的继承人继承。(　　)

3. 18岁以下的限制民事行为能力人是可以作为被保险人的。(　　)

4. 保险合同成立后，投保人和保险人可以根据意愿单方面变更合同相关内容。(　　)

5. 保险期限内，一旦发生了保险事故，保险公司进行理赔后，保险合同就因履行而终止。(　　)

## 五、简答题

1. 简述保险合同的基本特征有哪些?

2. 保险合同双方对保险合同条款的理解发生歧义时通常适用哪些原则进行解释？

## 六、案例分析题

1. 某年1月，刘女士为其母亲赵某购买了终身寿险一份，经母亲同意保险合同中写明刘女士为受益人。刘女士有一兄刘某某，刘女士的丈夫李某。假设本案存在下列情况：(1)刘女士杀害其母；(2)刘女士与其母因车祸同时死亡、分不清死亡先后顺序。请问保险人各应如何处理？

2. 某年5月20日，张三在某银行办理存款业务的同时花了100元购买了一张银行代某保险公司销售的一年期“幸福平安卡”，医疗费保额为1万元，银行人员提醒张三回去以后要及时按照该卡背面的投保说明在网上将该卡激活以后保险方才生效。张三购买了该卡后并未按照投保说明在网上将该卡予以激活。当年7月1日，张三走出家门以后不慎在楼梯上摔了一跤，造成腰部严重扭伤，后到医院治疗，共支付医疗费6000元。事发当天，张三将该卡激活，并获得了电子保单。保单上载明保险期限为7月2日零时起至次年7月1日24时止。张三腰部治愈后找到保险公司要求赔偿已支付的各项医疗费用6000元，但保险公司却以事故发生时保险合同尚未生效为由拒绝赔偿。后张三将保险公司诉至法院要求赔偿。请问保险公司是否应该赔偿？为什么?

# 第四章

# 保险的基本原则

【课前导读】

保险的基本原则是指保险合同订立和履行必须遵循的基本原则，是保险学原理的核心内容。在保险实践中，必须遵循这些基本原则，许多合同条款无法覆盖或遗漏的难题，都需要依据这些基本原则来解决。本章将系统介绍保险经营活动过程中必须遵循的保险利益原则、最大诚信原则、近因原则、损失补偿原则及其派生原则(包含代位原则及重复保险分摊原则)的基本概念与功能作用。这些原则不仅是保险经营的一般规范，更是上升到各国保险法层次的法定要求。因此，在学习本章时，读者应结合保险经营实践来熟悉各个原则的基本内容及在应用中应注意的事项，并能够运用上述原则分析相关保险案例。

## 第一节　保险利益原则

### 一、保险利益及其构成要件

#### (一) 保险利益的概念

保险利益是指投保人或者被保险人对保险标的具有的法律上承认的利益。

保险利益体现的是投保人或被保险人与保险标的之间的经济利害关系。当保险标的完好时，投保人或被保险人对保险标的的利益也存在；而当保险标的因事故致损或受到伤害时，投保人或被保险人也会因此而遭受经济损失。

保险利益是保险合同得以成立的必要条件，是保险合同的客体。投保人的投保和保险人的承保都基于投保人对保险标的具有保险利益。

#### (二) 保险利益的构成要件

##### 1. 保险利益应为合法的利益

保险合同是一种民事法律关系，因此，投保人或被保险人对保险标的的利益必须是符合法律规定(做到主体合法、标的合法和行为合法)，符合社会公共秩序要求，为法律认可并受到法律保护的利益。即在法律上可以主张的利益，如财产所有权等。违法行为产生的利益，不能成为保险利益。

#### 2. 保险利益必须是确定的利益

确定的利益包括已经确定和能够确定的利益。已经确定的利益称为现有利益，是指事实上或客观上已经享有的经济利益，如已取得的财产所有权或使用权。能够确定的利益称为预期利益，是指基于现有利益而产生的利益，如货物运输保险的保险金额可以按货物到达目的地的销售价格确定。预期利益必须有客观依据，仅凭主观臆测、想象可能会获得的利益不能成为保险的预期利益。

在财产保险中，投保人可以为现有利益投保，也可以为预期利益投保。但是，在人身保险中，投保人对于被保险人的保险利益必须是现有利益，即投保人在投保时必须与被保险人之间存在已经确定的利害关系，如亲属关系、雇佣关系等。

#### 3. 保险利益必须是经济上的利益

所谓经济上的利益是指投保人或被保险人对保险标的的利益价值必须能够用货币衡量。

因为保险的目的是弥补被保险人因保险标的出险所遭受的经济损失，如果当事人对保险标的不具有经济利益或具有经济利益但不能用货币计量，则保险赔偿金或保险金的给付就无法实现。所以，保险利益必须具有经济价值，并且其价值可以用货币计算，能够被客观所承认，且数额合理。

一些难以确定价值的古董、名人字画等，可以通过投保人和保险人双方约定其价值的方式来确定保险利益。人的生命或身体是无价的，不能完全用货币衡量，也可以约定一个金额来确定保险利益。

保险利益的三个构成要件缺一不可。

## 二、保险利益原则的概念及意义

### (一) 保险利益原则的概念

保险利益原则是保险的基本原则，其本质是要求投保人或被保险人在签订和履行保险合同的过程中，对保险标的必须具有保险利益，否则合同无效。即使订立了保险合同，保险人也有权解除合同或拒绝承担经济赔偿责任。

首先，投保人或被保险人对保险标的具有保险利益是订立保险合同的前提条件。无论是财产保险还是人身保险，投保人或被保险人只有对保险标的具有保险利益才有资格与保险人订立保险合同，签订的保险合同才能生效。《中华人民共和国保险法》第三十一条规定，订立合同时，投保人对被保险人不具有保险利益的，合同无效。

其次，保险合同生效后，被保险人对保险标的具有保险利益是维持保险合同(主要是财产保险合同)效力和进行索赔的条件。如果在保险合同的有效期限内被保险人丧失了对保险标的的保险利益，保险合同也随之失效；发生保险事故时，如果被保险人对保险标的没有保险利益，则无权向保险人提出索赔。《中华人民共和国保险法》第四十八条规定，保险事故发生时，被保险人对保险标的不具有保险利益的，不得向保险人请求赔偿保险金。

### (二) 保险利益原则的意义

#### 1. 规定保险保障的最高限度

保险作为一种经济补偿制度，其宗旨是补偿被保险人因保险标的出险所遭受的经济损失，但不允许被保险人通过保险获得额外的利益。所以，为了使被保险人既能够得到足够的、充分的补偿，又不会由于保险而得到额外的利益，就必须以投保人或被保险人在保险标的上所具有的经济利益，即保险利益作为保险保障的最高限度。

投保人根据保险利益确定保险金额；保险人在保险利益的限度内支付保险赔款或保险金，这样就可以使被保险人在得到充分补偿的前提下，有效避免其不当得利。

所以说保险利益原则为投保人和被保险人取得保险保障和保险人的保险补偿提供了客观依据。

#### 2. 防止道德风险的发生

如果投保人或被保险人对保险标的没有保险利益，那么该标的的受损，不仅没有使他遭受损失，相反还可以使其获得保险赔款，这样就可能诱发投保人或被保险人为牟取保险赔款而故意破坏保险标的的道德风险。

在财产保险中，如果有保险利益存在，投保人或被保险人的经济利益会因保险标的发生保险事故而受损，因保险标的的存在而继续享有，这样投保人或被保险人就会关心保险标的的安危，认真做好防灾防损工作，使其避免遭受损害。即使有故意行为发生，被保险人最多也只能获得其原有的利益。因为保险利益是保险保障的最高限度，保险人只是在这个限度内根据实际损失进行赔偿，因此投保人和被保险人也无额外利益可图，可以有效防止道德风险的发生。

而在人身保险方面，保险利益的存在尤为必要，如果投保人可以以任何人的死亡为条件而获取保险金，其道德风险发生的后果更是不堪设想的。

#### 3. 使保险区别于赌博

就单个保险合同来说，保险和赌博同样决定于偶然事件的发生而获得货币收入或遭受货币损失。所以，从表面上看，保险同赌博相似，都具有射幸因素。但是，从实质上看，二者毫无共同之处。

保险是基于“互助共济”的精神，通过保险补偿被保险人由于保险事故所造成的经济损失，从而保障社会再生产的顺利进行，保障人们生活的安定。而赌博是基于个人的私利，意图不劳而获，是一种损人利己的行为，与保险“互助共济”的精神是格格不入的。

所以，为了使保险区别于赌博，并使其不成为赌博，要求投保人对保险标的必须具有保险利益，被保险人只有在经济利益受损的条件下，才能得到保险补偿，从而实现通过保险补偿损失的目的。如果保险不以保险利益存在为前提，则其性质会发生根本变化。

### 三、人身保险的保险利益

人身保险的保险利益是指投保人对被保险人的继续生存、死亡、疾病或残疾所具有的经济利益关系。

#### 1. 人身保险保险利益来源的确定原则

对于人身保险保险利益的来源，特别是当投保人为他人投保人身保险时，保险利益的确定具体要依据本国的法律，因为各国对人身保险的保险利益的立法有所不同。

英美法系的国家基本上采取“利益主义原则”，即以投保人与被保险人之间是否存在金钱上的利害关系或其他私人之间的利害关系为判断依据，有利害关系则有保险利益。

大陆法系的国家大多采用“同意主义原则”，即不论投保人与被保险人之间有无利害关系，只要取得被保险人的同意，就具有保险利益。

还有些国家采取“利益与同意相结合的原则”，即投保人与被保险人之间具有经济上的利害关系或其他利害关系有保险利益；而投保人与被保险人之间没有利害关系，但征得被保险人同意也具有保险利益。

从《中华人民共和国保险法》第三十一条的规定可以看出，我国的保险立法和实务基本上是实行“利益与同意相结合的原则”。

**【知识链接】**

《中华人民共和国保险法》第三十一条 投保人对下列人员具有保险利益:

(一) 本人;

(二) 配偶、子女、父母;

(三) 前项以外与投保人有抚养、赡养或者扶养关系的家庭其他成员、近亲属;

(四) 与投保人有劳动关系的劳动者。

除前款规定外，被保险人同意投保人为其订立合同的，视为投保人对被保险人具有保险利益。

### 2. 人身保险保险利益的来源

具体而言，在我国，人身保险的保险利益主要来自以下几种利益关系。

(1) 人身关系。投保人本人对自己的生命或身体具有保险利益。

(2) 亲属、抚养、赡养或扶养关系。首先，投保人对其配偶、子女、父母具有保险利益。其次，投保人对与其有抚养、赡养或者扶养关系的家庭其他成员、近亲属具有保险利益。

(3) 雇佣关系。企业或雇主对其雇员具有保险利益。

(4) 合同、债权债务或财产管理关系。合同中的权利人对义务人、债权人对债务人、财产所有人对财产管理人的生命、身体产生某种利害关系，因而具有一定的保险利益。在这些关系中，保险利益的大小以其债权为限。

(5) 除前款规定外，被保险人同意投保人为其订立合同的，视为投保人对被保险人具有保险利益。

投保人必须对保险标的具有保险利益，但受益人不必如此。受益人的请求权不以保险利益的存在为前提。

**案例4-1**

**人身保险保险金给付案例**

某公司为公司员工投保团体人身保险，保费由公司支付。其中员工A指定妻子B为受益人，半年后员工A与妻子B离婚，不久以后员工A意外身亡。对保险公司给付的10万元保险金，公司以员工A生前欠公司5万元借款为由进行了扣除，另一半则以妻子B已与员工A离婚，与A没有利益关系为由交给了A的父母。问:

(1) 该公司如此处理10万元保险金是否正确?

(2) 依照法律规定保险金应该支付给谁？为什么?

**【分析】:**

该公司对10万元保险金的处理方式是错误的。首先，保险金不能作为遗产，不能被用来强制偿还被保险人生前所欠的债务，因此该公司扣除5万元的做法是错误的；其次，在订立该保险合同时，A与B是夫妻，所以指定B为受益人是符合法律规定的。而保险事故发生以后，受益人的请求权不以保险利益的存在为前提。因为A与B离婚时并没有变更受益人，所以保险金10万元应按照合同约定全数支付给指定的受益人B。

## 四、财产保险的保险利益

这里所说的财产保险是广义的财产保险，由于财产保险与人身保险的保险标的的性质不同，因而在保险合同的订立和履行过程中对保险利益原则的应用也不尽相同。广义的财产保险主要包括财产损失保险(即狭义的财产保险)、责任保险及信用保证保险。

### (一) 财产损失保险的保险利益

保险利益在财产损失保险中来源于投保人对保险标的所拥有的各种权利。

#### 1. 财产所有权

财产所有人对其所拥有的财产具有保险利益。因为如果财产遭受损害或灭失，其所有人将蒙受经济损失。

#### 2. 财产经营权、使用权

虽然财产不为其所有，但由于其对财产拥有经营权或使用权而享有由此而产生的利益及承担相应的责任，所以经营者或使用者对其负责经营或使用的财产具有保险利益。例如，承租人一方面可以利用其所租用的机器设备进行生产获利；但另一方面，如果承租人造成所租用机器设备的损坏，则要向租赁公司进行赔偿。

#### 3. 财产承运权、保管权

财产的承运人或保管人对其负责运输或保管的财产具有保险利益。虽然他们不是该财产的所有人，但他们与该财产具有法律认可的经济利害关系。例如，承运人如果将货物安全送达目的地，就可以向托运人收取运费；但如果其所承运的货物在运输途中损坏或丢失，则必须向托运人赔偿损失。货主将货物存放在某仓储公司的仓库，要支付仓储费；但如果货物在仓库存放期间受损，仓储公司也要对货主承担赔偿责任。

#### 4. 财产抵押权、留置权

抵押是一种债的担保，抵押人为债务人，抵押权人为债权人。债务人提供给债权人作为抵押担保的财产，虽然并不转移其所有权或占有权，但当债务人不能依约偿还借款时，债权人有权处理抵押财产，从中受偿。所以，抵押权人对抵押财产具有保险利益。

留置权为债权未受清偿前扣留他人动产的权利，当债务人不能依约偿还债务时，留置权人同样有权处理留置的财产，因而也具有保险利益。

### (二) 责任保险的保险利益

责任方对其潜在的依法应付的民事损害经济赔偿责任具有保险利益。它是基于法律上的民事赔偿责任而产生的保险利益。

(1) 在公众责任保险中，各种固定场所的所有人、经营人或管理者对于因固定场所的缺陷或管理的过失及其他意外事件造成顾客或观众等人身伤害或财产损失，依法应承担经济赔偿责任的，具有保险利益。

(2) 在产品责任保险中，制造商、销售商、修理商因商品质量或其他问题给用户或消费者造成人身或财产损失，依法应承担经济赔偿责任的，具有保险利益。

(3) 在雇主责任保险中，雇主对雇员在受雇期间因从事与其职业有关的工作而患职业病或伤残、死亡等依法应承担医药费、工伤补贴、家属抚恤责任的，具有保险利益。

(4) 在职业责任保险中，各类专业人员由于工作疏忽或过失致使他人遭受损害而依法应承担经济赔偿责任的，具有保险利益。

### (三) 信用保证保险的保险利益

信用保证保险的保险标的是一种信用行为。当义务人因种种原因不能履行应尽义务，使权利人遭受损失时，权利人对义务人的信用具有保险利益；当权利人担心义务人履约与否、守信与否时，义务人因权利人对其信用的怀疑而具有保险利益。

具体而言，在信用保险中，因对方不守信用而遭受经济损失的人，对对方的信用具有保险利益。如出口商对进口商、债权人对债务人具有保险利益。在信用保证保险中，因自身不守信用而可能给他人造成经济损失的人，对自己的信用具有保险利益。

## 五、保险利益原则在财产保险与人身保险应用上的区别

#### 1. 保险利益的来源不同

财产保险的保险利益来源于投保人对保险标的所拥有的各项权利。

人身保险的保险利益来源于投保人与被保险人之间所具有的各种经济利害关系。

#### 2. 对保险利益时效的要求不同

1) 对财产保险保险利益的时效要求

财产保险不仅要求投保人或被保险人在投保时对保险标的具有保险利益，而且要求保险利益在保险有效期内始终存在，特别是在发生保险事故时，被保险人对保险标的必须具有保险利益。

如果投保人或被保险人在订立保险合同时具有保险利益，但在保险合同履行过程中失去了保险利益，则不得向保险人请求赔偿保险金。如某房屋的房主甲在投保房屋的火灾保险后，将该房屋出售给乙，但双方没有办理批单转让批改手续，一旦发生保险事故，保险人因被保险人已不具有保险利益而不需履行赔偿责任。

但根据国际惯例，在海上保险中对保险利益的要求有所例外，即不要求投保人在订立保险合同时具有保险利益，只要求被保险人在保险标的遭受损失时必须具有保险利益，否则就不能取得保险赔偿。这是由于海上保险的利益方比较多，经济关系复杂，保险合同经常随物权的转移而转让，保险标的不受被保险人所控制。而财产保险的目的是补偿被保险人所遭受的经济损失，所以海上保险只要求被保险人在保险标的受损时具有保险利益即可。

《中华人民共和国保险法》第十二条第二款规定：“财产保险的被保险人在保险事故发生时，对保险标的应当具有保险利益。”第四十八条规定：“保险事故发生时，被保险人对保险标的不具有保险利益的，不得向保险人请求赔偿保险金。”

**案例4-2**

**抵押财产投保案例**

某公司以其200万元的财产作为抵押向甲银行申请抵押贷款100万元，贷款期限为2019年4月1日至2020年3月31日。甲银行以该抵押品为保险标的向某财产保险公司投保财产保险。

问：

(1) 甲银行能否以该抵押品向保险人投保财产保险？如果能够，其实际投保的保险金额应为多少？

(2) 假如贷款到期以前，该抵押品因意外火灾全部损失，某公司也无法还贷，甲银行可获多少

保险赔款?

(3) 假如该抵押品因火灾损失以前某公司已归还一半贷款，在该抵押品因火灾实际全损后，某公司也无法还贷，甲银行可获多少保险赔款?

(4) 如该保险标的全损之前该项贷款已全部归还，甲银行可获多少保险赔款?(假定该财产市价不变)

**【分析】**：

(1) 甲银行可以抵押权人的身份向保险人投保，实际投保的保险金额最高可以按照其实际拥有的抵押权利益确定为100万元。

(2) 甲银行只能依据其遭受损失的实际保险利益100万元向保险公司索赔，最高得到100万元的赔款。

(3) 如保险标的全损时贷款已归还一半，则保险人仅需赔偿甲银行50万元，因为此时甲银行对该抵押品只具有50万元的保险利益。

(4) 如保险标的全损时贷款已归还完毕，则保险人对甲银行不予赔偿，因此时甲银行对该抵押品已不具有保险利益。

2) 对人身保险保险利益的时效要求

与财产保险的保险利益不同，人身保险着重强调投保人在订立保险合同时对被保险人必须具有保险利益，保险合同生效后，就不再追究投保人对被保险人的保险利益问题，法律允许人身保险合同的保险利益发生变化，合同的效力仍然保持。

这是因为人身保险合同生效后，保险合同是为了被保险人或受益人的利益而存在，而非投保人，即当保险事件发生以后，只有被保险人或受益人有权领取保险金，享受保险合同规定的利益。所以人身保险合同生效后强调投保人对被保险人的保险利益毫无意义。

而且法律规定受益人必须由被保险人指定，如果由于受益人的故意行为导致被保险人受到伤害，受益人则丧失受益权。这就能够有效地防范受益人谋财害命，从而保障被保险人的人身安全和利益。

此外，人身保险具有储蓄的性质，被保险人或受益人所领取的保险金相当部分是投保人或被保险人所缴纳的保险费和利息的积累。所以，人身保险的保险利益只要求在投保时存在。

《中华人民共和国保险法》第十二条第一款规定：“人身保险的投保人在保险合同订立时，对被保险人应当具有保险利益。”第三十一条第二款规定：“订立合同时，投保人对被保险人不具有保险利益的，合同无效。”

### 3. 确定保险利益价值的依据不同

财产保险保险利益价值的确定依据是保险标的的实际价值，投保人只能在保险标的实际价值的限度内确定保险金额。《中华人民共和国保险法》第五十五条第三款规定：“保险金额不得超过保险价值。超过保险价值的，超过部分无效，保险人应当退还相应的保险费。”

人身保险中由于保险标的是无法估价的人的生命或身体，因而其保险利益也无法以货币计量。所以，人身保险的保险金额是依据被保险人的需要和投保人支付保险费的能力来确定的。

**案例4-3**

**人身保险中保险利益原则应用案例**

小明1岁时因母亲去世，随外公外婆在A城生活，日常生活费由其父亲承担。小明3岁上幼儿园，4岁时其父亲再婚，小明与其父亲、继母在B城生活，并转学到B城幼儿园。小明在A城时，他的外公为其投保了一份少儿平安险，并指定自己为受益人。合同有效期内的一天，小明在游玩时不幸溺水身亡，事发后，小明的外公向保险公司提出索赔。

问：

(1) 本案中的投保人在投保时是否具有保险利益？保险公司应如何处理？

(2) 外公指定自己为受益人是否恰当？

【分析】：

(1) 外公是近亲属，我国法律规定近亲属具有抚养关系才有保险利益。本案中小明的生活费由父亲承担，相当于由父亲抚养，外公对小明来说是看护人。因此，本案中因外公对小明不具有保险利益，保险合同自始无效，保险人不承担赔偿责任，但需在一定程度上退还保险费。

(2) 外公指定自己为受益人是不恰当的。当被保险人为无民事行为能力人时，应由其法定监护人来指定受益人。

# 第二节　最大诚信原则

最大诚信是世界各国立法对民商事活动的基本要求，是订立各种经济合同的基础。长久以来，各国保险界和法学界都认为最大诚信原则是保险法的基本原则，各国保险立法无一例外都规定保险活动必须遵守诚信原则。例如，影响深远的英国《1906年海上保险法》第17条规定："海上保险是建立在最大诚信基础上的合同，如果任何一方不遵守最大诚信，另一方可以宣告合同无效。"《中华人民共和国保险法》也在总则第五条规定："保险活动当事人行使权利、履行义务应当遵循诚实信用原则。"这一立法规定充分体现了《中华人民共和国保险法》对保险活动的基本要求以及诚实信用原则在《中华人民共和国保险法》中的重要地位。

## 一、最大诚信原则及其存在的原因

### (一) 最大诚信原则的含义

诚信就是诚实和守信用。诚实是指一方当事人对另一方当事人不得隐瞒、欺骗；守信用就是指任何一方当事人都必须善意地、全面地履行自己的义务。

最大诚信原则是指在签订和履行保险合同的过程中，保险合同双方必须以最大的诚意，向对方提供影响其做出订约或履约决定的全部实质性重要事实，互不隐瞒和欺骗，同时恪守合同的约定和承诺。否则，受损害的一方可以宣布合同无效或不承担合同规定的责任与义务，对因此而受到的损害还可以要求对方予以赔偿。

### (二) 最大诚信原则存在的原因

#### 1. 保险合同双方的信息不对称

在保险合同订立和履行的过程中，投保人和保险人对有关保险重要信息的拥有是不对称的。

首先，保险人一般都远离保险标的，无法进行实地查勘。保险人只能依据投保人的告知与陈述来决定是否承保、如何承保及承保的费率。这就要求投保人遵循最大诚信原则，充分履行告知与保证义务。

其次，保险合同是附和合同，合同条款一般是事先由保险人单方面制定的，投保人只能选择同意或不同意；而保险合同条款具有专业性与复杂性，投保人难以完全理解和掌握，主要根据保险人的告知与陈述来决定是否投保及投保的险种。保险人是否恰当、准确地向投保人讲解保险合同内容会直接影响投保人的投保决定。这就要求保险人基于最大诚信原则履行其应尽的义务与责任。

2. 保险合同的射幸性

保险合同签订时，合同双方对于未来保险事故是否发生都是不确定的。一旦在保险期间发生了保险事故，保险人所承担的保险责任远远高于其所收取的保险费(就单个合同而言)。如果投保人不遵循最大诚信原则，保险人将无法持续经营，最终影响被保险人的利益。因此，投保人应基于最大诚信原则履行其应尽的义务。

## 二、最大诚信原则的主要内容

最大诚信原则的主要内容包括告知、保证、说明、弃权与禁止反言。告知和保证主要是对投保人或被保险人的约束；说明、弃权与禁止反言主要是对保险人的约束。

### (一) 告知

告知又称为如实告知，是指投保人或被保险人在保险合同签订和履行的过程中对保险标的及其有关重要事项如实向保险人所做的口头或书面的陈述。

1. 告知的内容

(1) 在申请投保时，投保人应如实陈述投保标的以往和现在的真实危险情况、本人及对投保标的危险有重大影响的人或物的情况、被保险人的情况。在具体操作上，保险人通常会让投保人先填写投保单，在投保单上列出要询问的投保人、被保险人及保险标的的详细情况让投保人填写，或由代理人按投保单内容进行询问，代为填写，投保人签字确认。

(2) 在保险合同有效期内，保险标的的危险程度显著增加的，被保险人应当按照合同约定及时通知保险人，保险人可以按照合同约定增加保险费或者解除合同。

(3) 保险标的转移或保险合同有关事项有变动时，投保人或被保险人应及时通知保险人，保险人确认后可变更合同并保证合同有效。

(4) 投保人、被保险人或者受益人知道保险事故发生后，应当及时通知保险人。保险事故发生后，按照保险合同请求保险人赔偿或者给付保险金时，投保人、被保险人或者受益人应当向保险人提供其所能提供的与确认保险事故的性质、原因、损失程度等有关的真实证明和资料。

(5) 有重复保险的，投保人应将重复保险的有关情况告知保险人。

2. 告知的形式

(1) 无限告知。它是指法律或保险人对告知的内容没有明确规定，只要事实上与保险标的的危险状况有关的任何重要事实，投保人都有义务告知保险人。

(2) 询问告知。它是指投保人只对保险人所询问的问题必须如实回答，而对询问以外的问题投保人可无须告知。

无限告知对投保人的要求比较高，而且也有失公平。因为要求没有专业知识的投保人区分何为重要事实，何为非重要事实是很困难的。因此大多数国家的保险立法采用询问告知方式，我国也是如此。《中华人民共和国保险法》第十六条第一款规定：“订立保险合同，保险人就保险标的或者被保险人的有关情况提出询问的，投保人应当如实告知。”

对于某一事项是否为重要事实，在询问告知的立法形式下，通常将保险人询问的事项推定为重要事实，而将保险人未询问的事项推定为非重要事实。如果保险人询问的事项有遗漏或漏洞，其后果只能由保险人自己承担。

### 3. 投保方违反告知义务的法律后果

投保方违反告知义务主要表现为对保险人的漏报、误报、隐瞒和欺骗等。投保人违反如实告知义务，会使保险人在承保后处于不利的地位，若继续维持保险合同的效力，不仅会损害保险人的利益，对保险人显失公平，而且也会助长投保人不履行如实告知义务的行为。因此，各国保险法都规定当投保人对保险人询问的相关事项未尽如实告知义务时，保险人有解除保险合同的权利。根据《中华人民共和国保险法》相关规定，投保方违反告知义务的法律后果如下所述。

(1) 故意不履行如实告知义务的法律后果。投保人故意不履行如实告知义务，足以影响保险人决定是否同意承保或者提高保险费率的，保险人有权解除合同。对于合同解除前发生的保险事故，保险人不承担赔偿或者给付保险金的责任，并不退还保险费。

(2) 过失不履行如实告知义务的法律后果。投保人因重大过失未履行如实告知义务，足以影响保险人决定是否同意承保或者提高保险费率的，保险人有权解除合同。对保险事故的发生有严重影响的，保险人对于合同解除前发生的保险事故，不承担赔偿或者给付保险金的责任，但应当退还保险费。

(3) 保险标的危险程度显著增加，投保方未及时通知的法律后果。在合同有效期内，保险标的的危险程度显著增加的，被保险人应当按照合同约定及时通知保险人，保险人可以按照合同约定增加保险费或者解除合同。被保险人未履行规定的通知义务的，因保险标的的危险程度显著增加而发生的保险事故，保险人不承担赔偿保险金的责任。

(4) 发生保险事故未及时通知的法律后果。保险事故发生后，投保人、被保险人或受益人故意或因重大过失未及时通知保险人，致使保险事故的性质、原因、损失程度等难以确定的，保险人对无法确定的部分，不承担赔偿或者给付保险金的责任。但保险人通过其他途径已经及时知道或者应当及时知道保险事故发生的除外。

(5) 投保方伪造事实的法律后果。投保方进行欺诈，伪造事实时，有两种后果：①当投保人、被保险人、受益人在发生保险事故后，编造虚假证明、资料、事故原因，夸大损失时，保险人对弄虚作假部分不承担赔付义务；②未发生保险事故，却故意谎称发生或制造保险事故者，保险人有权解除保险合同并不承担保险赔付责任，不退还保险费(投保人已交足两年以上保险费的，保险人应当按照合同约定向其他权利人退还保险单的现金价值)。

受益人故意造成被保险人死亡、伤残、疾病的，或者故意杀害被保险人未遂的，该受益人丧失受益权。

保险人因投保方不履行如实告知义务而享有的合同解除权不是永久的。在保险合同生效一定时期后(一般是两年)，保险人不得以投保人在投保时没有履行如实告知义务等理由而主张保险合同自始无效。这实质上是为了维护保险双方的利益。

**案例4-4**

**田某、冉某诉某保险公司合同纠纷案——保险合同解除与保险人拒赔**

小田系田某、冉某之子。2007年6月21日，田某与某保险公司签订保险合同，合同约定：投保人为田某，被保险人为小田，保险受益人为田某、冉某，投保险种为终身保险，保险期间为终身，保险金额为2万元，如被保险人身故，保险公司将按基本保额的三倍给付身故保险金。合同签订后，田某按前述保险合同约定按期向保险公司缴纳了2007年至2009年的保险费共计4500元。2009年11月23日，被保险人小田因患肺结核死亡。田某认为属于保险责任事故，向保险公司提出理赔申请。保险公司于2009年12月25日向田某出具《拒绝给付保险金通知书》，该通知书载明的主要内容为“……经调查核实我公司发现投保前被保险人小田已患疾病，根据相关法律规定和保险合同条款……本次事故我公司不承担保险责任……该合同效力终止……退还保单现金价值2116.74元……”田某、冉某遂诉至法院，要求保险公司赔付保险金60 000元。另查明，小田于2001年和2008年接受过肺结核诊治。2007年6月19日，田某在申请投保时，在填写个人保险投保单告知事项第7条C项：“被保险人是否曾患有或接受治疗过哮喘、肺结核、肺气肿等疾病”时，投保人田某及被保险人小田均填写为“否”。

【法院判决】：

法院认为，依据《中华人民共和国保险法》第十六条第二款的规定：“投保人故意或者因重大过失未履行前款规定的如实告知义务，足以影响保险人决定是否同意承保或者提高保险费率的，保险人有权解除合同。”田某在投保时就被保险人小田曾患“肺结核”的事实未向保险公司尽到如实告知义务，保险公司有权解除合同。但《中华人民共和国保险法》第十六条第三款又规定：“前款规定的合同解除权，自保险人知道有解除事由之日起，超过三十日不行使而消灭。自合同成立之日起超过二年的，保险人不得解除合同；发生保险事故的，保险人应当承担赔偿或者给付保险金的责任。”根据本案事实，2009年11月23日小田因肺结核死亡时，保险合同生效已超过两年，保险公司不得以投保人在投保时没有履行如实告知义务而主张保险合同自始无效。因此，保险公司应当予以赔偿。

(资料来源：www.chinacourt.org)

### (二) 保证

保证是指保险人在签发保险单或承担保险责任之前要求投保人或被保险人对某一事项的作为或不作为、某种事态的存在或不存在做出许诺。保证是保险人接受投保或承担保险责任的条件，主要是对投保方的要求。保证的目的在于控制风险，确保保险标的及其周围环境处于签约时的状态中。

#### 1. 保证的形式和内容

1) 明示保证

明示保证是指用文字形式载于保险合同中的保证事项，成为保险合同的条款。它可进一步分为确认保证与承诺保证。确认保证是投保人或被保险人对过去或现在某一特定事实存在或不存在的保证。承诺保证是指投保人或被保险人对将来某一事项的作为或不作为的保证。例如，投保家庭财产保险时，投保人或被保险人保证不在家里放置高浓度酒精等危险物品。

2) 默示保证

默示保证是指虽未在保单中订明，但习惯上或社会公认的投保人或被保险人应该加以保证的事项。默示保证在海上保险中运用比较多，一般有三项：①保险的船舶必须有适航的能力；②按照设定的或习惯的航线航行；③必须从事合法的运输业务。

默示保证和明示保证具有同等的法律效力。

#### 2. 投保方违反保证义务的法律后果

在保险活动中，无论是明示保证还是默示保证，保证的事项均属重要事实，是订立保险合同的条件和基础。投保人和被保险人一旦违反保证的事项，不论其是否故意，也不论是否对保险人造成损害，保险人均有权解除合同，不承担赔付责任，而且除了生效两年以上的人寿保险以外，保险人无须退还保险费。

在某种情况下，如果违反保证只部分地损害了保险人的利益，保险人只应就违反保证部分拒绝履行赔偿义务。

#### 3. 保证与告知的区别

(1) 保证强调的是守信，恪守诺言，言行一致，承诺的事项与事实一致；而告知强调的则是诚实，对有关保险标的的重要事项如实申报。

(2) 保证是保险合同的重要组成部分，通常作为合同的条款载明于保险合同中(默示保证除外)，要求投保人或被保险人在整个保险期限内遵守，是一种合同义务；告知是订立和履行保险合同时所做的口头或书面的陈述，并不构成合同内容，若将告知订入合同，其性质则转化为保证。

(3) 保证的目的在于控制风险、减少风险事故的发生；而告知的目的则在于使保险人能够正确估计其所承担的风险。

所以，保证对投保人或被保险人的要求比告知更为严格。

### (三) 说明

此处的说明特指保险人的说明义务，即保险人在订立保险合同时应当向投保人恰当地说明保险条款的内容，尤其是对于免责条款，保险人应明确说明。

#### 1. 说明的内容

保险人有义务在订立保险合同前向投保人详细说明保险合同的各项条款，并对投保人提出的有关合同条款的提问做出直接、真实的回答，就投保人有关保险合同的疑问做出正确的解释。保险人可以书面或口头形式对投保人做出说明，也可以通过代理人向投保人做出说明。保险人应当就其说明的内容负责，对其代理人所做的说明，承担同样的责任。

保险人说明义务的重点是保险合同中的免责条款。因为免责条款直接关系到保险人对被保险人是否承担赔付责任的范围，对投保决策具有决定性的作用，如果不做出明确说明，会影响投保人或被保险人的利益。对保险合同中免除保险人责任的条款，保险人在订立合同时应当在投保单、保险单或者其他保险凭证上做出足以引起投保人注意的提示，并对该条款的内容以书面或者口头形式向投保人做出明确说明；未做提示或者明确说明的，该条款不产生效力。

#### 2. 说明的形式

保险人履行说明义务的形式有两种：明确列明和明确说明。

明确列明是指保险人只需将保险的主要内容明确列明在保险合同之中，即视为已告知投保人。

明确说明是指保险人不仅应将保险的主要内容明确列明在保险合同之中，还必须对投保人进行明确的提示和正确的解释。

我国采用明确说明的方式。《中华人民共和国保险法》第十七条规定，订立保险合同，采用保险人提供的格式条款的，保险人向投保人提供的投保单应当附格式条款，保险人应当向投保人说明合同的内容。对保险合同中免除保险人责任的条款，保险人在订立合同时应当在投保单、保险单或者其他保险凭证上做出足以引起投保人注意的提示，并对该条款的内容以书面或者口头形式向投保人做出明确说明；未做提示或者明确说明的，该条款不产生效力。

说明示例

**某保险公司终身重大疾病保险(A款)条款(节选)**

二、责任免除

因下列任何情形之一导致被保险人身故、身体高度残疾或患重大疾病，本公司不负保险责任：

1. 被保险人故意犯罪或拒捕；
2. 被保险人服用、吸食或注射毒品；
3. 被保险人在本合同生效(或复效)之日起二年内自杀，无民事行为能力人除外；
4. 被保险人酒后驾驶、无有效驾驶执照驾驶或驾驶无有效行驶证的机动交通工具；
5. 被保险人感染艾滋病病毒(HIV呈阳性)或患艾滋病(AIDS)期间；
6. 被保险人的先天性疾病；
7. 战争、军事冲突、暴乱或武装叛乱；
8. 核爆炸、核辐射或核污染及由此引起的疾病。

(注：自杀条款的新规定参见2015年新《中华人民共和国保险法》第四十四条。)

#### 3. 保险人违反说明义务的法律后果

(1) 根据《中华人民共和国保险法》第十七条规定，如果保险人在订立保险合同时未履行对免责条款明确说明的义务，则免责条款无效。

(2) 根据《中华人民共和国保险法》第一百一十六条、一百六十一条规定，保险人在保险业务活动中隐瞒与保险合同有关的重要情况，欺骗投保人，或者拒不履行保险赔付义务，由保险监督管理机构责令改正，进行罚款；情节严重的，限制其业务范围、责令停止接受新业务或者吊销业务许可证。保险人阻碍投保人履行告知义务，或诱导投保人不履行如实告知义务，或承诺给投保人以非法保险费回扣或其他利益，都将承担与上相同的法律后果。

(3) 根据《中华人民共和国保险法》第一百一十六条、一百七十一条及一百七十二条规定，如保险人及其工作人员对投保人进行隐瞒或欺骗说明，保险监督管理机构除对该单位给予处罚外，对其直接负责的主管人员和其他直接责任人员给予警告并处罚款，情节严重的撤销任职资格。个人保险代理人违反相关规定的，由保险监督管理机构给予警告，可以并处罚款。

### (四) 弃权与禁止反言

从前述告知和保证的内容要求可见，虽然从理论上来说，最大诚信原则适用于保险双方当事人，但在保险实践中，更多的是体现在对投保人或被保险人的要求上。保险人由于控制着保险合同的拟定，并在保险合同中约定诸多投保人或被保险人应当履行的特定义务，以此作为保险人承担保险责任的前提条件，所以，保险人在保险合同的履行过程中，特别是对保险合同的解除和保险金的赔付享有十分广泛的抗辩机会。

因此，为了保证被保险人的利益，限制保险人利用违反告知或保证而拒绝承担保险责任，各国保险法一般都有弃权和禁止反言的规定，以约束保险人及其代理人的行为，平衡保险人与投保人或被保险人的权利义务关系。

#### 1. 弃权

弃权是指保险合同当事人一方放弃在合同中可以主张的某种权利。通常是指保险人放弃因投保人或被保险人违反告知义务或保证条款而产生的合同解除权、抗辩权或拒赔权。如海上保险中，保险人已知被保险人要改变航线而没有提出解除合同，则视为保险人放弃对不能改变航线这一要求的权利，因改变航线而发生的保险事故造成的损失，保险人要承担赔偿责任。

构成保险人弃权需具备以下两个条件。

(1) 保险人必须知道权利的存在，即保险人必须知道投保人或被保险人有违反告知义务或保证条款的情形。

(2) 保险人必须有弃权的意思表示，包括明示弃权和默示弃权。

明示弃权是指保险人以明确方式表示放弃某种权利。

默示弃权可以从保险人的行为中推断。如保险人知道投保人或被保险人有违背约定义务的情形，而仍然做出如下行为的，通常被视为默示弃权。

① 投保人未按期缴纳保险费，或违背其他约定的义务，保险人原本有权解除合同，但却在已知该种情形下仍然收受投保人逾期交付的保险费，则证明保险人有继续维持合同的意思表示，因此，其本应享有的合同解除权或抗辩权视为放弃。

② 被保险人违反防灾减损义务，保险人可以解除保险合同，但在已知该事实的情况下并没有解除保险合同，而是指示被保险人采取必要的防灾减损措施，该行为可视为保险人放弃合同解除权。

③ 投保人、被保险人或受益人在保险事故发生时，应于约定或法定的时间内通知保险人。但投保人、被保险人或受益人逾期通知而保险人仍接受，可视为保险人对逾期通知抗辩权的放弃。

④ 在保险合同有效期限内，保险标的危险显著增加，保险人有权解除合同或者请求增加保险费，当保险人请求增加保险费或者继续收取保险费时，则视为保险人放弃合同的解除权。

⑤ 保险人在得知投保人违背约定义务后一定期限内保持沉默的，即视为弃权。例如，保险人于损失发生前，已知投保人有违背按期缴纳保险费以外的约定义务的，应在一定期限内解除或终止合同，如在一定期限内未做任何表示，其沉默视为弃权。

在两种情况下，保险人不得弃权：①放弃的权利是法律禁止放弃或放弃的条件违反社会公共利益，如保险利益就不能放弃；②对事实上的主张，不能放弃。

### 2. 禁止反言

禁止反言是指保险人既然已经放弃其在合同中的某种权利，便不得再要求主张这种权利。

在保险实务中，禁止反言主要用来约束保险人，以使保险人为自己及其代理人的行为负责。

保险人有如下情形之一，在诉讼中将被禁止反言。

(1) 保险人明知订立的保险合同有违背条件、无效、失效或其他可解除的原因，仍然向投保人签发保险单并收取保险费。

(2) 保险代理人就投保申请书及保险单上的条款做错误的解释，使投保人或被保险人信以为真而进行投保。

(3) 保险代理人代替投保人填写投保申请书时，为使投保申请内容易为保险人接受，故意将不实的事项填入投保申请书，或隐瞒某些事项，而投保人在保险单上签名时不知其虚伪。

(4) 保险人或其代理人表示已按照被保险人的请求完成应当由保险人完成的某一行为，而事实上并未实施，如保险单的批注、同意等，致使投保人或被保险人相信业已完成。

需要注意的是，弃权与禁止反言在人寿保险中有特殊的时间规定。保险人只能在合同订立之后的一定时间期限内(通常为两年)，以投保人或被保险人告知不实或隐瞒为由解除合同。超过规定期限没有解除合同的视为保险人已经放弃该权利，不得再以此为由解除合同。

案例4-5

**违反告知及保证义务的案例**

某珠宝商店A老板为其珠宝店所经营的珠宝类商品与B保险公司签订财产保险合同，投保火灾保险附加盗窃险。填写投保单时，在投保人及家庭成员是否有犯罪记录一栏上，A老板填写："没有"。保险人将这一事项记录在保险单上，并要求被保险人A老板保证如实填写，且确认签字。在保险有效期内的某日，该珠宝商店失火并遭窃。A老板持保险单向保险人索赔。保险人经调查发现，A老板的大儿子曾经有过两次偷窃财物的犯罪行为，于是保险人以投保人未告知重要事实为由拒付保险金。A老板不服，向法院起诉。

请问此案件应该如何处理?

**【分析】**：

本案中，A老板在填写投保单时在投保人及家庭成员是否有犯罪记录上填写没有，其所告知内容与事实不符，而告知的内容均属于重要事项；同时，当保险人将这一事项记录在保险单上并经A老板确认签字后，该事实属于确认保证。鉴于投保人违反告知义务和保证规定，不论A老板的大儿子与该珠宝商店被窃是否有因果关系，该保险合同无效，保险公司不承担赔偿责任，也不退还保险费。

# 第三节　近因原则

近因原则是保险实务中处理赔案时所遵循的重要原则之一。任何一张保险单上保险人承担风险责任的范围都是有限的，即保险人承担赔付责任是以保险合同所约定的风险发生导致保险标的损失为条件的。但在保险实务中，有时导致保险标的损失的原因错综复杂，为了维护保险合同的公平，近因原则应运而生。

## 一、近因及近因原则的含义

### (一) 近因

保险学中的近因是指造成保险标的损失结果的最有效的，或起决定作用的因素。近因不一定是在时间或空间上与保险损失最接近的原因。

### (二) 近因原则

近因原则是判断风险事故与保险标的损害之间的因果关系，从而确定保险赔偿或给付责任的一项基本原则。其基本含义如下：保险人承担赔偿或给付保险金责任的先决条件是造成保险标的损失的近因，且近因必须是保险责任事故。近因属于保险责任的，保险人应承担赔付保险金责任；近因不属于保险责任的，保险人不负责赔付。

《中华人民共和国保险法》对近因原则并未做出明确的规定，只是在相关条文中体现了近因原则的精神。

## 二、近因原则的判定及应用

在保险理赔中，正确理解近因原则，对确定保险责任具有重要意义。近因判定的正确与否，直接关系到保险双方当事人的切身利益。在保险实务中，导致损害的原因多种多样，对近因的判断也比较复杂，因此，如何确定损失近因，要根据具体情况做具体分析。

### (一) 单一原因致损近因的判定

当造成保险标的损失的原因只有一个时，该原因就为近因。若该近因属于承保风险，保险人承担保险责任；若该近因属于未保风险或除外责任，则保险人不承担保险责任，如图4-1所示。

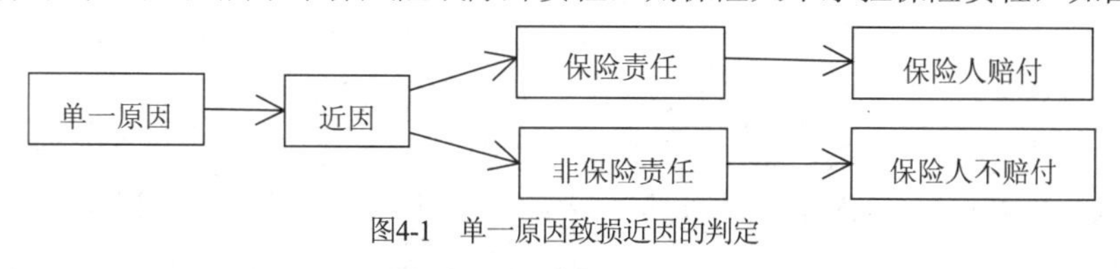


图4-1　单一原因致损近因的判定

#### 案例4-6

**近因原则案例1**

A公司运输两批货物，第一批投保了水渍险，第二批投保了水渍险并加保了淡水雨淋险，两批货物在运输途中均因遭受雨淋而受损。试判断两批货物致损的近因并分析保险公司是否应该赔偿?

【分析】:

两批货物损失的近因都是雨淋。第一批货物损失的近因属于水渍险的除外责任，得不到保险公司的赔偿。第二批货物损失的近因属于淡水雨淋险的保险责任，保险公司应予以赔偿。

### (二) 多种原因连续致损近因的判定

如果保险标的致损的原因是两个或两个以上的风险事故，各事故依次发生且它们之间的前因后果关系连续不断，直至最后损害结果的产生。则最先发生的风险事故是损害的近因，其后发生的危险事故均为远因，如图4-2所示。

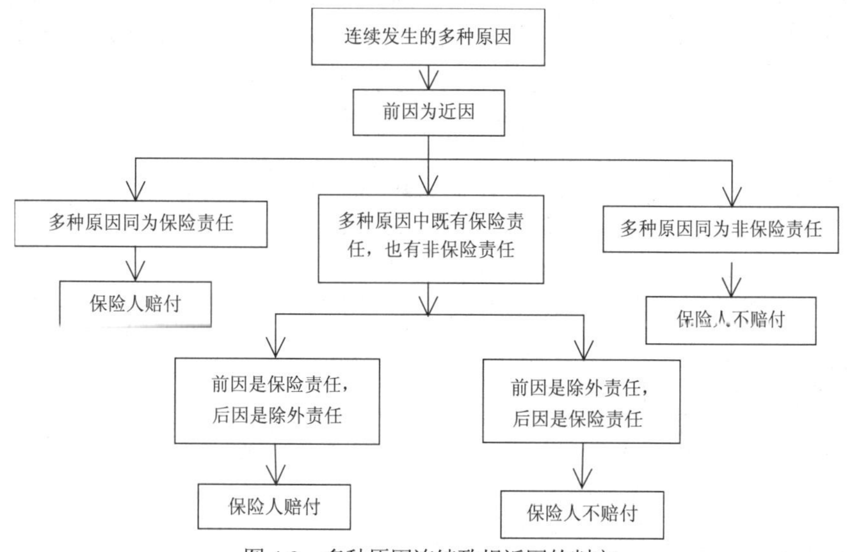


图 4-2　多种原因连续致损近因的判定

案例4-7

**近因原则案例2**

人身意外伤害保险(疾病是除外风险)的被保险人甲在爬雪山时不慎摔成重伤，因伤重无法行走，只能倒卧在雪地上等待救护，结果由于着凉而感冒高烧，后又并发了肺炎，最终因肺炎致死。试判断甲致死的近因并分析保险公司是否应该赔付保险金?

【分析】:

被保险人甲的意外伤害与死亡所存在的因果关系并未因肺炎疾病的发生而中断，虽然与死亡最接近的原因是除外风险——肺炎，但它发生在保险责任——意外伤害之后，且是保险责任的引致结果。因此，被保险人甲死亡的近因是意外伤害而非肺炎，保险人应当承担赔付责任。

案例4-8

**近因原则案例3**

某企业投保财产基本险(暴风属于除外责任)，保险期限内的某日因暴风吹倒了电线杆，电线短路引起火花，火花引燃其仓库，导致库存财产损失。试判断该企业损失的近因并分析保险公司是否应该赔付保险金?

【分析】:

从暴风到火灾引起损失之间，是一连串发生的因果关系。虽然与库存财产损失最接近的原因是保险风险——火灾，但它发生在除外风险——暴风之后，且是除外风险引致的结果。所以，库存财产损失的近因是暴风而非火灾，保险人不承担赔偿责任。

### (三) 多种原因同时致损近因的判定

如果保险标的的损失是由多种原因造成的，且这些原因几乎同时发生，无法区分时间上的先后顺序，并对损害结果的形成都有直接或实质的影响效果，则原则上它们都是损失的近因。

可以依其原因对损失加以划分，保险人对承保风险部分承担赔偿责任；如果损失无法划分，一般则取决于法官的自由裁量，如图4-3所示。

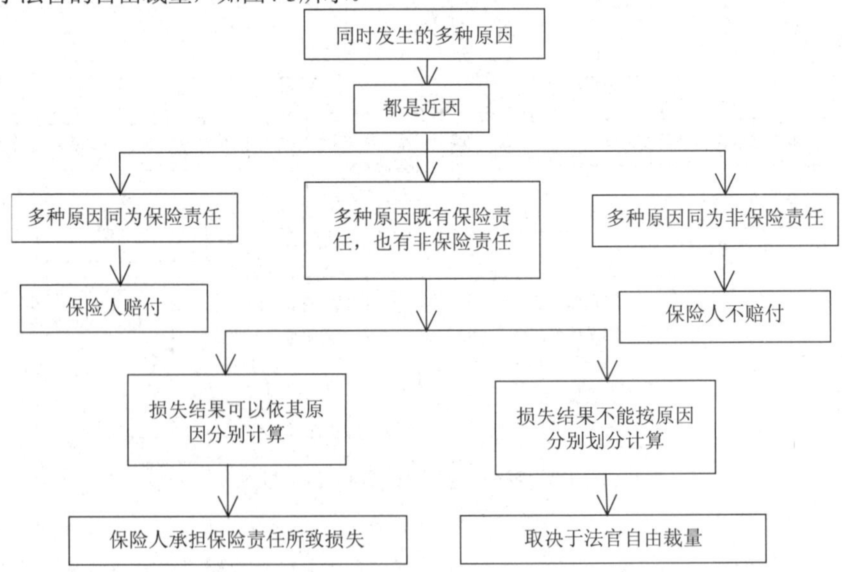


图4-3 多种原因同时致损近因的判定

案例4-9

**近因原则案例4**

某企业运输两批货物，第一批投保了水渍险，第二批投保了水渍险并加保了淡水雨淋险，两批货物在运输途中均遭受海水浸泡和雨淋而受损。试判断造成两批货物损失的近因并分析保险公司是否负有赔偿责任?

**【分析】：**

两批货物损失的近因都是海水浸泡和雨淋。

第一批货物，由于损失结果难以划分，而其只投保了水渍险，因而得不到保险人的赔偿，只能通过诉讼依靠法官来判决。第二批货物虽然损失的结果也难以划分，但由于损失的原因都属于保险责任，所以保险人应该予以赔偿。

(四) 多种原因间断发生致损近因的判定

在一连串发生的风险事故中，有一种新的独立因素介入，使原有的前因后果关系中断，并导致损失，则新介入的因素是近因，如图4-4所示。

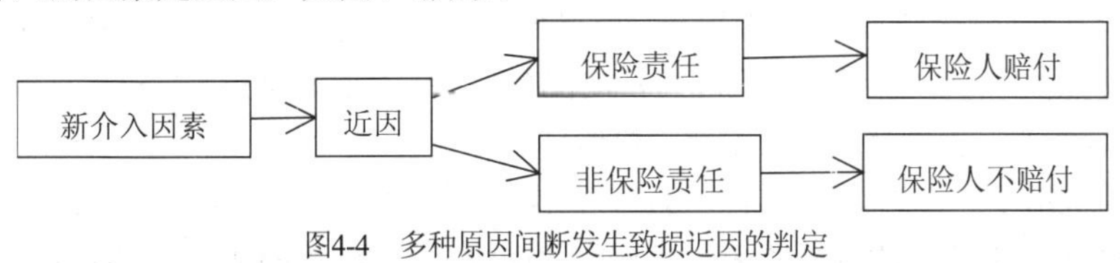


图4-4　多种原因间断发生致损近因的判定

案例4-10

**近因原则案例5**

乙购买了一份人身意外伤害保险(疾病是除外风险)，被保险人为自己。在保险期间，被保险人乙在一次交通事故中因严重的脑震荡而致癫狂与抑郁交替症，治疗过程中，医生叮嘱其在服用药物时切忌进食干酪，因二者之间相忌。但是，被保险人乙未遵医嘱，服药时又进食了干酪，终因中风死亡，据查中风确系药物与干酪冲突反应所致。试判断乙致死的近因并分析保险公司是否应当赔付保险金?

**【分析】：**

食品与药物的相忌已打断了车祸与死亡之间的因果关系，乙不遵医嘱食用干酪中风为死亡的近因，而疾病风险是该保险合同的除外风险，故保险人对被保险人中风死亡不承担任何责任。

# 第四节　损失补偿原则

经济补偿是保险的基本功能，也是保险产生和发展的出发点与立足点，因而损失补偿原则也是保险的基本原则。损失补偿原则主要适用于财产保险和其他补偿性质的保险。

## 一、损失补偿原则的概念

损失补偿原则是指保险合同生效后，当保险标的发生保险责任范围内的损失时，被保险人有权按照合同的约定，从保险人那里获得全面、充分的赔偿。理解该原则应注意如下两点。

#### (一) 损失补偿以保险责任范围内的损失发生为前提

首先，引致损失的风险事故必须是保险责任范围以内的事故；其次，保险责任范围内的风险事故造成了被保险人的损失发生。

#### (二) 损失补偿以被保险人的实际损失为限

被保险人从保险人处获得的经济补偿金额不能超过其实际损失，即保险人的赔偿只能使被保险人在经济上最多恢复到受损前的状态，但不能通过保险赔偿获得额外的利益。

损失补偿原则体现了保险的宗旨，即确保被保险人通过保险可以获得经济保障，同时又要防止被保险人利用保险从中牟利，从而保障保险事业健康、有序地发展。

### 二、损失补偿原则的基本内容

#### (一) 被保险人请求损失补偿的条件

(1) 被保险人对保险标的具有保险利益。财产保险不仅要求投保人或被保险人在投保时对保险标的具有保险利益，而且要求在保险合同履行过程中，特别是保险事故发生时，被保险人对保险标的必须具有保险利益，否则就不能获得保险赔偿。

(2) 被保险人遭受的损失必须在保险责任范围之内。首先，必须是保险标的遭受损失；其次，保险标的的损失必须是保险责任范围内的风险事故造成；最后，损失必须发生在保险期间以内。

(3) 被保险人遭受的损失必须能用货币衡量。如果被保险人遭受的损失不能用货币计量，保险人就无法核定损失，从而也无法支付保险赔款。

#### (二) 保险人履行损失赔偿责任的限度

##### 1. 以实际损失为限

在补偿性保险合同中，当保险标的遭受保险责任范围以内的损失后，保险人要按规定承担赔偿责任，但其支付的赔偿金额不得超过被保险人所遭受的实际损失。医疗保险中是以被保险人实际花费的医疗费用为限，财产保险中通常以保险标的当时的市场价值为限(定值保险和重置价值保险除外)。

**【例题4-1】**一台机床被投保时按其当时的市价确定保险金额为50万元，发生保险事故时的市价为40万元，如果发生保险事故导致保险标的全部损失，请问保险人应该赔偿多少？

答：按照以实际损失为限的原则，保险人只能按照保险事故发生时的市场价值认定该机床的实际损失，因此保险人应该赔偿被保险人40万元。

##### 2. 以保险金额为限

保险金额是指保险人承担赔偿或者给付的最高限额。赔偿金额只应低于或者等于保险金额，而不应高于保险金额。

**【例题4-2】**某房屋被投保时按其当时的市场价值确立保险金额为100万元，后因发生保险事故全损，全损时市价为125万元，请问保险人的赔偿金额应该是多少？

答：虽然损失发生时按照市价核算被保险人的实际损失为125万元，但由于保险金额为100万元，按照以保险金额为限的原则，保险人应赔偿被保险人100万元。

### 3. 以保险利益为限

保险利益是保险保障的最高限额，保险人对被保险人的赔偿以被保险人对保险标的所具有的保险利益为前提条件和最高限额。在财产保险中，如果保险标的受损时权益已经全部转让，则被保险人无权索赔。

**【例题4-3】**某借款人为取得100万元贷款而将价值180万元的房子抵押给银行，银行为了保证贷款的安全，将该抵押品——房子投保财产保险，如果发生保险事故导致房子全部损毁，请问保险人应该向被保险人赔偿多少？

答：由于银行对该房产只拥有100万元的保险利益，所以，当房子因保险事故全部损毁时，保险人只能根据以保险利益为限的原则，赔偿给银行100万元。

在保险实务中，实际损失、保险金额和保险利益三者之间，以最低者作为保险赔偿的最高限额。

## (三) 损失赔偿方式

### 1. 第一损失赔偿方式

第一损失赔偿方式是指把保险财产的价值分为两个部分：第一部分是保险金额以内的部分，这部分已投保，保险公司对其承担赔偿责任；第二部分是超过保险金额的部分，这部分由于未投保，因而保险人不承担损失赔偿责任。由于保险人只对第一部分的损失承担赔偿责任，故称为第一损失赔偿方式。

第一损失赔偿方式的特点就是在保险金额限度内，按照实际损失赔偿。其计算公式为：

(1) 当损失金额≤保险金额时，赔偿金额=损失金额。

(2) 当损失金额>保险金额时，赔偿金额=保险金额。

我国家庭财产保险一般采用这种赔偿方式。

### 2. 比例计算赔偿方式

比例计算赔偿方式是指按照保险金额与保险标的实际价值的比计算出保障程度，再按其损失额比例赔偿。

$$赔偿金额=损失金额\times 保障程度$$

$$保障程度=\frac{保险金额}{实际价值}\times 100\%$$

$$损失金额=实际价值-残值$$

为贯彻损失补偿原则，计算赔款时，保障程度不得超过1。

(1) 在不足额保险情况下，保险保障程度<1。

(2) 在足额保险情况下，保险保障程度=1，发生损失时，保险人按实际损失金额赔偿。

(3) 在超额保险情况下，保险保障程度>1，保险人一般按足额保险来处理，按实际损失金额赔偿。

比例计算赔偿方式主要适用于不定值保险合同。

**【例题4-4】**某企业财产估价投保，保险金额为1000万元，保险标的在保险期限内发生损失，损失金额为300万元，如果损失当时保险标的实际价值分别为1500万元、1000万元和950万元时，保险公司各应赔偿多少？

解：

(1) 如果损失当时保险标的实际价值为1500万元，则为不足额保险，赔偿金额=300×(1000÷

1500)=200(万元)。

(2) 如果损失当时保险标的实际价值为1000万元，则为足额保险，赔偿金额300万元。

(3) 如果损失当时保险标的实际价值为950万元，则为超额保险，赔偿金额300万元。

#### 3. 限额赔偿方式

限额赔偿方式是指保险人在订立合同时规定保险保障的标准限额，保险人负责赔偿实际价值与标准保障限额的差额。限额赔偿方式多应用于农业保险中的种植业及养殖业保险。

1) 损失超过一定限额的赔偿

保险标的的损失在规定的标准限额内，保险人不负责赔偿；只有损失超过规定限额，保险人才负赔偿责任。

标准限额即免赔额，是在保险人根据保险合同做出赔偿之前，先由被保险人负责承担的一部分损失。免赔额包括相对免赔额和绝对免赔额。

相对免赔额是指当保险财产损失超过免赔额时，保险人按全部损失进行赔偿。赔偿金额等于损失金额。

绝对免赔额是指当保险财产损失超过免赔额时，保险人仅就超过免赔额的那部分损失进行赔偿。赔偿金额=损失金额-免赔额。

2) 收获量不足一定限额的赔偿

在订约时，当事人双方约定一个限额——标准收获量，当收获量没有达到保险合同约定的限额时，由保险人补足其差额部分；当收获量超过约定限额时，被保险人无论是否遭受灾害，保险人均不负赔偿责任。

## 三、损失补偿原则的例外

### (一) 定值保险

所谓定值保险是指保险合同双方当事人在订立合同时，约定保险标的的价值，并以此确定为保险金额，视为足额保险。事故发生时，不论标的损失时的市价如何，均按损失程度十足赔付。其计算公式如下：

$$赔偿金额=保险金额\times损失程度$$

$$损失程度=\frac{损失额}{损失当时完好财产的实际价值}\times100\%$$

$$损失额=损失当时完好财产的实际价值-残值$$

在定值保险中，保险赔款可能超过实际损失，如市价跌落，则保险金额可能大于保险标的的实际价值。因此定值保险是损失补偿原则的特例。

定值保险主要适用于货物运输保险以及标的价值不易确定的财产，如船舶保险，金银、珠宝、古董、艺术品类。海运货物运输保险通常采用定值保险的方式，这是因为运输货物出险地点不固定，各地的市价也不一样，如果按照损失当时的市价确定损失，不仅比较麻烦，也容易引起纠纷，故采用定值保险的方式。

**【例题4-5】**

(1) 运输中的货物订立定值保险合同时保险标的价值为1200万元，由此确定保险金额为1200万元。随后运输途中货物出险全损，损失货物当时的实际价值为1100万元，则保险人按保险金额赔偿

1200万元。

(2) 如果该批货物发生部分损失，损失货物当时的实际价值为1100万元，残值为220万元，则：

损失程度=(1100-220)÷1100 ×100%=80%

赔偿金额=1200×80%=960(万元)

### (二) 重置价值保险

重置价值保险是指以被保险人重置或重建保险标的所需费用或成本确定保险金额的保险。

一般财产保险是按保险标的的实际价值投保，发生损失时，按实际损失赔付，使受损的财产恢复到原来的状态，由此恢复被保险人失去的经济利益。但是，由于通货膨胀等因素，有些财产(如建筑物或机器设备)即使按实际价值足额投保，保险赔款也不足以进行重置或重建。

为了满足被保险人对受损的财产进行重置或重建的需要，保险人允许投保人按可能超过保险标的原有实际价值的重置或重建价值投保，发生损失时，按重置费用或成本赔付。这样就可能出现保险赔款大于实际损失的情况。

所以，重置价值保险也是损失补偿原则的特例。

### (三) 施救费用的赔偿

施救费用是指被保险人为抢救保险标的支付的必要的、合理的费用，由保险人承担，其数额在损失赔偿金额以外另行计算。

损失和费用的赔偿各自以保险金额为限，二者赔偿的总和可以超过保险金额。如果损失采取比例分摊赔偿方式，则费用的赔偿采取相同的比例。

《中华人民共和国保险法》第五十七条规定："保险事故发生时，被保险人应当尽力采取必要的措施，防止或者减少损失。保险事故发生后，被保险人为防止或者减少保险标的的损失所支付的必要的、合理的费用，由保险人承担；保险人所承担的费用数额在保险标的损失赔偿金额以外另行计算，最高不超过保险金额的数额。"《中华人民共和国保险法条文理解与适用》一书也明确指出被保险人最高可以获得相当于两个保险金额数额的赔偿。德国保险法也有类似规定，如果投保人遵照保险人指示所支付之费用与其他补偿金额总和超过了保险金额，则保险人仍应偿还。

各国的施救费用之所以都这样规定，甚至突破保险金额的限制，就是为了鼓励被保险人积极履行减损义务。因此施救费用的赔偿也是损失补偿原则的特例。

### (四) 人身保险

损失补偿原则不适用于人身保险(医疗保险除外)。

除医疗保险外，人身保险均属于给付性保险合同，保险金额是根据被保险人的需要及支付保费的能力来决定的。当保险事件发生时，保险人按保险合同约定的金额给付保险金；当被保险人遭遇保险事故而致死亡或保险期限届满，或达到合同约定年龄时，保险人按保险合同约定的保险金额全额给付保险金；当被保险人因保险事故而致残疾时，则根据其伤残程度按保险金额的一定比例来计算残疾保险金。

医疗保险是人身保险的例外，适用于损失补偿原则，保险人只对被保险人实际支付的医疗费进行补偿。

# 第五节　损失补偿原则的派生原则

损失补偿原则的派生原则是对损失补偿原则的补充和完善，主要包括代位原则和重复保险分摊原则。

## 一、代位原则

### (一) 代位原则的概念及意义

#### 1. 代位原则的概念

代位原则是指在补偿性保险合同中，当保险标的由于第三者责任导致保险事故遭受损失，或者保险标的因保险事故造成推定全损，保险人按照保险合同的约定履行赔偿责任后，依法取得对保险标的的损失负有责任的第三者的追偿权或对该项标的的所有权。

#### 2. 代位原则的意义

(1) 代位原则可以防止被保险人额外获利。当保险事故是由第三者责任造成时，被保险人有权依据保险合同向保险人请求赔偿，也有权对造成损害的第三者请求赔偿。如果被保险人同时向双方行使请求权，有可能使其就同一保险标的的损害获得双重的或多于保险标的实际损害的补偿，这既不符合保险损失补偿的原则，也容易产生道德风险。

(2) 使责任方承担应有的法律责任，保障公民、法人的合法权益不受侵害。社会公众利益要求致害人应对受害人承担经济赔偿责任，如果致害人因受害人享受保险赔偿而免除赔偿责任，这不仅使得致害人通过受害人与保险人订立保险合同而获益，而且损害保险人的利益，不符合社会公平的原则。因此，通过代位追偿，既使得致害人无论如何都应承担损害赔偿责任，同时也使保险人可以通过代位追偿从过失方那里追回支付的赔偿费用，从而维护保险人的合法权益。

代位原则包括权利代位和物上代位。

### (二) 权利代位

权利代位即代位追偿权，是指在补偿性保险合同中，保险标的由于第三者责任导致保险损失，保险人向被保险人支付保险赔款后，依法取得对第三者请求赔偿的权利。

#### 1. 代位追偿权产生的条件

(1) 造成保险标的损失的是保险责任范围以内的事故。只有保险责任范围以内的事故造成的损失，保险公司才会负责赔偿。

(2) 造成保险标的损失的是第三者责任。由于第三者的行为使保险标的遭受损害，被保险人依法对第三者责任方有赔偿请求权，才能在保险人赔偿以后，向保险人转让其向第三者享有的赔偿请求权。

(3) 保险人的先行赔偿。保险人向被保险人履行赔偿义务后，才有权取得代位追偿权。

#### 2. 保险人在代位追偿中的权益范围

保险人在代位追偿中享有的权益以其对被保险人赔付的金额为限。当保险人向第三者追偿的金额大于其向被保险人的赔偿金额时，多余部分应归还被保险人；当第三者造成的损失大于保险人支付的赔偿金额时，被保险人有权就未取得赔偿的部分向第三者请求赔偿；保险事故发生后，被保险人已经从第三者处取得损害赔偿的，保险人赔偿保险金时，可以相应扣减。

### 3. 保险人取得代位追偿权的方式

(1) 法定方式。即代位追偿权的取得无须经过任何人的确认。

(2) 约定方式。即代位追偿权的取得必须经过当事人的磋商确认。

在我国，代位追偿权的取得采用法定方式。根据《中华人民共和国保险法》第六十条的规定，保险人自向被保险人赔偿保险金之日起，在赔偿金额范围内代位行使被保险人向第三者请求赔偿的权利，而无须经过被保险人确认。

在保险实践中，保险人支付保险赔款后，通常要求被保险人出具“权益转让书”。从法律规定上看，“权益转让书”并非权益转移的要件，所以被保险人是否出具“权益转让书”并不影响保险人取得代位追偿权。但这一文件能确认保险赔款时间和赔款金额，从而也就确认了保险人取得代位追偿权的时间和向第三者追偿的最高金额。

### 4. 对保险人代位追偿权的保护

(1) 保险事故发生后，保险人未赔偿保险金之前，被保险人放弃对第三者请求赔偿的权利的，保险人不承担赔偿保险金的责任。

(2) 保险人向被保险人赔偿保险金后，被保险人未经保险人同意放弃对第三者请求赔偿的权利的，该行为无效。

(3) 被保险人故意或者因重大过失致使保险人不能行使代位请求赔偿的权利的，保险人可以扣减或者要求返还相应的保险金。

(4) 保险人行使代位追偿权时，被保险人负有协助保险人向第三者追偿的义务，包括提供必要的文件和告知其所知道的有关情况。

### 5. 代位追偿的对象及其限制

保险人代位追偿的对象是对保险事故的发生和保险标的的损失负有民事赔偿责任的第三者，可以是法人，也可以是自然人。

通常情况下，保险人不得对被保险人的家庭成员或者其组成人员(如员工等)行使代位追偿的权利，除非是其故意行为导致保险事故发生。这是因为被保险人的家庭成员或组成人员往往与被保险人具有一致的利益，即他们的利益受损，被保险人的利益也同样遭受损失。如果保险人对被保险人先行赔付，而后又向被保险人的家庭成员或组成成员追偿损失，则无异于又向被保险人索还，被保险人的损失将得不到真正的补偿。

### 6. 代位追偿原则不适用于人身保险

代位追偿原则只适用于各类财产保险，而不适用于人身保险。因为人身保险的保险标的是人的生命或身体，而人的生命或身体是无价的，不存在因为第三者的赔偿而使被保险人或受益人获得额外利益的问题。因此，在人身保险中，如果由于第三者责任造成被保险人的伤害，被保险人或受益人既可以向保险人申请保险金，同时也可以要求第三者责任方承担赔偿责任。保险人不能以给付保险金为由，向第三者责任方行使代位追偿，第三者责任方也不能因保险人已给付保险金，而不承担赔偿责任(医疗保险除外)。

## (三) 物上代位

物上代位也称为所有权代位，是指保险标的遭受保险责任范围内的损失，保险人按保险金额全数赔付后，依法取得该项标的的所有权。

**1. 物上代位产生的基础**

物上代位通常产生于对保险标的做推定全损处理。推定全损是指保险标的遭受保险事故尚未达到完全损毁或完全灭失的状态，但实际全损已不可避免，或者修复和施救费用将超过保险价值，或者失踪达一定时间，保险人按照全损处理的一种推定性损失。

**2. 物上代位权的取得——委付**

保险人物上代位权的取得一般是通过委付实现的。委付是指保险标的发生推定全损时，投保人或被保险人将保险标的的一切权益转移给保险人，而请求保险人按保险金额全数赔付的行为。委付是一种放弃物权的法律行为，在海上保险中经常使用。委付成立必须具备如下条件。

(1) 委付必须以推定全损为条件。因为委付包含着全额赔偿和转移保险标的的一切权利义务双重内容，所以要求必须是在推定全损时才能适用。

(2) 委付必须由被保险人向保险人提出。我国《海商法》第二百四十九条第一款规定："保险标的发生推定全损，被保险人要求保险人按照全部损失赔偿的，应当向保险人委付保险标的。"委付申请是被保险人向保险人作推定全损索赔之前必须提交的文件，被保险人不向保险人提出委付，保险人对受损的保险标的只能按部分损失处理。委付申请通常采用书面形式。

(3) 委付应就保险标的的全部提出请求。被保险人进行委付必须是针对推定全损的保险标的全部，而不得仅就保险标的的一部分进行委付，否则容易产生纠纷。但如果保险标的是由一组可分割的独立标的组成，当只有一部分发生委付原因时，可仅就该部分标的申请委付。

(4) 委付不得附有条件。否则会增加保险合同双方关系的复杂性，并可能引起保险人和被保险人之间的纠纷。

(5) 委付必须经过保险人的同意。被保险人向保险人提出的委付申请，必须经过保险人的同意才能生效。

被保险人提出委付后，保险人应当在合理的时间内将接受委付或不接受委付的决定通知被保险人。如果超过合理时间，保险人对是否接受委付仍然保持沉默，应视作不接受委付的行为，但被保险人的索赔权利并不因保险人不接受委付而受影响。

在保险人未表示接受委付之前，被保险人可以随时撤回委付申请。但保险人一经接受委付，委付即告成立，双方都不能撤销，保险人必须以全损赔付被保险人，同时取得保险标的物的代位权，包括标的物上的权利和义务。

**3. 保险人在物上代位中的权益范围**

由于不同保险合同对保险标的的保障程度不同，保险人在物上代位中享有的权益范围也有所不同。

1) 足额保险

在足额保险合同中，当保险人按保险金额支付保险赔偿金后，即取得对保险标的的全部所有权。保险人在处理标的物时所获得的利益如果超过所支付的赔偿金额，超过部分归保险人所有。如有对第三者损害赔偿请求权，索赔金额超过其支付的保险赔偿金额，也同样归保险人所有。

2) 不足额保险

在不足额保险合同中，保险人只能按照保险金额与实际价值的比例取得受损标的的部分权利。由于保险标的的不可分割性，保险人在依法取得受损保险标的的部分权利后，通常将其折价给被保险人，并在保险赔偿金中做相应的扣除。

## 二、重复保险分摊原则

### (一) 重复保险与重复保险分摊原则的含义

#### 1. 重复保险的概念

重复保险是指投保人对同一保险标的、同一保险利益、同一保险事故分别与两个或两个以上的保险人订立保险合同，并且保险金额的总和超过保险价值的保险。

重复保险的保险金额总和超过保险标的的价值，使被保险人在保险事故发生时有可能就同一标的损失从不同保险人处获得超额赔款，这就违背了损失补偿原则的要求，而且容易诱发道德风险。关于重复保险，各国保险立法都规定，投保人有义务将重复保险的有关情况告知各保险人。

#### 2. 重复保险分摊原则的含义

重复保险分摊原则是指在重复保险的情况下，当保险事故发生时，各保险人应采取适当的分摊方法分配赔偿责任，使被保险人既能得到充分的补偿，又不会超过实际损失而获得额外的利益。

重复保险从原则上来说是不允许的，但事实上却是存在的。其原因通常是由于投保人或被保险人的疏忽，或者为了求得更大的安全感，当然也有为谋取超额赔款而故意进行重复保险。为了防止被保险人由于重复保险而获得额外的利益，同时防范道德风险，故确立了重复保险分摊原则，由各保险人按相应的责任，共同、公平地分摊损失赔款，使被保险人所获得的赔款总额与其实际损失相等。

### (二) 重复保险的分摊方式

重复保险的分摊方式主要有比例责任分摊方式、限额责任分摊方式和顺序责任分摊方式三种。

#### 1. 比例责任分摊方式

比例责任分摊方式是指各保险人按其所承保的保险金额与总保险金额的比例分摊保险赔偿责任。

其计算公式为：

$$\text{各保险人承担的赔款}=\text{损失金额}\times\frac{\text{该保险人承保的保险金额}}{\text{各保险人承保的保险金额总和}}$$

**【例题4-6】**某业主将其所有的一栋价值600万元的房子向甲、乙两家保险公司投保一年期的火灾保险，其中甲公司保险金额为500万元，乙公司保险金额为300万元。在保险有效期内，房子发生火灾损失400万元，则甲、乙两家公司应如何分摊赔偿责任？

**解：**

采用比例责任分摊方式：

甲保险公司承担的赔款=400×500÷(500+300)=250(万元)

乙保险公司承担的赔款=400×300÷(500+300)=150(万元)

两家保险公司承担的赔款总额为400万元，正好等于被保险人的损失。

《中华人民共和国保险法》第五十六条第二款、第三款规定：“重复保险的各保险人赔偿保险金的总和不得超过保险价值。除合同另有约定外，各保险人按照其保险金额与保险金额总和的比例承担赔偿保险金的责任。重复保险的投保人可以就保险金额总和超过保险价值的部分，请求各保险人按比例返还保险费。”

即《中华人民共和国保险法》规定在我国重复保险实行比例责任分摊方式。

### 2. 限额责任分摊方式

限额责任分摊方式是在没有重复保险的情况下，各保险人依其承保的保险金额而应付的赔偿限额与各保险人应付赔偿限额总和的比例承担损失赔偿责任。

其计算公式为：

$$各保险人承担的赔款=损失金额\times\frac{该保险人的赔偿限额}{各保险人赔偿限额总和}$$

**【例题4-7】** 接上例，按照限额责任分摊方式，在没有重复保险的情况下，甲保险公司应承担400万元的赔偿责任，乙保险公司应承担300万元的赔偿责任。

**解：**

采用限额责任分摊方式：

甲保险公司承担的赔款=400×400÷(400+300)=228.57(万元)

乙保险公司承担的赔款=400×300÷(400+300)=171.43(万元)

两家保险公司承担的赔款总额为400万元，正好等于被保险人的损失。

比例责任分摊方式和限额责任分摊方式的共同点是各保险人都按一定的比例分摊赔偿责任；区别是计算分摊比例的基础不同，前者以保险金额为计算基础，后者以赔偿责任为计算基础。

### 3. 顺序责任分摊方式

顺序责任分摊方式是由先出单的保险人首先负责赔偿，后出单的保险人只有在承保的标的损失超过前一保险人承保的保额时，才依次承担超出的部分。

**【例题4-8】** 接例题4-6，假设采用顺序责任分摊方式，先出单的甲保险公司应赔偿400万元，后出单的乙保险公司则不必承担赔偿责任。假定房子全部被烧毁，即损失600万元，则由甲保险公司先赔偿500万元，乙保险公司再承担损失超过甲保险公司承保保额的100万元。这样，两家保险公司的赔偿总额为600万元，正好等于被保险人的实际损失。使得被保险人既能够得到充分的补偿，又不可能通过重复保险获得额外的利益。

## 本 章 小 结

1. 保险的基本原则包括保险利益原则、最大诚信原则、近因原则、损失补偿原则及其派生原则(包含代位原则及重复保险分摊原则)。

2. 保险利益原则强调了保险利益在保险合同签订和履行过程中的重要性。坚持保险利益原则的意义在于规定保险保障的最高限度，防止道德风险的发生，使保险区别于赌博行为。

3. 最大诚信原则要求保险当事人双方在签订和履行保险合同的过程中，必须以最大诚意向对方提供影响其做出订约或履约决定的全部实质性重要事实，互不隐瞒和欺骗，同时恪守合同的约定和承诺。最大诚信原则的主要内容包括告知、保证、说明、弃权与禁止反言。

4. 近因是指造成保险标的损失结果的最有效的，或起决定作用的因素。近因原则的基本含义是，保险人承担赔偿或给付保险金责任的先决条件是造成保险标的损失的近因，且近因必须是保险责任事故。近因属于保险责任的，保险人应承担赔付保险金责任；近因不属于保险责任的，保险人不负责赔付。在保险理赔中，正确理解近因原则，对确定保险责任具有重要意义。近因判定的正确与否，直接关系到保险双方当事人的切身利益。

5. 损失补偿原则体现了保险最基本的经济补偿功能。根据损失补偿原则，当保险标的发生保险责任范围内的损失时，被保险人有权按照合同的约定，从保险人那里获得全面、充分的赔偿。损失补偿原则可以确保被保险人通过保险获得经济保障，但不能通过保险赔偿获得额外的利益，从而保障保险事业健康、有序地发展。

6. 代位原则和重复保险分摊原则是损失补偿原则的派生原则，是对损失补偿原则的补充和完善。代位原则是指在补偿性保险合同中，当保险标的由于第三者责任导致保险事故遭受损失，或者保险标的因保险事故造成推定全损，保险人按照保险合同的约定履行赔偿责任后，依法取得对保险标的的损失负有责任的第三者的追偿权或对该项标的的所有权。代位原则包括权利代位和物上代位。重复保险分摊原则是指在重复保险的情况下，当保险事故发生时，各保险人应采取适当的分摊方法分配赔偿责任，使被保险人既能得到充分的补偿，又不会超过实际损失而获得额外的利益。重复保险的分摊方式主要有比例责任分摊方式、限额责任分摊方式和顺序责任分摊方式三种。

# 课后知识拓展

### 首个行业信用体系建设规划出台 保险业将建“红黑榜”

2015年2月，中国保监会、国家发展改革委联合印发了《中国保险业信用体系建设规划(2015—2020年)》(以下简称《规划》)。这也是国务院《社会信用体系建设规划纲要(2014-2020年)》颁布后我国首个专门的行业性信用体系建设规划。

保险是基于最大诚信的制度安排，诚信是保险业发展的基石。推进信用体系建设对加快发展现代保险服务业具有极其重要的现实意义和战略意义。近年来，保险业信用体系建设取得积极进展，包括保险业信用建设制度体系基本形成，以及保险业信用记录共享平台初步搭建等。但是，与经济社会发展特别是广大消费者的期待相比，保险业信用体系建设仍存在较大差距。主要体现在，行业信用信息系统建设滞后，统一的信用记录制度和平台尚未建立，信用信息共享机制有待加强；保险征信系统和信用服务体系尚未形成，守信激励和失信惩戒机制尚不健全，信用体系的市场治理功效有待发挥；保险诚信意识和信用水平偏低，销售误导、惜赔拖赔、弄虚作假、骗保骗赔等不诚信现象依然存在。

《规划》涵盖了保险商务诚信和保险政务诚信两大领域，分别从产品开发、保险销售、保险服务、资金运用4个方面，以及坚持依法行政、发挥诚信建设示范作用、加快守信践诺体系建设3个方面进行了全面阐述。

值得一提的是，建立保险业统一信用信息平台和健全守信激励、失信惩戒机制，成为保险业信用体系建设当前最急需、最迫切要做的两项工作。“诚信缺失一个很重要的原因就在于很多失信行为成本太低。为此，我们要加强对守信主体的奖励和激励，建立保险业‘红名单’制度，加大对守信行为的表彰、宣传和支持力度。”相关负责人表示，同时也要加强对失信主体的约束和惩戒，把失信行为“晒一晒”，健全失信惩戒制度，建立保险业“黑名单”制度和市场退出机制。

“至于具体有哪些‘红名单’‘黑名单’，要在具体实践中不断建立和完善，各地保监局可以根据当地实际需求来确定本辖区的红黑名单。”上述负责人称。

此外，《规划》给出保险业信用体系建设目标任务的同时也给出了落实的时间表，将分3个阶段完成：2015年基础准备；2016到2018年全面推进；2019到2020年完善充实。

(资料来源：www.ce.cn)

# 习　题

## 一、名词解释

1. 保险利益　2. 告知　3. 保证　4. 说明　5. 弃权
6. 禁止反言　7. 近因　8. 权利代位　9. 物上代位　10. 委付

## 二、单项选择题

1. 就财产保险和人身保险而言，保险利益原则的具体适用是(　　)。
   A. 非寿险合同必须以保险利益的存在为前提
   B. 只有人身保险合同必须以保险利益的存在为前提
   C. 财产保险合同和人身保险合同都必须以保险利益的存在为前提
   D. 只有财产保险合同必须以保险利益的存在为前提

2. 某企业为职工投保团体人身险，在提交的被保险人名单上，已注明张某因肝癌病休2个月。但因保险人未严格审查，仍然办理了承保手续，签发了保单。日后张某因肝癌死亡，而保险人却不能因张某不符合投保条件而拒付保险金。这是最大诚信原则中的(　　)。
   A. 告知　B. 保证　C. 弃权与禁止反言　D. 通知

3. 某日天降大雪，一行人因遭遇汽车碰撞身亡。后经交警查实，该事故是因甲车驾驶员酒后驾车及刹车不及，而乙车为避让甲车而撞到行人所致，则行人死亡的近因是(　　)。
   A. 甲车刹车不及　B. 乙车避让
   C. 甲车驾驶员酒后驾车　D. 大雪天气

4. 下列保险方式中，适用损失补偿原则的是(　　)。
   A. 人身保险　B. 不定值保险　C. 定值保险　D. 重置价值保险

5. 物上代位中，保险人与被保险人协商确定残值为2万元，之后保险人进行了全额赔偿。但是，保险人在处理残值时却卖得3万元，请问保险人额外得到的1万元应当如何处理？(　　)
   A. 归保险人所有　B. 交给被保险人
   C. 保险人和被保险人共享　D. 还给残值买家

## 三、多项选择题

1. 根据《中华人民共和国保险法》规定，下列人员中投保人对其具有保险利益的有(　　)。
   A. 本人　B. 配偶
   C. 父母、子女　D. 与投保人具有抚养、赡养关系的人

2. 保证主要是(　　)的义务。
   A. 投保人　B. 保险人　C. 受益人　D. 被保险人

3. 下列原则中不适用于人身保险合同的有(　　)。
   A. 保险利益原则　B. 代位追偿原则　C. 近因原则　D. 委付原则

4. 在保险的实务中，损失补偿原则的例外情况有(　　)。
   A. 重置价值保险　B. 定值保险　C. 人寿保险　D. 汽车保险

5. 代位求偿权实施的前提条件(　　)。
   A. 保险人履行了赔偿责任　B. 保险标的的损失属于保险责任事故

C. 被保险人对于第三者依法应负赔偿责任　　D. 保险标的的损失是由本人责任造成的

## 四、判断题

1. 默示保证与明示保证具有同等的法律效力。（　）

2. 近因原则的意义是，在风险与保险标的损失关系中，如果近因属于除外风险或未保风险时，保险人承担赔偿责任；但是如果近因属于被保风险，则保险人不承担赔偿责任。（　）

3. 保险金额低于保险价值的，保险人按照保险标的的实际价值承担赔偿责任。（　）

4. 坚持损失补偿原则的主要意义在于能够帮助保险公司减少赔付，获得更多盈利。（　）

5. 损失补偿原则的派生原则包括重复保险分摊原则和代位原则。（　）

## 五、计算题

1. 某机械厂投保财产保险，固定资产保险金额为300万元，流动资产保险金额为100万元。在保险期间内发生保险事故，固定资产损失150万元，流动资产损失50万元。出险时，该固定资产的实际价值为280万元，流动资产的账面价值为110万元，请问保险公司应如何赔偿？

2. 某人先后到A、B两家保险公司投保了家庭财产保险，A保险公司的保险金额为20万元，B保险公司的保险金额为40万元。某日，发生险情，损失金额为30万元。倘若分别采用比例责任分摊方式和顺序责任分摊方式，则两种方式下A保险公司和B保险公司各应赔偿多少？

## 六、案例分析题

1. 被保险人李某，投保从事专业运输的木质机动船一艘，按重置价值投保，保险金额10万元，保险期限自2018年3月15日起至2019年3月14日止。2019年1月15日，李某驾驶保险船舶从事运输时，发生触礁事故。出险后，李某用于施救及维修的费用共计6000元。随后，李某向保险公司提出索赔，要求保险公司按保险合同的规定赔偿全部经济损失。

接到出险通知后，保险公司立即进行调查，发现船舶在投保时属于李某一人所有。但在投保后，李某感觉风险太大，便邀请其堂兄李甲、李乙入伙，船分4股，李某占2股，为标的价值的50%；李甲、李乙各占一股，各为25%，并于2018年7月办清了船款股份结算，签订了合伙经营合同，船仍由李某驾驶，从事专业运输，但没有办理保单批改手续。

保险公司内部对如何赔偿产生了三种不同的意见。

(1) 认为保险公司应赔偿李某6000元。

(2) 认为保险公司应该拒赔。

(3) 认为保险公司应赔偿3000元。

试分析以上哪种观点是正确的？

2. 某商场向A保险公司投保火险附加盗窃险，在投保单上写明24小时有警卫值班，保险公司承保，并以此作为减费的条件。后该商场珠宝柜台遭窃，向A保险公司索赔。经调查，出险当晚有一小时商场警卫离岗。请问A保险公司是否承担赔偿责任？为什么？

3. 一艘装有皮革与烟草的船舶遭遇海难，大量海水的侵入使皮革腐烂，海水虽未直接浸泡包装烟草的捆包，但由于腐烂皮革的恶臭气味，致使烟草变质。假设船上的货物均已投保水渍险，试判断烟草损失的近因是什么？保险人对烟草的损失是否负有赔偿责任？

# 第五章

# 人 身 保 险

【课前导读】

随着我国经济的快速发展和人均可支配收入的持续提高，人身保险业务取得了高速发展，目前已占到我国原保险市场的七成以上。我国寿险公司数量和保险费收入不断增加，新的险种不断涌现，有关人身保险的法律法规在不断修订、完善。人身保险在对家庭、企业提供人身风险保障、投资理财及员工福利乃至促进经济发展等方面发挥着越来越重要的作用。本章主要阐述了人身保险(包括人寿保险、意外伤害保险及健康保险等)的相关概念与基本特征；系统介绍了人身保险的业务体系及其基本内容；分析了人身保险各主要险种及其与其他险种的联系与区别；探讨了人身保险风险控制的途径。通过本章的学习，读者应掌握人身保险、人寿保险、意外伤害保险和健康保险的概念、特征和种类；理解人身保险的常见条款；学会分析个人和家庭所面临的人身风险以及承担这些风险的人身保险险种体系；能够运用各险种的理论知识分析有关案例。

## 第一节 人身保险概述

在现代社会，尽管存在着社会保险和各种灾难救济手段，但总体来说，社会保险和社会救济的覆盖面相对还比较窄，救济能力也比较有限，保障程度不高。而人身保险作为对社会保险和社会救济的重要补充，便于投保人或被保险人将个人或家庭面临的人身风险转移给保险公司，避免因家庭的主要劳动者死亡、伤残、疾病或年老等使个人或家庭生活陷入困境，有利于进一步促进社会稳定。

### 一、人身风险

人身风险是指人的生命或身体遭受损害的风险，包括死亡、残疾、疾病、生育、年老等损失形态。遭遇人身风险会导致人的经济生产能力降低或丧失，引起个人、家庭或其他经济组织费用的增加和收入的减少。

人身风险的载体是自然人和自然人所属的组织。人身风险主要包括生命风险和健康风险。

#### (一) 生命风险

生命风险是指与人的生存与否有关的风险，包括死亡风险和生存风险。

#### 1. 死亡风险

死亡风险也称为早逝风险，主要是指当死亡发生时还有其他人依赖逝者收入为生而面临的风险。死亡风险不是针对逝者本人，而是影响那些依赖逝者收入生存的人。如果一个人没有家庭负担，其死亡对别人没有任何影响就不存在死亡风险，也无须采取任何防范措施。

死亡风险导致的经济损失主要有两大类：一类是与逝者本身相关的费用，主要包括丧葬费用、死亡传递成本(如遗嘱查验费用等)；另一类是指逝者生前所获收入的丧失，这是一种潜在的损失。

#### 2. 生存风险

生存风险也称为年老退休风险，是指人在年老或退休时没有足够收入或积蓄可供满足后续生存期间个人或家庭生活费用之需的风险。随着人的衰老，创造收入的能力减少或丧失，身患疾病或遭受伤残的风险在增加，如果没有足够的收入或积蓄，会给个人及家庭的生活带来巨大影响。

### (二) 健康风险

健康风险是指影响人的身体健康或健全程度的风险，包括疾病风险和残疾风险。

#### 1. 疾病风险

狭义的疾病风险是指由于人身所患疾病引起的经济、生理、心理等方面损失的可能性；广义的疾病风险除了疾病引起的风险外，还包括生育、意外伤害事故等引起的人身风险。疾病风险的特殊性表现在以下几个方面。

(1) 发生的普遍性。疾病风险对于每个人或每个家庭都是无法回避的，其发生频率也很高。

(2) 危害的严重性。疾病风险可能造成人身暂时或永久性的劳动能力丧失，甚至死亡。

(3) 产生和发病机理的复杂性。人类已知的疾病种类繁多，并且因人的个体差异而表现各异。

(4) 发生的非预测性。疾病风险不仅可能因自然灾害或意外事故的影响而发生，还可能因为环境污染、社会因素、生活方式、精神心理因素等各种因素所致，此外未知疾病或潜在疾病等均使得疾病风险既难化解，也难以预测，更难以预防。

(5) 产生和传播的社会性。某些疾病具有传染性，不仅直接危害个人健康，而且会危及整个地区、国家乃至全世界。

#### 2. 残疾风险

残疾风险是指由于疾病、伤害事故等导致人们肌体损伤、组织器官缺损或功能障碍等的可能性。

残疾风险带来的经济损失可能比死亡更为严峻。如果是家庭的主要收入者死亡，其影响相对来说只是家庭收入来源终止；而如果其残疾，不仅家庭收入来源终止，在家庭原本的消费需求基础上，家庭支出还要增加(如残疾者的医疗费用、生活自理辅助设备的购置等)。人们在各个年龄段遭受残疾的可能性一般要大于死亡的可能性。

健康风险带来的经济损失主要有收入损失和医疗费用损失两大类。首先，病人在生病期间、残疾者在残疾期间创造收入的能力降低或丧失；其次，疾病和伤害都可能会给个人及其家庭带来额外的医疗等费用负担。

### (三) 人身风险管理的方法

#### 1. 非保险方式

1) 风险自留

风险自留是指通过个人或家庭的储蓄、投资等方式积累资金或利用家庭、亲戚、朋友之间的互帮互助来降低人身风险造成的经济损失的办法。这是最传统的对付人身风险的办法，适用于发生频率低、损失程度小的人身风险。

人身风险自留的局限性主要在于：①现有的投资方式，如股票、债券、不动产、外汇、黄金投资等蕴含很大的投资风险；②随着家庭结构由传统家庭向核心家庭转变，家庭之间、亲戚之间与朋友之间的互助功能大大削弱；③随着我国住房体制的改革以及教育、医疗费用等的提高，个人或家庭储蓄比率逐渐降低。因此，对于一般的工薪阶层，依靠个人储蓄等投资或亲友互助来化解生存风险和健康风险并不是最充分、最有效的办法。

2) 防病健身

对于个人来说，通过培养良好的生活习惯、饮食习惯，体育锻炼，定期体检等方法增强体质，能有效减少死亡、疾病等人身风险。对于企业来说，通过不断改善工作环境，加强安全生产，可以尽量减少职业病和意外伤害等人身风险。这是防范人身风险的常用办法，但不能防范一切人身风险。

#### 2. 保险方式

1) 社会保险

社会保险是指国家通过立法，对国民在年老、疾病、残疾、伤亡、生育、失业等情况下给予物质帮助的一种制度，是每个国民的一项基本权利。但社会保险也有其自身的不足，如保障对象不全、保障额度不高、保障风险范围不广等。

2) 人身保险

人身保险是一种商业保险，它是通过缴付保险费将人身风险转嫁给保险公司，在保险责任范围内的风险事故发生后，由保险公司按照保险合同的规定给付保险金来应对风险损失的。商业性人身保险是现代经济社会防范人身风险的主要方法。

人身保险的优势在于：①人身保险是一种社会化的人身风险管理方法；②人身保险是一种适用广泛的人身风险管理方法；③人身保险是一种受到法律保护的、科学的人身风险管理方法。

## 二、人身保险的概念及特征

### (一) 人身保险的概念

人身保险是以人的生命或身体为保险标的，当被保险人发生死亡、疾病、残疾或生存到期满等人身风险或保险事件时，由保险人向被保险人或其受益人给付保险金的保险业务。

人身保险针对的风险必须是可保人身风险。可保人身风险是指保险客户可以转移和保险人可以承保的人身风险。可保人身风险的构成条件有如下几点。

(1) 可保人身风险的发生必须是偶然的。一般情况下，人的疾病、伤残的发生是无法预料的；人的死亡虽然是必然事件，但死亡时间是无法预料的。如果是投保人、被保险人或受益人故意行为造成的死亡、伤残或疾病，不属于可保人身风险，因其属于道德风险，且其发生可以预知。

(2) 可保人身风险的损失必须是明确的。死亡、疾病、残疾和年老等风险造成的经济损失是难以用金钱来衡量的，因此在人身保险中，保险金额不是由保险价值决定的，而是由保险人与投保人协商确定的。

(3) 可保人身风险必须是大量标的均有遭受损失的可能性。大数法则是保险业经营的技术基础，保险人在大量风险的基础上，通过大数法则较精确地预测死亡概率、伤残概率或疾病发生概率、损失率等，编制出生命表、发病率表或伤残率表，在此基础上确定保费、保额，进行保险经营。2006年人禽流感暴发之际，国内曾经有两家保险公司迅速推出同一相关险种，但这一行为受到广泛的批评，原因就在于人禽流感在当时属于一种新型传染病，全球感染病例只有100多例，死亡60余例，如此小的样本量对依靠大数法则定价的保险业来说是远远不够的，精确的保险精算几乎是不可能的。

(4) 可保人身风险应有发生重大损失的可能性。如果可能发生的损失程度是轻微的，就不需要通过保险来获得保障。

### (二) 人身保险的特征

人身保险作为保险市场两大业务类型之一，一方面具有保险的一般特征；另一方面由于保险标的的特殊性，人身保险与财产保险相比又有一些自身独有的特征。

#### 1. 保险标的的特殊性

人身保险的保险标的是人的生命或身体。人的生命状态有两种：生存和死亡；人的身体状态一般用健康状况和健全程度来衡量。人身保险就是以这些作为衡量风险事故发生后被保险人受损害程度的标准，确定给付保险金的数额，以达到保险保障的目的；而财产保险是以物质形态或非物质形态的财产及其相关利益作为保险标的。

#### 2. 保险利益要求的特殊性

(1) 人身保险要求投保人对保险标的必须符合保险利益的质的规定性，但一般情况下不必符合保险利益的量的规定性。因为人的生命和身体是无价的，理论上没有保险金额量的限制(医疗保险或债权人为债务人投保死亡保险等除外)。而财产保险要求投保人对保险标的既必须符合保险利益的质的规定性，还必须符合保险利益的量的规定性。

(2) 对于人身保险而言，保险利益只是订立人身保险合同的前提条件，不是维持合同有效或给付保险金的条件。对于财产保险而言，保险利益不仅是订立财产保险合同的前提条件，而且是维持财产保险合同有效的条件。

#### 3. 人身保险是一种定额保险

在财产保险中，保险金额的确定有客观依据。一般根据财产的实际价值，如生产成本，或参考市价，或进行客观估价来确定。而人身保险一般是定额保险，通常由保险人与投保人协商确定一个固定的保险金额。因为人的生命和身体是无价的，人身保险所提供的保险保障是为了给遭受不幸事故或有一定需要的被保险人及其家属提供经济上的帮助。协商确定人身保险保险金额大小的依据主要有如下两点。

(1) 投保人对人身保险的需要程度。影响投保人对人身保险需要程度的因素有：丧葬费用、遗属生活费用、偿还债务、疾病医疗费用、退休养老费、子女教育费用等。

(2) 投保人缴纳保费的能力。根据投保人的财务状况来确定保险金额，可以避免因超出投保人的经济承受能力导致投保人不能按时缴纳保险费，引致保险合同的失效；还可以在很大程度上避免因保险金额过高引发的道德风险。

#### 4. 人身保险是一种给付性保险

人身保险大都是给付性保险，除医疗保险等以外，不适用损失补偿原则及其派生原则。而财产保险则是补偿性保险，遵循损失补偿原则及其派生原则。

#### 5. 人身保险具有变动的风险率

在社会环境、管理条件不变的情况下，财产遭受风险损失的概率变化不大，也就不会频繁地调整保费率。而人身保险则不同，尤其是人寿保险，风险是以死亡为基础测定的。不同年龄的人死亡率不同，特别是人到晚年死亡率更是加速度上升。这种变动的风险率会产生如下影响。

(1) 如果单纯按风险率来确定保险费率，保险费率就会年年变动。

(2) 被保险人年龄越大，保费越高。被保险人在晚年最需要保险保障的时候因无力缴纳高额保费而退出保险，这样使人寿保险失去了存在的意义。

(3) “逆选择”现象严重，对保险人的经营十分不利。可能出现身体健康的人考虑费率上升而退出保险，体弱多病者考虑风险程度增加而坚持投保。

为了避免这种变动的风险率产生的负面影响，人身保险一般采用“均衡保费法”。

【知识链接】

**自然保费和均衡保费**

自然保费是根据被保险人的年龄和一年期的死亡率制定的各年龄阶段所对应的保费，以此为基础签发的保单被称为年更新定期保险。自然保费刚好用于当年的死亡给付，没有积累，使寿险经营每年达到平衡。但人的死亡率是逐年变化的，且变化幅度在不同年龄段不同，到了老年以后，死亡率上升幅度更大，即按自然保费计算的保险成本是逐年递增的，因此按这种方式计算保费的保单很少有人购买，因为没有人愿意或有能力去支付年老时高昂的保险费。

均衡保费是指保险公司根据不同年龄的自然保费，在结合利息因素的同时，将其平均分配到各年度，投保人每期缴费金额一致。均衡保费在缴费前期高于自然保费，后期会低于自然保费，但两种保费模式投保人所缴纳的总保费是一致的。均衡保费避免了被保险人到了晚年因保险费的上升而无力续保的不足，因此适合长期性的人身保险。

自然保费和均衡保费的区别如图5-1所示。

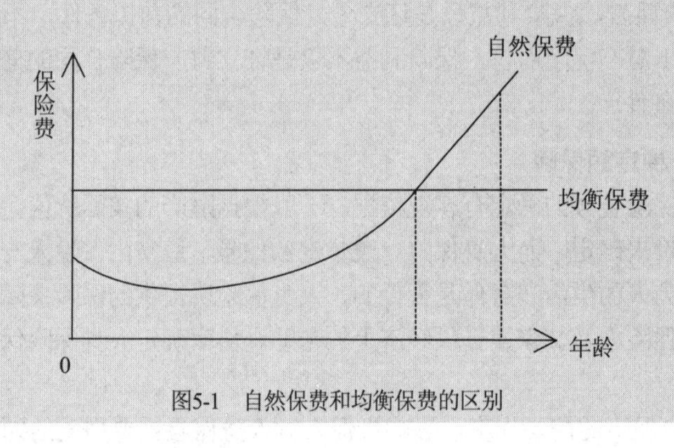


图5-1　自然保费和均衡保费的区别

### 6. 保险期限的长期性

人身保险的保险合同大都属于长期性合同，保险期限可以长达几年甚至几十年，不需要像财产保险那样每年更新保单。人身保险保费的缴付一般是多次的，保费收入稳定，可积聚巨额的、可供长期运用的资金，保险资金的运用对保险人更重要。人身保险合同的长期性使保险公司对于未来利率、通货膨胀、死亡率、费用等因素的预测变得十分困难，给人身保险经营带来困难。

财产保险的合同期限一般不超过一年，期满后可以续保，所以其保费交付一般是一次性的，对保险资金运用要求和人身保险不同。

### 7. 保险事故发生的必然性和分散性

(1) 人身保险保险事故的发生一般具有必然性。人的生或死发生具有必然性，只是何时死亡具有不确定性；人的一生会遭遇意外伤害事故或疾病也具有一定必然性。而财产保险保险事故的发生必然性不显著。

(2) 人身保险的保险事故发生具有分散性。在同一时间段，人身保险的保险事故分散于不同的家庭或地区。只有意外的大型灾害的出现，才可能导致人身保险中大量保险标的同时遭受损失的情况。而财产保险保险事故的发生则相对集中。

#### 8. 合同主体的特殊性

除了投保人、保险人、被保险人以外，人身保险还需要在保险合同中指定受益人。而财产保险保险合同中不需要指定受益人。

## 三、人身保险的分类

### (一) 按照保险责任不同划分

按照保险责任不同，人身保险主要可以分为人寿保险、人身意外伤害保险和健康保险三大类(如图5-2所示)。

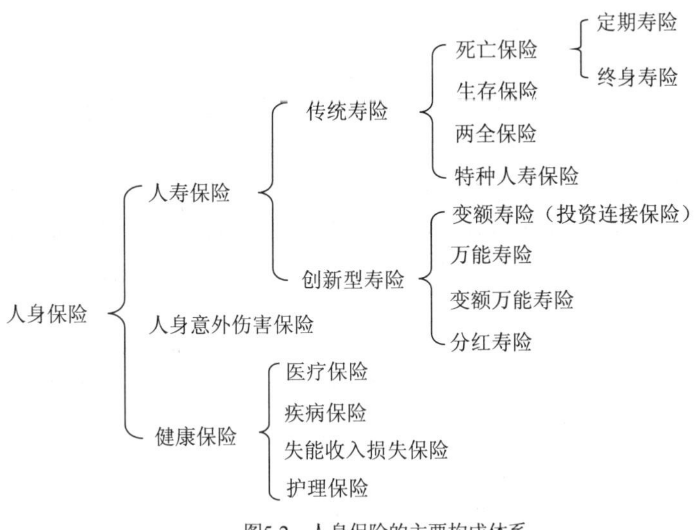


图5-2 人身保险的主要构成体系

#### 1. 人寿保险

人寿保险是指以人的生命为保险标的，以被保险人在保险期限内死亡或生存至保险期满为给付保险金条件的人身保险。

#### 2. 人身意外伤害保险

人身意外伤害保险又称意外伤害保险，是指以人的身体为保险标的，以被保险人在保险期限内因遭受意外伤害事故导致死亡或残疾为给付保险金条件的人身保险。

#### 3. 健康保险

健康保险是指以人的身体为保险标的，保险人对被保险人因疾病或意外事故等所致的直接费用或间接损失承担赔偿或给付保险金责任的人身保险。健康保险可以进一步分为医疗保险、疾病保险、失能收入损失保险和护理保险等。

### (二) 按照保险期限不同划分

#### 1. 长期人身保险

长期人身保险是指保险期限超过1年的人身保险业务。人寿保险通常是长期人身保险。

#### 2. 短期人身保险

短期人身保险是指保险期限在1年及1年以内的人身保险业务。意外伤害保险和疾病保险以外的健康保险属于短期人身保险。

### (三) 按照投保方式不同划分

#### 1. 个人人身保险

个人人身保险是指一张保险单只为一个人提供保险保障的人身保险。

#### 2. 团体人身保险

团体人身保险是指以一张保险单为某一组织所有或大部分在职职工提供保险保障的人身保险。

在团体人身保险中，投保人是团体组织，被保险人是团体中的在职人员，由团体组织缴纳保费为其职工投保。

与个人人身保险相比，团体人身保险的特征表现为如下几点。

(1) 危险选择的对象基于团体。团体人身保险的保险人承保时进行对象审查的重点是团体的合法性和团体成员的比例。①投保团体必须是依法成立的合法组织，如各种企业、国家机关、事业单位等。②投保团体中参与保险的人数与团体中具有参加资格的总人数的比例，必须达到保险人规定的比例。通常规定：如果团体负担全体保险费，符合条件的人必须全部参加；如果团体与个人共同负担保险费，投保人数必须达到合格人数的75%以上。另外，对少于10人的团体一般不能投保团体保险。

(2) 被保险人不需要体检。对投保团体进行选择后，可以确保承保团体的死亡率符合正常水平，对个别具体的被保险人就不需要体检了。这样，既方便了被保险人，也节省了成本费用。

(3) 团体保险的保险费率低，保费便宜。团体保险保险手续简化，死亡率比较稳定，甚至低于个人保险的死亡率，因此保费相对更便宜。

(4) 不同方向类别的团体适用不同的费率。该费率根据投保团体的理赔情况制定，为经验费率。

(5) 团体保险使用团体保险单。

(6) 团体保险的计划具有灵活性。①保险期限可以是定期、终身、定期与终身相结合等多种方式；②在保费缴纳上，可以选择趸缴(一次性付清所有保费)、分期缴纳、趸缴与分期缴纳相结合、定期或不定期缴费等多种方式；③被保险人可以是确定的个体，也可以是约定条件下不确定的个人；④保险金的给付可以是定额给付，也可以是根据被保险人不同而不同的非定额给付。

### (四) 按照被保险人的风险程度不同划分

#### 1. 健体保险

健体保险又称为标准体保险，是指对于身体、职业、道德等方面没有明显缺陷的被保险人，保险人按照所制定的标准费率来承保的人身保险。大部分人寿保险都是健体保险。

#### 2. 次健体保险

次健体保险又称为弱体保险，是指被保险人的风险程度超过了标准体，不能用标准费率承保，但可以附加特别条件来承保的人身保险。次健体保险的承保方法一般有如下三种。

(1) 保额削减法。保额削减法是指投保人按正常费率投保，但在一定期间内按比例减少保险金给付金额，然后逐渐趋于正常的承保方法。此承保方法适用于保险事故可能性递减的被保险人(如刚进行手术处于恢复期的被保险人)。

(2) 年龄增加法。年龄增加法是指将被保险人的实际年龄加上一定的年数后所对应的费率作为保险费率的承保方法。此承保方法适用于保险事故可能性递增的被保险人。

(3) 额外保费征收法。额外保费征收法是指对投保人征收一定金额的额外保费的承保方法。此承保方法适用于保险事故发生率与正常值的差值为固定值的被保险人，如某些保险公司会对吸烟、酗酒、患有肺结核等疾病及其他面临职业性危险的被保险人加收一定金额的额外保险费。

## 四、人身保险合同的常用条款

### (一) 不可争条款

不可争条款又称不可抗辩条款，是指保险合同生效一定时期(两年)后，保险人不得以投保人在投保时没有履行如实告知义务等为理由，主张保险合同无效或拒绝给付保险金。(见《中华人民共和国保险法》第十六条第三款规定)

### (二) 年龄误告条款

被保险人的年龄是确定保险费率的重要依据之一，也是保险人确定是否承保的条件之一。

如果投保人申报的被保险人年龄不真实，致使投保人支付的保险费少于应付保险费的，保险人有权更正并要求投保人补交保险费，或者在给付保险金时按照实付保险费与应付保险费的比例支付。如果实际年龄已超过可以予以承保的年龄限制，保险人可以解除合同，并按照合同约定退还保险单的现金价值，但需要在可抗辩期内(保险合同生效两年内)完成。

如果投保人申报的被保险人年龄不真实，致使投保人支付的保险费多于应付保险费的，保险人应当将多收的保险费退还投保人。(见《中华人民共和国保险法》第三十二条规定)

### (三) 宽限期条款

宽限期条款是针对投保人由于一些特殊原因未能按时缴纳保险费而设计的。

分期缴费的人身保险合同自投保人缴纳首期保费合同生效后，当投保人未按期缴纳第二期及以后各期的保险费时，在宽限期内，保险合同仍然有效，如发生保险事件，保险人仍须承担保险责任，但要从其支付的保险金中扣回所欠保险费。如果投保人自保险人催告之日起超过三十日未支付当期保险费，或者超过约定的期限六十日未支付当期保险费的，合同效力中止，或者由保险人按照合同约定的条件减少保险金额。(见《中华人民共和国保险法》第三十六条规定)

### (四) 复效条款

人身保险合同约定分期支付保险费的，投保人支付首期保险费后，除合同另有约定外，超过规定宽限期未支付当期保险费而使合同效力中止的，经投保人与保险人协商并达成协议，在投保人补交保险费本息后，合同效力恢复。

但是，自合同效力中止之日起两年内双方未达成复效协议的，保险人有权解除合同。解除合同时，投保人已缴足两年以上保险费的，保险人应当退还保单的现金价值；未缴足两年保险费的，保险人应当在扣除手续费后，退还保险费。(见《中华人民共和国保险法》第三十七条规定)

人身保险合同效力中止的条件包括：①逾期未缴纳保险费；②超过宽限期；③合同未约定其他

补救措施(减少保险金额、自动垫缴)。

人身保险合同复效的条件包括：①效力中止两年内；②投保人提出申请并补交欠缴保费及利息；③被保险人身体健康状况符合承保要求；④经保险人同意。

保险合同效力中止期间发生保险事故的，保险人不承担责任。

### (五) 不丧失价值任选条款

#### 1. 不丧失价值任选条款的含义

不丧失价值任选条款是指人身保险合同的投保人享有保单现金价值的权利不因合同效力的变化而丧失。也就是说，即使保险单失效了，保单中的现金价值所有权也不变。之所以保单的现金价值仍属于投保人，是因为长期人身保险实行的是均衡保费制。在保险合同生效后的初始阶段，投保人缴纳的均衡保费高于当年的自然保费，当保险费被交给保险人后，其中的一部分用于支付保险人的费用，大部分被积存用作责任准备金或投资。在投保人缴纳一定时期的保险费之后，人身保险就有了一定量的现金价值并且其在大多数情况下是不断递增的，这部分现金价值与储蓄存款一样，应为投保人拥有。保险事故发生前，保险人可以使用这部分现金价值；保险事故发生后，投保人可以取回全部保险金；而当投保人不愿继续投保致使保险合同失效时，投保人仍享有对保单现金价值的所有权并可以选择对自己有利的方式进行处置。

#### 2. 投保人处置保单现金价值的方式

(1) 现金返还。对于那些不想继续参加保险的投保人，可以向保险人提出退保，领取退保金。

(2) 将原保单改为减额缴清保单。减额缴清保单是指以现金价值作为趸交保费投保，原保单的保险责任、保险期限不变，只依据保单的现金价值数额相应降低保险金额，投保人不必再缴纳保险费的保单。

(3) 将原保单改为展期保单。展期保单是指将保单改为与原保单的保险金额相同的死亡保险，保险期限相应缩短，投保人不必再缴纳保险费的保单。即以保单的现金价值作为趸缴保险费，投保死亡保险，保险金额与原保单相同，保险期限依据保险费数额而定，但不能超过原保单的保险期限。

### (六) 自动垫缴保费条款

分期缴费的人身保险合同生效两年后，如果投保人逾期未支付当期保费，保险人则自动以保单的现金价值垫交保费。对于此项垫交保费，投保人要偿还并支付利息。垫交保费期间，如果发生保险事件，保险人仍承担责任，但要从支付的保险金中扣除垫交保费及利息。当垫交保费及利息达到保单的现金价值数额时，保险合同自行终止，投保人不能再要求保险人退还保单的现金价值。

规定此条款的目的是避免非故意的保险单失效，维持较高的续保率。为了防止投保人过度利用该条款，有的保险合同要求投保人必须申请才能办理，有的保险人对自动垫缴的使用设定限制次数。

### (七) 保单贷款条款

在人身保险合同生效两年后，投保人可以具有现金价值的保单为质押向保险人申请贷款，贷款数额以该保单的现金价值为限。投保人应按期归还贷款并支付利息，当贷款不能按期归还时，保单的现金价值按法定程序归保险人所有。如果在归还贷款本息之前发生了保险事故或退保，保险人有权从其所支付的保险金或退保金中扣还贷款本息。当贷款本息达到保单的现金价值数额时，保险合同自行终止，保险人应向投保人或被保险人发出终止保险合同的书面通知。

实行保单贷款方便了投保人，降低了保险单的解约率，增加了保险人的资金运用渠道。

### (八) 自杀条款

以被保险人死亡为给付保险金条件的合同，自合同成立或者合同效力恢复之日起两年内，被保险人自杀的，保险人不承担给付保险金的责任，但被保险人自杀时为无民事行为能力人的除外。保险人依据前款规定不承担给付保险金责任的，应当按照合同约定退还保险单的现金价值(见《中华人民共和国保险法》第四十四条规定)。如果自杀发生在两年以后，保险人应履行给付保险金的责任。

规定自杀条款是为了防止道德风险发生，有利于保险人经营的稳定性。但是，如果完全把自杀作为除外责任也不合理，因为：①以死亡为给付保险金条件的人身保险保障的主要是受益人的利益；②生命表的编制已经考虑了自杀死亡的因素；③两年的除外期已排除了绝大部分为获取保险金而蓄意自杀的行为。

# 第二节 人寿保险

## 一、人寿保险的概念及特征

### (一) 人寿保险的概念

人寿保险(Life Insurance)又称生命保险(简称寿险)，是以人的寿命为保险标的，以被保险人在保险期限内死亡或生存至保险期满为给付保险金条件的人身保险。

投保人可以为自己的寿命投保，也可以为他人的寿命投保。投保人为他人投保以死亡为给付保险金条件的人寿保险会受到一定限制(父母为未成年子女投保除外)：一是被保险人必须具有民事行为能力；二是必须征得被保险人同意并认可金额，否则合同无效。不论为谁的寿命投保，都应该在人寿保险合同中指定受益人。

### (二) 人寿保险的特征

#### 1. 生命风险的特殊性

以生命风险作为保险事故的人寿保险的主要风险因素是死亡率，死亡率越高则保险费率越高。

死亡率是变动的，但是根据一些专业机构对死亡率的研究，其结论是死亡率因素较其他非寿险风险发生概率的波动而言是相对稳定的，所以在寿险经营中的巨灾风险较少，寿险经营在这方面的稳定性较好，因此在寿险经营中运用再保险手段相对较少，保险公司主要对大额保单和次健体保险进行再保险安排。

#### 2. 人寿保险大多具有储蓄性质

大部分人寿保险不仅提供一般保险保障，还具有较强的储蓄性质。当投保达到一定期限时，被保险人或受益人可以收回全部或部分的保险金额。财产保险则不具备储蓄性质，如果保险期内发生保险事故，保险人会根据被保险人损失程度以不超出保险金额为限进行赔偿；如果未发生保险事故，保险人也不退还保费。

人寿保险的储蓄性表现为它兼具返还性和收益性的特征。

1) 人寿保险的返还性

人寿保险最基本的保险责任是死亡，而按照人的生命规律，人最终都会走向死亡，从而使人寿保险的死亡给付具有了某种必然性。

2) 收益性

人寿保险采用均衡保险费，一部分用于当年发生的死亡给付，成为自然保费；另一部分储存起来用于以后年度发生的死亡给付或满期生存给付，成为储蓄保费。储蓄保费存放于保险公司时间较长，保险人可以投资增值，所以应该对投保人以预定利率来计算利息。储蓄保费加上利息，就形成了保单的现金价值。被保险人可以在保险单的现金价值内，用保单做抵押向保险人借款；可以在中途解除合同时领回退保金；还可以利用现金价值改投其他保险等。

#### 3. 保险费率厘定方法的特殊性

人寿保险的保费费率是依据预定死亡率、预定利率和预定费用率等因素来确定的，而财产保险的保险费率则是依据平均保额损失率即损失概率来确定的。

#### 4. 保险期限的特殊性

人寿保险合同往往是长期合同，保险期限短则数年，长则数十年甚至终身。

## 二、人寿保险的种类

### (一) 传统人寿保险

#### 1. 生存保险

生存保险(Pure Endowment Insurance)是指以被保险人在保险期满或达到合同约定的年龄时仍然生存为给付保险金条件的人寿保险。投保生存保险的目的主要是为子女提供教育婚嫁金或者为老年人提供养老保障等。因此，生存保险以储蓄为主，也被称为储蓄保险。生存保险的保险费可以趸缴，也可以分期缴付；保险金的给付可以一次付清，也可以分期给付。

生存保险主要有两种形态：单纯的生存保险和年金保险。

1) 单纯的生存保险

在单纯的生存保险中，保险金的给付是以被保险人在期满时仍然生存为条件。如果被保险人在保险期限内死亡，则保险人没有任何给付，也不用退还保险费。因此，保险公司给付满期生存者的保险金，不仅包括其本人所缴纳的保险费和利息，也包括在满期前死亡者所缴纳的保险费和利息。这种纯粹的生存保险如果不加以限制，就会使不幸者更加不幸，有利者更加有利，最后可能导致与赌博性质差不多的后果，因而在现实业务中一般不以单纯的生存保险作为单独的保险形式推行，而是附加死亡保险或其他人身保险。如我国目前开办的子女教育婚嫁保险、独生子女保险等，都是以生存保险作为基本险，附加了死亡或意外伤害保险的。

2) 年金保险

年金保险是指在被保险人生存期间，保险人按照合同的规定每年(或每月)给付其一定的生存保险金的保险。

按给付期限不同，年金保险可以分为定期年金保险、终身年金保险和最低保证年金保险三种。

(1) 定期年金保险会在合同中规定给付期限，被保险人在给付期限内生存，保险人按期给付约定的年金；若被保险人在规定期限内死亡或给付期限届满，保险人停止给付年金(两者以先发生的日期为准)。

(2) 终身年金保险是指被保险人达到约定年龄时，保险人开始给付年金，直至被保险人死亡为止。

(3) 最低保证年金保险是为了防止被保险人过早死亡而由其受益人按规定继续领取年金的一种方式。领取最低保证年金有两种方式：①规定最低给付年限。若在规定期限内被保险人死亡，由其受益人继续领取年金直至达到规定的最低年限；②规定最低给付金额。当被保险人死亡时，其领取的年金总额低于最低保证金额的，可由其受益人领取差额。

**2. 死亡保险**

死亡保险是指以被保险人在保险期限内死亡为给付保险金条件的人寿保险，包括定期死亡保险和终身死亡保险。

1) 定期死亡保险

定期死亡保险又称定期人寿保险(简称定期寿险)，是指当被保险人在规定的保险期限内死亡时，由保险人给付保险金的人寿保险。定期人寿保险只提供一个确定的保障时期，如5年、10年、20年，或者到被保险人达到某个年龄(如65岁)为止。如果被保险人在规定时期内死亡，保险人向受益人给付保险金；如果被保险人期满生存，保险人不承担给付保险金的责任，也不退还保险费。

定期人寿保险包括以下特点。①保险费相对较为低廉。由于定期人寿保险不含储蓄因素，保险人承担风险责任有确定期限，所以在保险金额相等的条件下，确定期限内定期寿险可以以较低的保险费获得较大保障。②可以延长保险期限。许多保险公司允许保险单所有人在保险期满时，被保险人不必进行体检，不论健康状况如何都可以延长保险期限。③可以变换保险类型。很多保险公司规定，被保险人不论健康状况如何，具有把定期寿险变换为终身人寿保险或两全保险的选择权。不过这种选择权一般只允许在一个规定的变换期内行使，如65岁以前。④保险公司对投保人有比较严格的选择。身体状况欠佳或者危险性大的人，往往积极地投保较大金额的定期寿险。为了控制承保风险，保险公司选择投保客户的措施通常有：对超过一定保险金额的被保险人的身体做全面、彻底的健康检查；对身体状况略差或一些从事某种危险工作的被保险人提高收费标准；对年龄较大身体又较差者拒绝承保。

定期寿险的适用范围包括：①短期内从事比较危险的工作、急需保障的人；②家庭经济境况较差、子女年岁尚小、自己又是家庭主要经济来源的人。

2) 终身死亡保险

终身死亡保险又称为终身人寿保险(Whole Life Insurance)，或不定期死亡保险，是指以死亡为给付保险金条件，且保险期限为终身的人寿保险。被保险人在保险有效期内无论何时死亡，保险人都向其受益人给付保险金。终身人寿保险保障的是避免因被保险人死亡而使其家属或依其收入生活的人陷入困境。

终身人寿保险的显著特点是其保单具有现金价值，而且保单所有人既可以中途退保并领取退保金，也可以在保单现金价值的一定限额内贷款，具有较强的储蓄性。终身寿险的保险费率较高，为解决不同年龄阶层的人支付能力的差距，终身寿险往往采取均衡保费的费率制定方法。

**3. 两全保险**

两全保险(Endowment Insurance)又称生死合险，是指被保险人在保险合同约定的保险期限内死亡，或在保险期限届满仍生存时，保险人按照保险合同约定均应承担给付保险金责任的人寿保险。即被保险人在保险期限内死亡，保险人按照保险合同的约定向受益人给付死亡保险金；被保险人生存至保险期限届满，保险人按合同的约定向被保险人给付生存保险金。

两全保险具有如下特点。

(1) 承保责任全面。它既可以保障被保险人由于一定时期内收支失衡而引起的生存需要，又可以解决由于被保险人死亡而给依靠其生活的家庭及相关人员带来的负面经济影响。

(2) 保险费率高。两全保险相当于生存保险和死亡保险结合的产物，从精算角度来讲，其保费应该等于定期寿险与生存保险两者保费之和。从实际业务来看，两全保险的保险费率比单一险种高，但比同时买两样单一险种低。

(3) 兼具保障性和储蓄性。两全保险既能在保险事故发生后给付死亡保险金，起到保险保障的作用；又能在没有发生保险事故、正常到期以后，返还生存保险金，起到一定储蓄作用。

**4. 特种人寿保险**

特种人寿保险是指在寿险保单条款的某一方面或某几方面做出特殊规定的保险业务。

1) 简易人寿保险

简易人寿保险是一种低保额、低保费、免验体的人寿保险。其特点包括：保险金额比较低，按份计算，投保人至少投保一份，可投保多份；每一份的保险金额依被保险人的性别、年龄和保险期限而有所不同；保费低且缴费次数频繁，每月缴费一次；不要求被保险人体检，自我感觉良好即为健康。

简易人寿保险的费率高于一般寿险费率。

2) 弱体人寿保险

弱体人寿保险又称为次健体保险，是以身体有缺陷或风险程度超过正常情况的人为被保险人的一种保险。由于弱体人寿保险的被保险人面临的风险程度高，保险人不能按标准费率承保，必须附加一定条件，一般是在标准体保险费率的基础上再加收一定数额的保险费。

3) 团体人寿保险

团体人寿保险是以团体为投保人，以团体的所有成员或大部分成员为被保险人的一种人寿保险。团体人寿保险对每个被保险人的保险金额做统一规定；团体内的被保险人实行统一费率，保险费率依据投保团体从事工作的性质、职业特点、以往的索赔情况等确定。

案例5-1

**终身寿险理赔案例**

2015年2月，齐某以自己为被保险人向甲保险公司投保了100万元保额的终身寿险；2017年6月，齐某又向乙保险公司投保了200万元保额的终身寿险，两份保险合同的受益人均为其母亲。2018年10月，齐某自杀身亡。受益人持两份保险合同分别向甲、乙两家保险公司提出索赔。请问两家保险公司各应如何处理？

**【分析】**：

根据《中华人民共和国保险法》第四十四条规定：“以被保险人死亡为给付保险金条件的合同，自合同成立或者合同效力恢复之日起二年内，被保险人自杀的，保险人不承担给付保险金的责任，但被保险人自杀时为无民事行为能力人的除外。保险人依照前款规定不承担给付保险金责任的，应当按照合同约定退还保险单的现金价值。”

《中华人民共和国保险法》第十六条规定：“……自合同成立之日起超过二年的，保险人不得解除合同；发生保险事故的，保险人应当承担赔偿或者给付保险金的责任……”

齐某向甲保险公司投保的终身寿险截至2018年10月已超过两年，甲保险公司应承担给付受益人其母亲100万保险金的责任。

齐某向乙保险公司投保的终身寿险期限不足两年，乙保险公司不承担给付保险金的责任，但要按照合同约定向其母亲退还保险单的现金价值。

### (二) 创新型人寿保险

为了满足人们日益丰富的不同保险需求，增强寿险产品的竞争能力，保险公司对人寿保险的基本形态进行不断修订和组合，增加其功能，形成内容更加复杂的创新型寿险品种。这些险种与传统险种相比，通常具有投资功能，也被称为投资理财类保险产品。因此，创新型人寿保险是指包含保险保障功能并至少在一个投资账户中拥有一定资产价值的人寿保险产品。

创新型人寿保险除了提供同传统人寿保险一样的保障服务外，还可以让客户直接参与由保险公司管理的投资活动。客户的大部分保费记入由保险公司专门设立的投资账户，由投资专家负责账户内资金的调动和投资决策。投资账户中的资产价值将随着保险公司实际收益情况发生变动，所以客户在享受保险保障的同时也面临一定的投资风险。

创新型人寿保险主要包括变额人寿保险、万能人寿保险、变额万能人寿保险及分红寿险。

#### 1. 变额人寿保险

变额人寿保险(Variable Life Insurance)是一种保险费固定但保险金额不固定且有最低死亡给付金额保证的保险业务。20世纪70年代，西方国家发生了严重的通货膨胀，传统的固定保险费、固定保险金额的险种受到了极大挑战，甚至威胁到整个保险业的发展。为了提升保险业的竞争力，变额人寿保险(简称变额寿险)应运而生。

变额寿险的特点如下。

(1) 设立专项账户，与保险公司其他业务分开管理。在变额寿险保单的管理上，保险人将每位投保人缴纳的保费分为两个部分：保障账户和投资账户。保险人将每年收取的保险费减去相关费用及死亡给付分摊额后，存入一个单独的投资账户。为了稳妥经营，保险人大多采用投资组合方法，保险人提供的投资账户有股票基金、债券基金和货币市场基金等。保险单持有人有投资选择权，他们可以决定净保险费投入各种基金的比例或投入每一种基金的限额。保险人每年还要向保险单持有人寄发报告，以说明他们所持有保险单的现金价值、死亡保障金额和各项费用。

(2) 保险费是固定的，但保险金额在保证一个最低限额基础上是变动的。变额寿险大多是终身寿险，投保的根本目的是希望受益人得到较大的死亡保险金数额，但最终结果如何取决于投资业绩。如果投资收益率高，保单现金价值和死亡保障都会增加；如果投资收益率低，则只能保证最低死亡给付金额。保险单持有人承担了几乎全部投资风险。

变额寿险是一种将保险与投资相挂钩的新险种，因此也被称为投资连结保险，简称投连险。由于投资账户不承诺投资回报，保险公司在收取资产管理费后，所有的投资收益和投资损失都将由客户承担。因此，投资连结保险适合于具有理性的投资理念、追求资产高收益同时又具有较高风险承受能力的投保人。

变额寿险的保险单抵押贷款一般以其现金价值的75%为限，这是因为变额寿险的保单现金价值数额波动性较大。保险单持有人要求退保时，退保金根据保险单当时的现金价值计算。

#### 2. 万能人寿保险

万能人寿保险(Universal Life Insurance)是一种缴费灵活、保险金额可调整、非约束性的人寿保险。

万能人寿保险的保单持有者在缴纳一定的首期保费后，可以按照自己的意愿选择任何时候缴纳任何数量的保费，只要保单的现金价值足以支付保单的相关费用，有时甚至可以不再缴费。保单持有人还可以在具备可保性的前提下，提高保额，也可以根据自己的需要降低保额。

万能人寿保险的特点如下。

(1) 缴费方式灵活。投保人在缴纳首期保费后，保险公司从中扣除首期的各种费用、死亡给付分摊等，剩余部分作为保单最初的现金价值并用于投资。此后，保单持有人可以在保险公司规定的幅度内选择任何一个数额，在任何时候缴纳保费。保单的现金价值不足以支付各种费用开支时，投保人须再次缴纳保费，否则保单失效。

(2) 保险金额可按约定调整。在保单生效一年以后，保单持有人可以在一定的限额范围内自行确定保险金额，但在提高保险金额时通常要提供可保证明。

(3) 设立独立投资账户，有固定的保证利率。高于保底利率以上的收益，保险公司和投资人按一定比例共享。

(4) 保险单运作透明。保险人定期向保险单持有人公开构成账户价格的各种因素，用以说明保险费、保险金额、利息、保险成本、各项费用以及保险单现金价值的数额与变动状况，便于客户进行不同产品的比较，并监督保险人的经营状况。

(5) 保单现金价值领取方便。客户可以随时领取保单现金价值相应金额，以作他用。

#### 3. 变额万能人寿保险

变额万能人寿保险是融合了保费缴纳灵活的万能寿险与投资灵活的变额寿险后而形成的缴纳保险费灵活、投资灵活和保额可调整的新险种，其特点有如下几点。

(1) 采用万能人寿保险的保费缴纳方式，保单持有人在规定限度内可自行决定缴费期限及每期保费缴付金额。

(2) 吸收变额寿险的特点，在具备可保性及保单最低保额的情况下，保单持有人可任意选择降低或提高保额。

(3) 保单现金价值的变化与变额寿险相同，取决于专项账户基金的投资组合及其收益状况，没有最低收益率限制和本金的保证。保单持有人可以选择各种投资组合，并承担投资风险。

#### 4. 分红寿险

分红寿险(Participating Life Insurance)是指保险人在每个会计年度结束后，将该年度的部分可分配盈余，按一定的比例，以现金红利或增值红利的方式分配给保单持有人的一种人寿保险。

1) 分红寿险的主要特征

(1) 保险公司与保户之间利益和风险共担。保险公司每年要将经营分红险种产生的部分盈余以红利的形式分配给保单持有人(这里的保单持有人是指按照合同约定，享有保险合同利益及红利请求权的人)。目前我国银保监会规定，保险公司至少应将分红业务当年度可分配盈余的70%分配给客户，这样投保人就可以与保险公司共享经营成果。如果保险公司的经营状况不佳，客户能分到的红利就少，甚至没有。因此，分红保险使保险公司和客户在一定程度上共同承担了投资风险。

(2) 保险给付、退保金中含有红利。分红保险中，被保险人身故后的受益人及满期给付时的被保险人在获得投保时约定的保额的同时，还可以得到未领取的累积红利和利息。保单持有人在退保时得到的退保金也包含保单红利及其利息之和。

(3) 设立单独的投资账户，运作有一定的透明度。

2) 保单红利的来源

分红产品从本质上说是一种保户享有保单盈余分配权的产品，即将寿险公司的盈余(如利差益、死差益、费差益等)按一定比例分配给保单持有人。分配给客户的保单盈余，就是我们所说的保单红利。

利差益是指实际投资收益率大于预定利率所产生的盈余；死差益是指实际死亡率小于预定死亡率所产生的盈余；费差益是指实际费用率小于预定费用所产生的盈余。

3) 红利的领取方式

(1) 现金分红。保险公司将每张保险单应当分配的红利，以现金形式支付给保单持有人。

(2) 抵交保险费。保险公司将每张保险单应当分配的红利抵交投保人当年应交付的部分保险费，投保人只付差额即可。

(3) 提高保险金额。保险公司将每张保险单应当分配的红利作为投保人增交的保险费，相应提高该保险单的金额，以提高保障程度。

(4) 累积生息。保险公司将每张保险单应当分配的红利留存在保险公司，以一定的利息率按复利方式累积生息，被保险人死亡、保险合同期满或投保人要求退保时，一并支付给保单持有人。

## 三、人寿保险保险费的计算

### (一) 人寿保险保险费的构成

保险费和保险费率不同，保险费是指投保人就某一保险单应向保险人缴纳的总费用；而保险费率是指每单位保险金额应缴的保险费。两者的关系表现为：保险费=保险金额×保险费率。

人寿保险的保险费通常由两部分构成：一是纯保险费，用于保险事故发生时保险金的给付；二是附加保险费，主要用于各项管理费用、个人业务的佣金或团体业务的手续费支出，其中包括应付精算统计及计算等方面偏差的安全费和预定利润。人寿保险保险费率的确定，是基于保险公司过去经营的统计资料，依据大数法则，推算将来可能的各项成本，如被保险人群的死亡率或生存率、保险资金运用的回报率和附加费用等。这些工作涉及数理、精算等方面的专业知识，一般由保险公司的精算人员完成。为了防止保险公司利用其专业优势制定不合理的保险费率，保护保险消费者的利益，保险监督管理部门有必要对其进行监管。如《中华人民共和国保险法》第一百三十五条第一款规定："关系社会公众利益的保险险种、依法实行强制保险的险种和新开发的人寿保险险种等的保险条款和保险费率，应当报国务院保险监督管理机构批准。国务院保险监督管理机构审批时，应当遵循保护社会公众利益和防止不正当竞争的原则。其他保险险种的保险条款和保险费率，应当报保险监督管理机构备案。"

### (二) 人寿保险保险费计算的基础

#### 1. 生命表

人寿保险以被保险人的生存或死亡为保险事故，因此，统计被保险人群生存率及死亡率的表格，即寿险业经验生命表是人寿保险保险费计算的重要基础。1996年6月23日，中国保险监督管理委员会(以下简称保监会)颁布了第一套生命表——《中国人寿保险业经验生命表(1990~1993)》，规定"从1997年4月1日起，在我国境内开展人寿保险业务的保险公司应统一使用《中国人寿保险业经验生命表(1990~1993)》计算人寿保险费率、责任准备金及退保金"，从此结束了我国境内保险公司长期以来使用日本国民死亡表和我国台湾地区居民生命表的历史。随着医疗水平的提高、人们生活的改善、死亡率也会下降，因此生命表经过一段时间后，必须做适当修正。目前我国正在使用的生命表是保监会在2016年12月发布的《中国人寿保险业经验生命表(2010~2013)》。

#### 2. 预定利率

人寿保险大多是长期性合同，在未给付保险金之前，其累积的部分保险费可以做适当运用，因此，人寿保险费的计算，理应考虑寿险资金的投资回报率，而未来的投资回报率是不确定的，则需要引入预定利率这个重要因素。一般来说，预定利率越高，人寿保险费越低，而不成熟的市场往往会有预定利率恶性竞争、相互攀高的趋向。对于将来实际的投资回报率与预定利率之间的差距，保险公司可以设计分红寿险保单，以保单红利的方式与投保人共享。

3. 人寿保险纯保险费计算的原理

人寿保险纯保险费的计算遵循“收支相等”的原则，即就某一险种而言，保险公司所收取的纯保险费的总额应与其给付保险金的总额相等。用公式表示为：

纯保险费×起初生存的被保险人数=领取保险金人数×保险金

**【例题5-1】**以一年期定期死亡保险为例，假设有10万人同时购买了保险金额为10万元的1年期定期死亡保险，假定按我国生命表，年内有196人死亡，要求计算每人应交的纯保险费P。

解：为简化起见，不考虑预定利率因素，根据收支相等原则：

$$P \times 100\,000 = 196 \times 100\,000$$

$$P = 196(元)$$

4. 人寿保险保险费计算的原则

(1) 适当性原则。人寿保险的保险费主要用于保险金给付和保险经营所需的各项费用。衡量保险费是否恰当的标准，除了节省经营费用开支，提高资金回报率以外，还应使预定的事故发生率与实际情况尽量相符。如果保险费太低，将使保险公司的保险基金不足，导致经营困难；如果保险费过高，将加重投保人的经济负担，使保险公司获得不当得利。

(2) 公正性原则。公正性原则要求每个投保人所交保险费，应与保险公司承担的保险责任大致相当。但这个原则实际操作难度较大，原因在于很难会出现两个以上完全相同的保险标的，除非个别计算，但这样做不仅不现实，而且与大数法则相悖。所以，公正性原则只能是在大数法则的前提下，力求完善。

(3) 稳定性原则。人寿保险费制定实施后，应在相当时期内保持稳定，不能随意变动，以免投保的负担不确定。

(4) 融通性原则。随着经济的发展，医疗和生活水平的提高，实际事故发生率与预定事故发生率之间的偏差会越来越大，因此经过一定时期后，应根据实际统计资料，进行必要的调整，以符合适当性和公正性原则。融通性原则和稳定性原则并不矛盾，即在短期内要注意保险费率的稳定，稳定一定时期后再进行必要调整。

# 第三节　意外伤害保险

## 一、意外伤害保险的概念及特征

### (一) 意外伤害和意外伤害保险的概念

1. 意外伤害的概念

意外伤害是指在被保险人没有预见到或违背被保险人意愿的情况下，突然发生的外来致害物对被保险人的身体明显、剧烈的侵害的客观事实。

意外伤害的构成条件包括意外和伤害两方面，缺一不可，只有在意外情况下发生的伤害，才能构成意外伤害。意外，是指被保险人事先没有预见到，或者违背被保险人的主观意愿，它是一种主观状态。伤害则是指被保险人的身体受到侵害的客观事实，由致害物、侵害对象、侵害事实三个要素构成，它是一种客观状态。

#### 2. 意外伤害保险的概念

意外伤害保险(Accident Insurance)是指当被保险人在保险期限内遭受意外伤害事故而致死亡或残疾时，保险人按照合同约定给付保险金的一种人寿保险。

### (二) 意外伤害保险的特征

#### 1. 保险金的给付条件更为严格

意外伤害保险以被保险人在保险期限内遭受意外伤害事故而致其在责任期限内死亡或残疾为给付保险金的条件，保障项目主要包括死亡给付和残疾给付。其他原因(如疾病等)造成的死亡或伤残，或者意外伤害事故造成的其他损失(如医疗费用、收入减少等)，保险人都不负责。如果被保险人希望保险人对意外伤害造成的医疗费用、误工给付、丧葬费用及遗属生活费给付等负责，则可以将其以附加险的形式附加在意外伤害保险上。

#### 2. 保险期限较短

意外伤害保险的保险期限较短，一般是一年或一年以内，有的只有几个月甚至更短，最多三年或五年。

#### 3. 投保条件相对宽松

由于人身意外伤害保险的保险费率与被保险人的年龄和健康状况无关，而是取决于被保险人的职业等情况，因此意外伤害保险对被保险人的年龄一般没有特殊要求，也不要求体检。

#### 4. 厘定保险费率的依据特殊

意外伤害保险费率的厘定是根据过去各种意外伤害事件发生概率的经验统计计算，比较注重职业危险，即职业是确定意外伤害保险费率的重要依据。被保险人的职业风险高，则保险费率高；被保险人职业风险低，则保险费率低；被保险人由低风险职业转为高风险职业时，必须履行危险增加通知义务。而人寿保险在厘定费率时通常按照人的生死概率，选择不同的生命表进行计算。

#### 5. 保费低但保障较高

人们遭受意外伤害的可能性虽然存在，但并不像其他寿险产品，特别是终身和两全寿险产品，保险事故必然会发生，且意外伤害保险不具备储蓄功能，期满后一般也不退还保险费。因此，意外伤害保险的保险费比一般寿险便宜，保险费仅为保险金额的千分之几甚至万分之几，即相同的保费下，意外伤害保险的保险金数额通常比较高。

## 二、意外伤害保险的可保风险分析

意外伤害保险承保的风险是意外伤害，但并非一切意外伤害都是保险人所能承保的。按照是否可以承保划分，意外伤害可以分为不可保意外伤害、特约保意外伤害和一般可保意外伤害。

### (一) 不可保意外伤害

不可保意外伤害是指意外伤害保险的除外责任，包括以下几种情况。

(1) 被保险人在犯罪活动中所受的意外伤害。

(2) 被保险人在寻衅斗殴中所受的意外伤害。

(3) 被保险人在酒醉、吸食(或注射)毒品后发生的意外伤害。

(4) 由于被保险人的自杀行为造成的伤害。

### (二) 特约保意外伤害

特约保意外伤害是指从保险原理上来讲虽非不能承保，但保险人考虑到保险责任不易区分或限于承保能力一般不予承保，只有经过投保人与保险人特别约定，有时还要另外加收保险费后才予以承保的意外伤害。特约保意外伤害包括以下几种。

(1) 战争使被保险人遭受的意外伤害。

(2) 被保险人在从事登山、跳伞、滑雪、江河漂流、赛车、拳击、摔跤等剧烈的体育活动或比赛中遭受的意外伤害。

(3) 核辐射造成的意外伤害。

(4) 医疗事故造成的意外伤害。

### (三) 一般可保意外伤害

一般可保意外伤害是指在一般情况下保险人可以予以承保的意外伤害。除不可保意外伤害、特约保意外伤害以外，均属一般可保意外伤害。

## 三、意外伤害保险的主要内容

### (一) 保险责任

意外伤害保险的基本责任是被保险人因意外伤害所致的死亡或残疾引发的死亡给付和残疾给付。意外伤害保险的派生责任包括医疗费用给付、误工给付、丧葬费给付和遗属生活费给付等。

意外伤害保险的保险责任由以下四个必要条件构成。

#### 1. 被保险人在保险期间遭受了意外伤害

首先，被保险人遭受意外伤害的客观事实必须发生在保险期限之内；其次，被保险人遭受意外伤害必须是客观发生的事实，而不是臆想的或推测的。

#### 2. 被保险人死亡或残疾

死亡即机体生命活动和新陈代谢的终止。在法律上发生效力的死亡包括两种情况：一种是生理死亡，即已被证实的死亡；另一种是宣告死亡，即按照法律程序推定的死亡。残疾也包括两种情况：一种是指人体组织的永久性缺损，如肢体断离等；另一种是指人体器官正常机能的永久丧失，如丧失视觉、听觉、嗅觉、语言能力以及出现运动障碍等。

#### 3. 被保险人的死亡或残疾必须发生在责任期限内

责任期限是意外伤害保险和健康保险特有的概念，是指自被保险人遭受意外伤害之日起的一定期限(如90天、180天、360天等)。如果被保险人在保险期限内遭受意外伤害，在责任期限内死亡，则构成保险责任。责任期限对于意外伤害造成的残疾实际上是确定其伤残程度的期限，即以责任期限结束这一时点的情况确定残疾程度。我国的责任期限为180天。

#### 4. 意外伤害是死亡或残疾的直接原因或近因

只有当意外伤害与死亡或残疾之间存在因果关系时，才能构成保险责任，包括以下两种情况。

(1) 意外伤害是死亡、残疾的直接原因。意外伤害事故直接造成了被保险人的死亡或残疾，构成保险责任，保险人给付保险金。

(2) 意外伤害是死亡或残疾的近因。当被保险人的死亡或残疾是由多种原因造成，但运用近因原则推定意外伤害是被保险人死亡或残疾的近因时，构成了保险责任。

当意外伤害造成被保险人原有疾病发作而致其死亡或残疾时，保险人比照身体健康的人遭受这种意外伤害会造成何种后果处理。

### (二) 意外伤害保险的给付方式

意外伤害保险属于定额给付保险，当保险责任构成时，保险人按照保险合同中约定的保险金额给付死亡保险金或残疾保险金。

#### 1. 死亡保险金的给付

在意外伤害保险合同中，死亡保险金的数额已在合同中明确规定，当被保险人因意外伤害事故而致死亡时，保险人按照保险金额的100%给付保险金。

#### 2. 残疾保险金的给付

当被保险人因意外伤害事故而致残疾时，保险人按照规定的伤残程度给付比例乘以保险金额给付保险金。即残疾保险金的数额由保险金额和残疾程度两个因素确定。

残疾保险金=保险金额×残疾程度给付比例

在我国，意外伤害所致伤残程度和保险金给付比例的衡量，目前主要参考由中国保险行业协会联合中国法医学会共同发布的《人身保险伤残评定标准》(2014年1月1日起正式使用)，该标准是商业保险意外险领域残疾给付的新的行业标准。新标准启用的同时，之前使用了14年的《人身保险残疾程度与保险金给付比例表》正式废止。新的标准对功能和残疾进行了分类和分级，将人身保险伤残程度划分为一至十级，最重为第一级，最轻为第十级。与人身保险伤残程度等级相对应的保险金给付比例分为十档，伤残程度第一级对应的保险金给付比例为100%，伤残程度第十级对应的保险金给付比例为10%，每级相差10%。

在意外伤害保险合同中，应列举残疾程度给付百分率，列举得越详尽，给付残疾保险金时保险方和被保险方就越不易发生争执。但是，列举的情况无论如何详尽，都不可能包括实务中可能发生的所有情况。对于残疾程度给付比例中未列举的情况，只能由当事人按照公平合理的原则，参照列举的残疾程度给付比例协商确定。协商不一致时，可以请有关机构仲裁或由人民法院判决。

### (三) 相关说明

在意外伤害保险中，保险金额既是每次事故的最高给付金额，也是保险期限内累计给付最高限额。即保险人给付每一被保险人的死亡保险金和残疾保险金，累计以不超过保险金额为限。

(1) 当被保险人在保险有效期内因遭受意外伤害事故而在责任期限内死亡时，保险人按照保险合同规定给付保险金额的100%后，保险责任即告终止。

(2) 如果在给付死亡保险金之前，已给付过残疾保险金，则应当从死亡保险金中扣除已支付的残疾保险金。

(3) 一次事故多处伤残，如果各部位残疾程度给付比例之和超过100%，则按保险金额的100%给付残疾保险金。

(4) 多次事故致残，保险人对每次意外伤害造成的残疾或死亡均按保险合同中的规定给付保险金，但累计以不超过保险金额为限。

案例5-2

**意外伤害保险理赔案例**

2019年5月8日，刘某为妻子王某投保了一份一年期意外伤害保险，保险金额为10万元，经被保险人王某指定刘某为受益人。半年后刘某与王某离婚，离婚以后并未更改保险合同受益人。

(1) 假定离婚一个月后王某发生意外导致残疾。对于10万元的保险金，刘某和王某分别向保险公司提出索赔，请问保险公司应如何处理?

(2) 假定离婚一个月后王某因意外致死，对于10万元的保险金，王某的母亲和刘某分别向保险人提出索赔，请问保险公司应如何处理?

【分析】：

(1) 保险公司应该按王某的伤残程度核定给付比例，将根据保险金额计算好的伤残金给付给被保险人王某。首先，人身保险只要求投保人在投保时具有保险利益，并不要求其在保险事故发生时具有保险利益，因此二人的离婚并不影响保险合同的效力。其次，意外伤害保险的受益人仅享有身故保险金的请求权，此案中被保险人王某仅为伤残，并未身故，所以此案中的伤残保险金应由被保险人王某领取。

(2) 保险公司应该将10万元的身故保险金给付给受益人刘某。因为受益人刘某为被保险人王某合法指定，离婚后并未变更受益人，且受益人的请求权不以保险利益的存在为前提。所以此案中的身故保险金应由受益人刘某领取。

## 四、意外伤害保险的分类

### (一) 按实施方式划分

#### 1. 自愿性的意外伤害保险

自愿性的意外伤害保险是指投保人根据自己的意愿和需求投保的各种人身意外伤害保险。如中小学生平安险、投宿旅客人身意外伤害保险等一般采取家长或旅客自愿投保的形式，由学校或旅店代收保费，再汇总交给保险公司。

#### 2. 强制性的意外伤害保险

强制性的意外伤害保险是指国家机关通过颁布法律、行政法规、地方性法规强制规定有关人员必须参加的一种人身意外伤害保险。

### (二) 按承保风险划分

#### 1. 普通意外伤害保险

普通意外伤害保险承保由一般风险而导致的各种人身意外伤害事件，如团体人身意外伤害保险、学生团体平安保险等。

#### 2. 特种意外伤害保险

特种意外伤害保险承保在特定时间、特定地点或因特定原因而发生或导致的人身意外伤害事件，如游泳池、游乐场等场所，或江河漂流、登山、滑雪等激烈的体育比赛或活动中发生的人身意外伤害等。

1) 旅行意外伤害保险

旅行意外伤害保险以被保险人在旅行途中，因意外事故遭受伤害为保险事故，保险人一般对约定的旅行路线和旅行期间发生的保险事故承担责任，如飞机失事或船舶碰撞而致旅客的伤害等。旅行意外伤害保险可细分为国内旅行意外伤害保险和国外旅行意外伤害保险。

2) 交通事故意外伤害保险

交通事故意外伤害保险主要承保由于交通工具遇到交通事故给被保险人造成的伤害、残疾和死亡，而且赔偿范围扩大到交通工具之外的等候场所。

它所承保的范围有：①作为乘客的被保险人在交通工具行驶、飞行过程中所遭受的意外伤害事故；②作为乘客的被保险人在交通工具搭乘场所(候车、候机、候船)时所遭受的意外伤害事故；③作为行人的被保险人因遭受空中物体坠落而遭受的意外伤害事故；④被保险人被交通工具所撞，或因交通工具发生火灾、爆炸所遭受的意外事故。

3) 电梯乘客意外伤害保险

电梯乘客意外伤害保险是指被保险人因乘坐电梯发生意外事故造成伤残或死亡时，由保险人负赔偿责任的保险合同。投保人一般是置办电梯或者安装电梯的社会组织或经济单位，被保险人是使用电梯的乘客，保险责任仅限于在专门载乘顾客的专用电梯内的意外事故。

### (三) 按投保人和保险对象划分

#### 1. 个人意外伤害保险

个人意外伤害保险是指以被保险人个人在日常生活、工作中可能遇到的意外伤害为保险事故的保险，如机动车驾乘人员人身意外伤害保险、航空人身意外伤害保险、旅客人身意外伤害保险等。

#### 2. 团体意外伤害保险

团体意外伤害保险是指社会组织为了防止本组织内的成员因遭受意外伤害致残或致死而受到巨大损失，以本社会组织为投保人，以该社会组织的全体成员为被保险人，以被保险人因意外事故造成的人身重大伤害、残疾、死亡为保险事故的保险。

由于人身意外伤害保险的保险费率与被保险人的年龄和健康状况无关，而是取决于被保险人的职业等状况，最适合于团体投保。

### (四) 按保险期限划分

#### 1. 极短期意外伤害保险

极短期意外伤害保险的保险期限往往只有几天、几小时甚至更短，如我国开办的公路旅客人身意外伤害保险、住宿旅客人身意外伤害保险、旅游保险、索道游客人身意外伤害保险、游泳池人身意外伤害保险、大型电动玩具游客人身意外伤害保险等。

#### 2. 一年期意外伤害保险

意外伤害保险大多数险种的保险期限为一年。

#### 3. 多年期意外伤害保险

多年期意外伤害保险的保险期限超过一年，但基本上不超过五年，如人身意外伤害期满还本险。

### (五) 按险种结构划分

#### 1. 单纯意外伤害保险

单纯意外伤害保险是指一张保险单所承保的保险责任仅限于意外伤害的人身意外伤害保险。我国开办的团体人身意外伤害保险、公路旅客人身意外伤害保险、学生团体人身意外伤害保险、驾驶员人身意外伤害保险等，都属于此类保险。

#### 2. 附加意外伤害保险

附加意外伤害保险包括两种情况：一种是其他保险附加人身意外伤害保险；另一种是人身意外伤害保险附加其他保险责任。住宿旅客人身意外伤害保险，保险责任包括旅客由于人身意外伤害造成的死亡、残疾以及旅客随身携带行李物品的损失，这属于意外伤害保险附加财产保险。还有一些意外伤害保险会附加意外伤害医疗保险。

# 第四节　健康保险

## 一、健康保险的概念及特征

### (一) 健康保险的概念

健康保险是指以人的身体为保险标的，当被保险人因疾病或意外事故受到伤害造成医疗费用支出或收入损失时，由保险人承担补偿或赔偿责任的一种人身保险。

健康保险的保险事故包括疾病和意外伤害。

疾病是由于人体内部的原因，造成身体或精神的痛苦或不健全。疾病成立的条件包括：①必须是由于明显非外来原因所造成的；②必须是非先天性的原因所造成的；③必须是由于非长存的原因所造成的。

### (二) 健康保险的特征(与人寿保险相比)

#### 1. 保险性质上的双重性

健康保险既有对患病给付一定保险金的险种，也有对医疗费用和收入损失的补偿的险种，其给付金额往往是按实际发生的费用或收入损失而定。也就是说，健康保险的一些险种具有人寿保险的属性，另一些险种具有损害保险的属性。正因为此，有些国家把医疗费用保险列入损害保险，允许财产保险公司承保健康保险。如《中华人民共和国保险法》在第九十五条中规定，经营财产保险业务的保险公司经国务院保险监督管理机构批准，可以经营短期健康保险业务和意外伤害保险业务。

#### 2. 保险经营内容较为复杂

(1) 经营风险的特殊性。健康保险经营的是伤病发生的风险，其影响因素较人寿保险更加复杂，逆选择和道德风险都更大。

(2) 健康保险的承保标准复杂。为降低逆选择风险，健康保险的承保条件更复杂、更严格。核保时，需要综合考虑被保险人的年龄、既往病症、现病症、家族病史、职业、居住环境及生活方式等多种因素。保险人按照风险程度将被保险人分为标准体保险、非标准体保险和非保体。

(3) 厘定保险费率的因素复杂。人寿保险在制定费率时主要考虑死亡率、费用率和利息率，而健康保险不仅要考虑疾病的发生率、疾病持续时间、残疾发生率、死亡率、续保率、附加费用、利率等因素，还要考虑保险公司展业方式、承保理赔管理、公司主要目标以及道德风险、逆选择等因素对费率的影响。此外，健康保险合同中规定的等待期、免责期、免赔额、共保比例和给付方式、给付限额等都会影响最终的费率。

#### 3. 责任分摊

健康保险的保险责任主要是指疾病医疗给付责任，即对被保险人的疾病医治所发生的医疗费用支出，保险人按照合同规定给付相应的疾病医疗保险金。但由于健康保险具有风险大、不易控制和难以预测的特性，为了降低给付责任，敦促投保人关注自身健康，在健康保险中，保险人对所承担的医疗保险金的给付责任往往带有很多限制或制约性条款。如免赔额、共保比例等规定都是投保人对保险人给付责任的分摊。

#### 4. 保险人在一定条件下享有代位追偿权

在健康保险中，被保险人发生医疗费用支出后，若医疗费用已经由第三方全部或部分赔偿，保险人可以不再给付保险金，或只给付第三方赔偿后的差额部分。若保险人已经支付医疗保险金，而保险事故责任应由第三方承担，则被保险人应将向第三方追偿的权利转移给保险人。

#### 5. 合同条款的特殊性

健康保险合同中，除适用一般寿险的不可抗辩条款、宽限期条款、不丧失价值条款等外，还采用一些特有的条款，如观察期条款、体检条款、免赔额条款、共保比例条款、给付限额条款等。

#### 6. 健康保险的除外责任

健康保险的除外责任一般包括战争或军事行动，故意自杀或企图自杀造成的疾病、死亡和残疾，堕胎导致的疾病、残疾、流产、死亡等。健康保险将战争或军事行动除外，是因为战争所造成的损失程度较高，且难以预测，在制定正常的健康保险费率时，不可能将其造成的伤害因素和医疗费用因素计算在内，因而将其列为除外责任。自杀或企图自杀均属故意行为，与健康保险所承担风险的偶然性相违背，因此也列为除外责任。

## 二、健康保险的特殊条款

### (一) 观察期条款

在首次投保的健康保险合同中通常要规定一个观察期(90天或180天等)，观察期结束后保险单才正式生效。如果被保险人在观察期内因疾病或其他免责事项死亡，保险人不承担责任，在扣除手续费后退还保险费，保险合同终止。及时续保的健康保险合同不再设置观察期。

### (二) 体检条款

该条款规定，在被保险人提出索赔后，保险人有权要求被保险人接受由保险人指定的医生或医疗机构的体检，以便确认索赔的有效性以及具体的赔付数额。体检条款主要适用于疾病保险和收入损失保险。

### (三) 免赔额条款

在健康保险中通常对医疗费用有免赔额的规定，即在合同规定的免赔额以内的医疗费用支出由被保险人自己承担，保险人不予赔付。只有当实际支付的医疗费用超过免赔额时，保险人才负责赔偿。在健康保险业务中通常采用绝对免赔额。

### (四) 共保比例条款

共保比例条款又称比例给付条款，是指在健康保险合同中，对超过免赔额以上的医疗费用部分采用保险人和被保险人共同分摊的比例给付办法。双方分摊的比例在保险合同中进行明确规定。

### (五) 给付限额条款

在补偿性健康保险合同中，通常规定保险人给付医疗保险金的最高限额，以控制总支出水平，可以规定单项疾病给付限额、住院给付限额、门诊费用给付限额等。在健康保险中，保险人只对超过免赔额部分的医疗费用按给付比例补偿，以给付限额为限。

## 三、健康保险的基本类型

### (一) 医疗保险

医疗保险是医疗费用保险的简称，是指保险人对被保险人因疾病而支付的医疗费用提供保障的保险。医疗保险是健康保险最重要的组成部分。医疗费用包括医疗费、手术费、药费、诊疗费、护理费、各种检查费和住院费以及其他医院杂费。

从保险保障范围来看，医疗保险包括普通医疗保险、住院医疗保险、手术医疗保险、综合医疗保险等。

#### 1. 普通医疗保险

普通医疗保险是指对被保险人治疗疾病时所发生的一般性医疗费用提供保障的保险，主要包括门诊费用、医药费用和检查费用等。普通医疗保险保费较低，适用于一般社会公众。一般采用补偿费用的方式给付保险金，为控制相关费用支出额度，一般都有免赔额、共保比例和给付限额的规定。

#### 2. 住院医疗保险

住院医疗保险是指保险人对被保险人因疾病或意外伤害住院而支出的各种医疗费用提供保障的保险。由于住院所发生的费用往往相当高昂，故将住院费用作为一项单独的保险业务。对于首次投保或非连续投保住院医疗保险时有免责期(观察期)的规定，且重大疾病住院免责期长于一般疾病，但因意外伤害住院和连续投保的则无免责期规定。为了控制不必要的长时间住院，住院医疗保险通常还会规定最长住院天数和分担比例(如90%)等。

#### 3. 手术医疗保险

手术医疗保险是指保险人对被保险人在治病过程中所必须进行的手术而产生的医疗费用提供保障的保险。保障范围包括手术费、麻醉师费、各种手术材料费、器械费和手术室费等。一般由保险人负担全部手术费用，不需要被保险人按比例分担。

#### 4. 综合医疗保险

综合医疗保险是指保险人为被保险人提供的一种保障范围较全面的医疗保险，包括对普通医疗、住院、手术等的一切费用及某些康复治疗费用的补偿。这种保单的保险费较高，一般确定一个较低的免赔额及适当的分担比例(如85%)。

### (二) 疾病保险

疾病保险是指被保险人罹患合同约定的疾病时，保险人按合同约定的保险金额给付保险金的健康保险。疾病保险是给付性保险。

#### 1. 重大疾病保险

重大疾病保险是指当被保险人在保险合同有效期间罹患合同所规定的重大疾病时，由保险人按合同的约定给付保险金的保险。

目前，各保险公司对于重疾病种均以中国保险行业协会和中国医师协会合作共同制定并颁布的《重大疾病保险的疾病定义使用规范(2020年修订版)》[①]为基础，共计28个种类(如表5-1所示)。从发

① 2020年11月5日，中国保险行业协会与中国医师协会正式发布《重大疾病保险的疾病定义使用规范(2020年修订版)》(简称新规范)，替代了2007年发布的《重大疾病保险的疾病定义使用规范》(简称旧规范)。

生率来看，表中列出的28种标准重疾已经占到了重疾发生率的95%左右，额外增加的病种对发生率影响不大。除此之外，各保险公司会自行增加一些病种，一般都达到30种以上。

**表5-1　中国保险行业协会颁布的28种重大疾病**

| 中国保险行业协会颁布的28种重大疾病 | |
|---|---|
| 恶性肿瘤——重度 | 瘫痪——肢体随意运动功能永久完全丧失 |
| 较重急性心肌梗死 | 心脏瓣膜手术——须切开心脏 |
| 严重脑中风后遗症 | 严重阿尔茨海默病——自主生活能力完全丧失 |
| 重大器官移植术或造血干细胞移植术 | 严重脑损伤——神经系统永久性功能障碍 |
| 冠状动脉搭桥术(或称冠状动脉旁路移植术)——须切开心包 | 严重原发性帕金森病——自主生活能力完全丧失 |
| 严重慢性肾衰竭 | 严重III度烧伤——达全身体表面积的20%或以上 |
| 多个肢体缺失——完全性断离 | 严重特发性肺动脉高压——永久不可逆性的体力活动能力受限 |
| 急性或亚急性重症肝炎 | 严重运动神经元病 |
| 严重非恶性颅内肿瘤——须开颅手术或放射治疗 | 语言能力丧失——完全丧失且经积极治疗至少12个月 |
| 严重慢性肝衰竭——不包括酗酒或药物滥用所致 | 重型再生障碍性贫血 |
| 严重脑炎后遗症或严重脑膜炎后遗症——永久性功能障碍 | 主动脉手术——须实施开胸或开腹手术 |
| 深度昏迷——不包括酗酒或药物滥用所致 | 严重慢性呼吸衰竭——永久不可逆 |
| 双耳失聪——永久不可逆 | 严重克罗恩病 |
| 双目失明——永久不可逆 | 严重溃疡性结肠炎——已实施结肠切除或回肠造瘘术 |

(资料来源：www.iachina.cn)

### 2. 特种疾病保险

特种疾病保险是指以被保险人罹患某些特殊疾病为给付条件，保险人按照合同约定金额给付保险金或对被保险人治疗该种疾病的医疗费用进行补偿的保险。特种疾病保险包括生育保险、牙科费用保险、眼科保健保险、艾滋保险、团体传染性非典型肺炎疾病保险、禽流感保险等。

### (三) 失能收入损失保险

失能收入损失保险是指以意外伤害、疾病导致收入中断或减少为给付保险金条件的保险，即在保险合同有效期内，当被保险人因疾病或意外伤害而致残疾，部分或全部丧失工作能力或短期、永久丧失工作能力而造成其正常收入损失时，由保险人按合同约定的方式定期给付保险金的保险。其投保对象主要针对有固定的全职工作或收入的人。

### (四) 护理保险

护理保险是指以因保险合同约定的日常生活能力障碍引发护理需要给付保险金为条件，为被保险人的护理支出提供保障的保险，也可称为长期护理保险。

长期护理保险的保险范围分为医护人员看护、中级看护、照顾式看护和家中看护四个等级。

典型长期看护保单要求被保险人不能完成下述五项活动之两项即可：吃，沐浴，穿衣，如厕，移动。除此之外，患有老年痴呆等认知能力障碍的人通常需要长期护理，但他们却能执行某些日常活动，为解决这一矛盾，目前所有长期护理保险已将老年痴呆和阿基米德病及其他精神病患者包括在内。

# 本 章 小 结

1. 人身保险是以人的生命或身体为保险标的，当被保险人发生死亡、疾病、残疾或生存到期满等保险事件时，由保险人向被保险人或其受益人给付保险金的保险业务。人身保险主要分为人寿保险、意外伤害保险和健康保险三大类。

2. 人寿保险是以人的寿命为保险标的，以被保险人在保险期限内死亡或生存至保险期满为给付保险金条件的人身保险。传统寿险产品主要有生存保险、死亡保险及两全保险；创新型寿险产品主要有变额寿险、万能寿险、万能变额寿险及分红保险。人寿保险合同的主要条款包括不可争条款、年龄误告条款、宽限期条款、复效条款、不丧失价值任选条款、自动垫缴保费条款、保单贷款条款及自杀条款等。大部分人寿保险具有很强的储蓄性。

3. 意外伤害保险是指当被保险人在保险期限内遭受意外伤害事故而致死亡或残疾时，保险人按照合同约定给付保险金的一种人身保险。其特点包括保险金给付条件更为严格、保险期限较短、投保条件相对宽松、保费相对较低而保障相对较高等。意外伤害保险属于定额给付保险，当被保险人因意外伤害事故而致死亡时，保险人按照保险金额的100%给付保险金；当被保险人因意外伤害事故而致残疾时，保险人按规定的伤残程度给付比例乘以保险金额给付保险金。

4. 健康保险是指以人的身体为保险标的，当被保险人因疾病或意外事故受到伤害造成医疗费用支出或收入损失时，由保险人承担补偿或赔偿责任的一种人身保险。健康保险既有补偿性险种，又有给付性险种，其保险经营内容复杂。健康保险主要包括医疗保险、重大疾病保险、失能收入损失保险及护理保险等。

# 课后知识拓展

### 中国保险行业协会、中国法医学会联合发布《人身保险伤残评定标准》

2013年6月8日，中国保险行业协会(以下简称“中保协”)联合中国法医学会共同发布了《人身保险伤残评定标准》，该标准将成为商业保险意外险领域残疾给付新的行业标准。

中保协相关负责人表示，新标准对意外伤害保险的保障范围较原标准有了大幅扩展，将提高保险业意外险的保障范围，进一步提升保险消费者保障权益。同时，新标准在伤残分类、残情条目以及保障覆盖范围上均处于世界同业标准的先进水平。

根据中国保监会《关于人身保险伤残程度与保险金给付比例有关事项的通知》相关精神，《人身保险伤残评定标准》将以保险行业自律方式在全行业推广使用。保险责任涉及意外伤残给付的个人保险可使用本标准，保险责任涉及意外伤残给付的团体保险可参考使用。从2014年1月1日起，各公司将按要求使用新标准。

由中国人民银行1998年公布、中国保监会1999年转发的《人身保险残疾程度与保险金给付比例表》(以下简称“原标准”)残疾项目划分较宽泛、给付范围不足、部分条目操作性欠佳，特别是在近些年国家有关部门相继出台残疾分类、等级评定的国家标准的背景下，原标准已不能适应行业发展和消费者的现实需求，需要进行全面修订。2008年下半年开始，中保协就启动了对原标准的修订准备工作，充分开展业内外相关调研，广泛收集和研究国内外相关残疾标准，开展了大量基础研究。2012年初，中保协在保监会的指导下，结合意外险市场发展的最新实际以及广大消费者的诉求，集合业内专家力量正式成立了专题项目组，研究制定人身保险残疾评定的行业新标准。

为确保新标准符合现代医学对残疾研究的最新进展和技术标准，中保协还于2012年10月底专门成立了“医学专家咨询委员会”，吸纳中国法医学会、中国残疾人康复协会残疾分类研究专业委员会、全国知名医院等权威机构的学者和专家教授20余人，全程参与到标准的研究制定工作中，对新标准的定位以及相关内容提供专业的论证和权威的意见建议。经过多方共同努力和业内外专家的反复研究论证，历时一年，最终制定并形成了目前的新标准即《人身保险伤残评定标准》。联合发布方——中国法医学会长期从事司法鉴定人员的培训工作，熟悉全国的司法鉴定机构，在长期的工作实践中，掌握国内诸多残疾标准实践情况。法医学会相关专家表示：本次与中保协联合发布的《人身保险伤残评定标准》具有残情描述清晰准确、可操作性强、客观易用的特点，未来在鉴定过程中必将为广大司法鉴定人员接受和使用，成为重要的残疾评定标准。

据介绍，新标准的制定严格遵循了科学性、兼容性和严谨性三项原则，以扩大原标准的残疾项目覆盖范围、提高消费者保障程度为方向，同时积极借鉴和吸收国内外的先进经验，科学引入了世界卫生组织颁布的《国际功能、残疾和健康分类标准》(简称ICF)，并与目前国内唯一的ICF研究中心——中国康复研究中心康复信息研究所进行了通力合作，采用基于ICF的功能和残疾的理论架构，对新标准的残情条目做了国际公认的分类与分级，使得新标准在残情表述的完整性和系统性方面获得了质的飞跃，符合国际残疾评定系统的发展趋势，为今后行业标准的进一步完善奠定了坚实基础。

新标准对人身保险残疾覆盖门类、条目和等级进行了充分“扩容”。覆盖范围方面，新标准改变了原标准以肢体残疾、关节功能丧失为主的情况，增加了神经精神和烧伤残疾，扩大了胸腹脏器损伤、智力障碍等残疾范围，覆盖了包括神经系统、眼耳、发声和言语、呼吸系统、消化系统、泌尿和生殖系统、运动、皮肤等结构和功能等8大门类。新增了对心脏、肺、肝、脾、胃、胰等胸腹脏器和肠结构损伤的20余种残疾状态条目，由于意外事故而造成的烧伤等皮肤残疾也纳入了新标准的保障范围。其次，在条目描述方面，新标准删除了原标准中“中枢神经系统机能或胸、腹部脏器机能极度障碍”等无明确医学界定的模糊描述，明确增加了智力功能障碍、植物状态等残疾状态。此外，在残疾等级设置方面，原标准为7个伤残等级34项，而新标准则扩展增加至10个伤残等级共281项伤残条目。特别是新增加的原标准未包括的8至10级的轻度伤残保障有100余项，将大幅增加对保险消费者的残疾保障程度。

中保协有关负责人表示，作为商业保险领域人身保险伤残评定标准的行业标准，新标准的发布和推广是国内意外伤害保险产品发展进程中的一次重要改革和创新，对国内意外险市场的持续、健康发展具有重要现实意义。一是有利于进一步增加保险行业意外险产品的保障功能，扩大意外伤残保障范围，切实提升保险消费者的保障权益和满意度；二是有利于一定程度上减少保险业的行业标准因与国家相关标准之间的差异而产生的不必要的纠纷与争议；三是有利于进一步提升保险行业意外险伤残理赔管理的规范性和标准化水平，为未来保险业意外险数据的规范、收集和分析提供基础，推动意外险经营与管理的全面升级。

中保协相关负责人表示，下一步中保协将对新标准组织全行业各层级和各条线的专业培训，加强与法医鉴定机构及人员的沟通与合作，促进新标准在行业内和第三方鉴定机构的推广。此外，未来还将在新标准的基础上，研究制定行业统一的残疾编码标准和系统，在全行业推广使用。同时，密切关注新标准在行业的实施情况和保险消费者的相关诉求，力争用3～5年的时间，进一步搜集、分析和评估经验数据，逐步建立和完善行业标准的调整机制。

(资料来源：www.iachina.cn)

### 《重大疾病保险的疾病定义使用规范(2020年修订版)》发布

2020年11月5日，中国保险行业协会与中国医师协会正式发布《重大疾病保险的疾病定义使用规范(2020年修订版)》(简称新规范)，对2007年发布的《重大疾病保险的疾病定义使用规范》(简称旧规范)进行了修订，形成2020年修订版重大疾病保险的疾病定义使用规范。

本次重疾定义修订的主要内容包括三大方面。

一是优化分类，建立重大疾病分级体系。首次引入轻度疾病定义，将恶性肿瘤、急性心肌梗死、脑中风后遗症3种核心疾病，按照严重程度分为重度疾病和轻度疾病两级。通过科学分级，一方面充分适应了医学诊疗技术发展，将部分过去属于重症疾病，但目前诊疗费用较低、预后良好的疾病明确为轻症疾病，使赔付标准更加科学合理；另一方面，也适应重大疾病保险市场发展实际，对目前市场较为普遍的轻症疾病制定明确的行业标准，规范市场行为。

二是增加病种数量，适度扩展保障范围。基于重大疾病评估模型，量化评估重大程度，并结合定义规范性和可操作性，将原有25种重疾定义完善扩展为28种重度疾病和3种轻度疾病，并适度扩展保障范围。

三是扩展疾病定义范围，优化定义内涵。根据最新医学进展，扩展对重大器官移植术、冠状动脉搭桥术、心脏瓣膜手术、主动脉手术等8种疾病的保障范围，完善优化了严重慢性肾衰竭等7种疾病定义。

具体来看，上述修订有以下特点。

一是保障范围进一步扩展。在原有重疾定义范围的基础上，新增了严重慢性呼吸衰竭、严重克罗恩病、严重溃疡性结肠炎3种重度疾病；同时，对恶性肿瘤、急性心肌梗死、脑中风后遗症3种核心重疾病种进行科学分级，新增了对应的3种轻度疾病的定义，扩展了保障范围。

二是赔付条件更为合理。根据最新医学实践，放宽了部分定义条目赔付条件，如对“心脏瓣膜手术”，取消了原定义规定的必须“实施了开胸”这一限定条件，代之以“实施了切开心脏”，切实提升了消费者的保障权益。

三是引用标准更加客观权威。尽可能采用可以量化的客观标准或公认标准、减少主观判断，使重大疾病的认定更清晰、透明；如对恶性肿瘤分级，旧规范仅参考了世界卫生组织(WHO)《疾病和有关健康问题的国际统计分类》(ICD)的恶性肿瘤类别，本次在原定义基础上，引入了世界卫生组织(WHO)《国际疾病分类肿瘤学专辑》第三版(ICD-O-3)的肿瘤形态学标准，使定义更加准确规范，最大限度地避免了可能出现的理赔争议和理解歧义。

四是描述更加规范统一。如在人体损伤标准相关内容上，对旧规范中“肢体机能完全丧失”的表述，修改为使用行业标准《人身保险伤残评定标准及代码》(JR/T 0083-2013)中“肌力”的相关表述，描述更权威，更统一，消除广大消费者对于重疾定义在人体损伤标准方面与伤残标准描述不一致的困扰。

银保监会人身险部副主任贾飙指出，重疾险是我国保险业一类重要的险种，疾病定义是否科学合理是重疾险产品保障责任的核心，银保监会将从监管角度对执行新规范提出三方面要求：一是明确新开发的重大疾病保险产品应当符合新规范各项要求。二是明确过渡期为发文之日起至2021年1月31日，确保重大疾病保险新老规范平稳切换。过渡期结束后各公司不得继续销售基于旧规范开发的重大疾病保险产品。三是要求各公司加强销售管理，严禁借新老规范切换进行销售误导，严禁炒作停售。

(资料来源：http://www.cs.com.cn)

# 习 题

## 一、名词解释

1. 人身风险　　2. 人身保险　　3. 健体保险　　4. 人寿保险
5. 两全保险　　6. 变额寿险　　7. 万能寿险　　8. 分红寿险
9. 意外伤害保险　　10. 健康保险

## 二、单项选择题

1. 以下关于疾病保险的说法，正确的是(　　)。
   A. 疾病保险是定额给付，只要患了合同规定的重大疾病，保险公司按照合同约定的金额赔付
   B. 疾病保险属于健康保险，仅以被保险人的生命为保险标的
   C. 疾病保险的保险期间通常为一年
   D. 疾病保险主要是针对一般疾病的保障
2. 人身意外伤害保险费率一般不需要考虑被保险人的(　　)。
   A. 性别　　B. 职业　　C. 工种　　D. 所从事的活动
3. 在健康保险合同中，通常规定合同订立一段时间后，保险人才对被保险人根据事先存在的条件履行保险赔付责任。这里的一段时间被称为(　　)。
   A. 宽限期　　B. 推迟期　　C. 观察期　　D. 缓冲期
4. 丈夫以妻子为被保险人向某保险公司投保两全保险一份，并指定他们的儿子为保单唯一受益人。三年后，丈夫和妻子因感情破裂离婚，则该保单的效力状况是(　　)。
   A. 合同继续有效　　B. 合同效力中止　　C. 合同部分有效　　D. 合同变更才有效
5. 万能寿险是保险人为了满足那些有特殊要求的寿险消费者而设计的产品，其表现出来的特点是(　　)。
   A. 依法纳税　　B. 自动续保　　C. 缴费灵活　　D. 保额固定

## 三、多项选择题

1. 人身保险合同没有(　　)概念。
   A. 保险期限　　B. 保险利益　　C. 重复保险　　D. 保险价值
2. 和定期死亡保险相比，终身死亡保险的特点包括(　　)。
   A. 保险费率较高　　B. 保单具有现金价值
   C. 有效保单必发生保险金给付　　D. 保险费必须趸缴
3. 构成健康保险所指的疾病必须具备的条件是(　　)。
   A. 必须是由于年龄原因造成的　　B. 必须是由于非长存原因所造成的
   C. 必须是由于明显非外来原因所造成的　　D. 必须是非先天的原因所造成的
4. 在人寿保险中，保单所有人的权利通常包括(　　)。
   A. 变更受益人　　B. 领取保单现金价值
   C. 以保单作抵押进行借款　　D. 领取退保金
5. 下列伤害哪些不属于意外伤害保险承保范围(　　)。
   A. 犯罪中的意外伤害　　B. 交通事故引起的意外伤害
   C. 醉驾导致的意外伤害　　D. 自杀

## 四、判断题

1. 除健康保险中的医疗费用保险是定额给付保险以外，人身保险大多都是补偿性保险。（　）
2. 人寿保险合同因欠交保费而中止效力，投保人可以在五年内申请复效。（　）
3. 某投保人向三家保险公司投保了人寿保险，当被保险人死亡时可以获得三份保险金。（　）
4. 以死亡为给付保险金条件，且保险期限为固定年限的人寿保险，一般被称为终身寿险。（　）
5. 意外伤害保险中，保险期间的死亡保险金和残疾保险金累计可以超过保险金额。（　）

## 五、简答题

1. 人身保险和财产保险的区别主要有哪些?
2. 意外伤害保险责任的构成条件有哪些?

## 六、案例分析题

1. 张某2019年9月参加团体意外伤害保险(一年期，保险金额5万元)，受益人为其母亲。在保险期限内，张某在路边行走时突然被行驶中的车辆撞伤，在医院抢救无效最终死亡。

请问：

(1) 保险公司对本案中张某之死是否应承担给付责任？保险人能就这5万元向事故责任方追偿吗？

(2) 张某的母亲在得到保险公司赔偿以后是否还能向造成这起事故的责任方索取赔偿？为什么？

2. 某甲为自己投保了20年期的定期寿险，保险金额为20万元，投保年龄为30岁，年交保费3000元，每年均按时缴费。5年后，某甲死亡。

假定发生下列两种情况：

(1) 保险人在事故发生以后发现某甲投保时的实际年龄为31岁，而31岁的人年交保费应该是3300元，那么保险人是否应该向受益人给付保险金？如果应该给，要给付多少保险金?

(2) 如果某甲投保时的实际年龄为28岁，而28岁的人年交保费应该是2500元，那么保险人是否应该向受益人给付保险金？如果应该给，要给付多少保险金？

# 第六章

# 财 产 保 险

【课前导读】

财产保险是我国保险市场业务的重要组成部分。伴随着世界经济的持续发展，企业等经济组织和社会公众对财产保险提出了更高的风险管理服务要求，财产保险的业务范围也不断扩展，从过去的单纯物质保障向全面综合性风险管理过渡。2020年8月，银保监会印发《推动财产保险业高质量发展三年行动方案(2020—2022年)》，其中表示要推动财产保险市场由高速增长向高质量增长转变，这些都给财产保险的发展带来了新的机遇与挑战。本章主要阐述了财产保险(包括财产损失保险、责任保险及信用保证保险等)的相关概念与基本特征；系统介绍了财产保险的业务体系及其基本内容；分析了财产保险各主要险种及其与其他险种的联系与区别；探讨了财产保险风险控制的途径。在学习完本章后，读者应能够熟练掌握财产保险的相关概念和基本构成；理解并熟悉财产保险各主要险种的基本特征及其主要内容；能够运用各险种的理论知识分析有关案例。

## 第一节　财产保险概述

### 一、财产保险的概念及特征

#### (一) 财产保险的概念

财产保险有广义与狭义之分。广义财产保险是人身保险之外的一切保险业务的统称，包括财产损失保险、责任保险、信用保证保险等。狭义财产保险即财产损失保险，专指以物质性财产作为保险标的的各种保险业务。不是所有的财产及其有关利益都可以成为财产保险的保险标的，只有根据法律规定，符合财产保险合同要求的财产及其相关利益，才能成为财产保险的保险标的。

本章所定义的财产保险(Property Insurance)属于广义的财产保险，是指投保人按照合同约定向保险人缴纳保险费，当发生了保险责任范围内的保险事故或事件等，给被保险人的财产及其有关利益带来经济损失时，由保险人承担赔偿责任的保险。

### (二) 财产保险的特征

#### 1. 保险标的的广泛性

财产保险业务的承保范围，覆盖着除自然人的生命与身体之外的一切风险，其保险标的不仅包含着各种差异极大的财产物资，而且包含着各种民事法律风险和商业信用风险。财产保险对象的差异性和多样性决定了其业务承保范围的广泛性，也决定了财产保险公司对业务的经营方向具有更多的选择性。财产保险的保险标的具有客观而具体的价值标准，均可以用货币来衡量其价值，并成为确定保险金额的基础。

#### 2. 对保险利益要求的严格性

财产保险不仅要求投保人在投保时对保险标的具有保险利益，而且要求保险利益在整个保险期间存在，特别是在所保财产发生保险事故时，被保险人对其必须具有保险利益，否则保险人不承担赔偿责任。根据国际惯例，在海上保险中可不要求投保人在投保时对保险标的具有保险利益，只要求被保险人在保险标的受损时具有保险利益。

#### 3. 财产保险是补偿性保险

财产保险的基本功能就体现在它的经济补偿性上，保险人的经营是建立在补偿保险客户的保险利益损失基础之上的。

(1) 由于所有财产都具有客观而具体的价值标准，都可以用货币来衡量其价值，因此保险金额可以在对保险标的进行估价的基础上确定。当被保险人的财产及其有关利益遭受保险事故造成经济损失时，保险人必须按照合同约定基于保险价值履行赔偿责任。

(2) 保险人的赔偿在保险金额的数额以内以不超过被保险人的实际损失为限，不允许被保险人通过保险获得额外利益，即财产保险必须遵循损失补偿原则及其派生原则。

#### 4. 经营内容的复杂性

1) 投保对象与保险标的复杂

首先，财产保险的投保人既有法人团体，又有居民家庭和个人；既可能只涉及单个法人团体或单个保险客户，也可能同一保险合同涉及多个法人团体或多个保险客户。

其次，财产保险的保险标的多样化，从普通的财产物资到高科技产品或大型土木工程，从有实体的各种物资到无实体的法律、信用责任乃至政治、军事风险等，不同的标的往往具有不同的形态与不同的风险。

2) 承保过程与承保技术复杂

在财产保险业务经营中，既要强调承保前风险检查、承保时严格核保，又要重视保险期间的防灾防损和保险事故发生后的理赔勘查等，承保过程程序多、环节多。在经营过程中，要求保险人熟悉与各种类型投保标的相关的技术知识。

3) 风险管理复杂

财产保险公司的风险主要直接来自保险经营，即保险业务的风险决定着财产保险公司的财务状况。因此，财产保险公司特别强调对承保环节的风险控制。在风险管理方面，财产保险主要强调对物质及有关利益的管理，保险对象的风险集中，保险人通常要采用分保或再保险的方式来进一步分散风险。

#### 5. 财产保险一般是短期保险

财产保险的保险期限一般都在一年或一年以内。由于期限短，保险实务中一般要求投保人在投保时一次性缴清保险费，保险费不计利息；其形成的保险基金一般不能作为保险人中长期投资的资金来源；财产保险一般只具有保障性，不具有储蓄性，保险单没有现金价值。

## 二、财产保险的保险价值与保险金额

### (一) 财产保险的保险价值

保险价值是保险标的在某一特定时期内或时点用货币估算的经济价值。财产保险的保险标的具有可估价性，保险价值是财产保险合同的特有概念，它是确定保险金额与赔偿计算的依据。

财产保险的保险价值是以其市场价(实际价值)作为客观的判断标准。在保险实务中，经保险合同当事人双方约定，保险价值也可以按照保险标的的账面价值及重置重建价值等方式确定。由于市场价在保险合同有效期内会发生涨跌，这样会使投保时依据保险价值确定的保险金额与保险事故发生时的市场价不一致。对有些特殊的保险标的，其价值不易确定或无市场价可循时，为了避免保险事故发生后双方因赔款计算而发生争执，可以按双方约定的价值为标准，在保险事故发生时，以事先约定的价值作为赔偿的依据，不再另行估价。另外，在海上保险中，有法定的计算保险价值的标准。由于保险价值的存在，使财产保险合同在保险金额的确定、承保方式和赔偿计算方式等方面都比人身保险合同更为复杂。

### (二) 财产保险的保险金额

保险金额是指保险人在保险合同中承担赔偿或给付保险金责任的最高限额。财产保险的保险金额是根据保险标的的保险价值来确定的，一般作为保险人承担对受损标的赔偿的最高限额，以及施救费用的最高赔偿额度，也是保险人计算保险费的依据之一。除合同另有约定外，保险金额不是保险人认定的财产价值，也不是保险事故发生时赔偿的金额，而仅是保险人承担赔偿责任的最高限额。

## 三、财产保险费率的厘定

保险费率是指单位保险金额应交付的保险费。保险费率由两部分组成，一部分是纯费率，另一部分是附加费率。保险公司按照纯费率收取的保险费用来支付保险事故发生后形成的保险赔款，按照附加费率收取的保险费用来支付保险公司的业务费用，如营业费用、监管费、保险税金等。

### (一) 财产保险纯费率的计算依据是损失概率

财产保险纯费率是根据保险金额损失率或保险财产的平均损失率计算出来的，保险金额损失率是一定时期内赔偿金额与保险金额的比率。一般情况下，损失频率和损失金额越高，纯费率越高。其计算公式如下：

$$\text{财产保险的纯费率} = \text{保险金额损失率} \pm \text{均方差}$$

根据统计规律，实际保险金额损失率有68.27%的可能性处于($M-a$，$M+a$)($M$为保险金额损失率的均值，$a$为均方差)内，有94.45%的可能性处于($M-2a$，$M+2a$)内，有99.73%的可能性处于($M-3a$，$M+3a$)内。因此，对于一般的保险，只要以保险金额损失的均值与均方差的三倍之和为纯费率，保险人就几乎不会亏损，即可以获得充分的财务稳定性。在保险实务中，一般只对那些危险程度很高且易于发生巨灾损失的标的以三个均方差为危险附加；对于自愿保险，危险附加一般取两个均方差以对付“逆选择”；而对强制保险，危险附加取一个均方差就够了。

影响保险金额损失率的因素主要有：①保险事故发生的频率，即保险标的发生保险事故的次数与承保的全部保险标的件数的比率；②保险事故的损失率，即受灾保险标的的件数与保险标的发生保险事故的次数比率；③保险标的损毁程度，即保险赔偿额与受灾保险标的的保险金额的比率；④受灾保险标的的平均保险额与全部保险标的平均保险额的比率。基于财产危险不确定因素的存在，为了保证赔偿，还应包括特大损失可能发生的因素，保险企业要在纯费率的基础上加一定比例的稳定系数，使纯费率更具科学性和准确性。

**(二) 财产保险的附加费率是附加保险费与保险金额的比率**

附加费率的计算公式如下：

$$附加费率=\frac{附加保险费}{保险金额}\times 100\%$$

除保险税金、监管费等支出具有刚性外，其他费用支出，公司管理越严，支付金额越少，相应地附加费率就越低。通常，附加费率可以根据纯保险费与附加保险费的比例来确定，即：

$$附加费率=纯费率\times\frac{附加保险费}{纯保险费}\times 100\%$$

## 四、财产保险的业务体系

财产保险包含一个庞大的业务体系，它由财产损失保险、责任保险和信用保证保险三大险别组成，涉及数以百计的具体险种(如表6-1所示)。

表6-1 财产保险业务体系

| 第一层次 | 第二层次 | 第三层次 | 第四层次(险种) |
| --- | --- | --- | --- |
| 财产损失保险 | 火灾保险 | 团体火灾保险 | 财产保险基本险、财产保险综合险等 |
| | | 家庭财产保险 | 普通家财保险、还本家财保险等 |
| | 运输保险 | 运输工具保险 | 机动车辆保险、船舶保险等 |
| | | 货物运输保险 | 海洋、陆上、航空货运保险等 |
| | 工程保险 | 建安工程保险 | 建筑工程保险 |
| | | | 安装工程保险 |
| | | 科技工程保险 | 航天保险、核电保险等 |
| | 农业保险 | 种植业保险 | 农作物保险、林木保险等 |
| | | 养殖业保险 | 畜禽保险、水产养殖保险 |
| 责任保险 | 公众责任保险 | 场所责任保险 | 宾馆、展览馆、车库责任保险等 |
| | | 承包人责任保险 | 建筑工程承包人责任保险等 |
| | | 承运人责任保险 | 旅客责任保险、货物运输责任保险等 |
| | 产品责任保险 | | 各种产品责任保险 |
| | 雇主责任保险 | | 普通雇主责任保险、各种附加保险 |
| | 职业责任保险 | | 医生、会计师、律师责任保险等 |

(续表)

| 第一层次 | 第二层次 | 第三层次 | 第四层次(险种) |
|---|---|---|---|
| 信用保证保险 | 信用保险 | | 出口信用保险、个人信用保险等 |
| | 保证保险 | | 履约保证保险、雇员忠诚保证保险等 |

### (一) 财产损失保险

财产损失保险(Property Loss Insurance)是指以被保险人的各种物质性财产作为保险标的的财产保险，主要包括火灾保险、运输保险、工程保险和农业保险等。

#### 1. 财产损失保险的特征

(1) 保险标的是有形财产。财产损失保险承保的标的均是实际存在的、可以计量的物质财富。

(2) 强调投保人在投保时、被保险人在保险事故发生时对保险标的均应具有保险利益。

(3) 业务经营十分复杂。由于财产损失保险的保险标的种类繁多，需要保险人分门别类地做好风险调研、评估和费率测算等工作，涉及的技术门类和专业知识多，从而在整体上呈现出复杂性。

(4) 防灾防损工作非常重要。责任保险和人身保险对风险的控制，重在承保前控制和承保时控制，在承保期间往往无法控制风险；而各种财产损失保险不仅需要保前控制风险，尤其需要重视保险期间对风险的控制，这样就使防灾防损成为财产损失保险业务中的重要内容和经营环节。保险公司需要设置防灾防损机构，以专门从事防灾防损工作。

#### 2. 财产保险标的的损失状态

1) 全部损失和部分损失

按保险财产遭受损失的程度划分，财产损失可以分为全部损失和部分损失。

(1) 全部损失简称全损，是指保险标的因保险事故的发生而遭受的全部损失状态。全部损失可以进一步分为实际全损和推定全损。实际全损是指保险标的遭受保险承保范围内的风险事故而造成的全部灭失，或受损程度已使其失去原有形态和特征的一种实质性的物质性损失。推定全损是指保险标的在遭受保险事故后，虽然尚未达到全部灭失、损毁状态，但是全部灭失是不可避免的，或估计恢复、修复该标的所耗费用会达到或超过其实际价值。

(2) 部分损失是指保险标的的损失未达到全部损失程度的一种损失状态。

2) 物质损失和费用损失

按保险财产的损失形态划分，财产损失可以分为物质损失和费用损失。

(1) 物质损失是指保险标的由于保险事故所造成的标的物本身的损失。

(2) 费用损失是指当保险标的发生保险事故时，被保险人采取施救、保护、整理措施所产生的必要合理费用，以及保险单上约定的保险人承担的其他费用。

3) 直接损失和间接损失

按损失发生的客体是否为保险标的本身，财产损失可以分为直接损失和间接损失。

(1) 直接损失是指保险事故发生造成保险标的本身的损失。

(2) 间接损失是指由于保险标的发生保险事故所导致的保险标的以外的损失，如出租车受损后所导致的在修理期间营运收入的丧失，企业生产设备受损后在停业期间利润的丧失和费用的增加等。

保险人对直接损失要承担赔偿责任，对间接损失是否承担赔偿责任，以保险单上的约定为准。

#### (二) 责任保险

责任保险是以被保险人的民事损害赔偿责任作为保险标的的保险，包括公众责任保险、产品责任保险、雇主责任保险和职业责任保险等。

#### (三) 信用保证保险

信用保证保险是以人的信用行为作为保险标的的财产保险，包括信用保险和保证保险。

## 第二节　火灾保险

火灾保险制度起源于14~15世纪德国的火灾“基尔特”制度，1666年一场大火几乎摧毁了伦敦三分之二的建筑，这成为现代火灾保险制度建立的直接动因。从最初英国的尼古拉斯·巴蓬只为建筑物提供火灾保险，到后来将保险标的扩展至动产及与财产相关的经济利益；从最初的单一火灾责任扩展至其他自然灾害和意外事件责任，如今火灾保险已经成为财产保险中最基本的保险业务。

### 一、火灾保险的概念及特征

#### (一) 火灾保险的概念

火灾保险(Fire Insurance)是指以存放在固定场所并处于相对静止状态的财产物资为保险标的，由保险人承担保险财产遭受保险事故所致损失的经济赔偿责任的一种财产保险。

#### (二) 火灾保险的主要特征

##### 1. 火灾保险的保险标的只能是存放在固定场所并处于相对静止状态下的各种财产物资

这一限制实际上将处于流动状态的货物、运输工具以及处于生长期的各种农作物、养殖对象排除在外，从而在标的范围上局限于各种固定资产、流动资产和生活资料。

##### 2. 火灾保险承保财产的地址不得随意变动

火灾保险强调被保险人的保险财产必须存放在保险合同约定的固定地址范围内，在保险期间不得随意变动，否则，保险人可以不负责任。如果被保险人确实需要变动保险财产存放地点，亦须征得保险人的同意。

##### 3. 火灾保险的保险标的十分繁杂

与其他保险业务相比，火灾保险承保的标的异常复杂，既有土地、房屋、机器、设备，又有各种各样的原材料、燃料、在产品、商品及生活消费资料，每一张保单承保的内容包括多项标的，而其他保险的保险标的结构则相对比较单纯。

## 二、火灾保险的一般内容

### (一) 火灾保险的适用范围

从保险业务来源角度看，火灾保险是适用范围最为广泛的一种保险业务，它适用于各种工商企业、法人团体和居民家庭的财产物资保障需要。因为任何家庭或组织都有着自己的财产物资或替他人管理的财产物资，这些财产物资都有可能会遇到各种风险，从而需要向保险公司转嫁自己的风险。

就保险标的范围而言，火灾保险的承保范围只包括存放在固定地点且处于相对静止状态的财产，而不包括处于运动状态的财产。

### (二) 火灾保险的保险责任

概括而言，火灾保险承保的保险责任通常包括如下四个部分。

(1) 火灾及相关危险。其包括火灾、爆炸、雷电。

(2) 各种自然灾害。其包括洪水、台风、龙卷风、暴风、泥石流、海啸、雪灾、冰雹、冰凌、崖崩、滑坡等。地震也是可以承保的风险，但许多国家的保险公司往往将其单列出来承保，以便控制这类特殊风险。

(3) 有关意外事故。其包括飞行物体及空中运行物体的坠落、被保险人的电气水设备因火灾发生的意外等。

(4) 施救费用。施救费用即采取必要的、合理的措施对遭受损失的保险财产进行施救、整理所支付的合理费用。

每一财产保险单所承担的风险责任通常是上述风险中的一部分或大部分，还可以根据被保险人的需要扩展承保盗窃风险等。

### (三) 火灾保险的除外责任

保险人在经营火灾保险时，有如下除外责任。

(1) 战争、军事行动或暴力行为、政治恐怖活动。

(2) 核子辐射。

(3) 被保险人的故意行为。

(4) 各种间接损失。

(5) 保险标的本身缺陷、保管不善而致的损失，以及变质、霉烂、受潮及自然磨损等。

### (四) 火灾保险的保险费率

火灾保险的保险费率通常以每千元保额为计算单位，费率的表示方式为千分率。在火灾保险的经营实践中，基于保险标的存放在固定处所，其费率的确定通常需要综合考虑如下因素。

#### 1. 建筑结构及建筑等级

根据建筑行业的有关规章，依据其质量与抗风险能力，建筑物通常从高到低被划分为一等、二等、三等，它是保险人制定火灾保险费率的首要依据。

#### 2. 占用性质

建筑物的使用性质、用途不同，风险也大不相同，相应的保险费率也会有较大区别。以仓库为例，一处存放易燃易爆物品，一处存放粮食，一处存放机床，则存放易燃易爆物品的仓库的风险要大于其余两者，因此，其保险费率也会相应提高。

#### 3. 承保风险的种类与多寡

承保风险种类越多，保险人承担的责任越大，保险费率越高。如财产综合险的费率一般高于财产基本险的费率。

#### 4. 地理位置

由于火灾保险承保的标的必须存放在固定处所，该处所的地理位置是否适宜，周围有无特定的风险，对保险财产的影响较大。例如，沿江、沿河、沿湖的位置容易遭遇水灾，沿海的地理位置容易遭遇台风及风暴潮灾等，这些都会对保险费率的确定产生重要影响。

#### 5. 投保人的防灾设备及防灾措施

在同样的条件下，投保人的防灾设备与防灾措施越健全，则风险不易发生，损失越易控制，保险人对此往往会给予相应的费率优惠；反之，风险会因投保人的防灾不当或忽视防灾而放大，从而导致保险损失的扩大。

我国火灾保险业务的费率分为团体火灾保险费率与家庭财产保险费率，它们均采取固定级差费率制度。团体火灾保险费率还需要根据业务种类分为工业险费率、仓储险费率和普通险费率三类，每一类又根据上述各因素的不同而分为若干等级，在承保时依据具体的业务选择不同的适用费率标准。同时，火灾保险的费率通常以一年期的费率为标准费率，对不足一年的业务则制定专门的短期费率标准，短期费率标准一般按照一年期费率标准的一定百分比确定。

### (五) 火灾保险的保险金额

火灾保险的保险金额通常根据投保标的分项确定，根据团体火灾保险和家庭财产保险的区别而有所不同。

### (六) 火灾保险的赔偿

发生火灾保险赔案时，保险人要依循财产保险的一般理赔程序和赔偿原则开展赔偿工作，同时注意下列事项。

(1) 对固定资产分项计赔，每项固定资产仅适用于其自身的赔偿限额。

**【例题6-1】**某企业投保财产保险基本险，载于保险合同的保险金额是200万元，其中房屋建筑物120万元，机器设备50万元，其他财产30万元。保险期间发生火灾，造成损失100万元，其中机器设备一项的损失即达到60万元。尽管经保险人查勘、审核后确认系保险事故所致，但对被保险人机器设备一项的损失赔偿最高仍然不得超过50万元。

(2) 注意扣除残值和免赔额。火灾保险中的赔案，往往存在着损余物资，保险人在赔偿时应当作价抵充赔款，同时扣除免赔额，以维护保险人的合法权益。

(3) 对团体火灾保险一般采用比例赔偿方式处理赔案，对家庭财产保险一般采取第一危险赔偿方式处理赔案。这两种赔偿方式在某些业务中亦交互使用。

## 三、火灾保险的主要险种

### (一) 团体火灾保险

团体火灾保险是指以各类企业和其他法人团体为保险对象的火灾保险，它是以各种法人团体存放在固定地点的财产作为保险对象的保险业务，主要承保火灾以及其他自然灾害和意外事故所造成的保险财产的直接损失。在我国，该险以前被称为企业财产保险，后来因为这一名称不能将非企业法人的财产保险包括在内，企业财产保险这一险种在我国已经成为历史，被财产保险基本险和财产保险综合险所替代，本书将其合称为团体火灾保险。团体火灾保险是在传统的火灾保险的基础上演变和发展而来的，是我国财产保险的主要业务类型。

### 1. 团体火灾保险的主要险种

1) 财产保险基本险

财产保险基本险仅承保火灾、雷击、爆炸、飞行物体及其他空中运行物体坠落等所导致的损失。

2) 财产保险综合险

财产保险综合险承保的责任范围较财产保险基本险广得多，除财产保险基本险承保的责任外，还承保暴雨、洪水、台风、暴风、龙卷风、雪灾、雹灾、冰凌、泥石流、崖崩、突发性滑坡、地面突然塌陷等自然灾害所导致的损失。

3) 机器损坏保险

机器损坏保险主要承保工厂、矿山等保险客户的机器本身的损失，保险人对各种安装完毕并已转入运行的机器设备因人为的、意外的或物理性原因造成的物质损失负责。该险种既可以单独承保，也可以作为财产保险基本险或财产保险综合险的附加险承保。

4) 附加险

团体火灾保险的附加险较多，但有特色或常见的附加险主要有：①利润损失保险或称为营业中断保险，它承保被保险人遭受保险事故并导致正常生产或营业中断造成的利润损失；②盗抢险，它承保因盗窃、抢劫行为造成的保险损失；③附加第三者责任保险、露堆财产保险、矿下财产保险等。上述附加险由被保险人在投保主险时根据需要选择投保。

### 2. 团体火灾保险的适用范围

团体火灾的适用范围很广泛，一切工商、建筑、交通运输、饮食服务业、国家机关、社会团体均可投保该险种。在团体火灾保险经营实践中，工商企业构成了主要的保险客户群体，凡是领有工商营业执照、有健全的会计账册、财务独立核算的各类企业都可以投保团体火灾保险；其他法人团体如党政机关、工会、共青团、妇联、科研机构、学校、医院、图书馆、博物馆、电影院、剧场以及文化艺术团体等，亦可投保团体火灾保险。至于个体工商户，包括小商小贩、夫妻店、货郎担、家庭手工业等个体经营户，则不属于团体火灾保险范畴，只能作为家庭财产的投保人投保。因此，团体火灾保险强调的是保险客户的法人资格。

团体火灾保险的投保财产范围包括：属于被保险人所有或与他人共有而由被保险人负责的财产；由被保险人经营管理或替他人保管的财产；法律上承认的与被保险人有经济利益关系的财产。

### 3. 团体火灾保险的保险标的

团体火灾保险的保险标的只能是存放在固定地点且处于相对静止状态的财产，而不包括处于运动状态的财产。按照可保与否，这类财产可以分为一般可保财产、特约可保财产和不可保财产。

1) 一般可保财产

一般可保财产是指投保人可以直接向保险人投保的财产。这类财产通常可用两种不同的方式加以反映：一种是以会计科目的方式，如固定资产、流动资产、装箱物资和工程支出、账外财产等；

另一种是以财产项目类别的方式，如房屋及其他建筑物和附属装修设备、各种机器设备、工具、仪器及生产用具、管理用具及低值易耗品、原材料、半成品、在产品、产成品或库存商品和特种储备商品等。

2) 特约可保财产

特约可保财产是指必须经保险双方当事人特别约定后才能在保险单中载明承保的财产。特约可保财产有两种：一种是不增加费率的特约可保财产，这些财产的特点是市场价格变化较大或无固定的价格，或受某些风险影响较小，如金银、珠宝、首饰等；另一种是增加费率的特约可保财产，如桥梁、铁路、道路、码头以及矿井、矿坑内的设备和物资等，将这些财产作为特约可保财产承保是为了适应或满足部分行业的特殊需要。

3) 不可保财产

凡是特别列明不予以承保的财产，都不能在团体火灾保险中承保。不予承保的财产一般有如下几种情况。

(1) 不属于一般性的生产资料或商品的财产。它们要么不遭受损失，要么风险极大，如土地、矿藏、矿井、矿坑、森林、水产资源及未经收割和收割后尚未入库的农作物等。

(2) 价值难以确定的财产，如货币、票证、文件、账册、图表、技术资料、电脑资料、枪支弹药及其他无法确定价值的财产。

(3) 与政府有关法律法规相抵触的财产，如非法占用的财产、违章建筑等。

(4) 必然发生危险的财产，如危险建筑。

(5) 应该投保其他险种的财产，如在运输过程中的物资、领取执照正常运行的机动车辆、生长期农作物、畜禽等。

#### 4. 团体火灾保险的承保责任范围

1) 基本保险责任

(1) 列明的保险责任项目。

财产保险基本险：火灾、雷击、爆炸、飞行物体及其他空中运行物体坠落所导致的损失。

财产保险综合险：除了承保财产保险基本险条款的四项基本责任以外，还包括12项风险：洪水、暴雨、台风、暴风、龙卷风、雪灾、雹灾、冰凌、泥石流、崖崩、突发性滑坡、地面下陷下沉。

(2) 承担特别损失责任。

被保险人拥有财产所有权的自有的供电、供水、工期设备因保险事故遭受损坏，引起停电、停水、停气以致造成保险标的的直接损失；在发生保险事故时，为抢救保险标的，或防止灾害蔓延，采取合理的、必要的措施而造成保险标的的损失；保险事故发生后，被保险人为防止或减少保险标的的损失所支付的必要的合理的费用。

2) 附加保险责任

附加保险责任指的是附加险的承保责任。

基本险的附加保险责任包括暴雨、暴风、洪水保险，盗抢保险，雪灾、冰凌保险，泥石流、崖崩、突发性滑坡保险，雹灾保险，水暖管爆裂保险等。

综合险的附加保险责任包括矿下财产保险，露堆财产保险，盗窃险，橱窗玻璃破碎保险，机器损坏保险，营业中断保险等。

### 5. 团体火灾保险的除外责任

(1) 基本险的除外责任包括以下几种。

① 政治风险。

② 基本险的附加保险责任。

③ 被保险人的故意行为或纵容所致的损失。

④ 核反应、核辐射和放射性污染。

⑤ 保险标的由保险事故引起的各种间接损失。

⑥ 保险标的本身缺陷、保管不善导致的损毁。

⑦ 由于行政行为或执法行为所致的损失。

⑧ 其他不属于保险责任范围内的损失和费用。

(2) 综合险的除外责任包括以下两种。

① 综合险的附加保险责任。

② 其他除外责任与基本险相同。

### 6. 团体火灾保险的保险价值与保险金额

团体火灾保险的保险价值和保险金额一般按照固定资产与流动资产两大类分别确定。

1) 固定资产

团体火灾保险固定资产的保险价值是按出险时的重置价值来确定的。

团体火灾保险固定资产的保险金额要按照固定资产的分类进一步分项，每项固定资产仅适用于该项固定资产的保险金额；流动资产则不再分项确定。团体火灾的固定资产保险金额可以按账面原值确定，可以按账面原值加成确定，也可以按照重置价值确定，还可以依据公估行或评估机构评估后的价值确定。

2) 流动资产

团体火灾保险流动资产的保险价值是按出险时账面余额来确定。

团体火灾保险流动资产的保险金额可以按照最近12个月账面平均余额确定，也可以按照重置价值确定，还可以由被保险人自行估价确定。

此外，对于账外财产和代保管财产，其保险价值是按出险时的重置价值或账面余额确定；其保险金额可以由被保险人自行估价或按重置价值确定。

### 7. 团体火灾保险费率

影响团体火灾保险费率的主要因素有投保险种、房屋的建筑结构、占用性质、地理位置、周围环境、投保人的安全管理水平、历史损失数据、市场竞争因素等。

### 8. 团体火灾保险的赔偿处理

团体火灾保险的赔偿处理事宜主要包括损失赔偿、费用赔偿、代位追偿、重复保险的分摊及物资损余的赔偿处理等事项。

### 9. 团体火灾的保险期间

团体火灾保险的保险期间通常为一年。在保险单到期之前，保险人应通知被保险人办理续保手续。一般根据保险登记簿填制“到期通知单”送交被保险人，以便到期办理续保手续，避免保险中断。

案例6-1

**保险标的存放地点转移拒赔案**

某制革厂于2012年1月10日与甲保险公司签订了财产保险合同，将该厂自有的固定资产和流动资产全部投保，保险金额为1000万元，保险费3万元，保险期限一年。在投保单和保险单所附的财产明细表中均写明了投保的流动资产包括原材料和产品，存放在本厂仓库内，并在保险单所附的制革厂简图中标明了仓库、车间的位置。

2012年6月16日，制革厂与上海某公司签订了由该公司为制革厂代销合成内底革合同。制革厂于2012年7月两次共发货给该公司内底革2800件，合计50万元，该公司把货物存放在其所在地的一座仓库内。2012年8月5日，由于该公司所在地连续高温，引起该批内底革自燃(经公安部消防科学研究所鉴定)并全部烧毁。

火灾发生后，制革厂向保险公司索赔，保险公司以制革厂投保标的物被销售转移，保险项目变更、不属于赔偿范围为由，拒绝赔偿。制革厂遂诉至所在市中级人民法院。

经审理后，法院认为，根据《中华人民共和国保险法》的相关规定，保险标的如果变更用途或增加危险程度，投保方应通知保险方。在需要增加保费时，应及时增加保险费，投保人如不履行此项义务因此引起事故造成损失，保险人不负保险责任。

【分析】：

本案中制革厂将保险标的中的内底革让某公司代理销售，转移了存放地点，却没有通知保险公司。因此，保险公司不负赔偿责任。

### (二) 家庭财产保险

家庭财产保险是面向城乡居民家庭或个人的火灾保险，是以城乡居民室内的有形财产为保险标的的保险。保险人在承保家庭财产保险时，其保险标的、承保地址、保险责任等均与团体火灾保险有相通性，在经营原理与程序方面亦具相通性。

家庭财产保险的特点在于投保人是以家庭或个人为单位，业务分散，额小量大，风险结构以火灾、盗窃等风险为主。我国目前开办的家庭财产保险主要有普通家庭财产保险和家庭财产两全保险，除此之外，还有个人抵押贷款房屋保险、安居类综合保险、投资保障型家庭财产保险及一些附加险。

#### 1. 普通家庭财产保险

普通家庭财产保险是我国家庭财产保险的基本险种，它承保居民存放在固定地址且处于相对静止状态的财产。

1) 普通家庭财产保险的保险标的

普通家庭财产保险的保险标的包括被保险人的自有财产、由被保险人代管的财产或被保险人与他人共有的财产。例如，房屋及其附属设备，室内装潢，室内财产(包括家用电器和文体娱乐用品)，衣物和床上用品，家具及其他生活用具，存放于院内和室内的农机具、农用工具、粮食及农副产品等。实际价值很难确定的财产，经投保人与保险人特别约定后，才可作为保险标的。

保险人通常对以下家庭财产不予承保：①损失发生后无法确定具体价值的财产，如货币、票证、有价证券、邮票、文件、账册、图表及技术资料等；②日常生活所需的日用消费品，如食品、粮食、烟酒、药品、化妆品等；③法律不允许个人收藏、保管或拥有的财产，如枪支弹药、爆炸物品、毒品等；④处于危险状态下的财产；⑤保险人从风险管理的需要出发，声明不予承保的财产。

2) 普通家庭财产保险的保险责任

普通家庭财产保险的保险责任包括：①由火灾、爆炸、雷击、台风、龙卷风、暴风、暴雨、洪水、暴雪、冰雹、冰凌、泥石流、崩塌、突发性滑坡及地面突然塌陷等造成的损失；②空中运行物体的坠落以及外来不属于被保险人所有和使用的建筑物和其他固定物体的倒塌导致的损失；③在发生上述保险事故时，为抢救保险标的或防止灾害蔓延采取合理必要的措施而造成的保险财产的损失；⑤保险事故发生后，被保险人为了防止或减少保险标的的损失支付的必要的、合理的费用。

3) 普通家庭财产保险的除外责任

下列原因造成的损失及费用，保险人不负责赔偿：①战争、军事行动或暴力行为；②核辐射、核爆炸、核污染及其他放射性污染；③地震、海啸及其次生灾害；④被保险人及其家庭成员、服务人员、寄居人员的故意行为，或勾结纵容他人盗窃或被外来人员顺手偷摸，或窗外钩物所致的损失等；⑤行政行为或司法行为；⑥保险标的遭受保险事故引起的各种间接损失；⑦电机、电器、电气设备因使用过度、超电压、碰线、弧花、漏电、自身发热等原因造成的本身损毁；⑧坐落在蓄洪区、行洪区，或者在江河岸边、低洼地区，以及防洪堤以外当地常年警戒水位线以下的家庭财产，由于洪水造成的一切损失；⑨保险标的本身缺陷、保管不善导致的损毁；⑩保险标的变质、霉烂、受潮、虫咬、自然磨损、自然损耗、自燃、烘焙所造成本身的损失；⑪保险合同约定的免赔额或按保险合同中载明的免赔率计算的免赔额；⑫其他不属于普通家庭财产保险单列明的保险责任内的损失和费用。

4) 普通家庭财产保险的保险金额与免赔额(率)

因家庭财产大都没有账目，且财产的品种、质量、新旧程度等差别很大，家庭财产保险的保险金额大多采取由投保人自行估价的方法确定，但要按照房屋及其附属设施、室内财产及代保管财产、与他人共有财产三大类列明，逐一记载。其中，房屋及附属设备、室内装潢的保险金额由被保险人根据购置价或市场价格确定；室内财产保险金额由被保险人根据实际价值分项确定，分项越细越好。因此，尽管一张保险单只有一个总的保险金额，但在赔偿时却还需要根据受损财产的具体价值来计算赔款，并受该项财产的实际价值或保险金额的约束。

每次事故的免赔额(率)由投保人与保险人在订立保险合同时协商确定，并在保险合同中载明。

5) 普通家庭财产保险的保险期限

普通家庭财产保险的保险期限为1年，从保单签发日零时起算，到保险期满日24时为止。

6) 普通家庭财产保险的赔偿处理

房屋及附属设备、室内装潢全损时，按保险金额和保险价值中较低者赔偿，部分损失时，按照保险金额和保险价值的比例赔偿；室内财产采取第一损失赔偿方式；必要的、合理的施救费用，另行计算。

### 2. 家庭财产两全保险

家庭财产两全保险是一种兼具经济补偿和到期还本双重性质的险种。即被保险人向保险人交付保险储金，保险人以储金在保险期内所生利息为保险费收入。当保险期满时，无论是否发生过保险事故或是否进行过保险赔偿，其本金均须返还给被保险人。

该险种的保险财产、保险责任、除外责任等与普通财产保险相同。不同之处在于如下几点。

(1) 具有双重性质：损失补偿和到期还本。

(2) 以保险储金代替保险费。

(3) 允许中途退保。

(4) 保险期限较长。两全保险的最长期限不能超过10年，一般为3年期和5年期。

### 3. 个人抵押贷款房屋保险

个人抵押贷款房屋保险是指保险公司将个人或家庭以抵押贷款方式购买的商品房作为保险标的而推出的险种。个人抵押贷款房屋保险主要通过抵押条款规定了抵押人和受押人在保险期内的权利和义务。

### 4. 安居类综合保险

该类保险是集房屋、室内财产和责任保险为一体的、具有组合特征的综合型保险。保险客户可以根据自身需要而加以选择投保。即保险客户既可以投保包括房屋在内的一般家庭财产保险，又可投保现金、珠宝、有价证券，还可投保民事赔偿风险。该险种可以最大限度地满足保险消费者的全面需求和个性化选择。

### 5. 投资保障型家庭财产保险

投资保障型家庭财产保险是集保障性、储蓄性、投资性功能于一体的新型家庭财产保险险种。此类险种一般既能使被保险人获得保险保障，还能使投保人(或被保险人)收回保障金本金并可能获得高于银行同期存款利率的投资回报。

### 6. 家庭财产保险的附加险

投保人在投保上述家庭财产保险的基础上，还可以选择附加投保一些险种，主要包括盗抢险、现金和首饰盗抢险、家用电器用电安全保险、管道破裂及水渍保险、车辆盗抢险和第三者责任险等。

**案例6-2**

**被保险财产未受损失索赔案**

万某是一个音乐发烧友，家中有一套贵重的音响设备，某年2月，他为这套音响设备投保了家庭财产保险，保险期限一年。半年后，万某所在楼栋发生火灾，万某在火灾中除将这套音响设备全部抢救出来外，家中其他财产全部被焚毁，损失达50万元。火灾过后，万某来到保险公司索赔，遭到保险公司拒绝，理由是万某只为这套音响设备投保了家庭财产保险，其他财产均未参险，而这套音响设备现在并没有损失。请问：保险公司的拒赔是否合理？为什么？

【分析】：

保险公司完全拒赔是不合理的。原因在于万某牺牲其他未保险财产的目的是抢救保险财产，可以将其他未保险财产的损失视为抢救保险财产而支付的施救费用，被保险人为防止或减少保险标的的损失所支付的必要的、合理的施救费用应由保险人承担。保险公司应该给予部分或全部赔偿，但赔偿金额应控制在万某投保的保险金额限度内。

# 第三节　运输保险

## 一、运输保险的概念和特征

### (一) 运输保险的概念

运输保险(Transportation Insurance)是指以处于流动状态下的财产作为保险标的的一种保险业务，主要包括货物运输保险和运输工具保险。

这一类保险的共同特点是保险标的处于运输状态或经常处于运行状态，从而与火灾保险的保险标的要求存放在固定场所和处于相对静止状态是有区别的，因此不能被火灾保险所包含。

### (二) 运输保险的特征

尽管各类运输保险均具有自己的特色，如飞机在空中运行、船舶航行于海上、货物则被各种运输工具运载等，但它们作为同一类型的业务，又表现出如下总体特征。

#### 1. 保险标的具有流动性

这一特点决定了运输保险的保险标的及其风险很难为保险人所控制，货物运输中的风险甚至连被保险人也无法控制。

#### 2. 保险风险大而复杂

保险人在承保运输保险时，不仅需要承担运行过程中的风险，还需要承担该项标的在固定场所时可能遇到的风险(如货物转运过程中需要在仓库或码头存放，运输工具在停驶时需要停放在车库、机场、港口等)，从而扩大了相应的责任风险。

#### 3. 异地出险现象

由于保险标的的流动性，许多运输保险事故往往发生在异地，即远离保险合同签订地或被保险人所在地，甚至可能在异国他乡等。运输保险异地出险的现象，给保险人处理赔案增添了麻烦，为解决这一问题，通常需要采用委托查勘理赔的方式来处理运输保险赔案。

#### 4. 第三者责任大

一方面，货物运输保险中，由于货物直接受承运人控制，一旦受损，首先被追究责任的往往是保险人和被保险人之外的第三方——承运人，如果承运人确有责任，则保险人通常要行使代位追偿权；另一方面，各种运输工具一旦在运行中发生事故，往往损害第三者或公众的利益，如果受害人索赔属于保险责任范围，则保险人需要承担起对第三者的赔偿责任。因此，运输保险关系虽然仅存在于保险人与被保险人之间，但客观上要涉及第三方。

## 二、货物运输保险

货物运输保险是以运输中的货物为保险标的，以货物在运输过程中可能发生的有关风险作为保险责任的一种财产保险。

无论是在对内还是对外贸易中，商品使用价值的转移均离不开运输。在运输过程中，货物遭受自然灾害或意外事故的损失总是难免的，而根据各国有关运输方面的法律、法规的规定，承运人仅对因为自己的过错造成的货物损失负责，对于不可抗力造成的损失则不负责任。因此，对货物的所有者来说，无论其选择的是信誉多高的承运人，均有投保货物运输保险的必要。

由于货物运输保险保障的是运输过程中的货物的安全，因此该险种仅适用于收货人和发货人。在国际上，货物运输保险是由收货人还是发货人投保，通常由贸易合同明确规定，保险费往往包含在货物价格中。在我国，发货人与收货人均可投保。出于贸易的需要，按照惯例，货物运输保险单可经背书转让，保险权益随着物权单据如货运提单等的转让而随之转移。所以，货物运输保险中的被保险人会随着保险单的不断转让而多次发生改变，直至持有保险单的收货人出现为止。

### (一) 货物运输保险概述

#### 1. 货物运输保险的分类

货物运输分为海上、内河、航空、陆上和多式联运等多种方式，据此，货物运输保险也可以相应划分为水上货物运输保险、陆上货物运输保险、航空货物运输保险及联运保险等。

根据其承保的区域范围不同，又可以分为国内货物运输保险和涉外货物运输保险。

按照保险人承保责任范围不同，还可以划分为基本险、综合险和附加险等。

#### 2. 货物运输保险的保险责任范围

1) 基本险的保险责任范围

货物运输基本险主要承保各种保险责任范围内的自然灾害或意外事故给保险标的带来的损失，具体如下。

(1) 因火灾、爆炸及相关自然灾害所导致的货物损失。

(2) 因运输工具发生意外事故而导致的货物损失。

(3) 在货物装卸过程中的意外损失。

(4) 按照国家规定或一般惯例应当分摊的共同海损费用。

(5) 合理的、必要的施救费用等。

2) 综合险的保险责任范围

综合险不仅承保上述责任，还承保盗窃、雨淋等一般外来原因造成的货物损失。

#### 3. 货物运输保险的除外责任

无论是基本险还是综合险，保险人对下列原因导致的损失均不负责。

(1) 战争或军事行动。

(2) 被保险货物本身的缺陷或自然损耗。

(3) 被保险人的故意行为或过失。

(4) 核事件或核爆炸。

(5) 其他不属于保险责任范围内的损失等。

#### 4. 货物运输保险采用定值保险方式

货物运输保险属于定值保险，是以事先确定的保险金额作为保险人承担赔偿责任的最高限额，从而避免保险金额受市场价格波动的影响。

#### 5. 保险期限通常以约定航程为准

一般财产保险的保险期限通常为1年，而货物运输保险的保险期限通常以一个航程为准。如海洋货物运输保险就按照仓至仓条款的规定办理。

#### 6. 货物运输保险的保险费率厘定

货物运输保险保险费率的厘定通常要考虑所选用的运输工具、运输路径、运输方式、所经区域以及货物本身的性质与风险程度，保险人据此综合评价风险，并根据费率规章确定费率。如果投保人同时选择了附加险，则还需要另行计收附加保险费。

#### 7. 货物的损失检验与索赔

当运输货物发生损失时，需要对受损货物进行检验，检验时保险人或保险人的代理人与被保险人均应同时在场，以避免正式处理赔案时发生纠纷。被保险人索赔必须提供符合保险合同规范的各种单证，并接受保险人的审核。如果损失是由承运人的原因造成的，则保险人还可以依法行使代位追偿权。

### (二) 涉外货物运输保险

涉外货物运输保险的主要险种有海洋货物运输保险、陆上货物运输保险、航空货物运输保险和邮包险等。其中，海洋货物运输保险又分为平安险、水渍险、一切险，还有运输冷藏货物保险和海洋运输散装桐油保险等；陆上货物运输保险以承保火车、汽车运输为主，分为陆运险和陆运一切险；航空货物运输保险分为空运险和空运一切险；邮包险专门承保邮局递送的涉外货物，它需要兼顾海、陆、空三种运输工具的责任，亦分为邮包险和邮包一切险。上述险种与险别均依国际惯例制定相应的条款，不同险种之间的区别主要在于因运输工具的差异而在风险责任上有差别。以下主要介绍海洋货物运输保险的基本内容。

#### 1. 海洋货物运输保险的险别

海洋货物运输保险的险别可以分为三大类：基本险、附加险和专门险(如图6-1所示)。

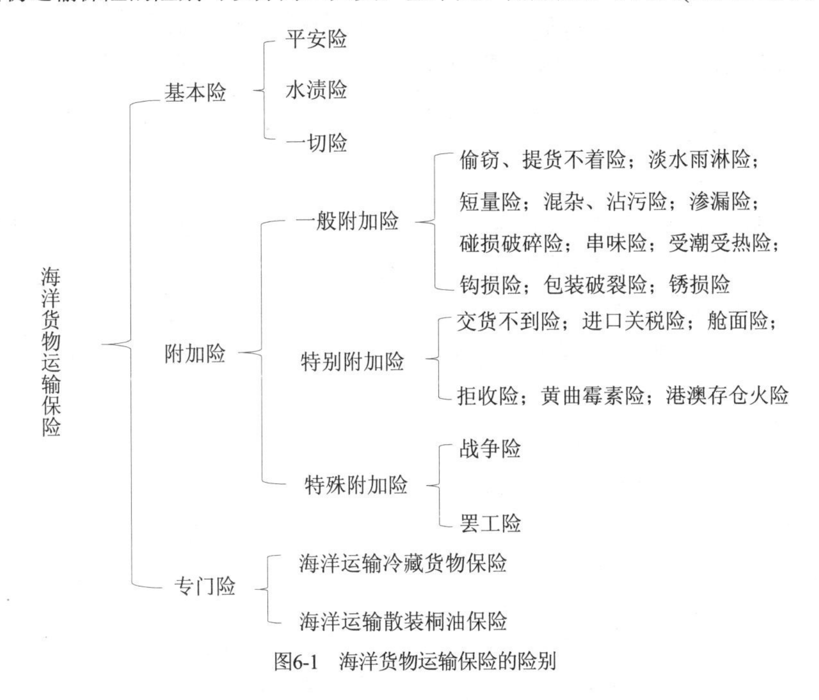


图6-1 海洋货物运输保险的险别

1) 基本险

基本险即主险，主要承保运输货物因保险责任范围内的自然灾害或意外事故所造成的损失，包括平安险、水渍险和一切险。基本险都是可以单独投保的。

在海运保险业务中，自然灾害并不是泛指一切由于自然力量造成的灾害，而是仅指恶劣气候、雷电、洪水、流冰、地震、海啸或火山爆发等人力不可抗拒的自然力量造成的灾害。海运保险中的意外事故也并不是泛指海上所有的意外事故，而仅指运输工具搁浅、触礁、沉没、船舶与流冰或其他物体碰撞以及失踪、失火、爆炸等。

2) 附加险

附加险是附着于基本险之下的险别，必须是在投保了基本险的基础之上才能附加投保。海洋货物运输保险的附加险包括一般附加险、特别附加险和特殊附加险三种。

(1) 一般附加险(11种)。一般附加险承保一般外来风险所造成的货物损失，包括：偷窃、提货不着险；淡水雨淋险；短量险；混杂、沾污险；渗漏险；碰损、破碎险；串味险；受潮受热险；钩损险；包装破裂险；锈损险。

(2) 特别附加险(6种)。特别附加险承保的货物损失原因往往同政治、国家行政管理以及一些特殊的风险相关联，包括：交货不到险、进口关税险、舱面险、拒收险、黄曲霉(毒)素险、出口货物到我国香港地区(包括九龙在内)或澳门地区存仓火险责任扩展条款。

(3) 特殊附加险(2种)。特殊附加险包括战争险和罢工险，主要承保由于战争、罢工等行为给被保险货物造成的直接损失以及由此引起的共同海损的牺牲、分摊和救助费用等。

3) 专门险

海洋货物运输专门险包括海洋运输冷藏货物保险和海洋运输散装桐油保险，可以单独投保。

### 2. 海洋货物运输保险的保险责任

1) 平安险的保险责任

平安险的保险责任范围包括：①运输途中因自然灾害造成的整批货物的全部损失；②意外事故造成货物的全部或部分损失；③运输工具已经发生意外事故后，货物又遭受自然灾害所造成的部分损失；④装卸或转运时货物落海造成的全部或部分损失；⑤抢救保护费用；⑥遭遇海难后在避难港产生的特别费用；⑦共同海损的牺牲、分摊和救助费用；⑧订有“船舶互撞责任条款”，其中规定应由货方偿还船方的损失。

2) 水渍险的保险责任

水渍险的保险责任范围是在平安险各项责任的基础上，还负责被保险货物由于恶劣气候、雷电、海啸、地震、洪水等自然灾害造成的部分损失。

3) 一切险的保险责任

一切险除包括平安险和水渍险的所有责任外，还包括由于一般外来原因造成的全部或部分损失(即水渍险加11种一般附加险)。

### 3. 海洋货物运输保险的除外责任

保险人对下列原因导致的损失均不负责。

(1) 被保险人的故意行为或过失造成的损失。

(2) 属于发货人责任所引起的损失。

(3) 在保险责任开始前，被保险货物已存在的品质不良或数量短缺所造成的损失。

(4) 被保险货物的自然损耗、本质缺陷、市价跌落、运输延迟所引起的损失或费用。

(5) 海洋货物运输战争险和罢工险条款规定的责任范围和除外责任。

### 4. 保险期限

海洋货物运输保险的保险期限适用仓至仓条款的规定，即其保险期间自货物从保险单载明的起运港(地)发货人的仓库或储存处所开始运输时生效，到货物运达保险单载明的目的港(地)收货人的最后仓库或被保险人用作分配、分派或非正常运输的其他储存处所为止。如未抵达上述仓库或储存处所，则以被保险人货物在最后目的港(地)卸离海轮满60日为止。

### 5. 保险金额

海洋货物运输保险采用定值保险方式，在确定保险金额之前，首先必须确定保险价值。其保险价值是按订立合同时货物在起运地的发票价格加上运输费用及保险费的总和计算，或按货物的到岸价估算，习惯上允许附加一定的预期利润。非贸易商品则以起运地的发票价格为基础确定保险价值，并以此确定保险金额。

#### 6. 保险费率

影响海洋货物运输险保险费率厘定的主要因素有：承运货物的运输工具和航程情况、货物的性质及包装和装载情况、装卸货物港口的管理和装卸情况、被保险人以往的索赔记录、保险险别、免赔额规定等。

我国的保险费率是参照国际保险费率水平并结合我国进出口贸易的需要确定的。在我国一般按照出口货物和进口货物制定不同的费率计收保险费。出口货物保险费率分为“一般货物费率”和“指明货物附加费率”两大类，另外还有根据各种特别或特殊附加险制定的附加费率。

#### 7. 被保险人的义务

当被保险人的货物运抵保险单所载明的目的港(地)后，被保险人应及时提货。因为被保险人能否及时提货关系到保险人的责任期限，货物存放在卸货港码头仓库或海关仓库的时间越长，发生损失的可能性就越大。被保险人提货时，若发现被保险货物已遭受损失，应立即向保险单上所载明的检验、理赔代理人申请检验。

被保险货物遭受保险责任范围内的损失时，应迅速采取合理的抢救措施，防止或减少货物的损失。如遇航程变更或发现保险单内所载明的货物、船名或航程有遗漏或错误，被保险人应立即通知保险人，如有必要还应加缴一定的保险费，保险单则继续有效。

案例6-3

**船舱内食用水管破裂索赔案**

我国某纺织品公司向澳大利亚出口坯布100包，该公司按合同规定投保水渍险，货在海运途中因舱内食用水管破裂，致使该批坯布中30包浸有水渍，但保险公司拒绝赔偿，为什么？

**【分析】：**

因为该公司投保的是水渍险，水渍险只对自然灾害和意外事故所造成的损失负责，而舱内食用水管破裂属于一般外来风险，不在水渍险的承保责任范围内。所以本例中该纺织品公司不能向保险公司索赔，但可凭清洁提单向船公司进行索赔。

### (三) 国内货物运输保险

国内货物运输保险险种主要有水路货物运输保险、陆路货物运输保险和航空货物运输保险等。此外，随着国内物流业的迅速发展，有些保险公司开设了相应的以物流企业的物流货物为承保标的的物流保险及相关附加保险新险种。下面主要介绍我国国内水路、陆路货物运输保险的部分内容。

#### 1. 保险责任范围

国内水路、陆路货物运输保险的险别分为基本险和综合险两种。保险货物遭受损失时，保险人按承保险别的责任范围承担赔偿责任。

(1) 基本险的保险责任范围：①因火灾、爆炸、雷电、冰雹、暴风、暴雨、洪水、地震、海啸、地陷、崖崩、滑坡、泥石流所造成的损失；②因运输工具发生碰撞、搁浅、触礁、倾覆、沉没、出轨或隧道、码头坍塌所造成的损失；③在装货、卸货或转载时，因遭受不属于包装质量不善或装卸人员违反操作规程所造成的损失；④按国家规定或一般惯例应分摊的共同海损的费用；⑤在发生上述灾害、事故时，因纷乱造成货物的散失，以及因施救或保护货物所支付的直接合理的费用。

(2) 综合险的保险责任范围。综合险除包含基本险责任外，保险人还负责赔偿：①因受震动、碰撞、挤压而造成破碎、弯曲、凹瘪、折断、开裂或包装破裂致使货物散失的损失；②液体货物因受震动、碰撞或挤压致使所用容器(包括封口)损坏而渗漏的损失，或用液体保藏的货物因液体渗漏而造成保藏货物腐烂变质的损失；③遭受盗窃或整件提货不着的损失；④符合安全运输规定而遭受雨淋所致的损失。

#### 2. 保险责任起讫期

保险责任的起讫期是自签发保险凭证和保险货物运离起运地发货人的最后一个仓库或储存处所时起，至该保险凭证上注明的目的地的收货人在当地的第一个仓库或储存处所时终止。保险货物运抵目的地后，如果收货人未及时提货，则保险责任的终止期最多延长至以收货人接到《到货通知》后的十五天为限(以邮戳日期为准)。

#### 3. 除外责任

由于下列原因造成保险货物的损失，保险人不负赔偿责任：①战争或军事行动；②核事件或核爆炸；③保险货物本身的缺陷或自然损耗，以及由于包装不善造成的损失；④被保险人的故意行为或过失；⑤全程是公路货物运输的，盗窃或整件提货不着的损失；⑥其他不属于保险责任范围内的损失。

#### 4. 保险金额

国内货物运输保险金额的确定依据包括起运地成本价、目的地成本价(货价加上运杂费)、目的地市场价等，由被保险人任选一种。

#### 5. 赔偿处理

一般情况下损失按起运地货价计算赔偿。按货价加运杂费确定保险金额的，保险人应根据实际按起运地货价加运杂费计算，但最高赔偿金额以保险金额为限。如果被保险人投保不足，保险金额低于货价，保险人对其损失金额及支付的施救或保护货物所支付的直接的、合理的费用，应分别计算，并且以不超过保险金额为限。其他第三者负责赔偿一部分或全部的，被保险人应首先向承运人或其他第三者索赔；如被保险人提出要求，保险人也可以先行赔偿，但被保险人应签发权益转让书给保险人，并且协助保险人向责任方追偿。

## 三、运输工具保险

运输工具保险是以各种运输工具本身和运输工具所引起的对第三者依法应负的赔偿责任为保险标的的保险。

按运输工具的不同，运输工具保险可以分为机动车辆保险、飞机保险、船舶保险和其他运输工具保险(包括铁路车辆保险、排筏保险等)。拥有各种运输工具的客运公司、货运公司、航空公司、航运公司及其他企事业单位和个人均可投保。

### (一) 机动车辆保险

机动车辆保险是以各种以机器为动力的陆上运输工具为保险标的的保险，包括各种汽车、摩托车、拖拉机和特种车辆等。机动车辆保险是运输工具保险中的主要业务，也是财产保险中业务量最大的险种，其保险费收入占到全部财产保险费收入的60%以上。

### 1. 车辆损失保险

车辆损失保险简称车损险，是指保险车辆本身遭受保险责任范围内的自然灾害或意外事故，造成保险车辆本身损失，保险人依照保险合同的规定给予赔偿的保险业务。

1) 保险标的

车损险的保险标的是各种机动车辆的车身及其零部件、设备等。

2) 保险责任

车损险的保险责任包括碰撞责任与非碰撞责任。

碰撞是指被保险车辆与外界物体的意外接触。碰撞责任是指因保险车辆发生碰撞，造成他人财产损失或人身伤害，需要由被保险人承担的赔偿责任。非碰撞责任则可以分为以下几类：①保险单上列明的各种自然灾害，如洪水、暴风、雷击、泥石流等造成的损失；②保险单上列明的各种意外事故，如火灾、爆炸、空中运行物体的坠落等造成的损失；③其他意外事故，如倾覆、冰陷、载运被保险车辆的渡船发生意外等造成的损失。

3) 除外责任

车损险的除外责任包括：①战争、军事行动或暴乱；②酒后开车、无有效驾驶证、人工直接供油；③受本车所载货物撞击；④两轮及轻便摩托车失窃或停放期间翻倒；⑤自然磨损、锈蚀，轮胎自身爆裂或车辆自身故障；⑥保险车辆遭受责任范围内的损失后未经必要修理而造成的损失扩大部分；⑦保险车辆遭受灾害事故导致的被保险人停业、停驶损失及各种间接损失；⑧被保险人或其驾驶人员的故意行为。对于被保险人故意行为或违章行为导致的损失，被保险人车辆自身缺陷导致的损失，以及未履行相应义务(如增加挂车而未事先征得保险人的同意等)情形下出现的损失，保险人均不负赔偿责任。

4) 保险金额

车损险采用不定值保险方式，其保险金额既可以按照投保时的新车购置价确定，也可以按照投保时的实际价值确定，还可以由双方协商确定，或者可以按照投保车辆的使用年限通过计算确定。

5) 保险费

车损险的保险费由基本保险费、保额保险费两部分组成。其中基本保险费是统一的，可以由各保险公司自行制定统一的费率来计算；保额保险费(保额保险费=保险金额×保险费率)则因投保车辆价值、投保人的不同而有较大区别。

6) 保险赔偿

当保险车辆发生保险损失时，保险人根据其受损情况进行赔偿，全损时按照保险金额赔偿，但以不超过重置价值为限；部分损失时，则按照实际修理费用赔偿。

(1) 全部损失。

$$赔偿金额=(保险金额或实际价值-残值)\times 事故责任比例\times(1-免赔率)$$

(2) 部分损失。

$$赔偿金额=(实际修复费用-残值)\times\frac{保险金额}{新车购置价}\times 事故责任比例\times(1-免赔率)$$

不同情形下，免赔率的比率不同：被保险人负全部责任时免赔率为20%；被保险人负主要责任时免赔率为15%；被保险人负同等责任时免赔率为10%；被保险人负次要责任时免赔率为5%。被保险人可以通过附加不计免赔险以避免免赔率的影响。

### 2. 机动车交通事故强制责任保险

机动车交通事故强制责任保险简称交强险，是由保险人对被保险机动车辆发生道路交通事故造成受害人的人身伤亡、财产损失，在责任限额内予以赔偿的强制性责任保险。其设置目的在于维护公众的安全与利益。自2004年5月1日《中华人民共和国道路交通安全法》实施起，交强险就被列入了我国法律强制保险的范围，是我国首个由国家法律规定实行的强制保险制度。

1) 交强险中的投保人、被保险人和受害人

交强险合同中的投保人是指与保险人订立交强险合同，并且按照合同负有支付保险费义务的机动车辆的所有人或管理人。被保险人是指投保人及其允许的合法驾驶人。交强险合同中的受害人是指因被保险机动车辆发生交通事故遭受人身伤亡或财产损失的人，但不包括被保险机动车辆本车车上人员和被保险人。

2) 交强险的责任限额

交强险的责任限额会根据被保车辆在道路交通事故中有无责任而有所差别：有责任的情况下，保险人对每次事故所有受害人的人身伤亡和财产损失所承担的责任限额为12.2万元，其中死亡、伤残11万元，医疗费用1万元，财产损失2000元。在无责任的情况下，财产损失赔偿限额是100元，医疗费用赔偿限额是1000元，死亡伤残赔偿限额是11000元。

3) 交强险的赔偿范围

当投保了交强险的车辆发生道路交通事故并造成被保险人及本车人员以外的受害人人身伤亡、财产损失时，保险人会在责任限额内予以赔偿。如医药费、诊疗费、住院费、住院伙食补助费等必要合理的费用都包含在内，因道路交通事故所造成的直接财产利益减损和间接财产利益减损也会进行赔偿。除此之外，如果发生人员死亡的情况，还会赔偿丧葬费、死亡补偿费等。

4) 交强险的除外责任

交强险不负责赔偿和垫付的费用包括：①因受害人故意造成的交通事故的损失，被保险人所有的财产和被保险机动车辆上的财产遭受的损失；②被保险机动车辆发生交通事故，致使受害人停业、停驶、停电、停水、停气、停产、通信或网络中断、数据丢失、电压变化等造成的损失，以及受害人财产因市场价格变动造成的贬值、修理后因价值降低造成的损失等其他各种间接损失；③因交通事故产生的仲裁或诉讼费用和其他相关费用。

### 3. 机动车第三者责任保险

机动车第三者责任保险简称商业三者险，是指被保险人或其允许的合格驾驶员在使用被保险车辆过程中，因意外事故造成第三者的人身伤害或财产损失，依法应由被保险人承担经济赔偿责任，保险人依照保险合同的约定，对超出机动车交通事故强制责任保险各分项责任限额以上的部分负责赔偿。赔偿限额由投保人和保险人协商确定。

商业三者险是被保险人在交强险之外，额外向保险人投保的第三者责任险，是一种非强制保险。由于交强险在对第三者的财产损失和医疗费用部分赔偿较低，被保险人可以考虑购买商业三者险作为对交强险的补充。

1) 事故责任认定

保险人依据被保险机动车辆一方在事故中所负的事故责任比例承担相应的赔偿责任。被保险人或被保险机动车辆一方根据有关法律、法规规定选择自行协商或由公安机关交通管理部门处理事故。未确定事故责任比例的，按照下列规定确定事故责任比例：①被保险机动车辆一方负主要事故责任的，事故责任比例为70%；②被保险机动车辆一方负同等事故责任的，事故责任比例为50%；

③被保险机动车辆一方负次要事故责任的，事故责任比例为30%。

涉及司法或仲裁程序的，以法院或仲裁机构最终生效的法律文书为准。

2) 赔偿限额

在承保第三者责任险时，因承保的风险是法律风险，承担的责任是不确定的民事损害赔偿责任，保险人通常以设置保险限额的方式来控制自己的风险，即保险人规定若干等级的每次责任事故的赔偿限额或累计赔偿限额，投保人可以选择，其保险费按照不同的赔偿限额收取。在我国，商业三者险的赔偿限额通常分为5万元、10万元、15万元、20万元、30万元、50万元、100万元、100万元以上8个档次。

#### 4. 车上人员责任险

车上人员责任险即车上座位险，是指被保险人允许的合格驾驶员在使用被保险车辆过程中发生保险事故，致使车内人员(包括驾驶员和乘客)人身伤亡，依法应由被保险人承担的赔偿责任，保险公司要按照保险合同规定进行赔偿。车上人员责任险是一种车辆商业险主险，负责赔偿被保险车辆交通意外造成的本车人员伤亡，但不包括被保险人。

车上人员责任险的保险金额由被保险人和保险公司协商确定，一般一个座位保额按1万元—5万元确定，投保人数不超过保险车辆行驶证的核定座位数，保险费也是按投保座位数计收的。

#### 5. 附加险

机动车辆的附加险是机动车辆保险的重要组成部分，目前我国机动车辆保险的附加险主要包括全车盗抢险、玻璃单独破碎险、车辆停驶损失险、车身划痕损失险、自燃损失险、新增设备损失险、发动机涉水损失险、代步车费用险、租车人人车失踪险、不计免赔率险和车上货物责任险等。

(1) 全车盗抢险。它承保的是整个保险车辆或保险挂车在停放中被盗或在行驶途中被劫，经向公安部门报案后，3个月以上仍未查到时，由保险人负责赔偿。

(2) 玻璃单独破碎险。它承保的是保险车辆本身的玻璃发生单独破碎时的损失。如玻璃被他人打碎或被飞起的石头击碎等均属保险责任，但被保险人或其驾驶人员的故意行为除外。

**案例6-4**

**汽车碰撞，车上人员受伤保险索赔案例**

张某和王某系同一家公司的同事，某五一假期相约拼车旅游，由张某担任驾驶员，使用车辆为张某已投保交强险和商业三者险的一辆自用汽车。旅行途中张某驾车突然失控，汽车撞上了路边一棵大树，王某遭受重伤。后经交警勘定张某承担全部责任。王某的家属要求张某赔偿医疗费和误工费等。张某向保险公司索赔，请问保险公司是否应该赔偿?

**【分析】**：

无论是交强险还是商业三者险，针对的都是车上人员以外的其他第三者的人身伤害或财产损失。而王某属于车上人员，不属于此案中保险公司的承保责任范围。因此王某可以向张某索赔，但张某的保险公司不应当承担对王某的赔偿责任。

### (二) 船舶保险

船舶保险是指以各种船舶、水上装置及其碰撞责任为保险标的的一种运输工具保险，它是传统财产保险业务的重要险种之一，在保险业的发展史上具有特殊的地位。

### 1. 船舶保险的适用范围

船舶保险适用于各种团体单位、个人所有或与他人共有的机动船舶与非机动船舶，以及水上装置等，一切船东或船舶使用人都可以利用船舶保险来转嫁自己可能遭遇的风险。投保船舶保险者必须有港务监督部门签发的适航证明和营业执照等。船舶保险的可保标的，包括运输船舶、渔业船舶、工程船舶、工作船舶、特种船舶及其附属设备，以及各种水上装置。对于建造或拆除中的船舶则要求另行投保船舶建造保险或船舶拆除保险，并按照工程保险原则来经营；对于石油钻井船、渔船等，一般另有专门的险种承保。

### 2. 船舶保险的保障内容

(1) 船舶的物质损失，主要是指船壳、机器(包括引擎、发动机、锅炉)、导航设备、燃料、给养等所有属于船舶自身即已附属于船上的财产的损失。

(2) 与船舶有关的利益。当船舶发生事故时，除了船只本身遭受的物质财产损失外，还会因船只停航、修理、沉没等使船舶所有人遭受各种利益损失，如运费、为完成航程所支付的营运费用、贷款利息、利润、保险费损失等，这些利益损失大部分可以在船舶保险中获得保障。

(3) 与船舶有关的责任，主要是指由于船舶事故应由船舶所有人负责赔偿的经济损失，包括：①民事侵权引起的第三者责任，如船舶碰撞责任；②法律规定的义务，如船东对船员的责任、消除航道油污责任等；③运输规定的责任，如船东对托运人应负的货损、货差责任。保险公司只保障这些责任的一部分，另一部分由船东保赔协会负责。

### 3. 船舶保险的保险责任范围

按照保险责任范围的大小不同，可以将船舶保险分为全损险和一切险两个基本险别。

(1) 全损险的保险责任。全损险承担由于下列原因所造成被保险船舶的全部损失。

① 地震、洪水、火山爆发、闪电或其他自然灾害。

② 搁浅、碰撞、触碰任何固定或浮动物体或其他物体或其他海上灾害。

③ 火灾或爆炸。

④ 来自船外的暴力盗窃或海盗行为。

⑤ 抛弃货物。

⑥ 核装置或核反应堆发生的故障或意外事故。

⑦ 全损险还承保由于下列原因所造成的被保险船舶的全损：装卸或移动货物或燃料时发生的意外事故；船舶机件或船壳的潜在缺陷；船长、船员恶意损害被保险人利益的行为；船长、船员和引水员、修船人员及租船人的疏忽行为；任何政府当局，为防止或减轻因承保风险造成被保险船舶损坏引起的污染，所采取的行动。但此种损失原因应不是由于被保险人、船东或管理人未恪尽职责所致的。

(2) 一切险的保险责任。一切险承保因上述原因所造成被保险船舶的全损和部分损失支出及下列责任和费用。

① 碰撞责任。一切险负责因被保险船舶与其他船舶碰撞或触碰任何固定的、浮动的物体或其他物体而引起被保险人应负的法律赔偿责任。

② 共同海损和救助。一切险负责赔偿被保险船舶的共同海损、救助、救助费用的分摊部分。共同海损是指船舶和船上所载货物遭遇共同危险时，为了共同安全，故意而合理地做出特殊的牺牲或额外支付的特殊费用。这种牺牲或费用应由同一航程中的船、货、运费三方按各自的获救价值进行分摊。救助是指被保险船舶遭受承保风险的袭击，单凭本身力量无法解脱其所处的困境时，请第

三者或第三者自愿前来提供帮助以解脱危险的行为。由此引发的费用称为救助费用。如果载货船舶遭受承保风险袭击，船上有关利益方均受到威胁，此项救助费用应列入共同海损费用，由各利益方按获救价值比例分摊。

③ 施救费用。施救费用是指由于承保风险造成船舶损失或船舶处于危险之中，被保险人为防止或减少根据本保险可以得到赔偿的损失而付出的合理费用，保险人应予以赔付。保险人对于施救费用的赔偿责任是在船舶保险其他条款规定的赔偿责任以外的一项约定，它不受碰撞责任和船舶损失赔偿金额的限制，但不得超过船舶的保险金额。

(3) 附加险。船舶保险的附加险主要是运费险、战争险和罢工险。附加险不能够单独投保，必须是投保了全损险和一切险以后才能附加投保。

#### 4. 船舶保险的除外责任

除保险合同另有约定外，保险人不负责下列原因所致的损失、责任或费用。

(1) 不适航，包括人员配备不当、装备或装载不妥，但以被保险人在船舶开航时，知道或应该知道此种不适航为限。

(2) 被保险人及其代表的疏忽或故意行为，这里所列的被保险人是指船舶所有人及其业务主管等，不包括船长和船员。

(3) 被保险人恪尽职责应予发现的正常磨损、锈蚀、腐烂或保养不周，或材料缺陷包括不良状态部件的更换或修理。

(4) 保险公司承保的战争和罢工险的责任和除外责任。

#### 5. 船舶保险的保险期限

船舶保险分为定期保险和航次保险。定期保险是船舶保险期限的主要形式，定期保险的期限最长为1年，最短不少于3个月，起止时间以保险单上注明的日期为准。航次保险以保险单订明的航次为准。

#### 6. 船舶保险的保险金额、保险费率及免赔额

船舶保险一般是定值保险，依据船舶的保险价值来确定，保险价值在签订保险合同时由双方商定。船舶保险通常采取一张保险单一个保险金额的形式，包括承保船舶本身的损失、碰撞责任和费用损失等，即上述三项损失均分别以船舶保险的保险金额为最高赔偿金额，从而属于高度综合的险种，附加险不发达。

船舶保险费率的厘定，需要综合考虑船龄、船型、船籍、航行水域、船舶状况、使用性质、船队规模、保险金额、经营管理状况等因素，同时参照历史损失记录和国际船舶保险界的费率标准确定。其中航行水域是十分重要的因素。

免赔额的规定是指保险人对承保风险所致的被保险船舶的损失进行赔偿时，对每次事故要扣除保险单规定的免赔额，但对碰撞责任、救助、共同海损及施救的索赔不扣除免赔额。各国根据情况对免赔额的设定不同。有的国家有绝对免赔额，有的国家根据事故的类型确定或不设定免赔额，有的国家未设定免赔额。

#### 7. 船舶保险的赔偿处理

当发生保险事故后，被保险人应当及时通知港务监督部门进行事故调查处理，保险人也要及时参与。在赔偿时需要注意的事项包括：严格审核事故的性质，区分保险责任与除外责任；对碰撞事故要严格区分碰撞双方或多方的责任，按责论处；对船舶本身损失、碰撞责任的赔偿以保险金额为

最高限额分别计算赔偿，对有关费用则需要根据情况在保险人与被保险人之间或有关各方之间进行分摊。

### (三) 飞机保险

飞机保险又称航空保险，是以飞机及其相关责任风险为保险对象的一类保险。

飞机作为现代高速运输工具，单机价值高、风险大，且飞机失事会同时产生所载乘客、货物及第三者的损害赔偿问题，飞机保险已发展成为一揽子保险，保险公司往往采取多家共保或承保后寻求分保的措施来控制风险。英、美等国早期的飞机保险走的就是集团共保的道路，现在的飞机保险更是国际再保险业务的重要来源。

#### 1. 飞机保险的险种及其保险责任

飞机保险分为基本险和附加险。基本险包括飞机机身保险、飞机第三者责任保险和飞机旅客法定责任保险，其中机身保险是最主要的业务。附加险主要包括飞机战争、劫持保险和飞机承运人货物责任保险。

1) 飞机机身保险

飞机机身保险承保各种类型的客机、货机、客货两用机以及从事各种专业用途的飞机属于保险范围的机身及其附件的意外损坏或损失的风险。它适用于任何航空公司、飞机拥有者、有利益关系者以及看管、控制飞机的人。保险人对飞机机身的承保责任通常以一切险方式承保，即除外责任以外的任何原因造成的损失或损坏，保险人均负责赔偿。机身险的保险金额通常采取不定值方式承保，但也有保险公司对飞机机身采取定值保险的方式，对飞机的赔偿一般是在保险限额内选择现金赔付或置换相同的飞机。

2) 飞机第三者责任保险

飞机第三者责任险专门承保飞机在保险期间可能造成第三者的损失且依法应由被保险人承担经济赔偿责任的风险，其性质类似于机动车辆第三者责任保险。它实行赔偿限额制。

3) 飞机旅客法定责任保险

飞机旅客法定责任险承保旅客在乘坐或上下被保险飞机时发生意外，致使旅客受到人身伤害，或随身携带和已经交运登记的行李的损失，根据法律或合同应由被保险人承担的赔偿责任。保险责任一般从乘客起点验票后到终点离开机场止。国际航空承运人对乘客的赔偿责任按照《国际民航航空公约》的规定执行，国内航空承运人对乘客的赔偿责任一般由所在国家的航空法律来规定。

4) 飞机战争、劫持保险

飞机战争、劫持保险是以飞机为保险标的，凡由于战争、敌对行为或武装冲突、拘留、扣押、没收、被劫持和被第三者破坏等原因造成的被保险飞机的损失和费用，以及引起的被保险人对第三者或旅客应负的法律责任或费用，由保险人负责赔偿。在西方国家，飞机战争险与飞机劫持险是两个险种，在我国通常在一张保单项下予以承保。

5) 飞机承运人货物责任保险

凡办好托运手续装载在被保险飞机上的货物，如在运输过程中发生损失，根据法律、合同规定应由承运人负责的，由保险人给予赔偿。

案例6-5

**“6・22”武汉空难保险理赔案**

2000年6月22日15时16分，武汉航空公司一架机号为B3479的国产运七型小型客机从湖北恩施飞往武汉，在汉阳永丰乡四台村汉水边失事，4名机组人员和38名乘客全部遇难，同时将岸边一水泵船撞入水中，船上7名正在作业的工人也同时遇难。

武汉航空公司于2000年3月15日为该飞机在太平洋保险公司武汉分公司投保2000万元的机身险和5000万元的第三者责任险及每一座位7万元的乘客法定责任险，总计保险金额7550万元，保险期限一年。另外武汉航空公司于2000年4月在中国人民保险公司湖北分公司的国际部投保了雇主责任险，确定每位机组成员最高赔偿限额为24.3万元。遇难的38名乘客中有20名投保了中国人寿保险公司的航意险。

事故发生后，武汉航空公司立即通知了各保险公司，经过现场勘查，认定此次事故属于保险责任范围，保险公司分别进行了相应赔付。其中雇主责任险共支付97.2万元，航意险赔付400万元，机身险、第三者责任险及每一座位7万元的乘客法定责任险也都相应予以支付。

(资料来源：www.baiven.com)

**2. 飞机保险的除外责任**

(1) 飞机机身保险的除外责任，包括：战争和军事行动；飞机不符合适航条件而飞行；被保险人及其代理人的故意行为；飞机任何部件的自然磨损或制造及结构缺陷；飞机受损后引起被保险人停航、停运等间接损失；不合格驾驶员驾驶飞机。

(2) 飞机第三者责任险的除外责任，包括：战争和军事行动；飞机不符合适航条件而飞行；被保险人的故意行为；因飞机事故产生的善后工作所支出的费用；被保险人及其工作人员和本机上的旅客或其所有以及代管的财产。

(3) 飞机旅客法定责任保险的除外责任，包括：非保险合同所称旅客的人身伤亡和财产损失；无有效驾驶执照的驾驶人员驾驶承运人的交通工具所造成的损失；旅客因疾病、分娩、自残、斗殴、自杀、犯罪行为所造成的人身伤亡和财产损失；旅客在交通工具以外遭受的人身伤亡和财产损失；旅客随身携带物品或者托运行李本身的自然属性、质量或者缺陷造成的损失。

**3. 飞机保险的保险金额、保险费率与免赔额**

飞机保险一般采用定值保险的方式。飞机机身保险的保险金额可按净值确定，也可由双方协商确定；飞机第三者责任险的赔偿限额按照不同的飞机机型确定，以保险单附表规定的最高赔偿金额为限。

飞机保险费率根据飞机种类、用途、航行范围、保险险种、保险金额和飞机维护保养情况而定。飞机机身保险费和责任保险费的计算和收取方法是不一样的。前者一般是按照保险金额的一定比例收取；而后者的计费方式可以按固定的金额收取，也可以按实际承担责任的一定比例收取。

为了减少小额赔款并促使被保险人加强责任感，飞机保险一般都有免赔额的规定，由航空公司自负一部分责任，损失在免赔额以下的不向保险公司索赔，保险公司只负担超过免赔额的部分。

## 第四节　工程保险

工程保险体系与制度的建立和发展，减少了工程风险的不确定性，保障了工程项目的财务稳定性，并通过保险公司的介入提供专业风险管理服务从而在很大程度上消除了一直困扰工程建设的工程质量、工期保证、支付信用等诸多问题，对规范和约束建筑市场主体行为，维护建筑市场秩序起到不可替代的作用。

## 一、工程保险的概念及特征

### (一) 工程保险的概念

工程保险(Engineering Insurance)是指以各种在建工程项目作为主要承保标的的一种财产保险，它是适应现代工程技术和建筑业的发展，由火灾保险及责任保险等演变而成的一种综合性财产保险，保险人对参与保险的工程项目在工程建设期间乃至工程结束以后一定时期内由于自然灾害和意外事故造成的物质财产损失和第三者责任进行赔偿。

传统的工程保险仅指建筑工程保险和安装工程保险两种。随着各种科技工程的迅速发展，工程保险的承保对象也随之扩大，形成了科技工程保险。目前，建筑工程保险、安装工程保险和科技工程保险已经构成了工程保险的三大主要业务来源。

### (二) 工程保险的特征

#### 1. 承保风险广泛

在各种工程保险合同中，保险人不仅承担着火灾保险的风险，也承担着工程建设本身所具有的各种风险，还承担着相关责任风险。保险人通常采取一切险的方式承保，承保的风险责任是除外责任之外的一切风险责任，而列明不保的风险责任往往属于少数。因此，在工程保险中保险人承担的风险责任是相当广泛的。

#### 2. 保险关系复杂

在工程保险中，保险标的涉及多个利益关系人，如项目所有人、施工单位、技术顾问以及债权方等，各方均对保险标的具有保险利益，都具备对该工程项目的投保人资格，也都能成为该工程项目中的被保险人，从而使保险关系较其他财产保险更为复杂，保险人对此需要采取交叉责任条款来进行规范与制约。

#### 3. 不同险种的内容相互交叉

各种建筑工程项目中往往包含有安装工程项目，安装工程项目中也通常有建筑工程项目，科技工程项目中既有建筑工程项目又有安装工程项目，这一现象使得各种工程保险具有了一定程度的相通性。因此，这类业务虽有险种差异、相互独立，但内容多有交叉，在经营上也有共通性。

#### 4. 工程保险承担的主要是技术风险

现代工程建设的技术含量很高，专业性极强，它们对于一般的自然风险通常具备相应的抵御能力，许多工程事故的发生往往是技术不良或未按照技术规程操作而导致的。因此，工程保险是技术性较高的保险业务，尤其是科技工程保险更是代表了现代保险业的最高水平。

## 二、建筑工程保险

建筑工程保险简称建工险，是指以各类民用、工业用和公用事业用的建筑工程项目为保险标的的工程保险，保险人承担对被保险人在工程建筑过程中由自然灾害和意外事故引起的一切损失的经济赔偿责任。

### (一) 建筑工程保险的适用范围

建筑工程保险适用于各类民用、工业用和公共事业用的建筑工程项目。如房屋、道路、桥梁、港口、机场、水坝、娱乐场所、管道以及各种市政工程项目的建筑等，均可投保建筑工程险。

建筑工程保险的被保险人包括项目所有人、工程承包人(主承包人和分承包人)、技术顾问(建筑师、设计师、工程师和其他专业技术顾问等)及贷款银行等其他关系方。当存在多个被保险人时，一般由一方出面投保，并负责支付保险费，申报保险期间风险变动情况，提出原始索赔等。

大部分建筑工程保险单附加交叉责任条款，无须相互追偿。该条款一般规定保险单第三者责任保险适用于本保单所载明的每一个被保险人，对他们之间相互造成的第三者责任，就如同保险人对每一个被保险人签发独立的保险单一样均予负责，这样就免除被保险人之间相互进行追偿。

### (二) 建筑工程保险承保的项目内容

建筑工程保险承保的项目内容广泛，既有物质财产及其利益部分，也有第三者责任部分，为了方便确定保险金额，在建筑工程保险单明细表中列出的保险项目通常包括如下几个部分。

#### 1. 物质损失部分

建筑工程险的物质损失包括建筑工程本身，工程所有人提供的物料和项目，安装工程项目，建筑用机器、装置及设备，工地内现成的建筑物，场地清理费，以及所有人或承包人在工地上的其他财产等七项。每一项均须独自确定保险金额，七项保险金额之和构成建筑工程险物质损失项目的总保险金额。

#### 2. 第三者责任部分

它是指被保险人在工程保险期间因意外事故造成工地及工地附近的第三者人身伤亡或财产损失依法应负的赔偿责任，保险人对该项责任采用赔偿限额制。赔偿限额由保险双方当事人根据工程责任风险的大小商定，并在保险单内列明。

#### 3. 特种风险赔偿

它是指对保险单上列明的地震、洪水等特种风险造成的各项物质损失的赔偿。一般而言，保险人为了控制建筑工程中的巨灾风险，通常对保单中列明的特种风险单独规定赔偿限额，无论保险期间发生一次或多次保险事故，保险人的赔偿均不得超过该限额。

### (三) 建筑工程保险的保险责任范围

(1) 自然灾害。建筑工程保险所承保的自然灾害包括地震、海啸、雷电、飓风、台风、龙卷风、暴风、暴雨、洪水、水灾、冻灾、冰雹、地陷下沉、山崩、雪崩、火山爆发及其他人力不可抗拒的破坏力强大的自然现象。

(2) 意外事故。建筑工程保险所承保的意外事故是指不可预料的以及被保险人无法控制并造成物质损失或人身伤亡的突发性事件，包括火灾、爆炸、飞机坠毁或物体坠落等。

(3) 人为风险。人为风险包括盗窃、工人或技术人员缺乏经验、疏忽、过失、恶意行为等。

(4) 清理保险事故现场所需费用。

(5) 第三者责任。第三者责任包括在保险期间因建筑工地发生意外事故造成工地及邻近地区的第三者人身伤亡和财产损失且依法应由被保险人承担的赔偿责任，以及事先经保险人书面同意的被保险人因此而支付的诉讼费用和其他费用。

(6) 在建筑工程一切险中，未列入除外责任且不在上述风险责任范围的其他风险责任。

### (四) 建筑工程保险的除外责任

除了财产保险中的例行责任免除外，建筑工程保险的除外责任还包括如下几项。

(1) 错误设计引起的损失、费用或责任，其责任在设计方，应由直接责任者负责。

(2) 置换、修理或矫正标的本身原材料的缺陷或工艺不善所支付的费用，引起的机械或电器装置的损坏或建筑用机器、设备损坏。

(3) 保险标的的自然磨损和消耗。

(4) 停工引起的损失。

(5) 领有公共运输行驶执照，或已由其他保险予以保障的车辆、船舶和飞机的损失。

(6) 各种违约后果如罚金、耽误损失等。

(7) 其他除外责任。

### (五) 建筑工程保险的责任限额

建筑工程保险的责任限额是指保险人承保的危险损失补偿限额，包括以建筑工程中的财产物资为保险标的而确定的保险金额、以第三者责任危险为保险标的的赔偿限额和保险双方协商确定的免赔额。

在保险金额方面，按不同的承保项目分项确定。其中建筑工程本身一般以该工程的总造价为保险金额，包括设计费、材料设备费、施工费、运杂费、税款及保险费等项；考虑到施工期间多种因素的变化，如原材料价格的涨跌等，保险人一般让投保人根据计划价投保，待工程完毕后再按实际造价对保险金额予以调整；其他承保项目的保险金额则以投保标的的实际价值或重置价值为依据由保险双方协商确定。此外，因地震、洪水等特约灾害造成损失的，保险人一般另行规定赔偿限额，按保险金额的一定比例(如80%)计算。

在赔偿限额方面，一般对第三者的财产损失和人身伤亡分项确定赔偿限额，并按每次事故，整个保险期间的危险情况确定累计赔偿限额。

在免赔额方面，保险人一般根据工程本身的危险程度、工地上的自然地理条件、工期长短、保险金额的高低以及不同的承保项目等因素与被保险人协商确定。在建筑工程保险市场上，合同工程项目的免赔额一般为该工程项目保险金额的0.5%~2%；机器设备项目的免赔额一般为保险金额的5%左右；有的保险人对地震、洪水等造成的损失还要规定单独的免赔额。

### (六) 建筑工程保险的保险费率

建筑工程保险在厘定保险费率时需综合考虑下列因素：保险责任的大小；保险标的本身的危险程度；承包人的技术水平和管理水平；承包人及工程其他关系方的资信状况；保险金额、赔偿限额及免赔额的高低。再结合以往承保同类业务的赔付情况，制定出比较合理的费率标准。

由于保险金额要在工程完毕后才能真正确定，保险费的计收也应在订立合同时预收，期满时多退少补。

### (七) 建筑工程保险的保险期限

与一般财产保险不同的是，建筑工程保险采用的是工期保险单，即保险责任的起讫通常以建筑工程的开工到竣工验收合格为期。

对大型、综合性建筑工程，如有各个子工程分期施工的情况，则应分项列明保险责任的起讫期。

### (八) 建筑工程保险的赔偿责任

保险人承担的赔偿责任根据受损项目分项处理，并适用于各项目的保险金额或赔偿限额。如保险损失为第三者引起，适用权益转让原则，保险人可依法行使代位追偿权。

**案例6-6**

**隧道施工工程塌方拒赔案例**

某年5月底，甲保险公司接到某公路施工隧道塌方事故的报案。被保险人称：隧道施工掘进与支护系按照设计要求进行，施工中根据对地质情况变化的了解，被保险人事先采取了缩小进尺、超前小导管注浆等工艺强化措施。事故发生前正在对隧道拱壁初喷，发现掌子面掉块，判断有塌方可能，即指挥工人撤离，随后塌方事故发生。被保险人对事故原因的分析为：①地质报告有一定偏差，原勘查认为该处为弱风化层，实际是强风化层；②事故发生点对应于山体凹处，覆盖层较薄；③冬季降水多致裂隙水量较大。

接到报案后，保险人迅速委托公估人查勘。公估人到达现场时，塌方现场尚在封闭状态，由于事故点及附近被土、石等完全封堵，公估人无法进入，便通过其他方式了解情况。从施工图和了解到的情况，可以明确本案事故发生于隧道掘进位置附近，该位置垂直覆盖面系山体凹处，图上标明该位置及附近为断裂带。公估人注意到被保险人正在制作的格栅所用钢材规格与设计要求不符，遂提出质疑。被保险人回答，正在制作中的格栅非该处隧道所用，否认了公估人的质疑。公估人另外做了必要的询问。

查勘结束后，公估人要求被保险人在现场清理后立即通知复勘，并明确需要对实际应用格栅钢材勘查，要求被保险人注意保留证据。

初次查勘结束后，公估人几次联系被保险人询问现场清理情况，要求复勘，但是被保险人均报称现场未清理完。由于感到时间已经较长，公估人决定到现场做第二次查勘。当查勘人员到达现场时，看到被保险人实际上早已将本案事故发生时的塌方现场清理完毕，隧道的正常挖掘工作正在进行。经询问得知，本案事故原发现场的实物证据均没有保留，特别是公估人初次查勘后要求被保险人保留的事故发生段的格栅，也被告知已经处理完毕，没有保留。通过第二次查勘工作，公估人确认了塌方段位置和深度，对事故发生位置附近格栅间距做了测量，并与被保险人共同认定了测量数据，从而确认本案事故发生前隧道施工所实际安放的格栅的间距大于1000mm，不符合设计所规定的800mm的要求。

根据查勘了解的情况和被保险人的主张依据，保险人对本案拒赔，理由为：

(1) 被保险人在隧道塌方事故现场清理后，未通知查勘人及时查勘，从而影响了对案发前施工实际情况的确认。初期查勘时在现场看到的制作格栅所用螺纹钢规格为ø22mm，而不是设计要求的ø25mm，虽然被保险人否认该格栅用于事故发生段，但无证据支持。

(2) 虽然被保险人分析认为地质报告有一定偏差，但是地勘资料和施工图都清楚标明事故发生点处于断层附近，并且由于被保险人没有提供隧道施工通过断层的设计或工艺措施方案，使得其报称的“隧道施工掘进与支护系按照设计要求进行”这一情况缺乏依据。

(3) 隧道施工实际执行的格栅间距明显违反设计规定，大幅度降低了设计要求。

(4) 依据保单约定：“除外责任包括因原材料缺陷或工艺不善引起的保险财产本身的损失以及为置换、修理或校正这些缺点错误所支付的费用。”判定本案事故原因属保险除外责任。

经沟通，本案被保险人接受了保险人拒赔意见。

(资料来源：www.sohu.com)

## 三、安装工程保险

### (一) 安装工程保险的概念与适用范围

安装工程保险简称安工险，是指以各种大型机器设备的安装工程项目为承保对象的工程保险。它专门承保在新建、扩建或改建的工矿企业的机器设备或钢结构建筑物的整个安装、调试期间，由于责任免除以外的一切危险造成保险财产的物质损失、间接费用以及安装期间造成的第三者财产损失或人身伤亡而依法应由被保险人承担的经济责任。

各种工厂的机器设备、储油罐、钢结构工程、起重机、吊车等的安装均可投保安装工程保险。

安装工程项目的所有人、承包人、分承包人、供货人、制造商等各方均可成为安工险的投保人，但实际情形往往是一方投保，其他各方可以通过交叉责任条款获得相应的保险保障。

### (二) 安装工程保险的特点

(1) 以安装项目为主要承保对象，各种大型机器设备则是基本的保险标的，还可以包括附属建筑项目。

(2) 承保的危险主要是人为危险。在安装工程施工过程中，机器设备本身的质量，安装者的技术水平、责任心，安装中的电、水、气供应以及施工设备、施工方式方法等，都是导致危险发生的主要因素。因此，安装工程虽然也面临着自然危险，保险人也承保着多项自然危险，但与人的因素有关的危险却是该险种中的主要危险。

(3) 安装工程的风险分布具有明显的阶段性。在安装工程保险中，危险并非平均分布，而是集中在最后的试车、考核和保证阶段，而此前由于机器设备没有正常运转，许多危险就不易发生和发现。也就是说，虽然危险事故的发生与整个安装过程有关，但只有到安装完毕后的试车、考核和保证阶段，许多问题及施工中的缺陷才会充分暴露出来。因此，安装工程事故也大多发生在安装完毕后的试车、考核和保证阶段，这是保险人应充分注意的。

### (三) 安装工程保险的项目内容

与建筑工程保险一样，安装工程保险的项目内容也可以分为物质损失、第三者责任和特种风险赔偿三类。其中，安装工程保险的物质损失部分包括安装项目、土木建筑工程项目、场地清理费、所有人或承包人在工地上的其他财产等五项。各项标的均须明确保险金额。安装工程保险的第三者责任与建筑工程保险的类似，既可以作为基本保险责任，也可以作为附加或扩展保险责任。

### (四) 安装工程保险的保险责任范围

安装工程保险的保险责任除与建筑工程保险的部分相同以外，一般还有以下几项内容。

(1) 安装工程出现的超负荷、超电压、碰线、电弧、漏电、短路、大气放电及其他电气引起的事故。

(2) 安装技术不善引起的事故。

### (五) 安装工程保险的除外责任

安装工程保险物质财产部分的除外责任多数与建筑工程险相同，所不同的是：建筑工程险将设计错误造成的一切损失除外；而安装工程险对设计错误本身的损失除外，对由此引起的其他保险财产的损失予以负责。

### (六) 安装工程保险的保险费率

(1) 安装项目。对土木建筑工程、所有人或承包人在工地上的其他财产及清理费为一个总的费率，整个工期实行一次性费率。

(2) 试车为一个单独费率，是一次性费率。

(3) 保证期费率，实行整个保证期一次性费率。

(4) 各种附加保障增收费率，实行整个工期一次性费率。

(5) 安装、建筑用机器、装置及设备为单独的年费率。

(6) 第三者责任保险，实行整个工期一次性费率。

### (七) 安装工程保险的保险期限

安装工程保险的保险期间包括从开工到完工的全过程，由投保人根据需要确定。与建工险相比，安工险项下多了一个试车考核期间的保险责任。

## 四、科技工程保险

科技工程保险与建筑工程保险和安装工程保险有很多相似之处，但这类保险业务更具专业技术性、开拓性和危险性，且与现代科学技术的研究和应用有直接关系。因此，不能被一般的建筑工程保险和安装工程保险所包括。

科技工程的开拓性和危险性决定了无论人们采取多么严密的防范措施，都不可能完全避免科技工程事故的发生，科技工程一旦发生事故，其损失往往以数亿元甚至数百亿元计，进而有可能波及政局及社会的稳定。因此，世界各国尤其是科技发达的国家，在开发科技工程时，无一不以保险作为转嫁其危险损失的工具和后盾。

目前，在财产保险市场上，保险人承保的科技工程保险业务主要有海洋石油开发保险、航天工程保险、核能工程保险等，其共同特点就是高额投资、价格昂贵且分阶段进行，保险人既可以按科技工程的不同阶段投保，也可以连续投保。

### (一) 海洋石油开发保险

海洋石油开发保险面向的是现代海洋石油工业，它承保从勘探到建成、生产整个开发过程中的风险，海洋石油开发过程的所有人或承包人均可投保该险种。

海洋石油开发工程一般可划分为四个阶段：普查勘探阶段、钻探阶段、建设阶段、生产阶段。每一阶段均有若干具体的险种供投保人选择。每一阶段均以工期作为保险责任起讫期。当前一阶段完成，并证明有石油或有开采价值时，后一阶段才得以延续，被保险人亦需要投保后一阶段的保险。因此，海洋石油开发保险作为一种工程保险业务，是分阶段进行的。此外，海洋石油开发保险的正常运行还必须以再保险为前提条件，以避免保险人的财务危机。

海洋石油开发保险主要的险种有：勘探作业工具保险、钻探设备保险、费用保险、责任保险、建筑安装工程保险。

在承保和理赔方面，海洋石油开发保险与其他工程保险业务均具有相通性。

### (二) 航天工程保险

航天工程保险是以航天工业为标的的一种工程保险，具体包括发射前保险、发射保险和寿命保险等。航天工业是指研制、安装、发射包括卫星、运载火箭、航天飞机等各种航天产品在内的新兴高科技产业。航天工程保险的保险人在承保时比较注重航天产品的质量，并将再保险作为承保后风险管理的重要环节。

航天工程保险的保险金额一般分阶段确定。其中，发射前的航天保险以航天产品的制装总成本为依据来确定保险金额；发射后的保险则以工作效能为依据确定保险金额。

航天保险的费率厘定，主要考虑航天产品的质量与信誉，以航天保险市场上的损失率为主要依据。

#### (三) 核能工程保险

核能工程保险是以核能工程项目为保险标的，以核能工程中的各种核事故和核责任风险为保险责任的科技工程保险。核能工业是以核电站为主体的新兴能源工业，它是随着核能技术的进步及其由军用转向民用方向发展而出现的新兴科技产业，是各国为了解决本国能源不足问题所采取的重要举措。核能保险是核能民用工业发展的必要风险保障措施，是对其他各种保险均将核子风险除外不保的一种补充，也是财产保险承保人非常重视的高科技保险业务。

核能工程保险中主要是核电站保险，它以核电站及其责任风险为保险对象，险种主要有财产损毁保险、核电站安装工程保险、核责任保险和核原料运输保险等。在保险经营方面，保险人一般按照核电站的选址勘测、建设、生产等不同阶段提供相应的保险，从而在总体上仍然具有工期性。当核电站正常运转后，则可以采用定期保险单承保。

作为一类新兴的科技工程保险业务，核能工程保险起源于20世纪50年代，其特点是因风险具有特殊性而需要有政府作为后盾。各国政府有关核损害事故的法律、法规等也规定了核事故中应按绝对责任来承担损害赔偿责任，并对保险人在责任险项下的超赔给予财政补贴。由于核能保险需要有政府的配合及直接支持，因此，在整个财产保险中，核能保险具有明显的政策性保险的特点。

#### (四) 船舶工程保险

船舶工程保险是以被保险人建造或拆除船舶及各种海上装置过程中所造成的船舶和设备损失及第三者责任为保险标的的工程保险。它主要承保各类船舶及海上装置(如石油钻井平台)在整个建造和拆除期间陆上、海上的各种风险。船舶工程保险主要有船舶建造保险和拆船保险。

# 第五节　农业保险

农业是国民经济的基础，农业保险作为财产保险的重要组成部分，是为农业生产发展服务的一种重要风险管理工具。农业保险是市场经济国家扶持农业发展的通行做法，也是我国解决三农问题的重要举措之一。通过政策性农业保险，可以在世贸组织规则允许的范围内，代替直接补贴对我国农业实施合理有效的保护，减轻自然灾害对农业生产的影响，稳定农民收入，促进农业和农村经济发展。

## 一、农业保险的概念和特征

#### (一) 农业保险的概念

农业保险是专为农业生产者在从事种植业、林业、畜牧业和渔业生产过程中可能遭到的自然灾害或意外事故所造成的经济损失提供保障的一种保险。

农业保险是财产保险的一种，我们需要将其与农村保险相区分。农村保险是一个地域性的概念，它是指在农村范围内所举办的各种保险的总和。农村保险不仅包括农业保险、农业生产者的家庭财产保险和人身保险，还包括乡镇企业的各种财产、人身、责任等保险种类。

### (二) 农业保险的特征

#### 1. 农业保险涉及的范围广

在农业保险经营实践中，因为自然风险需要大范围承保才能分散，无论是种植业保险还是养殖业保险，都是大规模或大面积投保与承保，一旦危险发生，承保人就要投入大量的精力来处理，农业保险的这个特点决定了开办此类保险业务的机构必须具备相当雄厚的经济实力，并具备懂得农业生产技术背景的经营人才储备，在理赔中甚至还需要借助现代科学技术(如遥感技术等)。

#### 2. 农业保险受自然风险和经济风险的双重制约

农业是一个特殊的产业部门，是自然再生产和经济再生产的统一体，因此经常受到自然风险和经济风险的双重影响，而其中最突出的是自然灾害风险。

农业面临各种气象灾害和生物灾害，如水灾、冰雹、低温灾害、干热风、病虫害等，多数灾害只对农业生产构成严重威胁，从而与其他财产风险所面临的风险结构具有较大的差异性。主要是因为农业生产中除土地是基本的生产资料外，主要劳动对象是有生命的动植物，动植物的生长具有周期性、生命性、连续性等特征，受自然条件、生态环境影响大。

#### 3. 农业保险面临的风险季节差异和地域差异大

我国幅员辽阔，自然环境复杂多样，而且呈明显的地带性与非地带性地域差异，自北向南依次出现寒温带、中温带、暖温带、亚热带、热带、赤道6个气候带，决定了农业风险区域性强，表现出不同区域间农业保险的险种，标的种类，风险事故的种类及周期、频率、强度差异，这造成农业保险单位经营区划、费率的厘定与区分复杂，投入资金与技术的成本十分昂贵。

#### 4. 农业保险投入大，赔付率高

由于农业生产是分散作业，农民居住又相当分散，加之农业致损的理赔需要专门技术，致使保险经营成本无形中扩大。

同时，由于农业生产面临的风险大，损失率高，保险赔付率通常也很高，保险人想要通过农业保险赚取利润比通过其他财产保险业务更为困难。因此，农业保险被许多保险公司视为畏途，真正成功的农业保险模式较为罕见。

#### 5. 农业保险需要政府的扶持

由于自然灾害、疫病突发的大面积、不可预期性，使保险公司从技术上无法回避风险，风险大、赔付率高，所收取的保费不足以维持赔付，保险产品经常处于微利甚至亏损的境地。因此，只有通过有关政策给予扶持，保险公司才可能实现相关方面业务经营的稳定发展。

国际经验与国内已有实践表明，农业保险的发展离不开政府的支持，包括财政税收、贷款政策等方面的支持。如美国的联邦农作物保险公司实质上是由美国政府投资设立的一家政策性保险公司。

## 二、农业保险的分类

### (一) 按保险对象划分

按照保险对象不同可将农业保险划分为种植业保险和养殖业保险两大类，农业保险也因此被称

为两业保险。种植业保险主要包括农作物保险和林木保险等；养殖业保险主要包括畜禽养殖保险、水产养殖保险、特种养殖保险等。

### (二) 按照保险责任划分

按照保险对象不同可将农业保险划分为单一责任保险、混合责任保险和一切险。其中，单一责任保险一般仅承保一项风险责任，如水灾、火灾等；混合责任保险则采取列举方式明示承保的多项风险责任；一切险虽也采取列举方式，但实质上除列示的不保责任以外均属于可保责任。

## 三、农业保险的险种结构

农业保险的险种结构如图6-2所示。

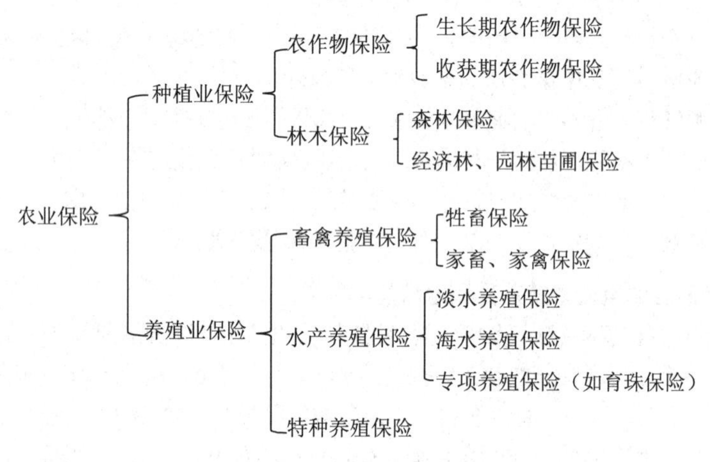


图6-2　农业保险的险种结构

### (一) 种植业保险

种植业保险是指以种植物为保险标的，以其在生产过程中可能遭遇的某些风险为承保责任的保险业务的统称，主要包括农作物保险和林木保险。按照生长周期的不同，农作物保险可以分为生长期农作物保险和收获期农作物保险；林木保险又分为森林保险和经济林、园林苗圃保险等。

#### 1. 生长期农作物保险

生长期农作物保险是指以水稻、小麦等粮食作物和棉花、烟叶等经济作物为对象，以各种作物在生长期间因自然灾害或意外事故使收获量价值或生产费用遭受损失为承保责任的保险。

生长期农作物保险的保险金额是以亩为计算单位，保险金额的确定方法一般有以下两种。

(1) 按平均收获量的成数确定保险金额。

(2) 按投入的生产成本确定保险金额。

#### 2. 收获期农作物保险

收获期农作物保险是指以粮食作物或经济作物收割后的初级农产品价值为承保对象，即作物处于晾晒、脱粒、烘烤等初级加工阶段时的一种短期保险。

收获期农作物保险的保险期限一般从农作物收割(采摘)进入场院后开始，到完成初加工离场入库前终止。保险责任包括火灾、洪水、风灾等自然灾害造成农产品的损失，以及发生灾害事故时因施救、保护、整理所支付的合理费用。

#### 3. 森林保险

森林保险是指以天然林场和人工林场为承保对象，以林木生长期间因自然灾害和意外事故、病虫害等造成的林木价值或营林生产费用损失为承保责任的保险。森林保险承保的风险主要是火灾，包括人为火灾和雷击起火等。

我国于1982年拟定了第一款《森林保险条款》。1984年10月，在中国人民保险公司配合下，广西灵川县开始了我国首次森林保险的试点工作。到2014年，政策性森林保险覆盖范围已扩大到全国，并表现出强大的生命力。

#### 4. 经济林、园林苗圃保险

该险种承保的对象是生长中的各种经济林种，包括这些林种提供的具有经济价值的果实、根叶、汁水、皮等产品，以及可供观赏、美化环境的商品性名贵树木、树苗。保险公司对这些树苗、林种及其产品由于自然灾害或病虫害所造成的损失进行补偿。

此类保险有柑橘、苹果、山楂、板栗、橡胶树、茶树、核桃、枣树等保险。

### (二) 养殖业保险

养殖业保险是指以各种处于养殖过程中的动物为保险标的、以养殖过程中可能遭遇的某些危险作为承保责任的保险。养殖业保险一般分为畜禽养殖保险、水产养殖保险和特种养殖保险三种。

#### 1. 畜禽养殖保险

畜禽养殖保险主要有牲畜保险，家畜、家禽保险等险种。

1) 牲畜保险

牲畜保险以役用、乳用、肉用、种用的大牲畜，如耕牛、奶牛、菜牛、马、种马、骡、驴、骆驼等为承保对象，承保在饲养使役期，因牲畜疾病或自然灾害和意外事故造成的死亡、伤残以及因流行病而强制屠宰、掩埋所造成的经济损失。

牲畜保险是一种死亡损失保险，因此投保的牲畜必须健康。牲畜保险的保险金额采用定额承保和估价承保两种方式确定。

2) 家畜、家禽保险

家畜、家禽保险以商品性生产的猪、羊等家畜和鸡、鸭等家禽为保险标的，承保在饲养期间的死亡损失。因此，这也是一种死亡损失保险。

家畜、家禽保险的保险责任包括因自然灾害、意外事故或疾病、瘟疫等原因造成家畜、家禽在饲养期间的死亡损失，但对零星死亡的现象一般会规定免赔率或免赔只数。

#### 2. 水产养殖保险

水产养殖保险以商品性的人工养鱼、养虾、育珠等水产养殖产品为承保对象，承保在养殖过程中因疫病、中毒、盗窃和自然灾害造成的水产品收获损失或养殖成本损失。

水产养殖保险的主要险种有淡水养殖保险、海水养殖保险、对虾养殖保险和育珠保险等。

#### 3. 特种养殖保险

特种养殖保险以商品性养殖的鹿、貂、狐等经济动物和养蜂、养蚕等为保险对象，承保在养殖过程中因疾病、自然灾害和意外事故造成的死亡或产品的价值损失，其承保条件与牲畜保险基本相同。

## 四、农业保险的保险金额

由于农业保险的保险标的具有自然再生产与经济再生产相结合、风险大、损失率高的特点，在保险金额的确定方面与其他财产保险存在着区别，总的要求是实行低保额制，以利保险人控制风险。在经营实践中，农业保险主要采取以下方式来确定保险金额。

### （一）保成本

保险人按照各地同类标的投入的平均成本作为计算保险金额的依据，据此确定的保险金额即是保险人承担责任的最高赔偿限额。它适用于生长期农作物保险、森林保险和水产养殖保险。在保险标的全损的情况下，保险人要按照保险金额全额赔偿；在部分损失的情况下，保险人的赔偿责任则是被保险人的收益与保险金额之间的差额。

### （二）保产量

保险人按照各地同类标的的产量确定保险金额，它适用于农作物保险、林木保险和水产养殖保险。生长期农作物可以以农作物的预期收益量作为保险标的价值，按照一定成数确定保险金额；林木保险的保险金额可以按照单位面积林木蓄积量确定；水产养殖保险则可以按照水产品养殖产量的一定成数确定保险金额。

### （三）估价确定

估价确定即由保险人与被保险人双方协商确定投保标的的保险金额。如大牲畜保险就可以根据投保牲畜的年龄、用途、价值等进行估价后按一定成数确定保险金额。

此外，在农业保险中还有定额承保方式，或者根据投保标的的不同生长阶段来确定保险金额。

## 五、保险公司经营农业保险需要注意的事项

农业保险的复杂性，决定了保险公司在经营中要注意下列事项。

### （一）审慎选择风险责任

保险人需要根据投保标的的风险状况及公司的承保能力与风险控制能力，确定农业保险险种的承保责任，一般可采取单一责任保单，也可以采取混合责任保单。一切险保单只有在条件成熟的情况下才宜采用。通过责任的适度限制，来控制保险风险。

### （二）让被保险人分担相应的责任

农业保险所面临的巨大风险及其生产特性，以及面广量大、不易管理的特点，决定了保险人在承保时必须让被保险人同时分担相应的风险责任，即不能足额承保农业保险业务，以此达到增强被保险人安全管理责任心的目的，并藉此防止道德风险的发生。

### （三）适宜采取统保方式承保

统保是分散农业生产风险和稳定农业保险财务的基本要求。即投保人必须将同类标的全部向保险人投保，有的甚至可以要求多个被保险人同时投保某一险种。如水稻保险就必须是成片承保，而不能只保某一家的田地。这种方式可以防止农业保险中的逆选择，同时亦为被保险人或更多的保险客户提供更加全面的风险保障。

### (四) 明确承保的地理位置

无论是种植业保险还是养殖业保险，在保险合同中均须明确载明其地理位置，这是避免理赔纠纷、准确判断责任的重要依据。

### (五) 争取政府支持

争取政府支持包括争取政府免税政策和财政支持，通过政府的引导来促使更多的农民投保等。

**案例6-7**

**温室大棚因大风而倒塌索赔案**

某年3月，河南省农民张某承包了村里的3座温室大棚，准备与农学院毕业的儿子一起从事果树育苗，后经儿子提议与保险公司联系为3座温室大棚投保了农业温室大棚保险。同年7月，当地连降大雨并伴有雷雨大风，7月28日晚，张家的3座大棚倒塌了2座，致使大棚内果树苗遭受损失。倒塌后第二天，张某向保险公司报案，保险公司理赔人员经过现场实地勘查，确定为保险责任范围内损失。但是三天后保险公司却向张某出具了拒赔通知书，理由是保险公司向当地气象部门了解到，当天的暴风风力未达到保险责任规定的8级以上，因此保险公司不予赔偿。张某不服，向法院提起诉讼。

张某认为，自己在投保前已对所投保的温室大棚结构进行了详细的说明，是完全符合保险要求的，虽然当天风力未达到8级以上，可是大棚的倒塌并不是因为7月28日一天的原因所致，整个7月份，当地连续大雨大风，才导致28日晚大棚倒塌。

保险公司认为，保险合同中已对暴风、暴雨、暴雪等保险责任做了详细说明。保险公司也已经从气象台了解到，在7月28日之前的一个星期内，当地的风力都未达到8级以上。张家大棚的倒塌很有可能是由于大棚的承载结构不标准造成的，因此保险公司对于此次事故不承担保险责任。

法院经过详细调查认为，张家在投保前已对所投保的大棚进行了详细的描述和说明，说明的内容与事实也完全吻合，而保险公司在未对现场进行实际验标后便承保了，表明张家投保的温室大棚是符合保险要求的。虽然7月28日当天的风力并未达到保险公司保险责任规定的标准，但在整个7月份，当地连降大雨并伴有雷雨大风，才导致这场事故，故保险公司应对张家的温室大棚倒塌承担赔偿责任。法院判决后保险公司未提出上诉。

## 第六节 责任保险

责任保险(Liability Insurance)作为一种独立的保险业务，始于19世纪的欧美国家，20世纪70年代以后在工业化国家获得迅速发展。责任保险的产生、发展和壮大，被称为整个保险业发展的第三阶段，使保险业的业务范围由承保各种物质利益风险和人身风险，扩展到承保各种法律风险。

责任保险的发展程度是衡量一国或地区财产保险业发达与否的重要指标。有关资料显示，美国的责任险业务是非寿险公司的支柱性险种，责任保险市场自20世纪后期即占整个非寿险业务的45%～50%；在欧洲国家则占30%左右，有的国家高达40%；日本也达25%～30%。进入20世纪90年代以后，许多发展中国家也日益重视发展责任保险业务，这一指标的全球平均数为非寿险业务的20%以上。

责任保险既是法律制度走向完善的结果，同时又促进了社会的进步和发展，起到了维护社会稳定的作用。

## 一、责任保险概述

### (一) 责任保险的概念

责任保险是指以被保险人对第三者依法应付的民事赔偿责任为保险标的的保险。它以被保险人的法律赔偿风险为承保对象。凡是根据法律规定，被保险人因疏忽或过失等行为对他人造成人身伤亡或财产损害，依法应付的经济赔偿责任，均可投保有关责任保险，由保险人代为赔偿。

责任保险作为与财产保险相关的险种，广义上通常被划为财产保险的范畴，但又具有自身的独特内容与经营特点，它赔偿的不只是应负的财产损失责任，还包括人身伤害责任。所以，责任保险是一类可以独立成体系的保险业务。

现实生活中，企业、团体、家庭或个人在进行生产、经营或生活的各种活动中，常常会由于疏忽、过失等行为，对他人造成财产损失或人身伤害，构成民事侵权行为。例如，汽车撞伤人，医生误诊对病人造成伤害，产品缺陷造成损失等，这些责任都属于责任保险承保的范围。

理解责任保险的概念需要注意以下三个方面。

#### 1. 责任保险与一般财产保险具有共同的性质，都属于补偿性保险

责任保险在承保时须遵循财产保险的保险利益原则，发生索赔时需要运用财产保险的赔偿原则，当责任事故是由第三者造成时也适用于权益转让原则等，既可以满足被保险人的风险转嫁需要，又不允许被保险人通过责任保险获得额外利益。因此，责任保险可以归入广义财产保险范畴。

#### 2. 责任保险承保的风险是被保险人的法律风险

责任保险一般以法律规定的被保险人应负的民事损害赔偿责任为承保风险，但也可以根据保险客户的要求并经特别约定后，承保其合同责任风险。这种风险与一般财产保险和人寿保险所承保的风险是有根本区别的。

#### 3. 责任保险以被保险人在保险期内可能造成他人的利益损失为承保基础

一般财产保险承保的是被保险人自己的现实利益，如火灾保险与运输保险等保障的是被保险人自己的现实物质利益，信用保险保障的是被保险人自己的现实款物利益，它们都是在保险人承保之前客观存在并可以用货币计量的事实；而责任保险承保的则是被保险人在保险期内可能造成他人的利益损失，这种利益损失在承保时是无法准确确定或预知的，从而对被保险人的责任风险大小也无法像其他财产保险那样用保险标的的价值来评价，而只能以灵活的赔偿限额作为被保险人转嫁法律风险和保险人承担赔偿责任的最高限额。

### (二) 责任保险的特征

#### 1. 健全的法律制度是责任保险产生和发展的基础

责任保险产生和发展的基础，不仅是各种民事法律风险的客观存在和社会生产力达到一定水平，而且还需要人类社会的进步带来的法律制度的不断完善，其中法制的健全与完善成为责任保险产生与发展最为直接的基础。正是由于人们在社会中的行为都是在法律制度的一定规范之内，所以才可能在因触犯法律而造成他人的财产损失或人身伤害时，必须承担起经济赔偿责任。

在当今社会，如果没有环境污染防治法，造成污染的单位或个人就不会对污染受害者承担什么赔偿责任；如果没有食品安全法和消费者权益保护法，对消费者权益造成的损害也不会有经济赔偿

责任等。所以，法律形式上应负经济赔偿责任的存在，是人们想到通过保险转嫁这种风险的直接原因。事实上，当今世界责任保险最发达的国家或地区，必然是各种民事法律制度最完善的国家或地区。

#### 2. 责任保险的保险标的是被保险人承担的民事损害赔偿责任

由于责任保险的保险标的不是实体财产，故不存在保险价值，其赔偿金额的多少，是由当事人依照需要约定的，没有超额保险之说，在各种经济赔偿责任中，凡属于金钱债务的，皆可作为责任保险标的。例如，被保险人因产品的瑕疵、汽车肇事、船舶碰撞、医疗误诊等原因造成他人的人身伤害或财产损失等而对受害人承担的法律责任。

但有三类责任不能构成责任保险标的：一类是非依法应由被保险人承担的责任；第二类是被保险人依法承担的刑事责任或行政责任；第三类是被保险人故意造成他人损害，依法应承担的民事赔偿责任。

#### 3. 责任保险是保障被保险人和第三者利益的一种双重保障机制

在一般财产保险与人身保险实践中，保险人保障的对象都是被保险人及其受益人，其赔款或保险金也完全归被保险人或其受益人所有，均不会涉及第三者。而各种责任保险却不同，被保险人的利益损失首先表现为因被保险人的行为导致第三者的利益损失，即在第三者利益损失客观存在并依法应由被保险人赔偿时，才会产生被保险人的利益损失。

因此，责任保险的赔款实质上是对被保险人之外的受害方，即第三者的赔偿，责任保险具有第三者保险的性质。责任保险是由保险人直接保障被保险人利益、间接保障第三者的利益。

#### 4. 责任保险有赔偿限额的约束

在责任保险合同中，保险人所承保的是一种特殊的无形标的，由于这种标的无客观价值，无法估计具体金额，所以合同中也就无法确定保险金额。如果没有赔偿额度的限制，保险人自身就会陷入无限的经营风险之中。因此，为了限制保险人承担赔偿责任的范围，避免赔偿时合同双方发生争议，责任保险合同一般要载明赔偿限额，以此作为保险人承担赔偿责任的最高额度和保险费的计算依据。

赔偿限额的大小一般是根据被保险人可能面临的损失规模大小和缴付保险费的能力来确定。如我国机动车辆第三者责任险的赔偿限额就分为不同档次，由投保人自主选择，超过限额的经济赔偿责任由被保险人自行承担。

#### 5. 承保方式多样化

按照承保时是否与其他保险相结合，责任保险的承保方式可以分为独立承保、附加承保及组合承保。

(1) 独立承保。独立承保即由保险人签发专门的责任保险单，属于完全独立操作的保险业务，如公众责任保险、产品责任保险等。这是责任保险的主要业务来源。

(2) 附加承保。附加承保即保险人签发责任保险单的前提是被保险人必须参加了一般的财产保险，且一般财产保险是主险，责任保险则是没有独立地位的附加险。如建筑工程保险中的第三者责任险，一般被称为建筑工程保险附加第三者责任险。附加承保的责任保险在业务性质和业务处理方面，与独立承保的各种责任保险是完全一致的，不同的只是承保的形式。

(3) 组合承保。在组合承保的方式下，既不必签订单独的责任保险合同，也无须签发附加或特约条款，只需要参加该财产保险便使相应的责任风险得到了保险保障。如船舶的责任保险承保就是与船舶财产保险承保相组合而成的，仅作为综合性的船舶保险中的一类保险责任。

#### 6. 赔偿处理的复杂性和特殊性

(1) 责任保险的赔偿处理涉及三方及三方以上当事人。

(2) 赔案的处理以法院的判决或执法部门的裁决为依据。

(3) 责任保险中，因为是保险人代替致害人承担对受害人的赔偿责任，被保险人对各种责任事故处理的态度往往关系到保险人的利益，从而使保险人具有参与处理责任事故的权利。

(4) 责任保险赔款最后并非归被保险人所有，实质上是支付给了受害方。

### (三) 责任保险的基本内容

#### 1. 责任保险的适用范围

责任保险适用于一切可能造成他人财产损失与人身伤亡的各种社会成员和团体组织。

具体而言，责任保险的适用范围包括：各种公众活动场所的所有者、经营管理者；各种产品的生产者、销售者、维修者；各种运输工具的所有者、经营管理者或驾驶员；各种需要雇佣员工的单位；各种提供职业技术服务的单位；城乡居民家庭或个人。此外，在各种工程项目的建设过程中也存在着民事责任事故风险，建设工程的所有者、承包者也对相关责任事故风险具有保险利益；各单位(非公众活动场所)也存在着公众责任风险。可见，责任保险的适用范围几乎覆盖了所有的团体组织和所有的社会成员。

在承保责任保险业务时，保险人有必要对投保人的资信、风险状况等进行调查，并做出相应的风险评估，根据不同业务采取相应的承保方式。

#### 2. 责任保险的承保方式

责任保险的承保方式主要有两种：期内发生式和期内索赔式。

1) 期内发生式

期内发生式是以事故发生为基础的承保方式。只要被保险人的侵权行为发生在保险合同的有效期内，保险人就对被保险人的民事赔偿责任负责赔偿，而不论索赔是否发生在保险合同有效期内。保险人通常会规定一个索赔的期限，即“发现期”。这种承保方式实质上是将保险责任期限延长了。采用该承保方式的优点是保险人支付的赔款与其保险期间内实际承保的风险责任相适应；缺点是保险人在该保险单项下承保的赔偿责任，往往要很长时间才能确定，而且因为通货膨胀等因素，最终索赔的数额可能大大超过保险事故发生时的水平或标准。在这种情况下，保险人通常规定赔偿责任限额，同时明确一个后延截止日期。由于这种方式要经过较长时间才能确定赔偿责任，国外习惯将其称为“长尾巴业务”，在实践中已逐渐减少使用。

2) 期内索赔式

期内索赔式是以索赔为基础的承保方式。保险人仅对保险有效期内提出的索赔负责，而不管事故是否发生在保险有效期内。这种承保方式实质上使保险时间前置了。采用该承保方式的优点在于能够使保险人确切地把握该保险单项下应支付的赔款，即使赔款额当期不能确定，至少可以使保险人了解索赔的情况，对应承保的风险做出比较切合实际的估价；缺点则是保险人承担的风险责任可能会更大。为了便于控制风险，保险人普遍采用限制条款，通常会规定一个责任追溯期，保险人仅对在追溯日期开始后发生并在保险单有效期内提出的索赔负责。

#### 3. 责任保险的保险责任范围

责任保险的保险责任一般包括以下两项内容。

(1) 被保险人依法对造成他人财产损失或人身伤亡应承担的经济赔偿责任。这一项责任是基本的保险责任，以受害人的损害程度及索赔金额为依据，以保险单上的赔偿限额为最高赔付额，由责任保险人予以赔偿(包括被保险人的疏忽、过失或部分无过错责任等)。

(2) 因赔偿纠纷引起的应由被保险人支付的诉讼费用、律师费用及其他事先经过保险人同意支付的费用。

保险人承担上述责任的前提条件是，责任事故的发生应符合保险条款的规定，包括事故原因、发生地点、损害范围等，均应审核清楚。所谓财产损失，包括有形财产的损毁、受损财产的丧失使用、甚至未受损财产的丧失使用。所谓人身伤亡，不仅指自然人身体的有形毁损，也包括脑力损害、听力损害、疾病、丧失工作能力及死亡等，但对精神方面的损害一般除外不保。

### 4. 责任保险的除外责任

不同的责任保险合同中的除外责任会有一些不同，但其共同的除外责任一般有如下几点。

(1) 被保险人故意行为所致的各种损害后果。

(2) 战争、军事行动和罢工等政治事件造成的损害后果。

(3) 核事故风险导致的损害后果，但核事故或核责任风险例外。

(4) 被保险人家属、雇员的人身伤害或财产损失，但雇主责任保险承保雇主对雇员的损害赔偿责任除外。

(5) 被保险人所有、占有、使用或租赁的财产，或者由被保险人照顾、看管或控制的财产损失。

(6) 被保险人的合同责任，经过特别约定者除外。

上述除外责任是责任保险的通常责任免除，但个别风险经过特别约定后可以承保。

### 5. 责任保险费率的厘定

保险人在制定责任保险费率时主要考虑的影响因素包括以下几点。

(1) 被保险人的业务性质及其产生意外损害赔偿责任可能性的大小。

(2) 法律制度对损害赔偿的相关规定。

(3) 赔偿限额与免赔额的高低。赔偿限额越高，保险费绝对数越高，但保险费率相对比率会越低。因为责任事故越大，出现的概率就越小。

(4) 承担风险区域的大小。同等条件下，承保区域越大，风险越大，费率越高。如出口产品责任保险费率一般高于国内产品责任保险费率。

(5) 每笔责任保险业务量的大小。保险人一般对于统保程度高、数额大的业务使用较为优惠的费率；对于统保程度低、数额小的业务使用较高的费率；对一些小额的、零星的业务还有最低保险费率的规定。

(6) 同类责任保险业务的历史损失资料。

### 6. 责任保险的赔偿

不论何种责任保险，均无保险金额的规定，而是采用在承保时由保险双方约定赔偿限额的方式来确定保险人承担的责任限额。凡超过赔偿限额的索赔，仍需由被保险人自行承担。

在责任保险经营实践中，保险人除通过确定赔偿限额来明确自己的承保责任外，还经常有免赔额的规定，以此达到促使被保险人小心谨慎、防止发生事故和减少小额、零星赔款支出的目的。责任保险的免赔额通常是绝对免赔额，即无论受害人的财产是否全部损失或受害人是否死亡，免赔额内的损失均由被保险人自己负责赔偿。免赔额一般以具体金额数字表示，也可以规定为赔偿限额或赔偿金额的一定比率。

因此，责任保险人承担的赔偿责任是超过免赔额之上且在赔偿限额之内的赔偿金额。

## 二、公众责任保险

### (一) 公众责任与公众责任保险的概念

公众责任是指由于致害人在公众活动场所的过错行为致使他人的人身或财产遭受损害，依法应由致害人承担的对受害人的经济赔偿责任。公众责任的构成，以其在法律上负有经济赔偿责任为前提，其法律依据是各国的民法及各种有关的单行法规制度。

公众责任保险是指承保被保险人在各种固定场所进行生产、经营或其他活动时，因发生意外事故而造成他人(第三者)人身伤亡和财产损失，依法应由被保险人承担的经济赔偿责任的一种保险业务。

由于这种经济赔偿责任普遍存在于各种公共场所和各种与公众发生联系的社会活动中，因此，公众责任保险的适用范围相当广泛，可以适用于工厂、办公楼、旅馆、住宅、商店、医院、学校、影剧院、展览馆等各种公众活动的场所。公众责任保险也被称为普通责任保险。

世界上大多数国家和地区都十分重视公众责任保险的推行，以保障公民和消费者在公众场所的安全和权益。

### (二) 公众责任保险的一般内容

#### 1. 公众责任保险的保险责任范围

保险公司在公众责任保险中主要承担以下两部分责任。

(1) 承保期间内，因被保险人或其雇员的过失行为而造成第三者人身伤亡或财产损失，依法应由被保险人承担的经济赔偿。

(2) 在责任事故发生后，如果引起法律诉讼，由被保险人承担的相关诉讼费用。

保险公司的最高赔偿责任不超过保单上所规定的每次事故的赔偿限额或累计赔偿的限额。

#### 2. 公众责任保险的除外责任

对于公众责任保险而言，下列原因造成的损失、费用和责任，保险人一般不负责赔偿。

(1) 被保险人及其代表的故意或重大过失行为。

(2) 战争、敌对行为、军事行为、武装冲突、罢工、骚乱、暴乱、盗窃、抢劫等引起的损害事故。

(3) 政府当局的没收、征用。

(4) 核反应、核辐射和放射性污染等引起的损害事故。

(5) 地震、雷击、暴雨、洪水、火山爆发、地下水、龙卷风、台风、暴风等自然灾害。

(6) 烟熏、大气、土地、污染、水污染及其他污染。

(7) 锅炉爆炸、空中运行物体坠落。

(8) 被保险人的下列损失、费用和责任，保险人不负责赔偿：被保险人或其代表、雇员人身伤亡的赔偿责任，以及上述人员所有的或由其保管或控制的财产损失。

(9) 罚款、罚金或惩罚性赔偿。

(10) 被保险人与他人签订协议所约定的责任，但应由被保险人承担的法律责任不在此限。

### 3. 公众责任保险保险费的计算

1) 公众责任保险的保险费率

保险人在经营公众责任保险业务时，一般不像其他保险业务那样有固定的保险费率表，而是视每一被保险人的风险情况逐笔议定费率，以便确保保险人承担的风险责任与所收取的保险费相适应。

按照国际保险界的习惯做法，保险人对公众责任保险一般按每次事故的基本赔偿限额和免赔额分别厘定人身伤害和财产损失两项保险费率。如果基本赔偿限额和免赔额需要增减时，保险费率也应适当增减，但又非按比例增减。

2) 公众责任保险费的计算公式

一种是以赔偿限额为计算依据，即：

保险人的应收保险费=赔偿限额×适用费率

另一种是对某些业务按场所面积大小计算保险费，即：

保险人的应收保险费=保险场所占用面积(平方米)×每平方米保险费

### 4. 公众责任保险的赔偿限额

公众责任保险赔偿限额的高低由保险双方当事人根据可能发生的赔偿责任风险的大小协商确定。人身伤害的赔偿限额和财产损失的赔偿限额可以分项制定，也可以将人身伤害和财产损失合并为一个赔偿限额。

一般来说，对每次责任事故或年责任事故的累计赔偿金额的限制性规定如下。

(1) 每次责任事故(事件)的赔偿限额。有的保险单规定的赔偿限额适用于一次责任事故。一次责任事故可以是一个最初原因引起的一系列后果。在一个保险单有效期内，保险人对所有保险事故(事件)都予以赔偿，每次所付金额不超过合同赔偿限额，无累计最多赔偿金额限制。

(2) 累计赔偿限额。有的公众责任保险单除了规定每次事故(事件)的赔偿限额外，同时规定保险单的累计赔偿限额，即保险单在一个有效期(通常为1年)内能够负责的最高赔偿限额。如果保险期间发生了多次保险事故，当累计赔偿责任超过累计赔偿限额时，保险人对超过部分不予负责。

### 5. 公众责任保险的理赔程序

当发生公众责任保险事故时，保险人的理赔应当以受害人向被保险人提出有效索赔并以法律认可为前提，以赔偿限额为保险人承担责任的最高限额，并根据规范化的程序对赔案进行处理。

(1) 保险人接到出险通知或索赔要求时，应立即记录出险的被保险人的名称、保险单号、出险原因、出险时间与地点、造成第三者损害程度及受害方的索赔要求等。

(2) 进行现场查勘，调查核实责任事故的相关情况，并协助现场施救。

(3) 根据现场查勘写出查勘报告，作为判定赔偿责任和计算赔款的依据。

(4) 进行责任审核，看事故是否发生在保险期限内，是否属于保险责任范围，受害人是否向被保险人提出索赔要求或起诉。

(5) 做好抗诉准备，必要时可以被保险人的名义或同被保险人一起出面抗诉。

(6) 以法院判决或多方协商确定的赔偿额为依据，计算保险人的赔款。

(7) 支付保险赔款。

### (三) 公众责任保险的主要险种

#### 1. 综合公共责任保险

综合公共责任保险是一种综合性的责任保险业务，它承保被保险人在任何地点因非故意行为或活动所造成的他人人身伤害或财产损失依法应负的经济赔偿责任。

从国外类似业务的经营实践来看，保险人在该种保险中除一般公众责任外还承担着包括合同责任、产品责任、业主及工程承包人的预防责任、完工责任及个人伤害责任等风险。

因此，它是一种以公众责任为主要保险风险的综合性的公共责任保险。

#### 2. 场所责任保险

场所责任保险是公共责任保险最具代表性的业务来源，它承保固定场所因存在结构上的缺陷或管理不善，或被保险人在被保险场所进行生产经营活动时因疏忽发生意外事故，造成他人人身伤害或财产损失且依法应由被保险人承担的经济赔偿责任。

场所责任保险是公众责任保险中业务量最大的险别，场所责任保险的险种主要有宾馆责任保险、展览会责任保险、电梯责任保险、车库责任保险、机场责任保险以及各种公众活动场所的责任保险。

#### 3. 承包人责任保险

承包人责任保险专门承保承包人的损害赔偿责任，它主要适用于承包各种建筑工程、安装工程、修理工程施工任务的承包人，包括土木工程师、建筑工、公路及下水道承包人以及油漆工等。

在承包人责任保险中，保险人通常对承包人租用或自有的设备以及对委托人的赔偿责任、合同责任和对分承包人应承担的责任等负责，但对被保险人看管或控制的财产、施工的对象、退换或重置的工程材料或提供的货物及安装了的货物等不负责任。

#### 4. 承运人责任保险

承运人责任保险专门承保承担各种客、货运输任务的部门或个人在运输过程中可能发生的损害赔偿责任，主要包括旅客责任保险、货物运输责任保险等险种。依照有关法律，承运人对委托给他的货物运输或旅客运送的安全负有严格责任，除非损害货物或旅客的原因是不可抗力、军事行动及客户自己的过失等，否则，承运人均须对被损害的货物或旅客负经济赔偿责任。

与一般公众责任保险不同的是，承运人责任保险保障的责任风险实际上是处于流动状态中的责任风险，但因运行途径是固定的，从而亦可以视为固定场所的责任保险业务。

#### 5. 个人责任保险

个人责任保险以家庭或个人为保险对象，承保其可能遭遇的法律风险。

## 三、产品责任保险

### (一) 产品责任与产品责任保险的概念

产品责任是指产品在使用过程中因其缺陷致使用户、消费者或公众发生意外事故，造成人身伤亡或财产损失时，依法应当由产品供给方(包括制造者、销售者、修理者等)承担的民事损害赔偿责任。

产品责任保险就是以产品制造者、销售者、修理者等的产品责任为承保风险的一种责任保险。

产品责任保险目前在北美、西欧、日本等发达的市场经济国家非常流行。其中，美国的产品责任法律制度最为严厉，对产品责任事故的处理采用的是严格或无过失责任原则，赔偿的金额往往也是世界上最高的，因此，美国便成了世界上产品责任保险最为发达的国家。

早期的产品责任保险主要承保一些直接与人体健康有关的产品，如食品、饮料、药品等，随后承保范围逐步扩大，各种轻纺、机械、石油、化工、电子工业产品，甚至于大型飞机、船舶、成套设备、核电站、卫星等均可以投保产品责任保险。

我国每年发生的产品责任事故众多，产品责任保险自20世纪80年代以来虽然有所发展，但尚未构成自己的业务体系，因而是一个有着广阔发展前景的责任保险市场。

### (二) 产品责任保险的一般内容

#### 1. 产品责任保险的保险责任范围

1) 直接责任

在保险期限内，被保险人生产、销售、分配或修理的产品发生事故，造成消费者或其他人的人身伤害或财产损失，依法应由被保险人承担的损害赔偿责任，保险人在保险单规定的赔偿限额内予以赔偿。造成赔偿责任的事故必须是意外的、非被保险人能预料的。

2) 费用损失

被保险人为产品事故所支付的诉讼费用、抗辩费用及其他经保险人事先同意支付的合理费用，保险人也予以赔偿。

保险人承担上述责任也有一些限制性的条件。例如，造成产品责任事故的产品必须是供给他人使用即用于销售的商品，产品责任事故的发生必须是在制造、销售该产品的场所范围之外的地点，如果不符合这两个条件，保险人就不承担责任；对于餐厅、宾馆等单位自制、自用的食品、饮料等，一般均作为公众责任保险的附加责任扩展承保。

#### 2. 产品责任保险的除外责任

产品责任保险的除外责任一般包括如下几项。

(1) 根据合同或协议应由被保险人承担的其他责任。

(2) 根据劳工法律制度或雇佣合同等应由被保险人承担的对其雇员及有关人员的损害赔偿责任。

(3) 被保险人所有、照管或控制的财产的损失。

(4) 产品仍在制造或销售场所，其所有权仍未转移至用户或消费者手中时的责任事故。

(5) 被保险人故意违法生产、出售或分配的产品造成的损害事故。

(6) 被保险产品本身的损失；设计错误或处方错误；产品退换回收的损失。

(7) 不按照被保险产品说明去安装、使用或在非正常状态下使用时造成的损害事故等。

#### 3. 产品责任保险的保险费率和保险费

1) 产品责任保险的保险费率

产品责任保险费率的制定需要考虑如下因素。

(1) 产品的特点和可能对人体或财产造成损害的风险大小。在经营实践中，保险人一般事先根据各种类型产品的性能等，将其按照风险大小划分为若干类型，如一般风险产品、中等风险产品和特别风险产品等，并以此作为制定各具体投保产品费率的依据。

(2) 产品数量和产品的价格。它与保险费呈正相关关系，与保险费率呈负相关关系。

(3) 赔偿限额的高低。限额高，费率也高，但并非按比例增加。

(4) 承保的区域范围。

(5) 产品制造者的技术水平和质量管理情况。优质产品和管理水平较高的被保险人可以享受优惠费率。

(6) 保险公司以往经营此项业务的损失或赔付情况等。

2) 保险费的计算

产品责任保险的保险费通常是按照上年的生产、销售总额或营业收入总额及规定的保险费率计算出预收保险费，待保险期满再按实际营业收入总额计算出实际保险费，多退少补。

#### 4. 产品责任保险的责任期限和赔偿

产品责任保险的责任期限通常为一年，期满可以续保。与其他单独承保的责任保险一样，保险人的赔偿责任起讫时间也是由期内发生式和期内索赔式这两种不同的承保方式决定的。传统的产品责任保险大多采用期内发生式，保险人的责任通常以产品在保险期限内发生事故为基础，而不论产品是否在保险期内生产或销售。但是，采用这种方式常常会出现在责任期限内发生的事故，到责任期间终了的很长一段时间以后才提出索赔的现象，这样的案件对保险人是非常不利的。为避免这一弊端，国外产品责任保险的承保方式已逐渐向期内索赔式转移。

究竟采用何种承保方式应根据具体情况而定。原则上讲，凡保险事故发生后能够立即得知或发现的，宜采用期内发生式；反之宜采用期内索赔式。例如，像药品这种可能具有副作用或缺陷潜伏期的产品就适合采取期内索赔式。

产品责任保险的赔偿限额通常由被保险人与保险人根据实际情况协商后在保险单中载明，一般分为每一次产品事故的最高赔偿金额和保险有效期内的赔偿累计最高限额两种。生产、销售、分配的同批产品由于同样原因造成多人的人身伤害、疾病、死亡或多人的财产损失均被视为一次事故造成的损失，并且适用于每次事故的赔偿限额。

## 四、雇主责任保险

### (一) 雇主责任与雇主责任保险的概念

雇主责任是指雇主所承担的对雇员的责任，包括雇主自身的故意行为、过失行为或无过失行为所致的雇员人身伤害赔偿责任。

雇主责任保险是指以雇员在受雇期间从事业务时，因遭受意外导致伤残、死亡或患有与职业有关的职业性疾病，依法或根据雇佣合同，应由被保险人(雇主)承担的经济赔偿责任为承保风险的一种责任保险。

雇主责任保险产生于19世纪80年代，是责任保险中最早兴起并进入强制保险的险种，普及程度很高。许多西方发达国家的雇主责任法或劳工赔偿法都规定，除非发现雇员有故意行为，雇员在工作中遭受的伤害均应由雇主负责赔偿。为了转嫁风险，雇主往往都投保雇主责任保险。也有一些国家将类似业务纳入社会保险范围，即以工伤社会保险取代雇主责任保险；在日本，则是工伤社会保险与雇主责任保险并存，前者负责基本的保障，后者负责超额的保障。

在我国，雇主责任保险始于20世纪80年代初，为保障我国部分企业尤其是“三资”企业员工的利益，发挥了一定的作用。但雇主责任保险在我国的业务发展一直比较缓慢，需要不断地开拓市场。

### (二) 雇主责任保险的一般内容

#### 1. 雇主责任保险的保险责任范围

保险人承保责任范围并非与雇主责任完全一致。按照雇主责任保险的通常做法，保险人一般承担下列四项责任。

(1) 被保险人雇佣的员工，包括短期工、临时工、季节工和学徒工，在受雇过程中，从事与被保险人的业务有关的工作时，遭受意外导致伤残或死亡，被保险人根据雇佣合同和有关法律法规必须承担的经济赔偿责任。

(2) 因患有与业务有关的职业性疾病而致雇员人身伤残、死亡的经济赔偿责任。

(3) 雇员在从事与业务有关的工作时，遭受意外事故而致伤、死亡或患有的职业病，被保险人依法应承担的医疗费用。

(4) 被保险人在处理保险责任范围内的索赔纠纷或诉讼时，所引起的诉讼费用、律师费用及其他经保险人同意支付的费用。

我国雇主责任保险合同一般规定经保险双方约定后，可以扩展承保以下两项附加责任：附加医药费保险和附加第三者责任保险。

下列情况通常被视为雇主的过失或疏忽责任：①雇主提供危险的工作地点、机器工具或工作程序；②雇主提供的是不称职的管理人员；③雇主本人的直接疏忽或过失行为，如对有害工种未提供相应的合格劳动保护用品等。凡属这些情形且不存在故意意图的均属雇主的过失责任，由此而造成的雇员人身伤害，雇主应付经济赔偿责任。

### 2. 雇主责任保险的除外责任

(1) 战争、军事行动、罢工、暴动、民众骚乱或由于核辐射所致被保险人聘用的员工伤残、死亡或疾病。

(2) 被保险人所聘用的员工由于职业性疾病以外的疾病、传染病、分娩、流产以及因此而施行的内外科治疗手术所致的伤残或死亡。

(3) 由于被保险人所聘用员工自身伤害、自杀、违法行为所致的伤残或死亡。

(4) 被保险人所聘用员工因非职业原因而受酒精或药剂的影响所致的伤残或死亡。

(5) 被保险人的故意行为或重大过失。

(6) 除有特别规定外，被保险人对其承包商所聘用员工的责任。

(7) 除有特别规定外，在中华人民共和国境外所发生的被保险人聘用员工的伤残或死亡。

(8) 其他不属于保险责任范围内的损失和费用。

### 3. 雇主责任保险的保险费率和保险费

一般根据一定的风险归类确定不同行业或不同工种的不同费率标准，同一行业基本上采用同一费率，但对于某些工作性质比较复杂、工种较多的行业，还需规定每一工种的适用费率。如有扩展责任，还应另行计算收取附加责任的保险费，它与基本保险责任的保险费相加，即构成该笔业务的全额保险费。

雇主责任保险费率的厘定相对复杂，各保险公司之间差异也较大，但一般均是根据基本费率再乘以行业调整系数、人员系数、赔付率系数、管理系数等调整系数算出来的。确定保险费率一般要考虑的因素如下。

(1) 被保险人的业务性质和风险类型，包括所属行业和工种，是否带有高空、高压、高温、腐蚀性、粉尘等作业，有毒有害加工工序，工作场所的空气、噪声、辐射是否超过相关职业安全标准等。一般根据一定的风险归类确定不同行业或不同工种的不同费率标准。

(2) 被保险人已有的损失记录，包括事故情况、损失赔偿数量以及是否将所显现的事故隐患进行了整改等。

(3) 被保险人的管理水平，包括企业安全生产制度建设、操作工艺流程规范、管理水平认证等。

(4) 遇有附加保险条款时，应一并考虑扩展责任的风险情况(也可以依据每一扩展条款的风险特点和大小分别设定费率)。

由于雇主责任保险的保险单所列明的雇员资料在承保以后经常会发生变更，如增加或裁减雇员、撤换管理人员、增减雇员工资，更换工作岗位等，保险人在承保时只能根据投保人的投保申请书预收保险费，待保险期限届满时再根据实际人数及实际支付的工资总额进行调整，多退少补。

#### 4. 雇主责任保险的责任期限与赔偿

1) 责任期限

雇主责任保险的责任期限通常为1年，期满续保。但若限于某些特殊的雇佣合同的需要，也可以按雇佣合同的期限投保不足1年或1年以上的雇主责任保险。如果责任期限为1年以上，保险费应按年计收，以保证财务核算与保险人承担的年度风险责任相适应。

2) 保险人承担赔偿责任的基础

在处理雇主责任保险索赔时，保险人必须首先确立被保险人与受害人之间是否存在雇佣关系。被保险人与受害人之间雇佣关系的认定，是雇主责任保险保险人承担赔偿责任的基础。这种雇佣关系一般情况下通过书面形式的雇佣或劳动合同来进行规范。

根据国际上流行的做法，确定雇佣关系的标准包括：雇主具有选择受雇人的权力；由雇主支付工资或其他报酬；雇主掌握工作方法的控制权；雇主具有终止雇佣或解雇受雇人的权力。

3) 赔偿限额

雇主责任保险的保险人承担赔偿责任的最高限额以雇员月工资或年工资收入为依据，由保险双方当事人在签订保险合同时确定并载入保险合同。其特点是在保险单上仅规定以若干个月的工资为限，具体的赔付金额还需计算每个雇员的月均工资收入及伤害程度才能确定。其计算公式为：

赔偿限额=雇员月均工资收入×规定月数

**案例6-8**

**员工长期加班在家猝死、保险公司拒赔案**

近日，江苏省某区人民法院依法审理了一起责任保险合同纠纷案。龙某曾长时间连续加班，某日加班至21点后回家出现身体不适，凌晨送医后不治身亡。由于公司为所有员工投保了雇主责任险，于是在对龙某家属进行相应赔偿后，向保险公司理赔，后者以该险种应基于工伤为由拒赔。

2019年9月，原告某公司向被告保险公司投保了总人数为400人的雇主责任险，保险期限至2020年9月30日止。2019年12月25日，被保险人员工龙某在家突发疾病死亡。公司与死者家属达成补偿和解协议后，遂向被告提出理赔申请。

“争议焦点就在于龙某的加班行为与其死亡结果之间是否存在因果关系。”承办人表示，根据已查明事实，龙某死亡原因系心脏呼吸骤停猝死，虽然其死亡发生在非工作时间、非工作地点，但他死亡当日，工作时间长达10小时以上，且在死亡前两个月内，除去7个休息日，其每日工作时间均长达10小时以上。

庭审中，被告保险公司辩称，原告投保的险种为雇主责任险，该保险系基于工伤保险条例设立，即保险范围也应当参照工伤保险赔偿范围。“原告员工在家因自身疾病死亡，系我方免责事由之一，无须承担赔偿责任。”

法院经调查取证确认上述事实以后认为，本案所涉雇主责任险合同是当事人的真实意思表示，属合法有效。保险合同订立后，保险人按照约定的保险范围承担保险责任。本案所涉险种为雇主责任险，按照保险条款约定，保险范围为被保险人的雇员因从事保险单所载明的工作而遭受意外事故或患与工作有关的国家规定的职业性疾病所致伤、残或死亡的保险事故。

法院认为，世界卫生组织对猝死的定义为“平素身体健康或貌似健康的患者，在出乎意料的短时间内，因自然疾病而突然死亡”，说明猝死系因患者的自身疾病死亡，死亡起因于患者身体内部原因，但长时间内工作内容多、工作强度高、工作压力大以及不健康的生活作息会有损身体健康，亦是一般人均知晓的生活健康常识。

综上，龙某的死亡与工作具有一定因果关系，属于雇主责任险合同约定的保险范围，法院对原告请求被告支付5万元保险理赔金的诉请予以支持。

(资料来源：www.sohu.com)

## 五、职业责任保险

### (一) 职业责任与职业责任保险的概念及特点

职业责任是从事各种专业技术工作的单位或个人因工作上的疏忽或过失行为而对他人造成财产损失或人身伤害依法产生的经济赔偿责任。

职业责任的特点在于：①它属于技术性较强的工作导致的责任事故；②它不仅与人的因素有关，同时也与知识、技术水平及原材料等的欠缺有关；③它限于技术工作者从事本职工作中出现的责任事故。

职业责任保险是以各种专业技术人员在从事职业技术工作时因疏忽或过失造成他人财产损失或人身伤害所导致的经济赔偿责任为承保对象的责任保险。

由于职业责任风险与特定的职业及其技术性工作密切相关，在国外又被称为职业赔偿保险或业务过失责任保险，是由提供各种专业技术服务的单位(如医院、会计师事务所等)投保的团体业务。个体职业技术工作的职业责任保险通常由专门的个人责任保险来承保。

在当今社会，医生、会计师、律师、设计师、经纪人、代理人、工程师等技术工作者均存在着职业责任风险，会由于工作中的过失、错误，或由于他们的雇员或合伙人的过失或错误，给他们的当事人或其他人造成经济上的损失或人身伤害，这类责任事故是不可能完全避免的，但可以通过职业责任保险的方式来转嫁其可能导致的风险损失。

### (二) 职业责任保险的一般内容

#### 1. 职业责任保险的承保方式

职业责任保险的承保方式主要是期内发生式和期内索赔式两种。从一些国家经营职业责任保险业务的惯例来看，采用以索赔为基础的期内索赔式的职业责任保险业务较多些，采用以事故发生为基础的期内发生式的职业责任保险业务要少些。

保险人规定的追溯日期或后延日期一般以前置三年或后延三年为限。

由于两种承保方式关系到保险人承担的职业责任风险及其赔款估计，因此，保险人在经营职业责任保险业务时，应当根据各种职业责任保险的不同特性并结合被保险人的要求来选择承保方式。

在承保职业责任保险业务时，保险人通常只接受提供职业技术服务的团体投保，并要求投保人如实告知其职业性质、从业人数、技术或设备情况、主要风险及历史损失情况、投保要求等，并根据需要进行职业技术风险的调查与评估，以此作为是否承保的客观依据。在承保时，需要明确承保方式并合理确定赔偿限额、免赔额、保险追溯日期或后延日期等事项。

#### 2. 职业责任保险的保险责任范围

由于职业责任风险千差万别，因而不可能像产品责任保险那样设计统一的或综合的保险条款及保险单格式，也不可能规定统一的责任范围，需要根据不同种类的职业责任设计和制定专门的条款和保险单。由于其承保的内容都是职业风险，其保险责任范围又有一些共性的规定，包括以下两点。

(1) 被保险人及其前任、被保险人的雇员及其前任，由于职业上的疏忽、过失所造成的职业责任损失。保险单所承保的被保险人的职业责任风险，不仅包括被保险人及其雇员，而且包括被保险人的前任与雇员的前任在从事规定的职务过程中由于疏忽或过失导致的职业赔偿责任，这是其他责任保险所不具备的特色，它表明了职业技术服务的连续性和保险服务的连续性。

(2) 被保险人因责任事故而引起的诉讼费及其他经保险人同意的有关费用。

#### 3. 职业责任保险的除外责任

(1) 由被保险人的故意行为引起的任何索赔。

(2) 由被保险人被指控对他人的诽谤或恶意中伤行为引起的索赔。

(3) 由职业文件或技术档案的灭失或损失引起的任何索赔。

(4) 由被保险人的隐瞒或欺诈行为引起的任何索赔。

(5) 由被保险人在投保时或保险有效期内不如实向保险人报告应报告的情况引起的任何索赔。

(6) 由职业责任事故引起的间接损失或费用。

#### 4. 职业责任保险的保险费率

在厘定职业责任保险费率时，需要着重考虑以下因素。

(1) 职业种类。

(2) 工作场所。

(3) 工作单位的性质。

(4) 该笔投保业务的数量。

(5) 被保险人及其雇员的专业技术水平与工作责任心。

(6) 赔偿限额、免赔额和其他承保条件。

(7) 被保险人职业责任事故的历史损失资料及同类业务的职业责任事故情况等。

#### 5. 职业责任保险的赔偿处理

由职业责任事故导致的索赔发生后，如果确属保险责任，保险人应当按照合同规定迅速办理理赔。

保险人承担的仍然是赔偿金与有关费用两项。在赔偿金方面，保险人或者采取规定一个累计的赔偿金额，而不是规定每次事故的赔偿限额的办法；或者采取规定每次事故的限额而不规定累计限额的办法。法律诉讼费用则在赔偿限额之外另行计算。

如果保险人的赔偿金仅为被保险人应付给受害方的总赔偿金的一部分，则该项费用应当根据各自所占的比例进行分摊。

### (三) 职业责任保险的主要险种

#### 1. 医疗职业责任保险

医疗职业责任保险也称为医生失职保险，它承保医务人员或其前任由于医疗责任事故而致病人死亡或伤残、病情加剧、痛苦增加等，受害者或其家属要求赔偿且依法应当由医疗方负责的经济赔偿责任。

在西方国家，医疗职业责任保险是职业责任保险中最主要的业务来源，它几乎覆盖了整个医疗、健康领域及一切医疗服务团体。

医疗职业责任保险以医院为投保对象，普遍采用以索赔为基础的承保方式，是从事医疗技术服务工作的医生、护士、药剂师等工作过程中必不可少的转移风险的工具。

#### 2. 律师责任保险

律师责任保险承保被保险人或其前任作为一个律师在自己的能力范围内在职业服务中发生的一切疏忽行为、错误或遗漏行为所导致的法律赔偿责任，包括一切侮辱、诽谤，以及赔偿被保险人在工作中发生的或造成的对第三者的人身伤害或财产损失。

律师责任保险的承保方式可以是期内发生式，也可以是期内索赔式。它通常采用主保单—法律过失责任保险和额外责任保险单—扩展限额相结合的承保办法。此外，还有免赔额的规定，其除外责任一般包括被保险人的不诚实、欺诈犯罪、居心不良等行为责任。

#### 3. 会计师责任保险

会计师责任保险承保因被保险人或其前任或被保险人对其负有法律责任的那些人，因违反会计业务上应尽的责任及义务，而造成他人遭受损失，依法应负的经济赔偿责任，但不包括身体伤害、死亡或实质财产的损毁。

#### 4. 建筑、工程技术人员责任保险

建筑、工程技术人员责任保险承保因建筑师、工程技术人员的过失而造成合同对方或他人的财产损失与人身伤害并由此导致经济赔偿责任的职业技术风险。

建筑、安装以及其他工种技术人员、检验员、工程管理人员等均可投保该险种。

除以上险种以外，职业责任保险的险种还有公司高级管理人员责任保险、保险代理人和经纪人责任保险、情报处理者责任保险、美容师责任保险、退休人员责任保险等。

# 第七节 信用保证保险

信用保证保险是现代保险中的一类新兴业务。大约在18世纪末19世纪初，在欧洲就出现了由个人、商行或银行办理的忠诚保证保险，稍后出现了合同担保。1919年，鉴于东方和中欧诸国政治局势的变化，为保护本国出口贸易的顺利进行，英国政府专门成立了出口信用担保局，逐步创立了一套完整的信用保险制度，随后各国纷纷效仿。1934年，英国、法国、意大利和西班牙的私营和国营信用保险机构成立了“国际信用和投资保险人联合会”，简称“伯尔尼联盟”，旨在便于相互交流出口信用保险承保技术、支付情况和信息，并在追偿方面开展国际合作。

我国信用保证保险的发展始于20世纪80年代初期。中国人民保险公司从1983年开始陆续为一些出口业务试办了中长期信用保险和短期信用保险；1988年，国务院正式决定由中国人民保险公司试办出口信用保险业务，并在该公司设立了信用保险部。2001年12月，我国成立了第一家专门经营信用保险的中国出口信用保险公司(国有独资)。伴随着信用保险的发展，我国目前也有多家保险公司开办了保证保险业务。

## 一、信用保证保险概述

### (一) 信用保证保险的概念

信用保证保险建立在信用关系或经济合同基础之上，它以权利人与义务人之间的信用风险为承

保风险，以权利人的经济利益作为保险标的，当义务人未能如约履行债务清偿而使权利人遭受损失时，由保险人承担经济赔偿责任。

信用保证保险就其性质而言是一种担保业务，它是以保险人作为保证人对权利人的一种担保。

### (二) 信用保证保险的特点

由于信用保证保险的保险标的是一种无形财产——经济利益，因此将其归属于广义财产保险范畴，但它又是一种特殊的财产保险。

#### 1. 承保风险的特殊性

信用保证保险承保的是一种信用风险，它补偿的是因信用风险给权利人造成的经济损失，而不是像承保物质风险那样补偿由于自然灾害和意外事故等造成保险标的的经济损失。与其他财产保险业务相比，其风险预测的难度较大，经营具有一定的不稳定性且经营技术复杂。因此，保险人在具有信用保证保险业务时要采取一些特殊的业务处理方式，如资信调查和反担保。

#### 2. 保险合同涉及保险人(保证人)、权利人和义务人(被保证人)三方的利益关系

当保险合同约定的事件发生致使权利人遭受损失，只有在义务人(被保证人)不能补偿损失时，才由保险人代其向权利人赔偿，从而表明这只是对权利人经济利益的担保。而在一般财产保险中，只涉及保险人和被保险人的利益关系，因约定保险事故发生所造成的损失，无论被保险人有无补偿能力，保险公司都必须予以赔偿。

#### 3. 保险费的性质和精算基础不同

保险人经营信用保证业务收取的保险费实际上是一种担保服务费或手续费。因为信用保证保险均由直接责任者承担责任，保险人可以从抵押财务中得到补偿，或是行使追偿权追回赔款。此外，一般财产保险的费率主要涉及自然风险因素，相对容易确定一些，而信用保证保险的费率主要涉及的是政治、经济和个人品德因素，所以厘定相对困难一些。

### (三) 信用保证保险的分类

按照投保人的不同，信用保证保险可以分为信用保险和保证保险两种类型。

## 二、信用保险

### (一) 信用保险的概念

信用保险是权利人要求保险人担保对方(被保证人)的信用的一种保险。它是以在商品赊销和信用放款中的债务人(义务人)的信用作为保险标的，在债务人未能如约履行债务清偿而使债权人(权利人)遭受损失时，由保险人向被保险人，即债权人提供风险保障的一种保险。

信用保险的投保人为信用关系中的权利人，由其投保他人的信用。信用保险的投保人通常是企业而非个人。

### (二) 信用保险的分类

#### 1. 根据保险标的性质分类

根据保险标的性质分类，信用保险可以分为商业信用保险、银行信用保险和国家信用保险。

(1) 商业信用保险。其保险标的是买方的信用。

(2) 银行信用保险。其保险标的是借款银行的信用。

(3) 国家信用保险。其保险标的是借款国的国家信用。

2. 根据信用保险的业务内容分类

根据信用保险的业务内容分类，可以分为国内信用保险、投资保险和出口信用保险。

(1) 国内信用保险。其保险标的是义务人在国内的信用，包括赊销信用保险、贷款信用保险、信用卡保险、雇员忠诚信用保险等。其中雇员忠诚信用保险承保的是雇主因雇员的不诚实行为而遭受的经济损失。

(2) 投资保险。投资保险又称政治风险保险，主要承保本国投资者在外国投资期间因政治原因如战争、类似战争行为、政府当局的征用或没收以及政府有关部门的汇兑限制而遭受的损失。投资保险一般与工程保险等其他财产保险一起投保。

(3) 出口信用保险。出口信用保险承保出口商方面因进口商方面不履行贸易合同而造成的经济损失，包括商业风险和政治风险。商业风险是指由于买方的商业信用造成的收汇风险；政治风险是指由于买方不能控制的政治原因造成的收汇风险。大部分国家将出口信用保险列为政策性保险，主要是为了贯彻国家鼓励出口的贸易政策。

## 三、保证保险

### (一) 保证保险的概念

保证保险是指被保证人根据权利人的要求，请求保险人担保自己信用的一种保险。保证保险的保险人代被保证人向权利人提供担保，如果由于被保证人不履行合同义务或者有犯罪行为，致使权利人受到经济损失，由其承担赔偿责任。保证保险是随着道德风险的频繁发生而发展起来的。

例如，某工程承包合同规定，承包人应在和业主签订承包合同后20个月内完成工程项目。业主(权利人)为能按时接收完工项目，要求承包人(被保证人)提供保险公司的履约保证，保证承包人不能按时完工而使业主利益受损时，由保险公司(保证人)给予赔偿。

保证保险一般由商业保险公司经营，但有些国家(如美国)规定该业务必须是政府批准的、具有可靠偿付能力和专业人员的保险公司才能经营。

### (二) 保证保险的险种

保证保险业务的具体险种主要有国内工程履约保险、对外承包工程的投标、履约和供货保证保险、产品质量保证保险、住房贷款保证保险、汽车贷款保证保险、雇员忠诚保证保险等。

1. 履约保证保险

该保险承保被保证人不履行合同等规定的义务而给债权人造成经济损失的风险。

在实践中，履约保证保险主要包括合同履约保证保险、司法履约保证保险、公职人员履约保证保险、特许履约保证保险。

2. 雇员忠诚保证保险

雇员忠诚保证保险是一种权利人因被保证人的不诚实行为而遭受经济损失时，由保险人作为保证人承担赔偿责任的保险。例如，当雇员由于偷盗、侵占、伪造、私用、非法挪用、故意误用等不诚实行为造成雇主受损时，保险人负责赔偿。

3. 产品质量保证保险

该保险承保产品生产者和销售者因制造或销售的产品质量有缺陷而给用户造成的经济损失，包括产品本身的损失以及引起的间接损失和费用。其责任范围是产品责任险的除外责任。

## 本 章 小 结

1. 广义财产保险是人身保险之外的一切保险业务的统称，是指投保人按照合同约定向保险人缴纳保险费，当发生了保险责任范围内的保险事故或事件等，给被保险人的财产及其有关利益带来经济损失时，由保险人承担赔偿责任的保险。财产保险具有保险标的的广泛性、对保险利益要求的严格性、业务性质的补偿性、经营内容的复杂性和保险期限的短期性等特征。广义财产保险主要包括财产损失保险(狭义财产保险)、责任保险和信用保证保险。

2. 财产损失保险是指以被保险人的各种物质性财产作为保险标的的财产保险，其业务涵盖火灾保险、运输保险、工程保险和农业保险等。

3. 火灾保险是以存放在固定场所并处于相对静止状态的财产物资为保险标的，由保险人承担保险财产遭受保险事故损失的经济赔偿责任的一种财产保险。它是财产保险中最基本的保险业务，主要包括团体火灾保险和家庭财产保险。

4. 运输保险是指以处于流动状态下的财产作为保险标的的一种保险业务，主要包括货物运输保险和运输工具保险。其中，货物运输保险又可以分为国内货物运输保险和涉外货物运输保险；运输工具保险又可以分为机动车辆保险、飞机保险、船舶保险、其他运输工具保险(包括铁路车辆保险、排筏保险等)。

5. 工程保险是指以各种在建工程项目作为主要承保标的的一种财产保险，它是适应现代工程技术和建筑业的发展，由火灾保险及责任保险等演变而成的一种综合性财产保险。目前，建筑工程保险、安装工程保险和科技工程保险已经构成了工程保险的三大主要业务来源。

6. 农业保险是专为农业生产者在从事种植业、林业、畜牧业和渔业生产过程中可能遭到的自然灾害或意外事故所造成的经济损失提供保障的一种保险。农业保险作为财产保险的重要组成部分，是为农业生产发展服务的一种重要风险管理工具。农业保险可分为种植业保险和养殖业保险两大类。

7. 责任保险是指以被保险人对第三者依法应付的民事赔偿责任为保险标的的保险。责任保险广义上通常被划为财产保险的范畴，但其又具有自身独特内容与经营特点。责任保险包括公众责任保险、产品责任保险、雇主责任保险和职业责任保险等类别。

8. 信用保证保险承保被保证人的信用风险，实质上是一种具有担保性质的保险业务。信用保险是由权利人投保义务人的信用，保险人对义务人不守信用给权利人造成的经济损失承担赔偿责任；保证保险是由义务人(被保证人)根据权利人的要求，请求保险公司担保自己信用的保险。信用保险的主要险种包括国内信用保险、出口信用保险和投资保险；保证保险的主要险种有履约保证保险、雇员忠诚保证保险和产品质量保证保险等。

## 课后知识拓展

### 我国首次明确农业保险的政策性属性

2019年5月29日，中央全面深化改革委员会第八次会议审议并原则同意《关于加快农业保险高质量发展的指导意见》(以下简称《指导意见》)。2019年10月9日，财政部、农业农村部、银保监会、林草局联合印发《指导意见》，标志着我国农业保险进入了高质量发展的新时期。10月16日，财政部有关负责人表示，《指导意见》从顶层设计上明确了加快农业保险高质量发展的指导思想、基本原则、主要目标、保障措施等，是在新的历史时期推动我国农业保险改革发展的重要举措，是今后一段时期开展农业保险工作的根本遵循。

一是首次明确了农业保险的政策性属性。此前，社会各界对财政补贴型险种是否属于政策性业务具有一定争议。此次《指导意见》明确提出“农业保险作为分散农业生产经营风险的重要手段，对推进现代农业发展、促进乡村产业振兴、改进农村社会治理、保障农民收益等具有重要作用”，这赋予了农业保险明确的政策目标，要求其承担一定政策职能，同时明确提出“推进政策性农业保险改革试点”。

二是拓展了农业保险的内涵和外延。在目前农业保险涵盖种植业、养殖业和林业的基础上，《指导意见》提出进一步拓宽农业保险服务领域，探索开展一揽子综合险，将农业生产设施设备、农民短期意外险等一并纳入农业保险服务范围，满足农户多元化的风险保障需求。同时鼓励探索开展“农业保险+”，加强农业保险赔付资金与政府救灾资金的协同运用，推进农业保险与信贷、担保、期货(权)等金融工具联动。

三是突出强调了提质增效、转型升级的要求。《指导意见》坚持问题导向和目标导向，提出了一系列加快农业保险高质量发展的创新性举措。根据《指导意见》要求，我国农业保险的发展目标更加明确，顶层设计更加统一，财政支持更加有力，地方责任更加清晰，基础设施更加完善，管理要求更加严格。同时，《指导意见》在提高农业保险服务能力、优化农业保险运行机制、加强农业保险基础设施建设、做好组织实施工作等方面都进行了部署安排。以《指导意见》出台为标志，我国农业保险进入了高质量发展的新时期。

近年来，财政部不断加大对农业保险的支持力度。2018年，中央财政拨付农业保险保费补贴资金199亿元，为1.95亿户次农户提供风险保障3.46万亿元，补贴资金放大174倍。目前，我国已建成基层农业保险服务网点40万个，基层服务人员近50万人，基本覆盖所有县级行政区域、95%以上的乡镇和50%的行政村，农业保险深度(保费/第一产业增加值)约0.88%、农业保险密度(保费/农业从业人口)约286元/人，农业保险在金融服务“三农”中居领先地位。

有关负责人介绍，在此基础上，《指导意见》进一步明确，到2022年，稻谷、小麦、玉米三大主粮作物农业保险覆盖率达到70%以上，收入保险成为我国农业保险的重要险种，农业保险深度达到1%，农业保险密度达到500元/人。到2030年，农业保险持续提质增效、转型升级，总体发展基本达到国际先进水平，实现补贴有效率、产业有保障、农民得实惠、机构可持续的多赢格局。

有关负责人表示，要实现上述目标，2022年我国农业保险保费收入需达到840亿元，相当于年均增长10%以上，这一目标基本符合我国农业保险发展规律，且具有一定挑战性，经过努力预计可如期实现。

(资料来源：www.zqrb.cn)

### RX咖啡“带火”的董责险是什么?

2020年，RX咖啡财务造假事件在资本市场引起波澜的同时，也将一种名为董责险的险种带入了人们的视野。

董责险全称为董事、监事及高级管理人员责任保险，当董事、监事及高级管理人员在履行管理职务或雇员职责时，存在因不当履职行为损害公司及其股东利益而遭受索赔的风险时，由承保董责险的保险公司承担赔偿责任。

RX咖啡投保董责险后能否获赔，业界仍存在争议。多位业内人士认为，上市公司财务造假属于严重的证券虚假陈述，此类欺诈行为属于董责险的免责条款。但与此同时，也有专业人士指出，这一事件中财务造假是公司行为还是高管个人行为等问题，还需要证据佐证或司法机构最终认定。

事实上，董责险这一险种2002年首次在我国推出，至今仍属小众险种。上海证券交易所资本市场研究所报告显示，欧美发达国家大多数企业投保董责险，而2019年我国上市公司投保董责险比例仅为4%。其中，仅投保1年的公司比例为59%，投保2～5年的公司占比33%，投保时间超过10年的公司仅6家。

“国外资本市场发展历史较长，追责机制相对完善，处罚也比较严厉。在这种情况下，国外上市公司一般在上市之前都会为其高管购买董责险，这是长期发展形成的一种惯例。”中国社会科学院保险与经济发展研究中心主任郭金龙表示，国内资本市场发展历史不是很长，追责机制还有需要完善的地方，上市公司为高管购买董责险还没有成为一种普遍状况。

董责险的存在能够为公司治理提供保障。管理者的风险容忍度是影响企业创新的重要因素，合理运用董责险可以降低管理团队的风险厌恶情绪，激发他们履职的积极性，从而提升公司价值。此外，保险公司对承保企业治理水平和风险的调查评估也可以有效发挥外部监督作用。

值得注意的是，董责险不会为所有行为“兜底”。董责险不保护恶意欺诈，不保护犯罪。如果高管在执业中的民事损害赔偿责任是高管恶意欺诈造成的，属于除外责任，保险公司是不予赔偿的。

虽然董责险在中国保险市场上已经出现很久，但供需双冷。投保的企业少，保险公司就不得不将条款变得苛刻、提高费率，才能降低风险，达到收支平衡。但若大多数上市公司都购买董责险，且大多数高管行为规范，保险公司经营的风险降低，费率就会大幅下降，保险条款也会在保险公司的竞争中得以优化。

多位专家表示，目前保险公司需要优化董责险的条款和费率，创新产品和服务，为不同类型的企业提供满足特定需求的产品，同时要形成良好的竞争机制，未来董责险在我国将会具有很大发展空间。

(资料来源：www.xinhua.net)

# 习　题

## 一、名词解释

1. 火灾保险　2. 财产损失保险　3. 农业保险　4. 特约可保财产
5. 家庭财产保险　6. 机动车辆第三者责任险　7. 运输保险　8. 建筑工程保险
9. 安装工程保险　10. 责任保险　11. 信用保险　12. 保证保险

## 二、单项选择题

1. 下列风险中，属于狭义财产风险的是(　　)。
   A. 死亡风险　B. 出口商面临进口商拒绝付款的风险
   C. 疾病风险　D. 机动车发生单方事故受损的风险

2. 下列损失中，可以在机动车第三者责任保险中得到赔偿的是(　　)。

A. 被保险车辆上的人员伤亡　　B. 被保险车辆驾驶人员死亡

C. 被保险人所有的财产损失　　D. 被保险车辆碰撞的人员

3. 下列属于保险人绝对不予承保的财产是(　　)。

A. 房屋　　B. 土地　　C. 家用电器　　D. 金银首饰

4. 下列属于我国家庭财产保险特约保险财产的是(　　)。

A. 日用品　　B. 家用电器、文化娱乐产品

C. 金银、古董等　　D. 已收获入库的农副产品

5. 某外贸公司出口一批货物至美国，货物运抵后，进口方以市场行情发生变化为借口，拒绝接受该单货物，致使该批货物被低价转卖，则这批货物的损失应由(　　)负责赔偿。

A. 出口信用保险　　B. 产品责任保险

C. 海洋货物运输保险　　D. 合同保证保险

### 三、多项选择题

1. 海洋运输货物保险的基本险别包括(　　)。

A. 水渍险　　B. 渗漏险　　C. 平安险　　D. 一切险

2. 财产保险中，可以纳入政策保险业务范畴的有(　　)。

A. 农业保险　　B. 工程保险　　C. 责任保险　　D. 出口信用保险

3. 财产保险的保险标的包括下列哪几类？(　　)

A. 精神损失　　B. 有形财产　　C. 损害赔偿　　D. 经济收益

4. 以下属于国内信用保险的险种的是(　　)。

A. 赊销保险　　B. 贷款信用保险

C. 特别的个人贷款信用保险　　D. 投资保险

5. 下列可以纳入科技工程保险的险种有(　　)。

A. 核电站保险　　B. 海洋石油开发保险

C. 电脑保险　　D. 航天保险

### 四、判断题

1. 保证保险是被保证人根据权利人的要求，请求保险人担保自己信用的一种保险。　(　　)

2. 运输保险专门承保各种机动运输工具，包括机动车辆、船舶、飞机、摩托车等各种以机器为动力的运载工具。　(　　)

3. 现代火灾保险的概念即指只保火灾的保险。　(　　)

4. 责任保险属于狭义财产保险的范畴。　(　　)

5. 财产保险的保险标的无论归法人所有还是归自然人所有，一般均有客观而具体的价值标准，这一特性与人身保险相同。　(　　)

### 五、简答题

1. 简述责任保险的特点。

2. 保险公司经营农业保险需要注意哪些事项？

六、案例分析题

1. 某年2月，于某投保了普通家庭财产保险附加盗抢险，清明节因外出扫墓忘记关闭窗户，导致家中财物失窃。公安机关接到报案后核实，于某家中共计损失财产约6万元。于某随后向保险公司索赔6万元，保险公司查验现场及参考警方资料后认为，于某家门锁完好，失窃的主因是于某防范不严、忘记关好窗户，且现场没有明显的盗窃痕迹(如门锁被撬坏)，而盗抢险的保险责任是指在正常安全状态下，留有明显现场痕迹的盗窃行为致使保险财产产生的损失。因此，保险公司对于某的索赔请求予以拒绝。请问：保险公司的拒赔是否合理？为什么？

2. 某律师事务所在代理一起债权债务纠纷案时，与当事人甲签订了《委托代理协议书》后，甲的代理律师因手机丢失及事务繁忙等原因未能及时与甲取得联系，使得甲的委托事项过了诉讼时效，给委托人甲造成5万元的经济损失，甲将该律师事务所及代理律师诉至法院，要求其赔偿该项损失。法院判定该律师事务所赔付甲的损失。该律师事务所在应诉过程中辩称：该所律师已为当事人写好起诉书，只等当事人签字后到法院去起诉，但由于当事人一直未在起诉书上签字，而代理律师又未能与当事人取得联系，故无法到法院立案。假定该律师事务所此前已在保险公司投保了职业责任保险，请问：该律师事务所的5万元赔偿金额，保险公司是否应当赔付？为什么？

# 第七章

# 再　保　险

【课前导读】

再保险业务是国际保险市场上通行的重要业务类型。它可以使保险人避免危险过于集中，不致因一次巨大事故的发生而无法履行支付赔款的义务，对保险业务经营起到了稳定作用，从而有利于被保险人的利益和保险市场的健康发展。本章主要阐述了再保险的相关概念、特征和分类；分析了再保险与原保险的关系；系统介绍了再保险的业务种类及其相关计算、再保险合同及其基本内容；探讨了国际国内再保险市场的发展状况等。通过本章的学习，读者应熟练掌握再保险的相关概念；理解再保险与原保险的关系；理解并熟悉比例再保险和非比例再保险的各类业务安排方法和技术；了解再保险的作用和分类、再保险合同的订立方式及合同的基本内容；能够运用所学理论知识分析有关案例。

## 第一节　再保险概述

再保险最早产生于欧洲海上贸易发展时期，从1370年7月在意大利热内亚签订第一份再保险合同到1688年劳合社建立，最初的再保险业务仅限于海上保险。17、18世纪由于商品经济和世界贸易的发展，特别是1666年的伦敦大火，使保险业产生了巨灾损失保障的需求，为国际再保险市场的发展创造了条件。从19世纪中叶开始，在德国、瑞士、英国、美国、法国等国家相继成立了再保险公司，办理水险、航空险、火险、建筑工程险以及责任保险的再保险业务，形成了庞大的国际再保险市场。第二次世界大战以后，发展中国家的民族保险业随着国家的独立而蓬勃发展，使国际再保险业进入了一个新的历史时期。时至今日，世界各国的保险公司，无论规模大小都要将其所承担的风险责任依据大数法则及保险经营财务稳定性的需要，在整个同业中分散风险，再保险已成为保险业和保险市场不可缺少的组成部分。

### 一、再保险的相关概念

#### (一) 再保险的概念和特征

##### 1. 再保险的概念

再保险(Reinsurance)也称分保，是指保险人在原保险合同的基础上，通过签订合同，将其承担的部分风险和责任向其他保险人进行投保的行为。因这种办理保险业务的方法有再一次进行保险的性质，故称再保险。

《中华人民共和国保险法》第二十八条第一款规定："保险人将其承担的保险业务，以分保形式部分转移给其他保险人的，为再保险。"简单来说，再保险就是对保险人的保险。

在再保险业务中，将自己所承担的保险责任转让出去的一方称为原保险人或分出人；与此对应，接受转让责任的保险人称为再保险人、分入人或分保接受人。如果再保险人又将其所接受的业务再分出给其他保险人，这种做法叫转分保，双方当事人分别称为转分保分出人和转分保接受人。

在再保险关系中，分出人要向分入人转嫁风险和责任，因此需要相应地支付一部分保费给分入人，这种保费叫分保保费；分出人承保业务需要支出一定的费用，因此，他还要向分入人收取一定的费用，这种费用称为分保佣金或分保手续费。

#### 2. 再保险的特征

再保险的基础是原保险，再保险的产生是基于原保险人业务经营中分散风险的需要。它有如下两个重要特征。

(1) 再保险是保险人之间的一种业务经营活动。再保险只在保险人之间进行，按照平等互利、互相往来的原则分出分入业务。再保险人与投保人和被保险人之间不发生任何业务关系，再保险人也无权向投保人收取保险费；同样，被保险人对再保险人没有索赔权；原保险人也不得以再保险人不对其履行赔偿义务为借口拒绝、减少或延迟履行对被保险人的赔偿或给付义务。

(2) 再保险合同是一种独立合同。再保险合同是在原保险合同的基础之上产生的，没有原保险合同就不可能有再保险合同。但再保险合同与原保险合同在法律上没有任何继承关系，因为保险与再保险没有必然联系，除法定再保险以外，是否再保险、分出多少业务，完全由原保险人根据自己的资产和经营状况自主决定。所以，再保险是一种独立的保险业务，再保险合同也独立于原保险合同。

### (二) 危险单位、自留额、分保额

在再保险业务中，分保双方责任的分配与分担是通过确定自留额和分保额来体现的，自留额和分保额都是按照危险单位来确定的。

#### 1. 危险单位

危险单位是指保险标的发生一次危险事故可能造成的最大损失范围。

危险单位的划分既重要又复杂，应根据不同的险别和保险标的来决定。如人寿保险以一个人为一个危险单位，机动车辆保险以一辆车为一个危险单位等。危险单位的划分关键是要和每次事故最大可能损失范围的估计联系起来考虑，而并不一定和保单份数相等同，且其划分并不是一成不变的。如某大型工厂的生产区，虽然面积很大，但因其主要车间与辅助车间之间有设备的连接，则应划分为一个危险单位；而工厂生产区与生活区的建筑物之间有一定距离，则应划为不同的危险单位。再如不同货主的货物装在同一艘船上，虽有数份保单，也属于同一危险单位。

危险单位的划分恰当与否，直接关系到再保险当事人双方的经济利益，甚至影响到被保险人的利益，因而是再保险实务中一个技术性很强的问题。再保险合同一般规定如何划分危险单位由分出公司决定。

《中华人民共和国保险法》相关条款规定："保险公司对危险单位的划分应当符合国务院保险监督管理机构的规定。""保险公司对危险单位的划分方法和巨灾风险安排方案，应当报经国务院

保险监督管理机构备案。”

2. 自留额与分保额

对于每一危险单位或一系列危险单位的保险责任，分保双方一般通过合同按照一定的计算基础对其进行分配。

分出公司根据其自身的偿付能力确定的所能承担的责任限额称为自留额或自负责任额。经过分保由接受公司所承担的责任限额称为分保额或分保责任额或接受额。自留额与分保额既可以用百分率来表示(如自留额与分保额各占保险金额的25%与75%)，也可以用绝对值来表示(如超过100万元以后的200万元)。而且，根据分保双方承受能力的大小，自留额与分保额均有一定的控制，如果保险责任超过自留额与分保额的控制线，则超过部分应由分出公司自负或另行安排分保。

为了确保保险企业的财务稳定性及其偿付能力，许多国家通过立法将再保险安排以及巨灾风险的处理、危险单位的划分、自留额的大小等列为国家管理保险业的重要内容。

《中华人民共和国保险法》相关条款规定：“经营财产保险业务的保险公司当年自留保险费，不得超过其实有资本金加公积金总和的四倍。”“保险公司对每一危险单位，即对一次保险事故所造成的最大损失范围所承担的责任，不得超过其实有资本金加公积金总和的百分之十；超过的部分，应当办理再保险。”“保险公司应当按照保险监督管理机构的有关规定办理再保险。”

## 二、再保险与原保险的关系

### (一) 再保险与原保险的联系

1. 原保险是再保险的基础

再保险的产生和发展，是基于原保险人分散风险的需要。保险是投保人以缴付保险费为代价将风险责任转嫁给保险人，实质上是在全体被保险人之间分散风险；再保险是以原保险人承保的风险责任为保险标的，是原保险人以缴付分保费为代价将风险责任转嫁给再保险人，是原保险人与再保险人之间进一步分散风险。所以，其保险责任、保险金额、保险期限等都必须以原保险合同为基础，没有原保险，就没有再保险。

2. 再保险支持和促进原保险的发展

再保险是对原保险的保险，保险人将自己所承保的一部分风险责任向再保险人分保，从而也将一部分风险责任转移给再保险人。当原保险人承保的保险标的发生损失时，再保险人必须按再保险合同的规定分担相应的赔款。原保险人从再保险人那里摊回分保部分的赔款，有利于保障原保险人经营的安全和稳定。

可见，再保险作为原保险的保险，是对原保险人所承担的风险责任的进一步分散，原保险人通过再保险可以降低自己的保险责任，扩大承保能力，从而支持和促进原保险的发展。

### (二) 再保险与原保险的区别

1. 合同的当事人不同

原保险合同的当事人是保险人与投保人，原保险体现的是保险人与投保人或被保险人之间的经济关系；而再保险合同的当事人是原保险人和再保险人，再保险体现的是保险人之间的经济关系。

2. 保险标的不同

原保险的保险标的包括财产、人身、责任、信用以及有关的利益，既有财产损失保险、人身保险，也有责任保险和信用保证保险；而再保险的保险标的则是原保险人承担的风险责任，是一种具有责任保险性质的保险。

### 3. 合同性质不同

原保险人履行赔付责任时，对财产保险是损失补偿性质，对人身保险则是给付性质，所以原保险合同包括补偿性合同和给付性合同两种；而再保险人对原保险合同责任的分摊，无论是财产再保险还是人身再保险，都是对原保险人承担的风险损失的补偿，所以再保险合同均为补偿性合同。

### (三) 再保险与共同保险的比较

共同保险是由两个或两个以上的保险人联合直接承保同一保险标的、同一保险利益、同一保险责任而总保险金额不超过保险标的可保价值的保险。共同保险的各保险人在各自承保金额限度内对被保险人负赔偿责任。

共同保险与再保险均具有分散风险和扩大承保能力的效果。两者的区别如下所述。

(1) 共同保险属于直接保险，是直接保险的特殊形式，是风险的第一次分散。因此，各共同保险人仍然可以实施再保险；再保险不属于直接保险，它是在原保险基础上进一步分散风险，是风险的第二次分散。

(2) 共同保险的投保人与每个保险人之间都有直接的法律关系；再保险中原保险的投保人与再保险人之间没有直接的法律关系，再保险人只和原保险人之间有直接的法律关系。

(3) 共同保险是风险的横向分担，所有保险人都需要承担保险责任；再保险是原保险人风险的纵向分担，再保险人违约不影响原保险责任的履行。

## 三、再保险的作用

保险是社会的稳定器，再保险则是保险经营的稳定器。由于保险费率、业务量以及巨灾风险的发生，保险业务的经营会出现不稳定的局面。通过再保险，可以分散风险，控制保险人的风险责任，扩大承保能力，保障保险业务的稳定发展等。

### (一) 分散风险

根据理想的可保风险条件的要求，保险人在其经营过程中，应该尽可能做到保险标的在数量上足够多且具有同质性。但在实际经营过程中，保险标的在形态上千差万别，在价值量上也大小不等。既有价值量小而风险单位较多的家庭财产，也有价值量大而风险单位较少的核电站。如果完全遵循理想的可保风险条件的要求，保险人会失去很多业务，也使许多风险单位无法获得保险保障。

但如果承保了不符合理想可保条件的标的，保险人又面临经营的财务风险。再保险正是解决这一矛盾的工具，并弱化了可保风险的理想条件。通过再保险，使得无法在投保人之间分散的风险，分散给多家保险人，由多家保险人来共同承担。

### (二) 限制责任

由于承保风险的偶然性和损失发生的不确定性，使得保险公司各年的损失率必然呈现一定的波动性。若发生重大保险事故，将会严重影响保险公司的财务稳定，发生亏损甚至破产。通过再保险，保险公司和再保险公司都可以根据自己的承保能力，科学地确定自留额和责任额来控制自己的风险责任。

#### 1. 限制每一风险单位的责任

保险人在制订分保计划时，首先应当确定每个风险单位的自留额，以规定自己对该风险单位所承担的最高责任限额，超出部分再通过再保险的方式分散出去。

#### 2. 限制一次巨灾事故的责任积累

巨灾风险，如地震、飓风等可能同时对多个风险单位造成损失，会产生自留额的责任积累问题。在这种情况下，保险人可以根据自身的偿付能力控制一次巨灾事故的责任，将超出部分通过再保险的方式转移出去。

#### 3. 限制全年的责任积累

上述的险位限制和事故限制无法限制一年内的赔款。保险人若将一年内发生的赔款控制在一定的限度内，还必须安排超额损失再保险，以限制全年的责任积累。

### (三) 扩大承保能力

由于保险公司的自有资金额是有限的，因而其自身的承保能力也就是一定的。资本薄弱的保险公司，不能承保超过自身财力的大额业务。即使资本雄厚的保险公司，也不会轻易承保大额业务，这势必会影响保险公司的业务来源及业务量。但是有了再保险的支持，保险公司就可以承担超出自身财力的大额业务，从而扩大了业务量，提高了承保经营能力。由于保险公司业务量的计算不包括再保险费，因此，通过再保险就可以在不增加资本投入的情况下达到增加业务量的目的。

### (四) 促进保险业竞争

再保险的存在和发展使得小型保险公司得以生存，由此促进保险业的竞争，增强保险市场的竞争活力。保险行业与其他许多行业不同的一点在于：小型保险公司与大型保险公司提供的产品具有高度同质性，如果没有再保险机制的存在，小型保险公司很难与大型保险公司抗衡并在市场上生存下去。而如果没有竞争，由大保险公司完全垄断和操纵市场，最终受害的是消费者。

### (五) 形成巨额联合保险基金

目前，随着科学技术的发展和广泛应用，社会财富日益增加，巨额保险标的显著增多，风险也相对集中。如航空航天项目的失败、核电站的爆炸等巨灾事故，如果没有再保险，任何一个保险人，无论其资金如何雄厚，都是无法承受巨额损失的。通过再保险的分出、分入业务，将超过单个保险人自身承受能力的风险责任相互转移和分散，各自独立经营保险业务的保险人的资金联合起来，形成一笔巨大的联合保险基金。

因此，通过再保险可以将各保险集团集合成更大的风险分散网络，在更大范围内将分散的保险基金积聚成同业性或国际性的联合保险基金，增强保险的整体经营能力和抵御更大风险的能力。

**案例7-1**

**石油钻井平台再保险案**

英国的北海蕴藏着丰富的石油资源。1975年英国建成的一艘大型石油钻井平台——派帕·阿尔法号，很快成了这一地区石油钻井队伍中的庞然大物。这艘类似于“航空母舰”的石油钻井平台，日产石油13万桶，天然气1800万立方米。这个钻井平台总重量超过36000吨，可同时供200人生活、作业。投产10多年来，源源不断的石油和天然气产出简直成了其所属公司的一棵“摇钱树”。1988年7月6日晚9时57分，工人们正在舱房内休息，突然一股高压天然气从一个气体压缩室中泄出，接着被意外引燃。顷刻间，震耳的爆炸声接连响起，霎时，整个平台淹没在浓烟与烈火中。20分钟后，又是一阵更大的爆炸巨响，整个平台被摧毁而下沉，最后水面上只露出不到1/4的平台残骸。这场大爆炸，损失惨重。当时估计直接经济损失高达12亿美元～15亿美元，还不包括对死伤者的抚恤费用。

这个石油钻井平台为9家公司所组成的一个国际财团所拥有，每家公司都就自己的股份安排了保险，这些保险又大都通过各种途径分保到伦敦的劳合社和世界各地的保险公司或再保险公司。因此，这次钻井平台的巨大损失最后实际上是由世界各地几十家保险公司共同分摊的。

【分析】：

本例是一个充分发挥再保险作用的典型案例。

国际上，再保险被称为“保险的保险”。随着现代化工业和商品经济的不断发展，工业和贸易中心城市的形成，交通运输的发达，社会财富的日益增多和集中，科学技术在生产中的广泛应用，使一次灾害事故可能造成的物质财富损毁和人员伤亡不断扩大。大的灾难损失，如果要一家保险公司来履行全部赔偿责任，必然导致财政上的困难，甚至迫使其破产倒闭。承保巨额风险，不仅一般的保险人不敢独立承担，也是保险管理机关所不允许的。因此，对类似于本案中石油钻井平台的巨额风险保险，保险企业无不通过再保险来分散风险。因为这不仅是保险业本身的迫切需要，而且受到社会各界人士甚至国家政府的深切关注和积极支持。再保险已成为保险事业中不可缺少的重要一环。

(资料来源：廖秋林. 保险案例100题[M]. 西安：西北大学出版社，2000.)

### 四、再保险的分类

(1) 按责任限制来划分，再保险可以分为比例再保险和非比例再保险(见本章第二节内容)。

(2) 按合同的订立方式，再保险可以分为临时再保险、固定再保险和预约再保险(见本章第三节内容)。

(3) 从再保险性质来看，再保险可分为法定再保险和商业再保险。

法定再保险是指按照国家的法律、法规，原保险人必须将其承保业务的一部分向国家再保险公司或由政府指定的再保险公司进行分保，即由国家法律规定实施的再保险。由于法律本身具有强制性，这种再保险也称强制再保险。通过法定再保险对该国保险市场实施保护，是世界各国尤其是保险不发达国家通常的做法。新加坡、韩国、印度、埃及、伊拉克、阿尔及利亚、巴基斯坦、智利、阿根廷等国，都曾以法令规定国内保险承保的一项或全部保险业务必须按规定比例向指定的专业再保险公司办理再保险。

商业再保险是指商业保险公司可以根据实际需要，结合保险标的的风险状况、自身偿付能力等，进行再保险业务。

我国从2006年开始彻底取消了法定分保，全面实行商业分保。

## 第二节　再保险的业务种类

### 一、比例再保险

比例再保险(Proportional Reinsurance)是指以保险金额为基础来确定分出公司自留额和接受公司责任额的再保险方式，故有金额再保险之称。

在比例再保险中，分出公司的自留额和接受公司的责任额都表示为保额的一定比例，该比例也是双方分配保费和分摊赔款时的依据。也就是说，分出公司和接受公司对于保费和赔款的分配，按照其分配保额的同一比例进行，这就充分显示了原保险人和再保险人利益的一致性。

比例再保险又可以分为成数再保险和溢额再保险。

### (一) 成数再保险

#### 1. 成数再保险的含义

成数再保险(Quota Share Reinsurance)是指原保险人将每一危险单位的保险金额，按约定的比率向再保险人分保的再保险方式。按照成数再保险方式，不论分出公司承保的每一危险单位的保额大小，只要是在合同规定的限额之内，都按照双方约定的比率来分担责任，每一风险单位的保险费和发生的赔款，也按双方约定的固定比率进行分配和分摊。总之，成数再保险方式的最大特征是“按比率”分保，堪称比例再保险的代表方式，同时也是最简便的再保险方式。

由于成数再保险对每一危险单位都按一定的比率分配责任，故在遇有巨额风险责任时，原保险人和再保险人承担的责任仍然很大。因此，为了使承担的责任有一定范围，每一份成数再保险合同都按每一危险单位或每张保单规定一个最高责任限额，分出公司和接受公司在这个最高责任限额中各自承担一定的份额。习惯上，若自留30%，分出70%，则称合同为70%的成数再保险合同。

**【例题7-1】**假设有一成数再保险合同，每一危险单位的最高限额规定为500万元，自留部分30%，分出部分为70%(即为70%的成数再保险合同)，则再保险合同双方的责任分配如表7-1所示。

表7-1　成数再保险责任分配表

单位：万元

| 保险金额 | 自留部分(30%) | 分出部分(70%) | 其他 |
|---|---|---|---|
| 80 | 24 | 56 | 0 |
| 200 | 60 | 140 | 0 |
| 500 | 150 | 350 | 0 |
| 600 | 150 | 350 | 100 |

本例中，当原保险金额为600万元时，原保险自留及再保险接受部分，与原保险金额为500万元时相同，但还剩下100万元的责任需寻找其他方式处理。否则，这100万元的责任将复归原保险人承担。

#### 2. 成数再保险合同中责任额、保费和赔款的计算

**【例题7-2】**假定某分出公司组织一份海上运输保险的成数分保合同，规定每艘船的最高责任限额为1000万美元，分出公司的自留部分为40%，即自留限额400万美元；分出部分60%，即分出责任限额为600万美元。假定原保险金额均在合同最高限额之内，在该合同项下有五笔业务，每笔业务的保额、保费收入和赔款情况及其计算如表7-2所示。

表7-2　成数再保险计算表

单位：万美元

| 船名 | 总额(100%) | | | 自留(40%) | | | 分出(60%) | | |
|---|---|---|---|---|---|---|---|---|---|
| | 保险金额 | 保费 | 赔款 | 保险金额 | 保费 | 自负赔款 | 保险金额 | 保费 | 摊回赔款 |
| A | 200 | 2 | 0 | 80 | 0.8 | 0 | 120 | 1.2 | 0 |
| B | 400 | 4 | 10 | 160 | 1.6 | 4 | 240 | 2.4 | 6 |

(续表)

| 船名 | 总额(100%) | | | 自留(40%) | | | 分出(60%) | | |
|---|---|---|---|---|---|---|---|---|---|
| | 保险金额 | 保费 | 赔款 | 保险金额 | 保费 | 自负赔款 | 保险金额 | 保费 | 摊回赔款 |
| C | 600 | 6 | 20 | 240 | 2.4 | 8 | 360 | 3.6 | 12 |
| D | 800 | 8 | 0 | 320 | 3.2 | 0 | 480 | 4.8 | 0 |
| E | 1 000 | 10 | 0 | 400 | 4 | 0 | 600 | 6 | 0 |
| 总计 | 3 000 | 30 | 30 | 1 200 | 12 | 12 | 1 800 | 18 | 18 |

#### 3. 成数再保险的优点和缺点

1) 成数再保险的优点

成数再保险的优点主要表现在以下两个方面。

(1) 合同双方利益一致。成数再保险对每一危险单位的责任均按保险金额由分出公司和接受公司按比例承担。因此，不论业务良莠、大小，双方共同命运；不论经营的结果是赢是亏，双方利害关系一致，成数分保合同双方很少发生争执。

(2) 手续简化，节省人力和费用。采用成数分保，分出公司和接受公司之间的保额、保费和赔款分摊都很简单，都按约定的同一比例进行计算，使分保实务和分保账单的编制手续简化，节省人力、时间和管理费用。

2) 成数再保险的缺点

成数再保险主要有以下两个缺点。

(1) 缺乏弹性。成数再保险具有简便的优点，同时也就意味着缺乏弹性。对分出公司来说，由于按固定比例自留业务，所以，质量好的业务不能多作自留，而质量较差的业务又不能减少自留。这样，成数再保险便失去了灵活性，往往不能满足分出公司获得准确再保险保障的需求。

(2) 不能均衡风险责任。由于成数再保险的每笔业务的保险金额均按固定比例分配，分出人对于危险度的高低、损失的大小，无法加以区别并做适当安排，因而它不能使风险责任均衡化。换句话说，原保险保险金额高低不齐的问题在成数分保之后仍然存在。虽然合同通常有最高限额的限制，但这只能起到防止责任累积的作用，而且有了该最高限额的限制，对于超过限额的部分，还需另做其他再保险安排。

成数再保险一般用于新公司、新险种或特种业务、保额和质量比较平均的业务、转分保、交换分保、集团分保等业务。

### (二) 溢额再保险

#### 1. 溢额再保险的含义

溢额再保险(Surplus Reinsurance)是由保险人与再保险人签订协议，对每个危险单位确定一个由原保险人承担的自留额，保险金额超过自留额的部分称为溢额，分给再保险人承担。

溢额再保险与成数再保险相比，其最大的区别在于：如果某一业务的保险金额在自留额之内时，就无须办理分保，只有在保险金额超过自留额时，才将超过部分分给溢额再保险人。也就是说，溢额再保险的自留额，是一个确定的自留额，不随保险金额的大小变动，而成数再保险的自留额表现为保险金额的固定百分比，随保险金额的大小而变动。

溢额再保险也是以保险金额为基础来确定再保险当事双方的责任的。对于每一笔业务，自留额已经先定好，将保险金额与自留额进行比较，即可确定分保额和分保比例。

【例题7-3】假定某一溢额再保险合同的自留额确定为80万元，现有三笔业务，第一笔业务保险金额为80万元，在自留额之内无须分保；第二笔业务保险金额为100万元，自留80万元，分出了20万元，分保比例为20%；第三笔业务保险金额为200万元，自留80万元，分出120万元，分保比例为60%。

溢额再保险关系成立与否，主要看保险金额是否超过自留额，超过自留额的部分即由溢额再保险吸收承受。溢额再保险的吸收承受，并非无限制，而是以自留额的一定倍数为限度。这种自留额的一定倍数，称为线数(Lines)。所以，危险单位、自留额和线数是溢额再保险的三大关键项目，或称三要素。

如果某溢额再保险合同的分保限额为20线，则1线的责任为再保险限额的5%，假定自留额为100万元，则该合同的限额或合同容量即为2000万元。为简便之计，保险同业之间通常仅以线数表示溢额再保险合同。例如本例，可称为20线的保险合同(20 Lines Treaty)。但每线的金额大小，要同时注明，以便真正掌握合同容量的大小。

综上所述可知，在溢额再保险合同中，再保险人的责任额和原保险人的自留额与总保险金额之间存在一定的比例关系，这是溢额再保险归属于比例再保险的原因所在。但溢额再保险的比例关系，随着承保金额的大小而变动，而成数再保险的比例是固定不变的。

由于承保业务的保额增加或由于业务的发展，分出公司有时需要设置不同层次的溢额，依次称为第一溢额、第二溢额等。当第一溢额的分保限额不能满足分出公司的业务需要时，则可组织第二甚至第三溢额，作为第一溢额的补充，以适应业务的需要。

各层溢额的关系，可用流水来比喻。假定自留与再保险都是消纳风险的容器，各容器的容量，分别为自留额与再保险责任额。保险人承保的业务，首先流入自留额的小容器，自留额满时，即流向第一溢额再保险(First Surplus Reinsurance)的大容器。如果第一溢额的容器流满以后仍有溢流，可再设置第二溢额的更大容器来承受业务。以此类推，还可以安排第三溢额、第四溢额来解决特殊业务的需要。

这种溢流与承受，就是危险责任的分散与转嫁，是溢额再保险的主要机能。容器的一定容量，就是风险责任均衡的表现，它使自留额与再保险额度均能保持一定的标准，危险因此被平均化。危险责任的平均化，是溢额再保险的主要目的。

### 2. 溢额再保险的计算

了解了溢额再保险的危险单位、自留额、线数和合同的最高限额及其关系，以及溢额分保比例之后，如何计算各自的责任、保费的分配和确定赔款的分摊就比较容易了。下面举例来予以简单说明。

【例题7-4】假定有一份海上货运险溢额再保险合同，危险单位按每一船每一航次划分，自留额为10万美元。第一溢额合同限额为10线，第二合同限额为15线，有关责任、保费和赔款的计算如表7-3所示。

表7-3 分层溢额再保险计算表

单位：美元

| | | A轮 | B轮 | C轮 | D轮 | 总计 |
|---|---|---|---|---|---|---|
| 总额 | 保险金额 | 50 000 | 500 000 | 2 000 000 | 2 500 000 | 5 050 000 |
| | 总保费 | 500 | 5 000 | 20 000 | 25 000 | 50 500 |
| | 总赔款 | 0 | 10 000 | 20 000 | 100 000 | 130 000 |
| 自留部分 | 保额 | 50 000 | 100 000 | 100 000 | 100 000 | - |
| | 比例 | 100% | 20% | 5% | 4% | - |
| | 保费 | 500 | 1 000 | 1 000 | 1 000 | 3 500 |
| | 赔款 | 0 | 2000 | 1 000 | 4 000 | 7 000 |

(续表)

| | | A轮 | B轮 | C轮 | D轮 | 总计 |
|---|---|---|---|---|---|---|
| 第一溢额 | 分保额 | 0 | 400 000 | 1 000 000 | 1 000 000 | - |
| | 分保比例 | 0 | 80% | 50% | 40% | - |
| | 分保费 | 0 | 4 000 | 10 000 | 10 000 | 24 000 |
| | 分摊赔款 | 0 | 8 000 | 10 000 | 40 000 | 58 000 |
| 第二溢额 | 分保额 | 0 | 0 | 900 000 | 1 400 000 | - |
| | 分保比例 | 0 | 0 | 45% | 56% | - |
| | 分保费 | 0 | 0 | 9 000 | 14 000 | 23 000 |
| | 分摊赔款 | 0 | 0 | 9 000 | 56 000 | 65 000 |

资料来源：魏华林，林宝清. 保险学[M]. 北京：高等教育出版社，2017.

现以第三笔业务C轮为例对表7-3略作说明。C轮保险金额为200万美元，自留10万美元，第一溢额承受10线计100万美元，分保比例为50%，自留与第一溢额之后尚余90万美元的责任，由第二溢额承受，第二溢额分保比例为45%。现发生赔款20 000美元，原保险人承担5%为1 000美元，第一溢额再保险人分摊50%为10 000美元，第二溢额再保险人分摊45%为9 000美元。其他可以此类推。

从表7-3统计的保费收入及支付的赔款来看，这是一个亏损严重的合同，整个合同的赔付率为257.43%。但亏损的程度，原保险人、第一溢额再保险人、第二溢额再保险人各不相同。计算可知，他们的赔付率分别为200%、241.67%、281.61%。

这显示出高层次溢额再保险的危险程度比低层次危险度大，这是由于进入高层次溢额的标的数量减少的原因所致。这说明，溢额再保险合同双方的利益并非是完全一致的。因此，在实务中，各层次的溢额再保险，除次序有先后差别外，其再保险条件可能不相同，但责任、保费和赔款的计算方法是一样的。

#### 3. 溢额再保险的特点

1) 可以灵活确定自留额

溢额再保险的优点在于能根据不同的业务种类、质量和性质确定不同的自留额，具有灵活性。凡在自留额以内的业务，全部由分出公司自留不必分出。因此，不论在业务的选择上，还是在节省分保费支出等方面，都具有其优越性。如果溢额分保自留额定得适当，分出公司自留的业务数量多，质量比较好，保险金额比较均匀，其稳定性就会很好。

2) 比较烦琐费时

以货运险为例，办理溢额再保险时，要根据业务单证按船、按每一航次的管理限额，并计算出不同的分保比例，以及按这一比例逐笔计算分保费和摊回赔款。在编制分保账单和统计分析方面也比较麻烦。所以，办理溢额再保险需要严格的管理和必要的人力来进行，因而可能增加管理费用。

一般来说，对于危险性较小、利益较优且风险较分散的业务，原保险人多采用溢额再保险方式，以保留充足的保险费收入。对于业务质量不齐，保险金额不均匀的业务，也往往采用溢额再保险来均衡保险责任。在国际分保交往中，溢额分保也是常见和乐于考虑的接受分保业务之一，可用于分保交换。

### (三) 成数和溢额混合再保险

成数和溢额混合再保险是将成数再保险和溢额再保险组织在一个合同里，以成数再保险的限额，作为溢额再保险的起点，再确定溢额再保险的限额。

成数溢额混合再保险并无一定的形式，可视分出公司的需要和业务品质而定。这种混合合同通常只适用于转分保业务和海上保险业务，多为特殊情况下采用。假如某种业务组织成数再保险合同需要支付较多的分保费，而组织溢额再保险合同，保费和责任又欠平衡，这种情况下就可以采用这种混合再保险方式，来协调各方的矛盾。

## 二、非比例再保险

非比例再保险(Non-Proportional Reinsurance)以损失为基础来确定再保险当事人双方的责任，故又称损失再保险，一般称为超额损失再保险(Excess of Loss Reinsurance)。由于超额损失再保险是当原保险人赔款超过一定额度或标准时，再由再保险人对超过部分责任负责，故又称第二危险再保险，以表示责任的先后。

### (一) 险位超赔再保险

险位超赔再保险是以每一危险单位所发生的赔款来计算自负责任额和再保险责任额。假如总赔款金额不超过自负责任额，全部损失由分出公司赔付；假如总赔款金额超过自负责任额，超出部分由接受公司赔付，但再保险责任额在合同中的规定，也是有一定限度的。

**【例题7-5】**假设某分出公司自赔额为100万元，分入公司接受100万元以上的赔款责任限额为200万元，则赔款的分摊情况如表7-4所示。

表7-4 险位超赔的赔款分摊情况表

单位：元

| 危险单位 | 赔款额度 | 分出公司承担赔款 | 分入公司承担赔款 |
|---|---|---|---|
| A | 800 000 | 800 000 | 0 |
| B | 2 000 000 | 1 000 000 | 1 000 000 |
| C | 3 500 000 | 1 500 000 | 2 000 000 |
| 总计 | 6 300 000 | 3 300 000 | 3 000 000 |

其中，在C危险单位下，由于分入公司已经承担了200万元的赔款，达到限额，因此，多出的损失全部由分出公司自己承担。

### (二) 事故超赔再保险

事故超赔再保险是以一次巨灾事故所发生赔款的总和来计算自负责任额和再保险责任额。当一次巨灾事故的赔款总额超出分出公司自赔额时，超出部分由接受公司负责一定的额度或全部。这种再保险方式对一次事故中受损风险单位数量没有限制，是以一次事故、群体风险单位受损所导致的总赔款为基础，其目的是保障一次事故造成的责任累计，常用于巨额和巨灾风险的再保险，又称为异常灾害再保险。

事故超赔再保险的责任计算，关键在于一次事故的划分。有的巨灾事故如台风、洪水和地震，有时间条款来规定多少时间作为一次事故，如规定台风、飓风、暴风连续48小时内为一次事故，地震、洪水连续72小时内为一次事故等。有的巨灾事故还有地区上的规定，如洪水以河谷或分水岭来划分。

### (三) 赔付率超赔再保险

赔付率超赔再保险是按赔款与保费的比例来确定自负责任和再保险责任的一种再保险方式。即在约定的某一年度内，对于赔付率超过一定标准时，由再保险人就超过部分负责至某一赔付率或金额。赔付率超赔再保险的赔付按年度进行，有赔付率的限制，并有一定金额的责任限制。由于这种再保险可以将分出公司某一年度的赔付率控制在一定的标准之内，所以对于分出公司而言，又有停止损失再保险或损失中止再保险之称。

## 三、比例再保险与非比例再保险的比较

### (一) 分保的基础不同

比例再保险是以保额为基础分配自负责任和分保责任的；而非比例再保险是以赔款为基础，根据损失额来确定自负责任和分保责任的，接受公司的责任不受原保险金额大小的影响，而与赔款总额相关联。

### (二) 分保的计算方式不同

在比例再保险中，接受公司接受分出公司承保责任的一定比例，因此所有保费及赔款，皆与分出公司承保责任保持一定的分配比例。非比例再保险则不然，接受公司并不分担任何比例责任，仅在赔款超过分出公司自负额时负起相应的责任。

### (三) 再保险费率不同

比例再保险按原保险费率计收再保险费，且再保险费为被保险人所支付的原保险费的一部分，与再保业务所占原保单责任保持统一比例。非比例再保险采取单独的费率制度，再保险以非合同年度的净保费收入为基础另行计算，与原保险费并无比例关系。

### (四) 佣金的支付不同

比例再保险通常都有再保险佣金的规定。而非比例再保险中，对于接受公司而言，分出公司与被保险人的地位相等，因此不必支付再保险佣金。

### (五) 责任准备金的要求不同

比例再保险的接受公司对分入业务必须提存未满期责任准备金。而非比例再保险的接受公司并不对个别风险负责，仅在赔款超过起赔点时才负责，故不发生未满期保险费责任。

### (六) 赔款支付方式不同

比例再保险赔款的偿付，通常都由账户处理，按期结算。而非比例再保险对赔款多以现金偿付，并于接受公司收到损失清单后短期内如数支付。

# 第三节　再保险合同

## 一、再保险合同的订立方式

### (一) 临时再保险

临时再保险是指在原保险人有分保需求时，临时与再保险人协商，订立再保险合同，合同的有关条件也都是临时议定的。

### 1. 临时再保险的优点

(1) 灵活性。在临时再保险关系中，原保险人和再保险人双方对每笔保险业务的分出和分入都有自由选择的权利，原保险人是否办理分保、分出什么险别、分出多少，都可以根据自身所能承受的程度来决定；而再保险人是否接受原保险人分出的业务、接受多少、是否需要调整再保险的条件等，也完全可以视业务的性质、自身的承担能力以及接受业务的责任积累状况自主决定。

(2) 针对性。临时再保险通常是以一张保险单或一个危险单位为基础逐笔办理分保，分保的风险责任、摊赔的条件等都具有很强的针对性，便于再保险人了解、掌握业务的具体情况，正确做出分入与否的决策。

### 2. 临时再保险的缺点

(1) 由于临时分保业务必须得到分保接受人的同意，因此，只有在全部临时分保业务安排完毕后，原保险人才能对投保人承保，这样可能失去机会，影响业务的开展。

(2) 由于是逐笔安排业务，手续繁杂，增加营业费用的开支。

正是由于这些特点，临时再保险一般适用于那些高风险的业务、新开办的业务或不稳定的业务。

## (二) 固定再保险

固定再保险是由原保险人和再保险人事先签订再保险合同，使分出公司和分入公司自动履行再保险合同的权利和义务，因此，又被称为合同再保险。凡属固定再保险合同规定范围内的业务，分出公司必须按照合同规定的条件向分入公司办理分保；而分入公司必须接受分保，承担保险责任，不得拒绝。可见，固定再保险合同对于分出公司和分入公司都有强制性。

固定再保险合同通常要约定分保业务范围、条件、额度、费用等，明确双方的权利和义务。合同一经签订就具有法律效力，双方必须遵守。一般来说，固定分保合同没有期限限制，属于长期性合同。但订约双方都有终止合同的权利，如果一方要终止合同，通常要求在终止前的三个月以书面形式通知对方，从而终止合同。

由于固定再保险的长期性、连续性和自动性，对于约定分保的业务，原保险人无须逐笔办理再保险，从而简化了分保手续，提高了分保效率。同时，通过固定再保险，分保双方建立了长期稳定的业务关系。这一方面使原保险人能够及时分散风险，从而增强了原保险人的承保能力；另一方面也使再保险人获得了稳定的业务来源。因此，目前国际再保险市场广泛采用这种方式安排再保险，临时再保险只是固定再保险的一种补充。

## (三) 预约再保险

预约再保险是一种介于临时再保险和固定再保险之间的再保险方式。

这种合同的通常做法是：原保险人和再保险人事先签订再保险合同，对于合同约定的业务，原保险人(分出人)可以自由决定是否分出，而原保险人一经决定分出，再保险人(分入人)就必须接受，不能拒绝。也就是说，原保险人有选择是否分出的权利，而再保险人则没有选择的权利。

预约再保险对原保险人来说具有临时再保险的性质。对再保险人来说，对于原保险人分出的业务只有接受的义务，不能拒绝。因此，对再保险人来说，预约再保险与临时再保险完全不同，而与固定再保险相近。

预约再保险主要适用于某些有特殊危险的业务，例如火灾中某个地区、一年当中某一季节特别严重的火灾等。也有些业务因为某种原因必须与其他业务分开，也采用预约再保险的形式。

预约再保险有利于分出人，而不利于分入人。分出人在遇到超过固定再保险限额的大宗业务时，可以采取预约再保险，而无须与分入人逐笔联系。这种安排不仅有利于分出人对超过固定合同限额业务的自动安排，增加分出人的承保能力，也有利于经纪人迅速开展业务，对分入人来说则具有强制性。此类业务较受分出人欢迎而不受分入人欢迎。

## 二、再保险合同双方的权利和义务

再保险合同是规定分出公司与分入公司之间的权利和义务关系的协议，它由法律确认并保证实施。在法律关系中，再保险双方的权利与义务具有对价性。

### (一) 分出公司的权利与义务

#### 1. 分出公司的权利

(1) 全权负责处理有关保险业务的权利。

(2) 依照再保险合同的规定向分入公司要求摊回赔款。

(3) 在比例再保险中，有权要求分入公司支付分保佣金并提存保险费准备金和赔款准备金。

(4) 有权在遇到巨额赔款，赔偿责任超过约定金额时，要求分入公司以现金摊回赔款。

#### 2. 分出公司的义务

(1) 如实告知、通知义务。

(2) 按照规定支付再保险费的义务。

(3) 定期编送业务账单、业务报表和赔款通知书的义务。

(4) 在归还保险费准备金和赔款准备金时有支付议定利息的义务。

(5) 在有损余收回或向第三者责任方追回款项时，有按分保比例向分入公司退回款项的义务。

### (二) 分入公司的权利与义务

#### 1. 分入公司的权利

(1) 有权按规定向分出公司收取再保险费。

(2) 有权要求分出公司履行分保合同中约定的义务。

(3) 当分出公司不履行法定或约定义务时，有权根据具体情况提出解除或终止分保合同。

(4) 在有损余收回或向第三者责任方追回款项时，有权要求分出公司按分保比例退回有关款项。

(5) 在必要时有权行使检查的权利。

#### 2. 分入公司的义务

(1) 按合同规定向分出公司摊回赔款的义务。

(2) 按合同规定支付分保佣金及盈余佣金的义务。

(3) 按合同规定对保险费准备金和赔款准备金的提存与管理履行承认义务。

(4) 对分出公司为维护双方共同利益而支出的合理必要费用有承担义务。

(5) 有现金摊赔的义务。

## 三、再保险合同的基本内容

再保险合同的基本内容包括：缔约当事人的名称、地址；保险期限，包括合同开始和终止时间；执行条款，包括再保险的方式、业务范围、地区范围及责任范围；除外责任；保险费的计算、支付方式及对原保险人的税收处理；手续费条款；赔款条款；账务条款，即账单编送及账务结算事宜；仲裁条款，规定再保险合同仲裁范围、仲裁地点、仲裁机构、仲裁程序和仲裁效力等；保险合同终止条款，规定终止合同的通知，订明特殊终止合同的情形；货币条款，规定自负责任额、分保责任额、保费和赔款使用的货币以及结付应使用的汇率；保险责任的分担及除外责任；争议处理，包括仲裁或诉讼条款；赔款规定等。

再保险合同的基本内容体现了双方约定的权利与义务，其主要条款可以分为共同条款与非共同条款。

### (一) 共同条款

再保险合同的种类繁多，合同条款根据不同的再保险方式和业务类别各有差异。其中有些条款在再保险业务中是通用的，这些条款为保险业所熟知，所以不用事先约定，只需在合同中列明，被称为再保险合同的共同条款。

#### 1. 共同利益条款

共同利益条款也称为共命运条款，是关于双方共同权利的规定，即原保险人与再保险人在保险费的获得、向第三者追偿、保险金赔付、保险仲裁或诉讼等方面对被保险人或受益人有着共同的利益。在再保险业务中，由于再保险人与原保险人往往位于不同的国家和地区，再保险人难以介入原保险业务，所以将上述事宜都授权给原保险人，原保险人在维护双方共同利益的情况下，有权单独处理，由此产生的一切权利和义务均按再保险双方达成的协议共同分享和分担。但因原保险人单方面利益产生的费用，再保险人无须共同承担。为维护再保险人的利益，共同利益条款一般还规定，再保险人不承担超过再保险合同规定的责任范围以外的赔款和费用，也不承担超过再保险合同规定的限额以上的赔款和费用。

#### 2. 过失或疏忽条款

过失或疏忽条款是指在保险期限内保险事故发生以及原保险人在执行再保险合同条款时，由于原保险人的过失或疏忽而非故意造成的损失，再保险人仍应承担相应的赔偿责任。只要发生的错误、遗漏或延迟等不是由于故意造成的，就不影响再保险合同的有效性。在保险实务中，出现错误、遗漏或延迟的一般情形有：应纳入分保合同的业务而未办理分出；应予以登记的业务而未登记或登记错误；赔款发生后应通知而未通知或未及时通知等。但是，过失或疏忽行为一经发现，分出人应立即采取相应的措施予以纠正。

规定该条款的主要目的在于保护分出公司，避免由于偶然的过失或疏忽行为导致对其产生十分不利的后果，同时对分出公司非故意过失或疏忽造成的错误、遗漏或延迟给予弥补的机会，以利于再保险业务的发展。

#### 3. 双方权利保障条款

双方权利保障条款是原保险人与再保险人应保证对方享有其权利，以使合法利益得到保护。原保险人应赋予对方查校账册，如保单、保费、报表、赔案卷宗等业务文件的权利；再保险人则赋予原保险人选择承保标的、制定费率和处理赔款的权利。

#### 4. 仲裁条款

仲裁条款规定再保险合同的仲裁范围、仲裁地点、仲裁机构、仲裁程序和仲裁效力等。如果再保险双方对合同项下的业务发生争议、不能友好解决时，则按该条款的规定办理。

### (二) 非共同条款

与共同条款不同，非共同条款由合同双方当事人约定并写进再保险合同之中。

#### 1. 执行条款

执行条款是用以规定再保险方式、再保险业务种类、地区范围以及责任范围和责任限制的条款。

再保险有成数再保险、溢额再保险和超赔再保险之分，超赔再保险又可以分为险位超赔再保险、事故超赔再保险和赔付率超赔再保险。究竟采用哪一种再保险方式来分出、分入业务，在合同中要做出明确规定。

保险业务种类包括火险业务、水险业务、各种责任保险业务、信用保证保险业务、人身保险业务等，分出公司与分入公司究竟要对哪一种业务进行分出和分入，在合同中也要有明确的规定。

在再保险合同中要明确规定列入再保险合同业务的地区范围，即这些业务是来自某个国家或地区的业务，还是来自世界各地的业务。明确规定再保险业务的地区范围，有利于分入公司控制自己的责任风险，避免责任过度累积，保持财务上的稳定。

对于责任范围，除应规定保险责任外，还要规定除外责任，载明再保险合同不保的危险和责任，以免在保险标的发生损失需要分摊赔款时因保险责任范围不清而产生纠纷。

责任限制是指分出公司和分入公司需要在合同中明确规定每一危险单位或每一次事故的自留责任和最高分保责任。

#### 2. 佣金条款

佣金条款是比例再保险合同的重要条款。再保险佣金是分入公司根据分保保险费支付给分出公司的一定费用，用以分担分出公司为招揽业务及经营管理等所产生的费用开支。分保佣金有固定佣金、浮动佣金及纯益佣金。对于分保佣金，再保险双方都十分重视。对分入公司而言，佣金支出对分保合同的利润有直接影响；对分出公司而言，各种佣金收入与其收益密切相关，因此再保险的当事人应在合同中明确佣金的比例及其计算方法。

#### 3. 共同保险条款

共同保险条款是非比例再保险合同的特有条款。设立该条款的目的在于限制分出公司在赔款已经超过合同规定的自负责任额时，由于不负责任地处理赔案而损害分入公司利益的行为。如在合同中规定：“分出公司保证和分入公司成为共同再保险的接受人，且自留份额至少为本合同所承保的超赔额的10%。此份额作为分出公司自留的责任而不分保。”由于分出人也承担一部分超过合同规定的自负责任额的赔偿责任，因而与分入人有共同的利害关系。这可以促使分出公司在理赔时采取谨慎的态度。

#### 4. 物价指数条款

物价指数条款又称稳定条款(Stability Clause)，是指由于通货膨胀风险的影响，再保险合同生效时或案件发生时与赔款发生时的货币价值往往不同，非比例再保险合同中通常附加物价指数条款，规定分出公司的自留额度与分入公司的分保额度要按赔款支付时的物价指数进行调整，赔款受物价影响而溢价的部分由原保险人和再保险人共同分担。

#### 5. 汇率变动条款

再保险业务的国际性决定了其经营过程中往往涉及多种货币，而不同货币在不同时期兑换比率的变动会给再保险双方的责任分摊计算带来很多不便。为了使合同责任限额保持在较为稳定的水平，减少汇率变动的风险，再保险合同中通常订有汇率变动条款。

6. 赔款条款

该条款规定了原保险人处理赔款的权利和赔款发生后及时通知再保险人的义务。如果发生巨额赔款，原保险人可向再保险人请求现金摊赔(Cash Call)。

对于一切赔案，分出人必须按照原保险单条款的规定办理。分入人只对分出人负有法律责任的赔款进行摊付。除非事先征得分入人的同意，分出人不按原保险单条款的规定通融处理的赔案，分入人有权拒付赔款。近年来国际保险市场上对通融赔款的处理都十分谨慎，一般都要事先征得再保险人的同意，才可以做通融赔付处理。

7. 账务条款

账务条款规定关于账单的编制、寄送及账务结算事宜。分出公司应在每季度结束后的60天内编制业务账单寄送分入人。分入人在收到账单后应予以证实，如果在15天内不予证实，则视为证实。账单按原币编制并按原币结算。

业务账单有两个作用：一是向分入人提供有关合同项下的保险费、赔款等金额以便统计和核算业务的经营成果；二是为分出人与分入人之间的账务结算提供依据。

8. 保险费条款

保险费条款(Premium Clause)详细说明了计算再保险费的基础和方法，包括再保险人需要支付给原保险人的税款及其他费用。

9. 期限条款

比例再保险合同和非比例再保险合同期限条款的规定略有不同。比例再保险合同一般只有起讫日期，而不订明期限，合同具有长期性。任意一方有意终止再保险合同，都必须在年终前3个月向对方发出注销通知，经对方证实后终止。在非比例再保险合同中，由于超赔分保的分入人不愿意承诺长期的责任，因此通常规定合同的期限为1年。但险位超赔再保险合同也有不订明合同期限的，只要任意一方不发出注销通知，合同就连续有效。

# 第四节 再保险市场

## 一、再保险市场概述

再保险市场是再保险商品交换关系的总和或再保险商品供给与需求关系的总和。在再保险市场上，交易的对象是再保险人为原保险人所面临的保险风险提供的各种再保险保障。

### (一) 再保险市场的要素

一个完整的再保险市场，包括以下几方面的要素。

(1) 再保险市场的供给方和需求方。

从国际保险实践看，再保险市场的供给方主要由专业再保险公司、兼营再保险业务的保险公司以及国内的、区域性和国际性再保险集团等组成。

从再保险市场的需求看，再保险业务最主要的分出源是直接经营原保险业务的保险公司，此外的另一分出源是专业自保公司。专业自保公司虽然具有较强的资本实力，但也需要再保险的支持，以保证经营的稳定性。

(2) 具体的交易对象——各类再保险商品。

(3) 为促成再保险交易提供辅助作用的保险中介方。

### (二) 形成再保险市场的必备条件

从各国保险的实践看，再保险市场的形成或培育须具备一定的条件。

(1) 比较稳定的政治局面。

(2) 发达的保险市场。

(3) 现代化的通信设备和信息网络。

(4) 比较宽松的外汇制度。

(5) 具有丰富的再保险理论知识和实践经验的专业人员。

(6) 拥有相当数量的律师、会计师和精算师等专业人员和中介服务机构。

目前，保险界公认的世界再保险市场主要有伦敦、纽约、东京、慕尼黑、巴黎、苏黎世、新加坡、中国香港等。

### (三) 再保险市场的分类

(1) 按区域范围划分，再保险市场可分为国内再保险市场、区域性再保险市场和国际性再保险市场。

(2) 以再保险责任限制划分，再保险市场可以分为比例再保险市场和非比例再保险市场。例如，伦敦的超赔再保险市场是典型的非比例再保险市场，而德国的汽车再保险市场是典型的比例再保险市场。

### (四) 再保险市场的特点

#### 1. 再保险市场是保险市场的重要组成部分

如果离开了再保险市场，保险人在开展业务时需要更多地考虑资金的风险平衡问题，从而限制保险业务的发展；而有了再保险市场，全世界的保险人都可以通过对再保险的充分安排，保障保险业务的稳定性和持续性。国际国内一些重大的经济贸易活动和建设项目，如航空航天项目、核电站工程等保险业务存在巨大的风险责任，对保险人来说更需要通过再保险市场保障其顺利进行。因此，尽管再保险市场是从保险市场发展而来的，但并不是简单的延伸，而是国际保险市场不可缺少的重要组成部分。

#### 2. 再保险市场具有国际性和网络性

再保险市场的很多业务都是跨越国界的，即使是国内再保险市场，很多巨额业务也要联合不同国家或区域的众多保险公司进行再保险或转分保，一旦发生赔款，涉及的保险公司往往多达数十家甚至上百家，这充分说明了再保险业务本身具有广泛的国际性和网络性。

#### 3. 再保险市场的交易体现了保险人和再保险人的合作

在保险人与再保险人之间，双方的良好接触起决定性的作用。再保险人对承保的风险等需要有全面直接的了解，而原保险人在订约前或订约后，需要对可能发生的技术问题、市场问题，与再保险人进行充分的磋商。因此，再保险业务在某种程度上也是保险人和再保险人的一种合作经营。

#### 4. 再保险市场上互惠交换业务盛行

所谓互惠交换业务，是指有再保险关系的保险人之间相互交换业务，一方保险人向另一方保险人进行再保险，又从另一方保险人处获取再保险业务。如此互通有无，不仅扩大了业务面，提高了净保险费收入，而且避免了总业务量的减少，进一步分散了风险，降低了费用开支。

## 二、国际再保险市场上的承保人和中介人

### (一) 国际再保险市场上的承保人

国际再保险市场上的承保人即再保险人，基本上可以分为专业再保险人、原保险人的再保险部门、再保险集团、伦敦劳合社承保人和专业自营保险公司五类。

#### 1. 专业再保险人

专业再保险人是专营再保险业务的保险人，它一般不作为原保险人来经营直接保险业务。国际上最大的专业再保险人是德国的慕尼黑再保险公司。

#### 2. 原保险人的再保险部门

原保险人的再保险部门一般经营原保险人承保的同类风险责任。接受再保险业务可以使原保险人分散其损失风险，同时还可以为本公司扩大商机，因此，许多原保险人纷纷成立了专营再保险业务的子公司，但是这类再保险公司所占有的市场份额远远低于专业再保险公司的份额。

#### 3. 再保险集团

再保险集团是指由两家或两家以上的保险公司组织起来的一个集团。再保险集团通过集团内部互保，可以解决单个再保险人承保能力不足的问题，将单个成员的损失风险分散到许多保险人之间，形成在集团成员间分散风险的机制，从而增加了整个集团的承保能力。如“非洲石油和能源集团”“阿拉伯火险、水险和航空险集团”等，都是成功的再保险集团范例。再保险集团以国际性的再保险集团为主，还包括国内的再保险集团和区域性的再保险集团。区域性再保险集团是指在世界不同区域内成立的再保险集团，其组成方式一般有两种：一是由该地区内的各国出资人入股，成立一个专门的区域性的再保险机构，如亚洲再保险集团，其成员国有中国、印度、菲律宾、韩国等；二是由该区域内的各保险公司组成一个区域性的再保险集团。成立区域性再保险集团可以减少保费外流，但同时也潜伏着区域内风险相对集中的危险。

#### 4. 伦敦劳合社承保人

伦敦劳合社是世界上最大的、最负盛名的再保险组织。劳合社通过由个人和公司成员组成的承保辛迪加来承担风险。作为一个由上百家专业承保辛迪加组成的大市场，劳合社可以办理全球的直接保险和再保险业务，还可以办理集团间再保险业务。

#### 5. 专业自营保险公司

专业自营保险公司都是大企业自设的保险公司，主要为其母公司和子公司提供直接保险，同时也承保外界的风险和接受分入再保险业务。很多专业自营保险公司为享受免税优惠，在百慕大和开曼群岛等地注册。专业自营保险公司一般规模不大，常常要将主要风险转嫁给再保险市场，所以接受分入业务不是很多。

### (二) 国际再保险市场上的中介人

再保险中介人主要为分出公司提供再保险服务，包括帮助分出公司确定其再保险需求；安排再保险规划满足其分保需求；寻找可提供再保险需求的市场；代表分出人(保险人)谈判合同条款、确定承保范围以及提供其他创新型业务等。

再保险经纪人在市场上安排再保险业务采取认购制。习惯做法是：代表分出公司的再保险经纪人，与首席再保险人(Leading Reinsurer)交涉有关再保险事项和承保风险，并确定分保合同条款和首席再保险人承担风险责任的比例。首席再保险人一般承担最大的风险责任。再保险经纪人还要确保其他再保险人各尽其责，认购相应比例的再保险份额。在某些再保险市场，如英国再保险市场，形成了很强的“牵头—跟随”(1ead—follower)体系，即由再保险行业中公认的一家信誉卓著的再保险人充当首席再保险人，其他再保险人则会在首席再保险人的带动下，纷纷选择适当的比例参加再保险认购。而在其他市场，如美国市场，每一个再保险人更倾向独立评估风险，并决定是否参加某项再保险业务。

再保险人从再保险保费中，取出一部分给再保险中介人作为佣金。佣金随着比例分保合同或超额赔款分保合同的不同而变化。原保险人和再保险人，在缴纳保费或给付保险金时，习惯上也通过再保险中介人来进行。

再保险中介人能够为分出公司提供综合性服务。随着保险人对附加服务要求的不断增多，中介人也必须建立必要的防护设施。评估所有再保险人的财务状况是否安全，是再保险中介人提供的服务之一，同时也是其本身的职责。分出公司在选择再保险人时，很大程度上依赖于再保险经纪人的判断能力。

对原保险人来说，使用再保险中介人非常有利。中介人通常对如何进行再保险规划比较有经验，并且熟悉再保险市场，这就可以为分出公司赢得更为有利的交易条件。中介人还可以帮助分出公司进入世界上许多更大的再保险市场，并扩大其承保能力，这一点对于原保险人来说是至关重要的。

## 三、国际再保险市场的现状

国际再保险市场主要由欧洲、北美和亚洲三大再保险市场组成。欧洲再保险市场以著名的伦敦再保险市场、德国再保险市场与瑞士再保险市场为主；北美再保险市场主要由纽约再保险市场和百慕大再保险市场组成；亚洲再保险市场主要由日本、新加坡、中国香港再保险市场组成。这些再保险市场几乎集中了世界90%的再保险费收入，其中前十大再保险集团占有40%的市场份额。

### (一) 欧洲再保险市场

欧洲再保险市场上的经营主体主要是专业再保险公司，其特点是完全自由化(无法定分保)、商业化，竞争激烈，国际地位举足轻重。欧洲再保险市场国际化程度非常高，欧洲分入的美国再保险风险占总体比例达到了32.13%，而美国分入的国外再保险风险占总体比例不到10%，相比之下，欧洲再保险市场国际化程度远远大于其他再保险市场。

英国在长期的发展过程中，已经形成了具有严格的立法、严密的组织结构、广泛的配套网络、巨大的承保能力和顶尖技术人才的保险及再保险市场。伦敦再保险市场是欧洲再保险中心，也是世界再保险市场提供巨灾风险保障的中心，已经形成了伦敦超赔再保险市场。在伦敦再保险市场交易的再保险业务中，外国业务的比重非常高，以劳合社为例，美国的业务占60%，其中大部分以美元成交，其他40%中的大部分业务来源于世界100多个国家和地区的2000多个保险公司，只有少部分业务来源于本地。总的来说，伦敦再保险市场是以劳合社为主、众多保险公司并存，相互竞争、相互促进、完善有序的市场。

德国的再保险市场很大程度上是由专业再保险公司控制的，直接由保险公司经营的再保险业务量很有限。德国是世界上再保险实力最雄厚的国家，世界前十大再保险公司中，德国占据四席，慕尼黑再保险集团是世界上最大的再保险公司，其保费的50%以上来自国外。德国再保险市场擅长承保大型复杂的工程项目。

瑞士再保险市场始建于1864年，也是专业再保险公司占统治地位，其再保险业务发展以国际业务为基础。瑞士稳定的社会和经济、成熟的金融业和自由的法律环境，使瑞士成为国际保险和再保险的中心，主要从事转分保业务。瑞士再保险公司是仅次于慕尼黑再保险集团的第二大国际再保险公司。

### (二) 北美再保险市场

美国的再保险市场是北美再保险市场中最重要的构成部分，也是全球最大的财产巨灾再保险市场。在过去的20年中，美国本土自然灾害与恐怖事件频发，导致了美国保险公司对再保险的需求不断增大。从再保险的需求和供给数量来看，美国称得上是全球最大的再保险市场。其中，纽约再保险市场主要由各种国内和国外再保险公司组成，公司规模有大有小，组织结构多种多样，发展速度快，业务来源广，经过几十年的快速发展，纽约再保险市场已经成为世界再保险中心之一，是继伦敦之后的世界第二大再保险市场。不过，其承保的本土分入的风险仍然占据绝大部分比例。纽约再保险市场的再保险交易主要有三种方式：第一种是互惠交换业务；第二种是由专业再保险公司直接与原保险人交易；第三种是通过再保险经纪人交易。美国再保险市场的发展偏重业务交换、共同保险和联营方式，比欧洲再保险公司的自留额高。美国的通用/科隆再保险公司和GE全球再保险公司分列世界第三大和第四大国际再保险公司。

百慕大地区再保险市场发展得很快，不仅因为它是再保险公司规避税收和监管的天堂，还因为它的再保险基础设施非常发达，很容易进行并购活动以及更为简化的资本管制和运行准则。百慕大地区的再保险保费收入占世界总份额从1998年的4.5%增长到了2016年的9.8%，2016年全球前40大再保险公司中，百慕大地区共有13家再保险公司，百慕大地区的再保险市场是高度集中、高度开放、充分竞争的，因此吸引了全球资本的目光。

### (三) 亚洲再保险市场

亚洲规模较大的再保险公司主要来自中国与日本，且亚洲再保费收入最高的为中国再保险集团，但亚洲整体所占市场份额较低。

日本再保险市场上专业再保险公司很少，大部分是兼营再保险公司。日本保险法中没有法定分保的规定，国内风险主要采取共保或分保的方式解决，从日本市场流向国际市场的业务主要是高风险和巨灾风险。目前主要通过与国外再保险的互惠交换业务进入世界再保险市场。

除此之外，一些新兴的再保险市场也颇受瞩目，如亚洲的新加坡和韩国、大洋洲的澳大利亚等。

**案例7-2**

**与直接保险市场不相称的日本再保险市场**

日本国内直接保险市场巨大，但其再保险市场很小，与其直接市场规模很不相称。

日本的非寿险业在世界排名第二，仅次于美国，行业总资产高达9万亿日元；寿险业更是雄踞世界榜首，两类业务之和占全球保险市场的20%以上。然而，日本的再保险业仅占世界市场的4%左右。综观日本国内外的各种因素，可以得出以下几点原因。

第一，日本的保险公司数量并不多，业务多集中在几家实力雄厚的大公司手中。它们垄断并控制着日本的保险市场。这些大公司有着强大的财力后盾，资本金充裕，所以它们承保的业务大多自留。

第二，日本国内提供大部分超赔保障，日本保险人不会因为对特大保险事故的赔偿而引起经营业绩的大幅波动，因此没有购买再保险的动力。

第三，与类似的商业公司、金融机构一样，日本的寿险公司通过发行票据、债券等筹集资金，偿付能力得到加强，因此日本寿险业只分出了其不到1%的业务。

第四，日本的外汇制度也对再保险市场的发展造成影响。日本的外汇管理政策限制国内居民向国外汇寄保费，所以就算购买了再保险也大多数是在国内交易。这对国际再保险也是一种限制。

第五，日本国内保险人的主观认识也是再保险发展的一个障碍。他们曾经认为没有必要参加分保，但这一观念受到多次大保险事故的冲击后正在改变。日本是一个地震、台风等特大事故频发的国家，每次特大事故的发生都使日本的非寿险业损失严重，这些巨额赔偿使保险人认识到在特大灾难频发的情况下，如果不求助于再保险，他们可能陷入破产境地。

目前，因为看好日本巨大的潜在再保险市场，国际上的再保险巨头们纷纷准备进入日本国内再保险市场。例如，股神巴菲特旗下的伯克希尔·哈撒韦公司专业保险公司(BHSI)就计划在日本成立再保险公司，向当地产险业者承作地震险再保业务。许多日本企业都没投保地震险，因此BHSI相信这块市场仍有庞大的成长空间。日本企业目前仅约一成投保地震险，相较于其他地震频繁国家，这个比例显著偏低，而投保了地震险的日本企业不动产估值，约只占全国总估值的三成。

(资料来源：https://finance.huanqiu.com)

## 四、我国再保险市场的发展

新中国成立前，我国的再保险业务多由外国保险公司控制，1949年起，我国再保险行业发展才算真正开始发展。改革开放以后，我国再保险行业经历了百废待兴时期的强制法定分保阶段，随后逐步放开强制分保，并向全球市场打开，市场活力得到逐步的释放，目前已经形成了多家内地公司和多家海外公司分公司共同经营、有序竞争的发展格局。

1979年我国恢复国内保险业务，再保险业务由中国人民保险公司经营。1996年2月，中国人民再保险公司正式成立，成为我国第一家专业的再保险公司。1995年《中华人民共和国保险法》出台，以法律形式确定法定再保险和商业再保险国内优先再保险制度，法定再保险比例为20%，取消了禁止向国外分出的规定。

1999年，中国人民再保险公司改组成中国再保险公司，成为独立的一级法人，经营各类再保险业务。2003年，中国再保险公司实施股份制改革，并且于2003年8月18日正式更名为中国再保险(集团)公司，由其作为主要发起人并控股，吸收境内外战略投资者，共同发起并成立了中国财产再保险股份有限公司、中国人寿再保险股份有限公司。

我国加入世界贸易组织(WTO)以后，外资再保险公司进入我国再保险市场。2003年下半年，慕尼黑再保险集团、瑞士再保险公司、通用/科隆再保险公司的分公司相继在我国开业，中国再保险市场由中国再保险公司垄断的局面彻底宣告结束。

按照加入世界贸易组织的承诺，我国法定再保险的比例自2003年起逐年递减5%，直到2006年1月1日完全取消。2006年开始，我国再保险市场正式进入商业化阶段。

2010年中国保险监督管理委员会针对2005年实施的《再保险业务管理规定》进行修订，取消其中的“优先境内再保险条款”相关规定，我国再保险市场全面进入商业化阶段。

2014年国务院下发《关于加快发展现代保险服务业的若干意见》，明确提出加快发展再保险市场，增加再保险市场主体，发展区域性再保险中心。加大再保险产品和技术创新力度，加大再保险对农业、交通、能源、化工、水利、地铁、航空航天、核电及其他国家重点项目等大型风险、特殊风险的保险保障力度，增强再保险分散自然灾害风险的能力，强化再保险对我国海外企业的支持保障功能，提升我国在全球再保险市场的定价权、话语权。这意味着中国再保险市场继加入世界贸易组织逐步取消法定再保险之后，将迎来以对内资放开为标志的新一轮开放。

2016年8月23日，中国保监会印发《中国保险业发展"十三五"规划纲要》，其中指出，要发挥再保险对保险市场的创新引领作用，鼓励再保险公司与原保险公司在产品开发、服务网络、数据共享等方面开展深度合作，扩大我国保险市场的承保能力。支持再保险公司参与行业数据平台、灾害管理、风险管理服务体系等基础设施建设，推动行业数据经验分析。完善再保险登记制度，研究制定离岸再保险人保证金制度，防范金融风险通过再保险业务跨境传递。

2018年1月，中国人民银行、国家发展改革委等8部门联合制定的《上海国际金融中心建设行动计划(2018—2020年)》明确提出要发展再保险市场，探索设立"一带一路"再保险承保共同体和运营平台。2020年7月28日，在中国银保监会的支持下，中国"一带一路"再保险共同体在北京正式成立。"一带一路"再保险共同体由国内11家保险公司发起设立，由中国再保险(集团)公司担任主席单位和管理机构。"一带一路"再保险共同体的成立，将会推动我国再保险市场和海外业务的进一步发展。

从国内再保险格局上看，我国已经形成了以中资再保险公司为主，外资再保险公司为辅，离岸再保险人为补充的再保险市场体系。截至2018年我国再保险分出保费规模1800亿元，同比增长约17%，约占全球的再保险市场份额的8%。中国再保险(集团)公司是我国再保险行业的龙头企业，位列全球前十大再保险企业。

当然，目前我国的再保险市场建设还面临诸多挑战。例如，专业再保险公司数量相对有限；再保险市场供给存在结构性不足；再保险市场在技术力量、承保能力、全球定价权和话语权方面，和国际发达再保险市场相比存在一定差距等。随着中国"一带一路"倡议、粤港澳大湾区建设、金融业对外开放等一系列政策的实施，催生了庞大的保险市场和投融资需求，将吸引全球险资继续聚集中国市场。同时，随着近期一系列金融业扩大开放新举措的出台，中国金融业对外开放进程已经按下了加速键，中国再保险市场必将迎来政策和业务的双重利好。

# 本 章 小 结

1. 再保险也称分保，是指保险人在原保险合同的基础上，通过签订合同，将其承担的部分风险责任向其他保险人进行投保的行为。再保险是保险经营的稳定器，通过再保险，可以分散风险，控制保险人的风险责任，扩大承保能力，保障保险业务的稳定发展等。

2. 按责任限制来划分，再保险可以分为比例再保险和非比例再保险。按照合同订立方式不同，可以分为临时再保险、固定再保险和预约再保险。从再保险性质来看，可分为法定再保险和商业再保险。

3. 比例再保险是指以保险金额为基础来确定分出公司自留额和接受公司责任额的再保险方式。比例再保险又可以分为成数再保险、溢额再保险及成数溢额混合再保险。

4. 非比例再保险以损失为基础来确定再保险当事人双方的责任，当原保险人赔款超过一定额度或标准时，再由再保险人对超过部分责任负责，故又称第二危险再保险。非比例再保险又可以分为险位超赔再保险、事故超赔再保险和赔付率超赔再保险。

5. 再保险合同的基本内容可以分为共同条款和非共同条款。共同条款包括共同利益条款、过失或疏忽条款、双方权利保障条款、仲裁条款等。非共同条款包括执行条款、佣金条款、共同保险条款、物价指数条款、汇率变动条款、赔款条款、账务条款、保险费条款及期限条款等。

6. 再保险市场是再保险商品交换关系的总和或再保险商品供给与需求关系的总和。再保险市场主要分布在发达国家，如英国、美国、德国和瑞士等。我国经过几十年的发展，已经形成了以中资再保险公司为主，外资再保险公司为辅，离岸再保险人为补充的再保险市场体系。

# 课后知识拓展

### 中国“一带一路”再保险共同体在京成立

2020年7月28日，中国“一带一路”再保险共同体成立大会暨第一次成员大会在北京召开。“一带一路”再保险共同体由中再集团、中再产险、人保财险、人保再保险、太保财险、平安财险、国寿财险、中华联合、太平财险、中银保险、华泰财险共同发起设立。中国银保监会副主席梁涛、财险部(再保部)主任李有祥，以及11家发起公司代表出席，共同见证“一带一路”再保险共同体的成立。

再保险是“一带一路”高质量发展的关键一环。“一带一路”再保险共同体将通过制度化安排和商业化模式，聚焦海外风险管理亟需但国内技术相对薄弱的特殊风险领域，充分聚合国内保险业力量，补齐行业保障短板，深化政策落地，搭建行业交流平台，增强服务“一带一路”的能力和水平。这是保险业推动形成服务“一带一路”合力的关键举措，标志着保险业向高质量服务“一带一路”迈出了坚实的一步。

“一带一路”需要再保险提供稳定的风险保障：一是“一带一路”客观上需要再保险提供高质量的风险保障和服务；二是国内保险业在特殊风险保障方面供给不足，需要再保险提供稳定的承保能力。调研发现，国内保险业在工程延期利润损失保险(DSU)、海外医疗保险、并购责任保险、履约保函等特殊险种方面缺少供给，无法满足“走出去”企业的全面风险保障需求。其主要原因是再保险没有提供稳定的合约承保能力和技术支持。

再保险在服务“一带一路”方面具备独特优势：一是再保险是保险业国际化的“先行军”。再保险无须直接面对投保人，市场准入和监管相对宽松，天然是保险业“走出去”的先行军。再保险的全球化优势，能够成为国际国内两个市场的纽带，为“一带一路”跨境合作提供全面风险保障与服务，促进经济提质增效；二是再保险是保险业的“聚合器”。从国际经验来看，在相对较短的时间内能够把各家保险公司的力量集中起来的商业机构是再保险组织。再保险的平台化优势，能够有效整合资源、搭建平台、形成合力，更好地为“一带一路”提供风险保障和服务；三是再保险是保险业的“稳定阀”。再保险是“保险的保险”，能够有效分散直保公司的承保风险、扩大直保公司的承保能力，保障保险行业的稳健运行；四是再保险是保险业创新的“推动器”。相比直保公司，再保险公司业务种类和覆盖区域更为广泛，具有显著的大数据优势。这使得再保险公司能够更加深刻理解各类保险市场、保险产品的潜在风险，可以为直保产品创新孵化提供便利条件。

(资料来源：www.xinhuanet.com)

### 保险业协会发布比例合约和非比例合约财产再保险合同范本

近年来，随着财产险市场蓬勃发展，市场交易主体不断增加，再保险合同纠纷案件也逐渐增加。2020年6月16日，中国保险行业协会(以下简称“保险业协会”)发布《中国保险行业协会财产再保险合同行业范本_比例合约》和《中国保险行业协会财产再保险合同范本_非比例合约》，统称《范本》。《比例合约》正文共40条，附录12条；《非比例合约》正文37条，附录9条。

《范本》有4方面特点：一是首次以《范本》形式对行业发展经验进行整理和总结。全面梳理借鉴国内外财产再保险合同通用条款，综合考虑国内具体交易实际，形成共识，推荐行业主体参考使用，发挥行业示范作用；二是立足实践，分类制定。《范本》分为比例合约和非比例合约。每个合约分为正文和附录。正文中汇集了目前业内使用的共性条款，对特殊和个性化条款安排在附录灵活使用；三是突出特色，凝聚共识。《范本》对使用中非常重要的最大诚信原则进行定义和说明、对一些容易有争议的术语进行了定义、对仲裁条件进行了说明；四是适用先行，不断完善。本次发行英文版本，供行业参考使用。再保险交易双方可根据具体风险的类别和特性，结合市场条件，灵活参考使用。下一步，将结合使用情况，尽快完成中文《范本》制定工作，供相关单位和从业者参考。

保险业协会表示，通过座谈、调研和分析，大部分需要向境外分保分散风险的再保险合同均为英文条款。由于各公司再保险专业和能力水平不一，有一部分纠纷由对再保险合同理解不同造成。为了进一步减少纠纷，提升行业规范发展质量和再保险服务能力，中国保险行业协会组织财产再保险公司、财产保险公司经过认真研究、研讨、征求意见、专家评审，形成了《范本》，供行业在业务实践中参考使用。

近两年，保险业协会陆续出台了一系列关于再保险的操作流程指引，致力于促进再保险行业发展、规范再保险合同、减少再保险交易环节的争议和纠纷、降低交易成本、提高再保险交易的效率，促进保险行业的健康发展。

同时，由于再保险交易主体的国际化特点，再保险操作和合同文本的规范化有助于保险行业防范跨境金融争议风险，保护保险纠纷中的合法权益。

另外，通过规范化的发展扩大直保公司承保能力、稳定保险经营成果，充分发挥保险行业作为社会“稳定器”和创新“催化器”的作用，稳定金融秩序，为国民经济和社会发展保驾护航。

下一阶段，保险业协会还将持续提升《范本》适用性。结合行业需求开展面向会员提供的公益培训。跟踪《范本》应用反馈，组织专家根据国内业务及司法实践需求，完成中文《范本》制定工作。

(资料来源：www.bbtnews.com.cn)

# 习 题

## 一、名词解释

1. 再保险　　2. 危险单位　　3. 比例再保险　　4. 成数再保险
5. 溢额再保险　　6. 非比例再保险　　7. 险位超赔再保险　　8. 事故超赔再保险
9. 赔付率超赔再保险　　10. 合同再保险　　11. 预约再保险　　12. 再保险市场

## 二、单项选择题

1. 再保险合同以原保险合同为基础，再保险合同的标的是(　　)。

A. 原保险合同的标的　　B. 原保险人的承保能力

C. 原保险合同的保险利益　　D. 原保险人的保险责任

2. 再保险接受人根据分保费而付给分出公司的劳务报酬是(　　)。

A. 经纪人佣金　　B. 再保费收入　　C. 分保佣金　　D. 纯益手续费

3. 分出公司根据自身的偿付能力确定的所能承担的责任限额为(　　)。

A. 自留额　　B. 危险单位　　C. 分保责任　　D. 分保额

4. 分保接受人接受再保险业务后，为了减少其所承担的责任而将部分分入责任转嫁给其他再保险人，称为(　　)。

A. 再保险　　B. 转分保　　C. 共同保险　　D. 原保险

5. 由几个或多家保险公司联合组成的再保险实体，一般称为(　　)。

A. 专业再保险公司　　B. 直接保险公司　　C. 相互再保险公司　　D. 再保险集团

## 三、多项选择题

1. 下列关于再保险的描述正确的有(　　)。

A. 再保险是对风险的第二次转嫁

B. 分入人将所承保的风险再分摊给其他保险人的行为称为转分保

C. 再保险合同与原投保人没有直接关系

D. 保险是对风险的第一次转嫁

2. 以下属于非比例再保险的是(　　)。

A. 超额赔付率再保险　　B. 事故超赔再保险

C. 溢额再保险　　D. 险位超赔再保险

3. 成数再保险是典型的比例再保险方式，其特点主要有(　　)。

A. 缺乏灵活性　　B. 不能均衡风险责任

C. 手续简化　　D. 合同双方利益一致

4. 按照分担保险责任的计算基础不同，可以将再保险分为(　　)。

A. 非比例再保　　B. 合同再保险　　C. 比例再保险　　D. 临时再保险

5. 按再保险实施方式分类，再保险包括(　　)。

A. 合同再保险　　B. 比例再保险　　C. 临时再保险　　D. 非比例再保险

## 四、判断题

1. 再保险合同无论是财产保险的再保险还是人身保险的再保险，全部属于补偿性合同。(　　)

2. 对于分出人与分入人而言，均可以自由安排和选择的再保险业务，属于合同再保险业务。(　　)

3. 成数再保险的分保比例是固定不变的。(　　)

4. 再保险合同的承保能力一般没有限制，可以无限地承担风险。(　　)

5. 再保险合同中的保险标的与原保险合同承保的标的一致。(　　)

## 五、简答题

1. 简述再保险与原保险的联系与区别。
2. 再保险合同的主要条款有哪些?

## 六、分析计算题

1. 假设有一成数再保险合同，每一危险单位的最高限额规定为300万元，自留部分为40%，分出部分为60%(即为60%的成数再保险合同)。如果保险金额为250万元，保险费率为2%，假设发生了60万元的赔款，则原保险人和再保险人承担的保险金额和赔款各为多少？获得的保险费收入各是多少？

2. 某溢额再保险合同规定，原保险人的自留额为100万元，再保险额为“5线”，则再保险人的最大接受额是多少？如果保险金额为500万元，假设发生了30万元的赔款，请计算原保险人和再保险人分别应承担多少赔款？

3. 假设某一险位超赔再保险合同中规定某分出公司自赔额为100万元，分入公司接受100万元以上的赔款责任限额为300万元，如果一危险单位发生500万元的赔款，请计算原保险人和再保险人应分别承担多少赔款?

# 第八章

# 保 险 经 营

【课前导读】

当今社会，保险企业正在由单纯的保险产品提供者向综合性的金融产品服务提供商转变。经营承保业务和投资业务，为各种社会组织和个人提供经济保障，是各类保险组织从事保险经营的核心内容。本章主要阐述了保险经营的概念、特征和原则；介绍了不同类型的保险经营组织，系统分析了保险经营的基本环节，探讨了保险资金运用的原则、意义、组织模式和形式等。通过本章的学习，读者应熟练掌握保险经营的概念、特征和原则；了解不同类型保险组织的经营特点和业务类别；熟悉并了解保险产品开发、展业、承保、防灾防损、理赔等保险经营程序，理解保险资金运用的相关内容。同时，能够运用所学理论知识分析保险经营过程中可能存在的风险及应对措施。

## 第一节　保险经营概述

### 一、保险经营的概念

保险经营是保险组织为了在实现保险的基本职能和派生职能的同时取得最佳经济效益，对其各个环节进行计划、组织、指挥和协调活动的综合性全过程。保险经营是一种社会性的经济损失补偿和给付活动，是以保险这一特殊商品为客体，以满足消费者转嫁风险的需求为导向，将保险商品销售给消费者，以实现保险公司长远营运目标的一系列活动。

保险经营通常包括保险产品开发、保险展业、承保、再保险、保险资金运用(即保险投资)、防灾防损及理赔等几个方面。

### 二、保险经营的特征

#### (一) 保险经营是一种特殊的劳务活动

保险经营以特定风险的存在为前提，以集合尽可能多的单位和个人风险为条件，以大数法则为数理基础，以通过经济补偿和给付提供特殊的风险保障为基本职能。因此，保险企业所从事的经营活动，不是一般的物质生产和商品交换活动，而是一种特殊的劳务活动。

### (二) 保险经营具有负债性

保险人通过向投保人收取保险费来提取各种准备金和建立保险基金，其经营资产的绝大部分也由此而来，而这些保险费实际上是保险人对被保险人未来赔偿或给付责任的负债。

保险企业的经营活动就是对其所聚集的资本金以及各种准备金而建立起的保险基金进行运营，来实现其组织风险分散、进行经济补偿的职能。

### (三) 保险经营成本和利润的计算具有特殊性

一般商品的成本和利润可以准确预算，但是保险经营中，保险产品的定价依据的是以往的损失经验数据，与未来的实际损失数据不可避免地存在误差，造成保险企业的利润波动比较大。

首先，保险经营成本具有不确定性。制定保险商品现时价格(即保险费率)所依据的是过去的、历史支出的平均成本，而现时的价格又是用来补偿未来发生的成本，即过去成本产生现时价格，现时价格补偿未来成本。由于一般保险企业无法获得足够的历史资料和数据，且影响风险的因素随时都在变动，这就使得保险人确定的历史成本很难与未来成本一致。

其次，保险利润的计算也与一般企业不同。经营一般商品时，企业只需将出售商品的收入减去成本和税金，剩下来的就是利润。而保险企业的利润除了从当年保费收入中减去当年的赔款、费用和税金外，还要减去各项未到期准备金和未决赔款准备金，如果提存的各项准备金数额较大时，则会对保险利润产生较大影响。

### (四) 保险投资在保险经营中占有重要地位

保险费收取与保险金赔付之间往往在时间上相隔比较久，保险公司就必须重视保险投资，以避免保险基金的闲置，并通过保值、增值来增强保险公司的偿付能力，增强保险公司的竞争能力，减轻投保人的经济负担。

### (五) 保险经营具有分散性和广泛性

一般商业企业经营涉及社会生产或生活的某一方面，即使企业破产倒闭，通常也只会对某一行业或领域产生影响。而保险企业所承保的风险范围之宽、经营险种之多、涉及的行业和被保险人之广泛是其他企业无法比拟的，保险企业一旦经营失败、丧失偿付能力，必然会影响到全体被保险人的利益甚至整个社会的安定，因此分散广泛经营也是保险公司自身经营风险分散的内在需要。所以说，保险经营的过程既是大量风险的集合过程，又是风险的广泛分散过程。众多的投保人将其所面临的风险转嫁给保险人，保险人通过承保将众风险集合起来，而当发生保险责任范围内的损失时，保险人又将少数人发生的风险损失分摊给全体投保人。

## 三、保险经营的原则

保险经营活动既有商品经营的一般共性，也有区别于其他行业的经营特性。因此，保险经营除贯彻一般商品经营原则，如经济核算原则、随行就市原则、薄利多销原则外，还应遵循一些特殊的经营原则，包括风险大量原则、风险选择原则和风险分散原则。

### (一) 保险经营的一般原则

#### 1. 经济核算原则

经济核算是商品生产经营的基本原则之一，以营利为目的的一般企业和公司都遵循这一原则。

实行经济核算的作用包括：促使保险公司全面加强经营管理，提高经济效益，增强保险偿付能力；促使保险公司压缩各项费用支出，节约保险成本，提高利润水平。

(1) 保险成本核算。保险成本主要由保险设备耗费金额、保险赔偿或给付金额、各种准备金、各种利息和费用、保险企业职工的工资总额等部分构成。其中准备金部分是一种“未来成本”，这是一般商品成本所没有的。

(2) 保险资金核算。保险企业的资金是指保险企业经营资金的总和，包括活期存款、用于投资的资金、固定资产净值、结算过程的资金、现金等。其核算主要通过衡量各种资金的占用量、利用率、周转速度等指标来实现。

(3) 保险利润核算。保险企业的利润是保险企业收入扣除营业税、成本、提存责任准备金差额后的余额，再加上企业投资收益和营业外收支差额的总和，主要使用利润额和利润率两个指标体系来衡量。

#### 2. 随行就市原则

随行就市原则要求保险企业根据市场行情变化对保险商品的结构和价格进行调整，主要是指根据市场需求情况和保险企业自身经营能力适时地调整保险险种结构和保险费率水平。

#### 3. 薄利多销原则

在薄利多销原则下，保险企业可以略高于保险成本的低廉价格打开保险商品的销路，依靠较大的销售量实现大数法则，分散风险的同时保证盈利。遵循这一原则有利于加速保险企业的资金周转，提高资金利用率；有利于降低单位成本，增加企业盈利；有利于使保险企业的保险商品迅速占领市场。

### (二) 保险经营的特殊原则

#### 1. 风险大量原则

风险大量原则是指保险人在可保风险的范围内，应根据自己的承保能力，争取承保尽可能多的风险标的。

风险大量原则是保险经营的首要原则。原因在于：①保险的经营过程实际上就是风险管理过程。承保尽可能多的风险标的，才能建立起雄厚的保险基金，以保证保险经济补偿功能的履行；②保险经营是以大数法则为基础的，只有承保大量的风险标的，才能使风险发生的实际情况更接近预先计算的风险损失概率，以确保保险经营的稳定性；③扩大承保数量是保险企业提高经济效益的重要途径。

要实现风险大量原则，保险人必须积极组合拓展保险业务队伍，在维持和巩固原有业务的同时，不断发展新客户，扩大承保数量，拓宽承保领域，实现保险业务的规模经营。

#### 2. 风险选择原则

风险选择原则是指保险人不仅需要承保大量的可保风险和标的，还需要对所承保的风险加以主动的选择，使集中于保险保障之下的风险单位不断趋于质均划一。通过承保质量的提高，保证保险经营的稳定性。

保险人对风险的选择表现在两个方面：一是尽量选择同质风险标的承保，实现风险的平均分散；二是淘汰那些超出可保风险条件或范围的保险标的。

保险人选择风险的方式有事前选择和事后选择两种。事前选择是指保险人在承保前考虑决定是否接受投保。拒保是一种常见事前风险选择方法。事后选择是指保险人对已经承保的、风险程度超出标准的保险标的做出的淘汰性选择。比如，期满不续保、必要时依法或依约解除合同等。

**3. 风险分散原则**

风险分散原则是指由多个保险人或被保险人共同分担某一风险责任。

保险人对风险的分散一般采用核保时的分散和承保后的分散两种途径。核保时的风险分散主要表现在对风险分析控制方面，如控制保险金额、规定免赔额或免赔率、实行比例承保、共同保险等；承保后的风险分散则是以再保险为主要手段。

# 第二节　保险经营组织

保险市场上一般存在两类不同功能的经营性组织：一类是承担保险经营责任的保险人；另一类是提供保险销售服务及其他服务的保险中介机构。

## 一、保险人的组织形式

按照财产所有制的关系不同，保险人的组织形式主要分为以下几种类型。

### (一) 国营保险组织

国营保险组织是由国家或政府投资建立的保险经营组织。它可以由政府直接经营，也可以通过国家法令规定交由某个团体经营，即间接经营。如日本健康保险组合、办理输出保险的日本输出银行等就属于间接国营保险组织。

根据各国社会经济制度的不同，国营保险组织又分为完全垄断型国营保险组织、政策型国营保险组织和商业竞争型国营保险组织。

**1. 完全垄断型国营保险组织**

这样的国营保险组织往往是“政企合一”组织，既是保险管理机关，又是经营保险业务的实体。1988年以前的中国人民保险公司就属于这一性质。

**2. 政策型国营保险组织**

有些国家为了保证国家某种社会政策的实施，将一些强制性或特定保险业务专门交给国营保险组织经营，这就是一种政策型国营保险组织，如美国联邦存款保险公司。

**3. 商业竞争型国营保险组织**

在许多国家，国营保险组织同其他保险组织一样，可以自由经营各类保险业务，并可与之展开公平竞争，同时还要追求公司的利润最大化，这就是一种商业竞争型的保险组织。如股份制改造之前的中国人民保险公司、中国人寿保险有限公司就属于这一性质的保险组织。

### (二) 私营保险组织

私营保险组织是指由除国家及政府以外的投资者设立的保险经营组织。股份保险公司和相互保险公司是私营保险组织的两种典型形式。

**1. 股份保险公司**

股份保险公司是将全部资本分成等额股份，股东以其所拥有的股份为限对公司承担责任，公司则以其全部资产对公司债务承担责任的企业法人，又称保险股份有限公司。股份保险公司类似于其他产业的股份公司，在我国，一般由发起人根据《中华人民共和国公司法》和《中华人民共和国保险法》设立，由此具体规定了公司发起人的人数、公司债务的限额、发行股票的种类、税收、营业范围、公司的权力、申请程序、公司执照等。西方发达国家的公司组织由三个权力集团组成，即股东、董事会和高级经理人员。

与一般股份公司相比，股份保险公司要求的资本金更高。我国股份保险公司的注册资本最低限额为人民币2亿元，且保险公司的注册资本必须为实缴货币资本(参见《中华人民共和国保险法》第六十九条)，而一般股份公司的注册资本为500万元人民币。

**【知识链接】**

**我国保险公司的设立、变更和终止**

1. 保险公司的设立

根据《中华人民共和国保险法》第六十七条的规定，设立保险公司应当经国务院保险监督管理机构批准。

第六十八条规定，设立保险公司应当具备下列条件。

(1) 主要股东具有持续盈利能力，信誉良好，最近三年内无重大违法违规记录，净资产不低于人民币2亿元。

(2) 有符合本法和《中华人民共和国公司法》规定的章程。

(3) 有符合本法规定的注册资本。

(4) 有具备任职专业知识和业务工作经验的董事、监事和高级管理人员。

(5) 有健全的组织机构和管理制度。

(6) 有符合要求的营业场所和与经营业务有关的其他设施。

(7) 法律、行政法规和国务院保险监督管理机构规定的其他条件。

第六十九条规定，设立保险公司，其注册资本的最低限额为人民币2亿元。国务院保险监督管理机构根据保险公司的业务范围、经营规模，可以调整其注册资本的最低限额，但不得低于本条第一款规定的限额，即不得低于人民币2亿元。保险公司的注册资本必须为实缴货币资本。

2. 保险公司的变更

保险公司依法设立后，在其存续期间，凡是依法对以下重要情况进行变动均须报经保险监督管理机构批准。

(1) 变更名称。

(2) 变更注册资本。

(3) 变更公司或者分支机构的营业场所。

(4) 撤销分支机构。

(5) 公司分立或者合并。

(6) 修改公司章程。

(7) 变更出资额占有限责任公司资本总额5%以上的股东，或者变更持有股份有限公司股份5%以上的股东。

(8) 国务院保险监督管理机构规定的其他情形。

3. 保险公司的终止

(1) 保险公司的解散。

保险公司的解散是指保险公司停止开展业务活动，开始处理未了事务，通过办理清算行为，使保险公司作为法人的资格消灭。

(2) 保险公司的破产。

保险公司不能清偿到期债务，并且资产不足以清偿全部债务或者明显缺乏清偿能力的，经中国保险监督管理机构同意，保险公司或者其债权人可以依法向人民法院申请重整、和解或者破产清算。

4. 保险公司的组织构架

保险公司的组织构架是保险公司正常运作所必需的功能部门。保险公司是经营风险的企业，其主要业务包括两大部分：一是承保业务；二是投资业务。保险公司的业务组织构架主要包括业务部、承保部、理赔部、再保险部、中介部、财务会计部、精算部、法律合规部、资金运用部、风险管理部等部门。

#### 2. 相互保险公司

相互保险公司是保险业特有的一种组织形式，是一种非营利公司，是由所有参加保险的人自己设立的保险法人组织。相互保险公司没有股东，公司为保单持有人(投保人)拥有。投保人具有双重身份，既是公司所有人，又是公司的客户。相互保险公司的投资者同时也是公司的成员，成员的利益就是被保险人的利益，利益关系密切，有利于对公司的运行进行监督。相互公司的投保人作为所有人可以参加选举董事会，由董事会任命公司的高级管理人员专事公司的业务经营与管理。投保人能以取得“红利”的形式分享经营成果。

相互保险公司的组织形式比较适合人寿保险。目前，进入世界500强的寿险公司中，有近一半是相互保险公司。

### (三) 合作保险组织

合作保险组织是指由具有相同风险的组织或个人，为了获得保险保障，共同投资经营的非公司性质保险组织形式。合作保险组织的主要形式有相互保险社和保险合作社。

#### 1. 相互保险社

相互保险社是指一些具有相同风险和相同保险需求的人员为了获得风险保障，组织起来成为一个集体，集体中一个成员遭受损失，由其他成员共同分担的非公司性质的保险组织形式。它是最早出现的保险组织，也是最原始的保险组织形态。

#### 2. 保险合作社

保险合作社是指由一些对某种风险具有同一保障需求的人员，自愿集股设立的保险组织。它依照合作的原则从事保险业务。它是同股份保险公司与相互保险公司并存的一种保险组织，一般属于社团法人，是非盈利机构，它以较低的保费来满足社员的保险需求，社员与投保人基本是一体的。

#### 3. 相互保险社与保险合作社的比较

(1) 两者的共性包括：①均为非营利性保险组织；②保险人相同，投保人即为社员；③决策机构相同，均为社员大会或社会代表大会；④责任损益的归属相同，均为社员本身。

(2) 两者的区别包括以下几点。①相互保险社无股本；保险合作社则是社员共同出资建立，加入需缴纳一定金额的股本。②相互保险社社员在合同自动终止后，双方自动解除合约。而保险合作社是只有社员才能成为保险合作社的被保险人，但社员不一定必须建立保险关系。保险合作社与社员间的关系比较永久，社员认缴股本后，即使不投保仍与合作社保持关系。相互保险社保险关系与社员关系则是一致的，保险关系建立，则社员关系存在；反之，则社员关系终止。③相互保险社采用保费事后分担制，依据事后损失分担，事先并不确定。而保险合作社采用固定保费制，保费事先确定，事后不再补缴。④保险合作社的承保范围仅限于社员，只承保合作社员的风险。

### (四) 个人保险组织

个人保险组织是由自然人充当保险人的保险组织。由于个人资本能力和信誉有限，全球个人保险组织很少。目前，世界上只有英国的劳合社(Lloyd's)是个人保险组织。

伦敦劳合社是从劳埃德咖啡馆演变而来的，故又称“劳埃德保险社”，它是英国最大的保险组织，但它并不是一个保险公司，而是一个社团组织，更确切地说是一个保险市场，与纽约证券交易所相似，但只向其成员提供交易场所和有关的服务，本身并不承保业务。

劳合社经营包括海上保险在内的各种保险业务。其成员须经过劳合社组织严格审查批准方能加入，最初只允许具有雄厚财力且愿意承担无限责任的自然人为承保会员(个人会员)，但20世纪90年代以后，由于世界保险市场竞争加剧，加上劳合社自身经营方式的影响，其经营出现困境，承保能力逐年降低，劳合社对其业务经营和管理方式进行了整顿和改革，允许接受有限责任的法人组织作为社员(公司会员)，并允许个人社员退社或合并转成有限责任的社员。因此改革后的劳合社，其个人承保人和无限责任的特色逐渐淡薄，但这并不影响劳合社在世界保险业中的领袖地位。

劳合社由其社员选举产生的一个理事会来管理，下设理赔、出版、签单、会计、法律等部，并在100多个国家和地区设有办事处。劳合社不直接接受保险业务或出具保险单，所有的保险业务都通过劳合社的会员，即劳合社承保人单独进行交易。劳合社只是为其成员提供交易场所，并根据劳合社法案和劳合社委员会的严格规定对他们进行管理和控制，包括监督他们的财务状况，为他们处理赔案，签署保单，收集共同海损退还金等；为其所属承保人制定保险单、保险证书等标准格式；出版报刊，进行信息搜集、统计和研究工作。劳合社的承保人按承保险种组成不同规模的组合，即承保辛迪加。组合人数不限，少则几十人，多则上千人。每个组合中都设有积极承保人，又称承保代理人。承保代理人代表一个组合来接受业务，确定费率。这种组合并非合股关系，每个承保人以个人名义对劳合社保险单项下的承保责任单独负责，会员之间没有相互连带的关系。

劳合社作为一个商业组织，仅接受它的经纪人招揽的业务，换言之，劳合社的承保代理人代表辛迪加不与保险客户即被保险人直接打交道，而只接受保险经纪人提供的业务。保险客户不能进入劳合社的业务大厅，只能通过保险经纪人安排投保。保险经纪人在接受客户的保险要求以后，准备好一些投保单，上面写明被保险人的姓名、保险标的、保险金额、保险险别和保险期限等内容，然后持投保单寻找到一个合适的辛迪加，并由该辛迪加的承保代理人确定费率，认定自己承保的份额并签字。保险经纪人再拿着投保单找同一辛迪加内的其他会员承保剩下的份额。如果投保单上的风险未“分”完，他还可以与其他辛迪加联系，直到全部保险金额被完全承保。最后，经纪人把投保单送到劳合社的保单签印处。经查验核对，投保单换成正式保险单，劳合社盖章签字，保险手续至此全部完成。

### (五) 特殊形态的保险组织

除了上述的保险组织形式外，还有一些特殊的保险组织形式，如自我保险安排、专属保险公司等。

#### 1. 自我保险安排

自我保险安排简称“自保”，是指有些所有者，特别是大公司、市政当局和其他公共单位并不将风险转移给外部独立的承保人，而是自己为自己面对的潜在风险进行保险。自保的具体做法就是相关组织通过对自己拥有的足够数量的风险单位的损失频率与损失程度的估计预先提存一笔基金以弥补风险损失之需的一种财务安排。因此，自保也就是经济组织运用保险原理与经营技术，主动承担自身风险的一种风险处理技术。

自我保险安排的优点在于：①可以节省保险费开支；②损失发生后迅速获得补偿；③可以应对商业保险不可保的风险；④可获取基金投资利得。自保基金的提存一般都先于损失发生，因此经济组织可以利用这一时间差从事投资以获取利得，实行自保的时间越长，积累的投资利得资金规模就越大。

自我保险安排有如下缺点。①企业拥有的风险单位数量有限。如果企业拥有的同质风险单位数量不够多，那么就不能准确计算其可能的损失，从而也就不宜实行自保。②可能发生财务调度困难。自保基金由逐年提存累积而成，如果在累积之初就发生超过累积基金的巨大损失，就可能发生财务调度的困难。因此，在自保基金累积初期，可以采取购买超过自保累积额的保险以求保障的处理对策。③税法的限制。许多国家的税法都规定，保险费可以免税，但自保安排提存的基金却不能免税。

### 2. 专属保险公司

专属保险公司是由非保险业的某一行业、大型企业或企业集团投资设立的附属保险机构，专门为本公司或本系统提供保险保障。该机构主要为其母公司或其他子公司提供保险服务，同时也面向外界承保和接受再保险业务。

专属保险公司主要是伴随着跨国公司的发展而发展起来的。跨国公司由于业务规模庞大，资产遍布世界各地，所有风险若完全在当地购买保险则很不经济，因此一些跨国公司选择在保险税负较低的国家或地区设立专属保险公司，借以减免租税负担。

设立专属保险公司的优点如下。①增加了承保弹性。对于传统保险市场不愿承保的业务，专属保险公司也予以承保。②节省保险成本。与自保相同，专属保险公司可以节省各种附加费用，如业务招揽费等。此外，专属保险公司还可以在再保险市场上直接谈判费率，获得较国内保险公司有利的地位。③减轻税收负担。设立专属保险公司的一个主要动机就是获取税收方面的优惠，因此，其设立地点的选择首先考虑的是避税问题。如英属百慕大的有关法律规定：凡缴付给专属保险公司的保险费，可从所得税中扣减，专属保险公司的保险收益可以免缴或缓缴所得税。因此，这里便集中了全世界约70%的专属保险公司。④加强损失控制。这是因为母公司可以利用其专属保险公司的专业人才与管理技术处理母公司及其所属机构的各种风险防范工作，从而更有效地减少损失的发生。

专属保险公司有如下缺点。①业务量有限。②承保风险品质较差。专属保险公司承保的业务多是其他商业保险公司不愿承保的一些风险，容易导致风险的过分集中，增加业务经营的困难。③技术与人才薄弱。专属保险公司通常因规模较小，组织简单，不易聚集人才，也难以采用某些损失预防或财产保护的措施，故难以创造良好的经营业绩。④财务基础脆弱。专属保险公司的设立资本较小，资金运用通常入不敷出，财务基础脆弱。若外来业务品质不齐，来源不稳定，则不仅起不到分散经营风险的作用，反而容易导致财务上的困扰。

## 二、保险中介组织

保险中介是指介于保险人之间、保险人和投保人之间或者独立于保险人与被保险人，专门从事保险中介服务并依法获取佣金的单位或个人。狭义的保险中介主要包括保险代理人、保险经纪人和保险公估人；广义的保险中介还包括与保险有关的律师、理算师、精算师等。本章主要介绍狭义的保险中介。

保险中介是连接保险人和投保人、被保险人的桥梁和纽带，是保险市场重要的“生力军”，他们的加入有利于优化资源配置，提高保险市场的效率。发达国家保险公司的业务销售过程很大程度上依赖保险代理人或经纪人的行为，我国的保险中介市场尚处于起步阶段。所以如何充分发挥保险中介人的作用以及如何规范其行为已经成为保险市场健康发展的重要环节和急需解决的问题。

保险中介组织一般分为保险代理人、保险经纪人和保险公估人三类。

### (一) 保险代理人

《中华人民共和国保险法》第一百一十七条第一款规定：“保险代理人是根据保险人的委托，向保险人收取佣金，并在保险人授权的范围内代为办理保险业务的机构或者个人。”

保险代理人是基于保险人的利益进行代理销售保单业务的。保险代理人是保险人的业务代表，在授权范围内，替保险公司招揽顾客、收取保险费，从保险人处赚取佣金。保险代理人可以是自然人，也可以是法人实体。

#### 1. 保险代理人的法律特征

(1) 保险代理是由民法调整的民事法律行为。

(2) 保险代理是基于保险人授权的委托代理，保险代理人的权利来自保险人。

(3) 保险代理是代表保险人利益的中介行为。

(4) 保险代理人根据保险人的授权代为办理保险业务的行为，由保险人承担责任。保险代理人没有代理权、超越代理权或者代理权终止后以保险人名义订立合同，使投保人有理由相信其有代理权的，该代理行为有效。保险人可以依法追究越权的保险代理人的责任。

(5) 保险代理人明知等同于保险人明知。

**案例8-1**

**保险代理人承诺纠纷案**

A飞行公司的一名实习驾驶员王某驾驶一架小型飞机时，造成飞机坠落事故，一名飞机乘客死亡。此前A公司为这架飞机投保了飞机第三者责任保险，R保险公司签发了保险单，但保险单中规定由实习驾驶员驾驶造成的损失为除外责任，而王某正是实习驾驶员。A公司称此前已经告诉了R保险公司的保险代理人要附加投保实习驾驶员责任险，代理人表示同意，并做出了书面承诺，保险公司在签发保险单时将实习驾驶员的驾驶列为除外责任，且并未附加实习驾驶员责任保险，但保险公司及其保险代理人并没有将此情况告诉A公司，A公司是在事故发生以后才见到保险单，A公司所交的保险费也不包括相应的实习驾驶员责任保险费。请问保险公司在本案中是否应承担相应的赔偿责任。

**【分析】**：

保险公司的保险代理人在招揽业务时代表保险公司，其相关行为应由保险公司承担责任。本案中A公司持有保险代理人的书面承诺，R保险公司即应承担保险赔偿责任，而不论A公司交付的保险费当中是否包含实习驾驶员责任保险费。代理人的表示使A公司相信实习驾驶员责任保险已被保险公司接受。事故发生前，A公司没有见到保险单，A公司与保险公司的保险合同应以代理人的表示为准。因此，本案中保险公司应当承担赔偿责任。

#### 2. 保险代理人的分类

(1) 按其销售的险种分类，保险代理人可以分为财险代理人和寿险代理人。

(2) 按其所代理的保险业务程序分类，保险代理人可以分为承保代理人和理赔代理人。承保代理人是指接受保险人的委托代办承保业务的代理人；理赔代理人是指接受保险人的委托，从事保险事故现场的检验、索赔计算、追偿和损余处理的保险代理人。

(3) 按职权范围的不同分类，保险代理人可以分为专用代理人和独立代理人。专用代理人是指仅为一个保险人或一个保险集团代理保险业务的代理人，并且由保险人保留其占有、使用和控制保险单记录的权利；独立代理人是指同时为多个保险人代理保险业务的代理人。在国际保险市场上，独立代理人的权限一般为签发保险单、收取保险费、招揽续保的独占权等，酬金一般比专用代理人低。

(4) 我国保险代理人的形式。根据《中华人民共和国保险法》和有关管理规定，我国保险代理人的类型有以下三种。

① 专业代理人。专业代理人是指专门从事保险代理业务的保险代理公司，其组织形式为有限责任公司。一般情况下，保险代理公司经授权后可以代理销售保险单、代理收取保险费、代理保险和风险管理咨询服务、代理损失勘查和理赔等业务。

② 兼业代理人。兼业代理人是指受保险人的委托，在从事自身业务的同时，指定专人为保险人代办保险业务的单位。兼业代理人主要有银行代理、行业代理和单位代理三种。

③ 个人代理人。个人代理人是指根据保险人的委托，向保险人收取代理手续费，并在保险人授权的范围内代为办理保险业务的个人。个人代理人不得办理企业财产保险和团体人身保险；不得同时为两家以上保险公司代理保险业务；不得兼职从事保险代理业务。

### (二) 保险经纪人

《中华人民共和国保险法》第一百一十八条规定，保险经纪人是基于投保人的利益，为投保人与保险人订立保险合同提供中介服务，并依法收取佣金的机构。

#### 1. 保险经纪人的特点

1) 保险经纪人是投保人或被保险人利益的代表

保险经纪人是基于投保人或被保险人的利益进行服务的，其佣金来自请求特约服务的投保人。保险经纪人受投保人的委托，为投保人安排保险方案，办理投保手续，提供防灾、防损或风险评估、风险管理咨询服务，并在出险后为被保险人或受益人代办检验、索赔等事务。

2) 专业化要求高

从事保险经纪业务的人必须是保险方面的专家，经过一定的专业训练，凭借其专业知识，对保险条款的精通、对理赔手续的熟悉，以及对保险公司信誉、实力、专业化程度的了解，根据客户的具体情况，与保险公司进行诸如条款、费率等方面的谈判和磋商，以使客户支付最少的保费获取最大的保障。

3) 承担的风险较大

作为独立的专业机构和投保人的代理人，法律规定因保险经纪人在办理保险业务中的过错，给投保人、被保险人造成损失的，由保险经纪人承担赔偿责任。世界各国一般强制保险经纪人为其可能产生的这种职业伤害责任缴存保证金或购买职业责任保险，以便于保险经纪人能够承担其业务失误导致的民事赔偿责任。

4) 各国对保险经纪人的监管都比较严格

除要求购买职业责任保险外，各国还要求保险经纪人每年向主管机关进行登记，在有资格的银行开设保险经纪人账户，并且每年须向主管机关提交经过专业审计的账目。

2. 保险经纪人的分类

1) 直接保险经纪人和再保险经纪人

根据委托方不同划分，保险经纪人可以分为直接保险经纪人和再保险经纪人。

直接保险经纪人是指直接接受投保人的委托，介于投保人和保险人之间的保险经纪人。按业务性质不同，又可以分为寿险经纪人和非寿险经纪人。再保险经纪人是指促成再保险分出公司与分入公司建立再保险关系的保险经纪人。

2) 小型保险经纪人和大型保险经纪人

根据人员规模划分，保险经纪人可以分为小型保险经纪人和大型保险经纪人。

例如，根据英国法律规定，小型保险经纪人是指公司员工少于25人的保险经纪人。由于它的所有人或者经营者十分了解本公司的日常经营，小型保险经纪人往往不需要建立正式的组织机构。大型保险经纪人是相对于小型保险经纪人而言的，其特点是人员多、机构全和业务广。大型保险经纪人通常都采用公司形式的组织结构，并有健全的管理层次和组织机构，从而可以从财务、预算、费用、管理权限等方面对企业进行更好的管理，以适应不断变化的市场环境。

3) 个人保险经纪人、合伙保险经济组织和保险经纪公司

根据组织形式划分，可以分为个人保险经纪人、合伙保险经济组织和保险经纪公司。

大多数国家都允许个人保险经纪人从事保险经纪业务活动，在英国、美国、日本、韩国等国家，个人保险经纪人是保险经纪行业中的重要组成部分。为了保护投保人的利益，各国保险监管机关都要求个人保险经纪人必须参加保险经纪人职业责任保险或缴纳营业保证金。我国目前只认可法人形式的保险经纪人。

合伙保险经纪组织是由各合伙人订立合伙协议，共同出资、合伙经营、共享收益、共担风险，并对合伙企业债务承担无限连带责任的营利性组织。

保险经纪公司是所有国家都认可的保险经纪人组织形式，一般采用有限责任公司和股份有限公司形式。2019年我国排名前十位的保险经纪公司分别是明亚保险经纪有限公司、大童保险销售服务有限公司、永达理保险经纪有限公司、泛华保险服务集团、英大长安保险经纪集团有限公司、江泰保险经纪股份有限公司、中怡保险经纪有限责任公司、北京联合保险经纪有限公司、深圳市中安信保险经纪有限公司、达信(北京)保险经纪有限公司。

3. 保险代理人和保险经纪人的区别

1) 代表的立场不同

保险代理人是保险人的代表，其行为应视为保险人的行为，而保险经纪人是基于投保人利益从事相关经纪活动。

2) 组织形式不同

根据我国相关法律的规定，保险代理人可以是“机构或个人”，而保险经纪人则明确为“机构”。

3) 承担的责任不同

保险代理人以保险公司的名义展开市场销售活动，除非有违约行为，否则其自身一般不存在风险。保险经纪人是以自身名义展开保险中介活动，因此其自身存在较大的业务风险。

4) 业务范围不同

保险经纪人的业务范围要比保险代理人广得多，保险经纪人可以为客户提供保险相关的各种服务，包括安排保险方案，办理投保手续，提供防灾、防损或风险评估、风险管理咨询服务，并在出

险后代办检验、索赔等事务。保险代理人只代理保险公司销售保险产品，代收保费。

保险经纪人可以作为保险代理人职业发展的一个方向。

### (三) 保险公估人

保险公估人是指接受保险合同当事人的委托，为其办理保险标的的评估、勘查、鉴定、估损及理算等业务，并出具证明的保险中介人。在我国，保险公估人被称为保险公估机构，在国外被称为保险公估行或保险理算局等。

保险公估人独立于保险合同的当事人，它既可以接受保险人的委托，也可以接受被保险人的委托。保险公估人通常具有各行业专门的知识和技术，同时熟悉金融、保险、法律、会计业务，凭借其专业特长公正地为保险人或被保险人提供服务。保险公估人是站在第三者的立场上的，与保险合同双方都没有利害关系，能够做出公正的评定和决断，虽然公证书不具备强制性，但往往能被保险双方当事人接受，或成为有关部门处理保险争议的权威性依据。因此，保险公估人在维护保险权益、履行保险合同责任、解决分歧纠纷、处理赔案中发挥着重要作用。

#### 1. 保险公估人的分类

(1) 根据执业顺序不同，保险公估人可以分为核保公估人和理赔公估人。核保公估人主要从事保险标的的价值评估和风险评估；理赔公估人则是在保险事故发生后，受托处理保险标的的勘查、鉴定、估损和理算。理赔公估人根据其执业范围，又可以分为损失理算师、损失鉴定人和损失评估人。

(2) 根据执业性质不同，保险公估人可以分为保险型公估人、技术型公估人和综合型公估人。保险型公估人侧重于解决保险方面的问题，他们熟悉保险、金融、经济等方面的知识，但对其他专业技术知识知之甚少；技术型公估人侧重于解决技术方面的问题；综合型公估人则可以同时解决这两种类型的问题。综合型保险公估人由于知识全面，经验丰富，越来越为社会所需要。

(3) 根据公估业务内容的不同，保险公估人可以分为海上保险公估人、火灾及特种保险公估人和汽车保险公估人等。

(4) 根据委托方的不同，保险公估人可以分为受托于保险人的公估人和受托于被保险人的公估人。例如，在德国和意大利，保险公估人可以为保险人或被保险人服务；而在法国、日本和韩国，保险公估人不可以为被保险人服务，只能受聘于保险人。

(5) 根据公估人与委托方的关系，保险公估人可以分为雇佣保险公估人和独立保险公估人。雇佣保险公估人是指长期受聘于某一家保险公司，按该公司的委托或指令处理各项理赔业务，这类公估人一般不能接受其他保险公司的委托业务。尽管是受雇于一家保险公司，但他们必须站在中立的立场处理保险承保和保险理赔。独立保险公估人是指可以同时接受数家保险公司的委托处理理赔事务，其间的委托与被委托关系是暂时的，一旦公估人完成了保险公司的委托业务，他们之间的委托关系也相应结束。

#### 2. 保险公估人的组织形式

1) 保险公估有限责任公司

保险公估有限责任公司，简称保险公估有限公司，是指股东以其出资额为限对公司承担责任，公司以其全部资产对公司的债务承担责任并开展保险公估业务的企业法人。这是保险公估人的主要组织形式。

2) 合伙制保险公估行

合伙制保险公估行是指由各合伙人订立合伙协议，共同出资、合伙经营、共享收益、共担风险，对合伙企业债务承担无限连带责任，并开展保险公估业务的营利性组织。

以合伙企业的形式存在的保险公估人组织具有多种优势：与个人独资企业相比，合伙企业可以集中较多的资金，既便于发挥合伙人各自的优势，又有利于形成集体智慧；与法人企业相比，合伙企业形式多种多样，经营方式灵活，便于民主管理；合伙制的组织形式简单，便于快捷、灵活地筹集资金；合伙企业内部关系紧密，成员相对稳定，内部凝聚力强，决策效率高，合伙人对合伙企业债务承担无限连带清偿责任，激发了合伙人的责任感，并使合伙企业具有较为可靠的商业信用，有利于保护债权人的合法权益。

3) 合作制保险公估行

合作制保险公估行是指两个以上投资者以合作企业方式开展保险公估业务的营利性组织。

合作制保险公估行具有如下特征。

(1) 合作制保险公估行是契约式企业。契约式企业是以合同作为确定投资者各方权利、义务关系基础的企业。合作方的投资一般不以货币单位进行计算，也不把投资折算成股份，而是按投资比例分享利润和承担风险。合作双方的权利、义务由当事人在合同中自由约定。

(2) 合作制保险公估行具有国际性。其投资主体通常拥有不同国籍，有利于吸引外国投资者进入本国保险公估市场。

(3) 合作制保险公估行的经营管理方式具有较大的灵活性。它可以设立董事会或联合管理机构，依照合作企业合同或章程的规定决定重大事项，还可以委托合作双方之外的第三者经营管理。

**3. 我国对于保险公估机构的有关规定**

根据我国《保险公估机构监管规定》的相关条款规定，保险公估机构是指接受委托，专门从事保险标的或者保险事故评估、勘验、鉴定、估损理算等业务，并按约定收取报酬的机构。在中华人民共和国境内设立保险公估机构，应当符合中国保险监督管理机构规定的资格条件，取得经营保险公估业务许可证。保险公估机构应当遵守法律、行政法规和中国保险监督管理机构的有关规定，遵循独立、客观、公平、公正的原则。保险公估机构依法从事保险公估业务受法律保护，任何单位和个人不得干涉。保险公估机构在办理保险公估业务过程中因过错给保险公司或者被保险人造成损害的，应当依法承担赔偿责任。

我国保险公估机构可以经营下列业务：保险标的承保前和承保后的检验、估价及风险评估；保险标的出险后的查勘、检验、估损理算及出险保险标的残值处理；风险管理咨询；中国保监会批准的其他业务。

## 第三节　保险经营的基本环节

保险经营通常包括承保业务经营和投资业务经营。承保业务是通过向投保人收取保费形成保险基金，用于对保险责任范围内的事故进行赔付。投资业务是对保险承保业务过程中形成的主要以各种准备金形式存在的暂时闲置资金加以运用以实现资金的保值增值的活动。本节主要讨论保险公司的承保业务经营环节，具体包括保险产品开发、展业、承保、再保险(具体内容见本书第七章)、防灾防损及理赔等几个基本环节(如图8-1所示)。

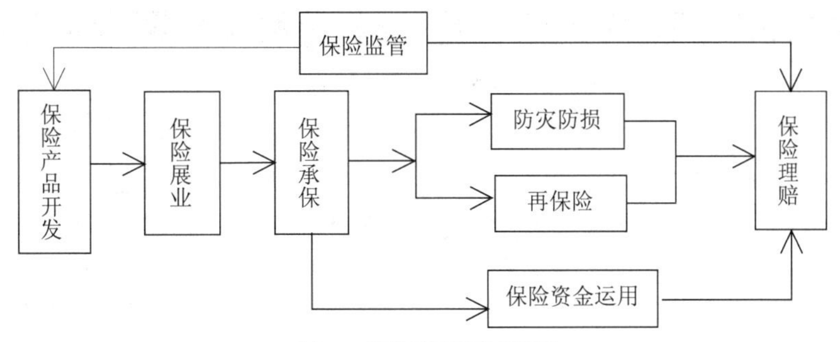


图8-1　保险经营的基本环节

## 一、保险产品开发

保险产品即保险险种，是指由一个或一个以上的主险条款组成，可以附加若干附加险条款，保险公司可以独立销售的单元。它一般以保险单为单位，以保险条款为基本内容，如家庭财产保险、汽车保险、航空意外保险等都是保险产品。广义保险产品是保险公司为市场提供的有形产品和无形服务的综合体。

保险产品开发是指保险公司基于自身发展和保险市场需求及其变化状况的需要而创造新产品或对现有产品进行改良、组合，以适应市场需要、提高自身竞争能力的过程或行为。

### (一) 保险产品开发的意义

保险产品的开发是保险经营活动中的重要内容，它对于增强保险公司的竞争力、增加保险公司的收益、满足保险消费者的需求方面都具有重要的意义，具体表现在以下几个方面。

(1) 保险产品的开发是保险公司其他经营活动的前提。

保险产品的开发是保险经营活动的起点，保险是以风险的承保为经营对象的业务，但是并不是所有的风险都能够作为可保风险，这就需要在保险产品开发的过程中确定可保风险、保险标的、保险金额、保险责任、保险期限等。只有在新产品开发过程中确定了这些重要的内容，保险公司保险展业、承保等其他经营活动才能顺利进行。

(2) 保险产品的开发是保险公司争夺更多的市场份额，提高经济效益的重要手段。

保险公司之间的竞争主要是市场的争夺，而关键又在于保险客户的争夺。为了争取更多的客户，保险公司就要研究分析人们的需求方向，开发设计出新的保险产品。成功地开发保险产品，还可以为公司带来好的经济效益。

(3) 保险产品的开发客观上推动了保险公司精算能力和风险管理能力的提高。

保险产品的开发能力反映着一个保险公司的精算技术和风险管理水平，因为一个新险种的开发必然涉及精算技术、经济学、法律、心理学以及公司在风险管理方面的基础数据的积累。为了赢得竞争，保险公司就必须在产品开发上下功夫。因此，保险产品的开发有助于公司精算能力和风险管理能力的提高，从而提高公司的竞争能力。

(4) 保险产品的开发可以更好地满足人们的保险需求。

由于人们购买力、消费偏好的不同，对保险产品的需求也不同。各类组织也有着不同的保险需求。新产品的开发可以更好地满足人们的保险需求，提高人们的消费效用。

案例8-2

## 退运险案例分析

互联网时代大背景下，每一个行业都经历着深刻的变革，保险行业身在其中，不可避免地持续发生着变化。结合互联网基因，保险产品的创新热闹非凡，在形形色色的互联网保险产品中，不少产品昙花一现，也有一些光芒耀眼，“退货运费损失保险”(退运险)就是产品创新的佼佼者。从数据上看，众安保险2014年成功销售“退运险”10.5亿件，保费收入约6.1亿元；2015年成功销售“退运险”22亿件，保费收入约11.50亿元。同时，这款产品对保险运营管理、定价技术、风险控制等领域同样产生了深刻影响。我们简要分析“退运险”产品的成功要素，总结互联网保险产品的优势，期待更多真正的互联网保险产品出现。

1. 客户发掘

客户资源无疑是互联网公司的一大优势，在互联网背景下，客户获取更加容易，沟通距离大大缩短，客户数据也往往达到海量。互联网时代，客户流量即财富，互联网企业已经习惯挖掘客户资源，深入需求分析、流程优化、即时服务等。巨大的客户资源往往推动业务突飞猛进，带来巨大的市场影响。

我们看到，“退运险”在客户资源开发方面取得可圈可点的成就。“退运险”拥有先天性的客户优势，淘宝平台为“退运险”积累了大量潜在客户，每天频繁的在线交易提供了巨大业务空间。投保流程设计顺畅自然，“退运险”嵌入到用户网购过程，客户轻易接触到产品，情景化运用达到极致，产品投保成功机会大大增加。

2. 跨界融合

互联网时代具有“平等、开放、协调、分享”精神，在这种精神的指引下，互联网平台天然具备了资源整合的优势，打破了行业间信息壁垒，资源分享成为惯例，多方合作的时空障碍得以突破。实践中，互联网企业注重效率，具有反应快速、成本低廉、模块操作等特征，使得跨界整合更易实现。而且，互联网平台本身就是资源集散地，现实中，互联网电商在不同领域整合了企业、商户、支付、快递等资源，创造了电商平台一个个成功案例。

“退运险”产品做了大量的资源整合工作，淘宝平台、物流配送、服务咨询等环节得到有效协同，不同资源相互配合，化零为整，实现了投保过程中客户的良好体验。从网上购物一开始，客户在投保选择、保费支付，出现问题后的咨询，以及退货后的理赔支付等方面，感受到不是单一的保险，而是完整的网购过程，整合可谓天衣无缝，顺畅自如。

3. 大数据应用

大数据是互联网时代的热门话题，大数据成为互联网发展方向之一，互联网也为大数据的应用提供了可能。在互联网时代，客户的年龄、健康、家庭、位置、花销等信息都可以通过网络获得，通过数据分析可以实现客户画像，有效针对客户的个性化需求。同时，企业也可以根据大数据分析结果，开发全新业务领域，实现差异化产品设计，大数据为互联网的未来提供了发展动力，也增添了无限想象。

“退运险”产品背后无疑有着丰厚的大数据支撑。正是因为淘宝平台积累了海量数据，产品定价才实现根本突破，方法科学，机制灵活。大数据的应用，保证了“退运险”核保、理赔、风险管控等环节全部线上完成，创新业务流程，节省了成本，提高了效率，更保证了良好的客户体验。

“退运险”产品为我们带来了产品创新成功经验，互联网的优势充分发挥，互联网保险产品碎片化、情景化、娱乐化、社交化、个性化得到应用。我们也看到，互联网保险产品虽然琳琅满目但也鱼龙混杂，整体上还在艰难摸索。这种背景下，我们更应该总结互联网创新规律，把握保险产品基本特征，实现二者有效结合。当前，互联网电商加速发展，不同领域的各种新型风险不断出现，“退运险”特殊环境与资源并非每一款产品能够复制，但是其背后的设计开发经验值得学习借鉴，未来发掘更多互联网保险产品“蓝海”机会，打造更多属于这个时代的产品。

(资料来源：和少波，英大泰和人寿保险股份有限公司，http://insurance.hexun.com)

### (二) 保险产品开发的基本流程

尽管各个保险公司的保险产品开发均有自己的特色，但就其通常程序而言，主要包括下列六个步骤。

#### 1. 保险市场调查

保险公司必须先进行市场调查，了解保险客户对新的风险保障的需求及其市场潜力，调查公司原有的经营状况，从中寻找保险产品开发的方向和设计点。将了解到的市场上所关心的、期望的甚至急需的风险防范事项进行研究，从而为开发能够唤起消费者需求的保险产品提供思路。

#### 2. 可行性分析

可行性分析即新产品的开发要与保险企业的精算技术、营销实力、管理水平相适应，并且通过对新产品的预计销售额、成本和利润等因素的分析，判断产品是否符合企业目标、营销战略以及是否能够有利可图。保险公司要根据自己的业务经营范围，在市场调查的基础上对险种开发进行可行性分析，选择险种开发的重点，初步构思主要考虑开发什么保险业务，其内容一般包括险种名称、业务性质、主攻方向及其与公司现有业务的联系等。

#### 3. 保险产品设计

保险产品设计包括核心产品、产品形象和附加产品三个层次的设计。

(1) 核心产品设计。核心产品即保险产品的基本功能或者说对被保险人提供的基本利益。不同的保险产品，基本功能有所不同。这些基本功能又是通过具体保险条款来确定的，所以，保险条款的设计便成了险种开发的关键环节。

(2) 产品形象设计。它实际上是企业形象的体现，在设计操作上应与企业宗旨、企业文化、业务特色相吻合，与企业形象相一致。

(3) 附加产品设计。附加产品即保险企业提供给投保人或被保险人的附加利益或服务。可根据产品的不同特点，建立适当的机构和制度，配置适当的人员为客户提供咨询、核保、承保、防灾、防损以及理赔等服务，努力提高产品的竞争力。

#### 4. 保险产品鉴定

保险产品设计完成后，保险公司一般有其专门的险种设计委员会或有关专家顾问咨询机构对其进行鉴定，其内容主要包括：险种的市场，即业务量大小；险种能否给公司创造效益以及条款设计中有无缺陷等。如果鉴定通不过，则需要重新进行市场调查、可行性论证及条款设计工作。因此，鉴定环节实质上是公司对险种开发部门的设计进行审核和把关。

#### 5. 保险产品报批

保险公司的产品设计是否合理，直接关系到保险消费者的切身利益，因此在一些国家，险种报批是保险法律规定的一项必经程序。审批保险条款等也是保险监督管理机构的法定权利，尤其是对一些主要险种更是如此，以便维护保险客户的利益。我国《中华人民共和国保险法》对此也有明确规定。

6. 正式进入市场

经过上述五个程序，保险产品即可投入市场，但对新产品而言，其生命力往往要经过保险市场的检验，因此，保险公司产品开发的最后阶段便是试办，待试办证实该项产品的生命力后再大规模推广，并争取迅速占领市场。另外，在做出正式进入市场决策时，还必须考虑针对已选定的目标市场决定推出的时机、推出的地点。推出时机的选择往往考虑与目标顾客消费时机或消费旺季相吻合，如旅游意外伤害保险可选择在旅游旺季到来之前推出。推出地点的选择则必须考虑能与目标顾客群相吻合。

上述流程是险种开发中的通常程序，对于各保险公司而言，其具体步骤与内容可能有所差异。例如，有的公司设有专门的市场调查部门、险种开发部门，拥有一支专门的险种设计队伍；有的公司则由展业或承保部门负责进行；有的公司借助于代理人的力量；还有的公司只是借鉴其他保险公司的条款开展业务。

### (三) 保险产品定价

保险产品定价即保险费率的厘定。在保险产品的开发过程中，保险企业的一个重要任务就是确定保险产品的价格。保险费率就是保险产品的价格，是计算保险费的依据。保险费率的厘定是保险经营的基础，保险费率的高低直接影响到保险合同双方当事人的利益，同时也关系到保险企业的市场竞争力的高低。

1. 保险费率的构成

保险费率由纯费率和附加费率两部分构成(此内容具体可见本书第三章、第五章和第六章的相关阐述)。

2. 厘定保险费率的方法

保险费率厘定的方法主要有三种：判断法、分类法和增减法。

(1) 判断法。判断法又称个别法，是指逐个考察每个保险标的的风险情况，并分别进行风险评价后，再由保险业务人员依据经验判断，单独厘定每个标的所适用的保险费率。这种方法在相当程度上依赖保险企业的经验判断，因此不太科学。但这种方法的损失风险形式多样且多变，不能采用分类法时，或者对某种保险标的缺少统计资料时比较适用。运用判断法制定保险费率，要求决定费率的人具有丰富的承保经验，并通晓该项保险标的所涉及的各种风险因素。在海上保险和一些内陆运输保险中常使用这种方法厘定保险费率。

(2) 分类法。分类法是指把具有类似特征的损失风险归为同一类别承保，按相同保险费率收取保费。分类费率往往以表格形式印成费率手册，因此也称手册费率。保险业务人员在承保时，按规定的条件选择适用费率计算保险费，使用非常方便。例如，在我国出口货物运输保险中，将轻工产品分为八大类，分别适用不同的费率标准。又如在财产保险中，保险企业一般按建筑物的使用性质及结构等因素，将建筑物分为若干类，每类中再分若干等级，分别厘定保险费率。

(3) 增减法。增减法是根据分类法制定出的各类保险标的所适用的保险费率作为基础费率，在承保时再根据具体保险标的的实际损失加以修正，在基础费率上增加或减少，厘定出实际保险费率。当投保人要求投保的保险标的有特殊危险，或要求在一般危险责任之外增加别的危险责任，经保险企业同意以特约承保方式承保时，就应在基本费率基础上增加一定的费率。反之，当保险标的的危险频率低于基本费率标准时，则以基本费率为基础，相应减少一定的费率。

## 二、保险展业

保险展业是通过保险宣传，广泛组织和争取保险业务的过程，又称保险推销或保险招揽。即保险公司通过保险中介、销售人员对客户的拜访或网络等途径把最合适的保险产品介绍给客户，促使客户购买保险的活动过程。

### (一) 保险展业的意义

保险展业的根本目的就是要增加保险标的，以分散风险、扩大保险基金。展业面越宽，承保面越大，获得风险保障的风险单位数越多，风险就越能在空间和时间上得以分散。展业所具有的重大意义是由保险服务本身的特点所决定的，主要表现在以下几个方面。

#### 1. 通过展业唤起人们对保险的潜在需求

保险所销售的产品是保险契约，是一种无形商品，它所能提供的是对被保险人或受益人未来生产、生活的保障，即使购买了保险商品，也不能立即获得效用；且风险的偶然性又使人们对风险的认识和处理存在侥幸心理，这就使人们对保险的需求比较消极。因此，通过保险展业一方面可以满足被保险人现实的需求，另一方面也能唤起部分人群的潜在需求，促使人们购买保险。

#### 2. 通过展业对保险标的和风险进行选择

西方国家一般把保险公司的行为分为三类，即营销、投资和管理。其中为了完成营销任务所占用的人力和费用成本最高，因为在营销过程中可能出现逆选择。保险展业过程也是甄别风险、避免逆选择的过程，这一过程远比其他一般商品的销售更为重要。

#### 3. 通过展业争夺市场份额，提高经济效益

保险企业之间的竞争主要是市场的争夺。只有通过积极有效的营销活动，才能建立起充足的保险基金和可靠的运营资金，保证整个经营活动的顺利进行。展业面越大，签订的保险合同越多，由保费形成的责任准备金就越多，保险经营的风险会随之降低，也为进一步降低保险价格、吸引更多的保险客户创造了条件。保险展业的顺利开展可以为保险经营带来良性循环。

#### 4. 通过展业提高人们的保险意识

随着改革的深入，社会经济结构发生了巨大的变化，社会在为人们提供更多机遇的同时，也使人们所面临的各种风险相应增加了。广泛而优质的保险展业工作不仅能为保险企业带来新客户，而且也可唤起全社会的风险意识，对树立整个保险业的良好形象起到重要作用。

### (二) 保险展业的渠道

保险展业的渠道是指保险商品从保险公司向保险客户转移过程中所经过的途径，一般包括直接展业渠道和间接展业渠道两大类。

#### 1. 直接展业渠道

直接展业渠道又称直销制，是指保险公司依靠本公司的业务人员向保险客户直接提供各种保险商品的销售和服务，主要适合于规模大、分支机构健全的保险公司以及金额巨大的险种。

保险公司直接展业的优点在于：保险公司的业务人员直接代表保险公司开展业务，且他们工作稳定性强又比较熟悉保险业务，因而有利于控制保险欺诈行为的发生，不容易发生因不熟悉保险业务等原因而欺骗投保人的道德风险，给保险消费者增加了安全感，也有利于在客户中树立公司良好的外部形象。

保险公司直接展业的缺点在于：由于保险公司的直销人员有限，只能开拓有限的市场，提供有限的服务，无法与所有客户建立较为密切的关系。因此，许多客户的潜在保险需求无法转化为现实的购买能力，使保险公司失去了很多潜在的客户。此外，这也导致保险公司对市场需求的变化不能做出充分合理的预测而错失发展良机。

2. 间接展业渠道

间接展业渠道又称中介制，是指保险公司通过保险代理人或保险经纪人等中介销售保险商品。

在保险业发展初期，保险公司大都采用直接展业的方式。随着保险业的不断发展，保险公司仅依靠自己的业务人员和分支机构进行直接展业是远远不够的，同时也不经济。因为如果保险公司单靠直接展业，就必须配备大量展业人员和增设机构，大量工资和费用支出势必会提高成本，而且展业具有季节性特点，在淡季时，人员会显得过剩。因此，国内外的大型保险公司除了使用直接展业外，还广泛地建立代理网，通过保险代理人和保险经纪人展业。

1) 保险代理人展业

保险代理人是根据保险人的委托，向保险人收取代理手续费，并在保险人授权范围内代为办理保险业务的机构和个人。

使用保险代理人展业主要有如下优点。①有利于降低保险成本，提高保险公司的经济效益。保险公司只用向代理人支付代理手续费，这就节约了在直销制下必须支付的各种员工工资、福利和相关费用。②有利于增强保险供给能力，促进保险业务的发展。保险代理人弥补了保险公司营业网点少、展业人员不足的缺点，拓展了保险公司在保险市场上的业务空间。③大部分保险代理人通常有良好且专业的业务背景和素质，有利于提高保险的服务质量，增强保险公司的竞争实力。④有利于沟通保险信息，提高保险公司的经营管理水平。

使用保险代理人展业主要有如下缺点。①保险公司对承保质量的追求和保险代理人对业务提成的追求之间存在利益冲突。保险代理人的目标是力求推销更多的保单，以获取更高的代理手续费，这种做法有可能导致保险人承保质量下降；而保险人的目标则是在扩展业务的同时更要注意提高承保质量，因此保险人在核保时总是十分谨慎，从而减少了代理人可能获取的手续费。②部分保险代理人行为缺乏规范化管理，从而造成保险代理市场的混乱。如对代理人员缺乏严格的业务培训和资格要求，造成代理业务人员素质低下；保险代理人滥用代理权，损害保险人的利益等。

2) 保险经纪人展业

保险经纪人是基于投保人和被保险人的利益，为投保人和保险人订立保险合同提供中介服务，并依法收取佣金的单位和个人。尽管保险经纪人是基于投保人和被保险人的利益，但是在开展业务时，同样发挥了招揽保险业务的作用。

保险经纪人展业有如下优点。①提供服务的专业性强。保险经纪人一般都具有较高水平的业务素质和保险知识，是识别风险和选择保险方面的专家，因此可以帮助投保人和被保险人获得最佳的保险服务，即支付的保险费较低而获得的保障较高。②如果因为保险经纪人的疏忽导致被保险人的利益受到损害，保险经纪人要独立承担法律责任，因此他们必须对被保险人提供更细致的服务。③保险经纪人的服务不增加投保人或被保险人的经济负担。虽然保险经纪人是基于投保人和被保险人的利益，但其佣金是向保险人收取的，保险人从投保人缴纳的保险费中按一定比例支付佣金给保险经纪人，作为其推销保险业务的报酬。

### (三) 保险展业的主要内容

#### 1. 保险宣传

保险展业应通过大规模的保险宣传扩大影响，这有利于加强公众对保险公司及保险产品的认可。保险公司应将展业的长期目标与短期目标有效地结合起来进行宣传，使客户在了解保险公司及保险险种的基础上自愿投保，即使客户未购买保险，也能增强其保险意识和保险知识，为今后的展业打下良好基础。

#### 2. 了解市场信息

保险展业过程中应掌握的市场信息包括：社会经济特征及其发展变化；科学技术进步情况；各行各业的风险情况；消费者对保险的需求偏好；保险供给的方向、总量和结构等。其中，应重点注意搜集、分析以下几方面信息。

(1) 潜在需求状况，包括对潜在客户的规模、他们对保险的需求量以及潜在的购买原因做出定性和定量的科学分析。

(2) 市场占有率，掌握本公司与竞争对手的市场占有率状况，通过对市场占有率进行总体分析和结构性分析，寻求公司自身的市场取向与定位。

(3) 销售变化趋势，通过研究保险客户的购买行为及其原因，掌握保险市场的需求变化以及竞争对手推销策略的变化动态，为调整保险公司的经营方向、寻找新的发展机会做好充分准备。

#### 3. 搜集反馈信息

保险公司应通过本公司业务员或中介机构广泛搜集客户反馈信息，听取客户对公司的意见和建议，并尽可能地满足客户的合理需求。

#### 4. 推销保险产品

保险产品种类繁多，各有特色，保险展业人员应在前期充分搜集信息和密切接触的基础上根据对客户需求的了解和判断，尽量站在客户的立场上，推荐符合其需要的保险产品，达到展业目标。保险展业人员在开展保险业务活动的过程中不能使用利诱或强迫的手段来招揽业务。

#### 5. 提供客户服务

客户服务应贯穿于保险展业过程的始终，包括前期的咨询服务和后期的售后服务。保险业本身就属于服务行业，保险产品只是通过一纸法律合同表现出来，没有显著的实物形态，客户对于保险产品质量及保险消费的评价在很大程度上就取决于保险展业人员的服务水平。因此，加强对保险展业人员的素质和业务培训，提高其服务水平，对于保险公司的业务推广来说非常重要。

## 三、保险承保

保险承保是指保险合同的签订过程。它是指保险人与投保人对保险合同的内容协商一致，并签订保险合同的过程。从严格意义上讲，一项保险业务从接洽、协商、投保、审核到收费等都属于承保工作。承保是展业的继续，是保险合同双方在展业的基础上就保险条件进行实质性谈判的阶段。

保险承保具体包括投保人提出投保申请、保险公司核保、接受业务、缮制单证等过程(如图8-2所示)。

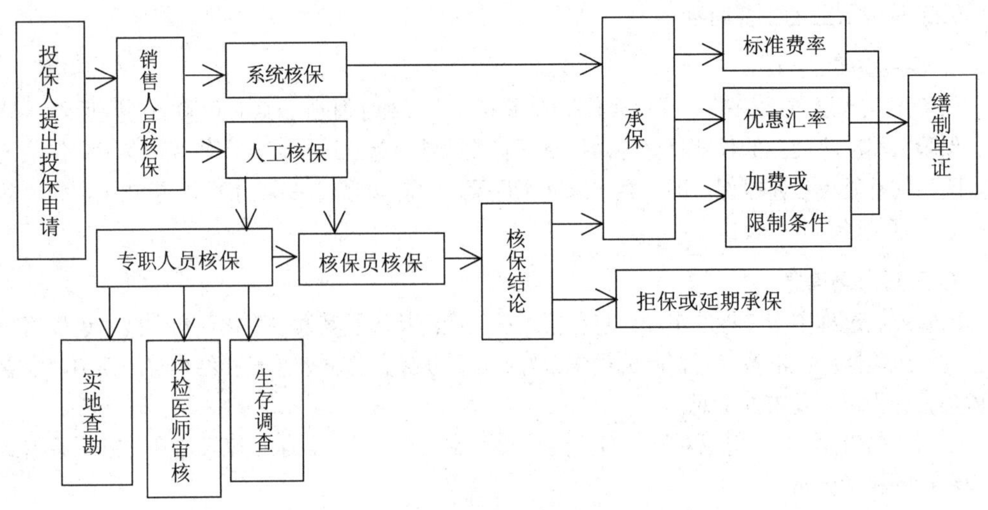


图8-2　承保的基本流程

### (一) 投保人提出投保申请

投保人购买保险，首先要提出投保申请，即填写投保单，提交给保险人。投保单是投保人向保险人申请订立保险合同的依据，也是保险人签发保险单的依据。投保单的内容包括：投保人的名称；投保日期；被保险人名称；保险标的的名称、种类和数量；投保金额；保险标的坐落地址或运输工具名称；保险期限；受益人以及保险人需要向投保人了解的其他事项。

### (二) 核保

核保是指保险人评估和划分准客户及其投保标的的风险状况，进而根据风险程度决定是否承保，以什么样的条件承保的分析过程。它是保险承保工作的核心。核保的目的在于通过评估和划分不同客户的风险程度，将保险公司的实际风险事故发生率维持在精算预计的范围以内，从而规避风险，保证保险公司稳健经营。核保的内容主要包括承保选择与承保控制两个方面。

#### 1. 承保选择

承保选择也叫危险选择或风险选择，是保险公司对保险标的的不同风险水平进行审核、评估、筛选，确定是否接受投保申请的过程。通过选择，核保人员将做出某标的是否可以接受的判断，其结果有两种：可保与不可保。

承保选择主要包括对投保人的资格、保险标的和保险费率等项内容的审核。

(1) 审核投保人。这一项主要是对投保人资格的审核。例如，审核投保人对保险标的是否有保险利益、投保人是否具有法定的民事行为能力、投保人的资信状况等，这一审核主要是为了防范道德风险。

(2) 审核保险标的。在财产保险中，这一项审查主要包括：查验投保财产所处的环境；查验投保财产的主要风险隐患和重要防护部位及防护措施情况；查验有无正处于危险状态中的财产；查验各种安全管理制度的制定和落实情况，若发现问题，应督促其及时改正；查验被保险人以往的事故记录，包括被保险人发生事故的次数、时间、原因、损害后果及赔偿情况等。如汽车保险核保时，保险公司要对驾驶员技术、政治素质及以往的肇事记录进行严格审核。在人身保险中，这一项审查包括医务检验和事务检验。医务检验主要是检查被保险人的健康情况，了解其过往病史、家庭病史，判断各种因素可能给被保险人身体带来的影响，有时会根据投保险种的需要进行全面身体检查。事务检验主要是对被保险人的工作环境、职业性质、生活习惯、经济状况以及社会地位等情况进行调查了解。

(3) 分类。分类是指将决定接受投保的保险标的，根据其具体的风险状况分配到与其期望损失概率最接近的一组标的中，并使用相应的费率或承保条件进行承保。通过比较往往可以将待核保险标的分为三种情况：优质风险件、标准风险件和次标准风险件。

(4) 核定保险费率。核定保险费率是根据事先制定的费率标准，按照保险标的的风险程度，使用与之相适应的费率。

承保选择还可以分为事前核保选择和事后核保选择。事前核保选择可使保险公司处于主动地位，如果投保人、保险标的或承保风险发现问题，保险公司可以采取拒保或有条件承保等措施加以限制，使保险公司能够在有利条件下承担风险责任。而事后核保选择则表现为当保险人发现投保人或保险标的存在问题或隐患时，可以做出以下选择：①保险期满后，不再续保；②保险人发现有欺诈行为，保险人可以解除合同；③按合同规定事项注销合同。例如，我国远洋船舶战争险条款规定，保险人有权在任何时候向被保险人发出注销战争险责任的通知，通知在发出后7天满时生效。

2. 承保控制

承保控制是指保险人对投保风险做出承保选择后，依据自身的承保能力根据承保标的的具体风险状况，运用不同的保险技术手段，进行风险责任控制。保险人对大多数投保会积极接受，但对一些风险性较大的业务，则会采取下列措施进行承保控制：实行免赔额的规定、进行保险业务的搭配、限制保险金额、调整费率、采取某些优惠措施、与他人共同保险或分保等。

承保控制的对象主要是那些风险较大但保险人还是予以承保的标的。

(1) 对逆选择行为的控制。保险人对逆选择的处理办法一般是对不符合保险条件者不予承保，或者有条件承保。事实上，保险人并不会对所有不符合可保风险条件的投保人或投保标的一概拒保。例如，投保人以一栋消防设施不完备的房屋投保火灾保险，保险人就会提高保险费率承保。这样保险人既不会失去该业务，又在一定程度上抑制了投保人的逆选择。

(2) 对保险责任的控制。一般而言，对于常规风险，保险人通常按照基本条款予以承保；对于一些具有特殊风险的保险标的，保险人需要与投保人充分协商保险条件、免赔金额、责任免除和附加条款等内容后特约承保。通过保险责任的控制，将使保险人所支付的保险赔偿金额与其预期损失额接近。

(3) 对道德风险的控制。道德风险一般是指人们以不诚实或故意欺诈的行为促使保险事故发生，以便从保险活动中获取额外利益的风险因素。从承保的角度来说，保险人控制道德风险的有效手段包括将保险金额控制在适当的额度之内或者控制赔偿程度，规定责任限额，采取比例赔偿等。如财产保险中避免出现超额保险；人身保险中应注意保险金额是否与投保人或被保险人的收入状况相匹配。

(4) 对心理风险的控制。心理风险是指投保人或被保险人在参加保险后产生的松懈心理，不再小心防范所面临的自然风险和社会风险，或在保险事故发生时，不积极采取施救措施，任凭损失扩大。例如，投保人或被保险人投保了火灾保险，就疏于对火灾的防范；投保了盗窃险，就不谨慎防盗等。从某种意义上来说，心理风险是比道德风险更为严重的问题。任何国家的法律对道德风险都有惩罚的办法，保险人也可以在保险条款中规定凡投保人、被保险人故意造成的损失不予赔偿。但心理风险既非法律上的犯罪行为，也难以制定适当的保险条款来限制。因此，保险人在核保时，对心理风险通常采取的控制手段有：控制保险责任，实行限额承保，通过不足额保险使得被保险人必须自己承担一部分风险；规定免赔额(率)；对于上一年无赔付或防灾防损做得好的给予续保优惠或其他优惠。这几种方法都是为了促使被保险人克服心理风险因素，主动防范损失的发生。

### (三) 接受业务

保险人按照规定的业务范围和承保权限，在通过核保环节审核检验之后，有权做出拒保或承保的决定。如果投保金额或标的风险超出了保险人的承保权限，则需进一步报上级公司核保，而无权立即决定是否承保或是否分保。

### (四) 缮制单证

缮制单证是指保险人在接受业务之后填制保险单或保险凭证，与投保人订立正式保险合同的过程。保险单或保险凭证是载明保险合同当事人双方权利和义务的书面凭证，是被保险人向保险人索赔的主要依据。因此，保险单的缮制质量，往往会影响到保险合同能否顺利履行。填写保险单的要求主要有以下几点：①单证相符；②保险合同要素明确；③数字准确；④复核签章、手续齐备等。签发保险单意味着保险经济关系的确立，保险双方将各自行使权利，履行义务。

### (五) 续保

当原有保险合同即将期满时，有些投保人会在原保险合同基础上向保险人提出续保申请，保险人根据投保人的实际情况，就原合同条件不变或稍加修改而继续签约承保的行为就是续保。

续保是以特定合同和特定的被保险人为对象的。在保险合同的履行过程中，经常与被保险人保持联系，做好售后服务工作，增强他们对保险企业的信心，是提高续保率、保持业务稳定增长的关键。

续保对于投保人来说，优点在于：通过及时续保，不仅可以从保险人那里获得连续不断的、可靠的保险保障与服务，而且作为保险公司的老客户，还可以在体检、服务项目及保险费率等方面得到保险公司的通融和优惠。续保对于保险人来说，优点在于：不仅可以稳定公司的业务量，还能利用与投保人建立起来的老关系，减少很多展业工作量与费用。且续保对于双方来说手续都更加简便。

保险人在续保时应注意的问题有：①及时对保险标的进行再次审核，以避免保险期间中断；②保险人应根据上一年的经营状况及保险标的危险程度的变化情况，对承保条件和保险费率进行适当调整；③保险人应考虑通货膨胀等因素的影响，随着相关指数的变化相应调整保险金额。

## 四、保险防灾防损

保险防灾防损简称保险防灾，是指保险人与被保险人对所承保的保险标的采取措施，减少或消除风险发生的因素，防止或减少灾害事故所造成的损失，从而降低保险成本，增加经济效益的一种经营活动。

### (一) 保险防灾防损与社会防灾防损的比较

#### 1. 两者的联系

保险防灾防损是社会防灾防损的一个重要组成部分，两者相互补充、相互促进，共同发挥着保障社会财富安全和社会经济稳定的作用。

(1) 两者都是处理风险的必要手段。

(2) 两者都是为了减少损失，以达到保护社会财富和人身安全、保障社会安定的目的。

2. 两者的区别

(1) 防灾的主体不同。保险防灾的主体是参加保险的各类组织和个人；社会防灾的主体则是社会专门防灾部门或机构，主要是政府主管防灾工作的行政或事业单位。

(2) 防灾的对象不同。保险防灾的对象是保险人所承保的保险标的；社会防灾的对象则可以是社会所有团体和个人的人身或财产。

(3) 防灾的依据不同。保险防灾依据的是保险合同所规定的权利和义务；而社会防灾则是由相关防灾部门根据国家法令和有关规定，对单位和个人防灾防损工作提出要求并进行督促检查。

(4) 防灾的手段不同。保险防灾一般是向被保险人提出防灾防损建议，若被保险人拒不整改，则保险人实施解除保险合同或限制赔付责任等措施；而社会防灾部门在开展防灾工作时，可以运用行政手段促使有关单位和个人采取措施消除危险隐患，对拒不执行或违反规定的单位和个人还可以给予一定的行政或经济处罚。

### (二) 保险防灾防损的内容

1. 加强与各防灾部门的联系与合作

保险人作为社会防灾防损组织体系中的重要一员，以其特有的经营性质和技术力量，受到社会各界的重视，发挥着越来越大的作用。保险人一方面要注意保持和加强与各专业防灾部门的联系，并积极派人配合各种专业防灾部门的活动，如公安消防部门对危险建筑的防灾检查、防汛指挥部门对防汛措施落实的检查、商检部门对进出口货物的商品检验等；另一方面要充分利用保险公司的信息和技术优势，向社会提供各项防灾防损服务，如防灾技术咨询服务、风险评估服务、社会协调服务、事故调查服务、灾情信息服务和安全技术成果推广服务等。

2. 开展防灾防损的宣传教育

首先，保险人应运用各种宣传方式，向投保人和被保险人宣传防灾防损的重要性，提高安全意识，普及防灾防损知识。其次，保险人要加强有关防灾防损基本知识和技能的宣传教育，使广大投保人和被保险人了解灾害事故的性质、危害，学会识别风险隐患，分析事故原因，掌握风险管理和处置措施(如灭火、抗洪、防震等技术知识)，以提高相关人员的防灾防损能力。

3. 及时处理事故隐患和不安全因素

保险人要将经常性的防灾防损检查与聘请专家、技术人员进行的定期重点检查相结合，当发现事故隐患和不安全因素时，保险人应及时向被保险人提出整改建议，并在技术上予以指导和帮助，将事故隐患消灭在萌芽状态。

4. 参与抢险救灾

保险人在接到重大保险事故通知以后，应立即赶赴事故现场，直接参与抢险救灾。参加抢险救灾的主要目的在于有效地保护各种财产和人身安全、防止灾害蔓延、减少不必要的人员伤亡并妥善处理好残余物资。

5. 提取防灾费用，建立防灾基金

保险人每年都要从保险费收入中提取一定比例的防灾专项费用，建立防灾基金，主要用于增强社会防灾设施和应付突发性的重大灾害时的紧急使用。例如，用于资助地方消防、交通、航运、医疗卫生等部门，帮助其添置公共防灾设备，奖励防灾部门和人员。

6. 开展灾情调查，积累灾情资料

保险人除了搞好防灾工作以外，还要对各种灾情进行调查研究并积累丰富的灾情资料，掌握灾害发生的规律，提高未来防灾工作的效果。此外，保险人还应该开展防灾技术服务活动，帮助事故发生频繁、损失额度大的被保险人开展防灾技术研究。

## 五、保险理赔

保险理赔是指保险人在保险标的发生风险事故后，对被保险人提出的索赔请求进行处理的行为。理赔是防灾防损的继续，也是保险补偿和给付等基本职能的具体体现。

被保险人的损失有的是由保险风险引起的，有的则是由非保险风险引起的，即使被保险人的损失是由保险风险引起的，因多种因素和条件的制约，保险人也不一定需要进行全额偿付。因此，保险理赔涉及保险合同双方权利和义务的实现，是保险经营中的一项重要内容。

### (一) 保险理赔的意义

#### 1. 保险理赔是保险发挥其经济补偿功能最具体和最明显的表现

对个人来讲，保险理赔可以使其家庭经济生活得到安定；对于经济组织来讲，保险理赔可以使其及时恢复生产经营活动；对于整个社会来讲，可以促进社会生产顺利进行与社会生活的安定，实现保险的社会效益。

#### 2. 保险理赔可以促进保险经营管理工作的改善

通过理赔工作，保险人可以对承保业务工作和防灾防损工作开展的效果好坏起到检验作用，可以发现展业工作对条款的宣传解释是否详尽深入、承保手续是否齐全、保险费率是否合理、保险金额是否恰当、保险标的是否合法等方面的问题。平时不易发现和察觉的问题，在保险理赔工作中也更容易暴露出来。在通过理赔工作发现保险经营管理上的问题以后，保险人可以将问题反馈到各有关业务部门(展业部门、承保部门和防灾部门等)，促进这些部门经营管理工作的改善，从而降低赔付率，提高保险经济效益。

保险理赔工作主要依靠理赔人员进行。保险理赔人员可以分为两种类型：一种是保险公司的专职核赔人员，另一种是理赔代理人。前者直接根据被保险人的索赔要求处理理赔事务；后者则接受保险公司的委托从事理赔工作。在国际保险市场上就有专门从事代为处理赔案和检验工作的代理人，他们在某些险种(如海洋货物运输保险、远洋船舶保险等)的理赔工作中对于提高理赔工作质量和节省查勘费用等方面起到了一定的作用。

### (二) 保险理赔的原则

#### 1. 重合同、守信用的原则

保险理赔是保险人对保险合同履行义务的具体体现。对于保险人而言，在处理各种赔案时，应严格按照保险合同的条款规定行事，合理确定损失。理算赔偿金额时，应提供充足的证据，拒赔时更应有理有据。

#### 2. 实事求是的原则

被保险人提出的索赔案件形形色色，案发原因也错综复杂。保险人在处理赔案时，应按照合同条款规定，实事求是、合情合理地处理，在评价事故损失时，既不夸大，也不缩小；在补偿事故损失时，既不惜赔，也不滥赔。此外，实事求是原则还体现在保险人的通融赔付方面。所谓通融赔付，是指按照保险合同条款的规定，本不应由保险人赔付的经济损失，由于其他一些原因的影响，保险人给予全部或部分赔付。通融赔付不是无原则的随意赔付，而是对保险损失补偿原则的灵活运用。保险人在通融赔付中应掌握的要求有：①有利于保险业的稳定与发展；②有利于维护保险公司的信誉和在市场竞争中的地位；③有利于社会的安定团结。

#### 3. 主动、迅速、准确、合理的原则

“主动、迅速”是指保险人在处理赔案时应积极主动、不拖延，及时深入现场进行查勘，对属于保险责任范围内的灾害损失，要迅速估算损失金额，及时赔付。“准确、合理”是指保险人应正确找出致损原因，合理估计损失，科学确定赔付与否及赔付额度。任何拖延赔案处理的行为都会影响保险公司在被保险人心目中的声誉，给被保险人带来不良的精神损害，从而影响、抑制其今后的投保行为，甚至造成不良的社会影响和后果。因此，保险人在理赔时应主动了解受灾损失情况，及时赶赴现场查勘，分清责任，准确定损，迅速而合情合理地赔付损失。

为了保护被保险人的利益，贯彻“主动、迅速、准确、合理”的原则，《中华人民共和国保险法》第二十三条规定：“保险人收到被保险人或者受益人的赔偿或者给付保险金的请求后，应当及时作出核定；情形复杂的，应当在三十日内作出核定，但合同另有约定的除外。保险人应当将核定结果通知被保险人或者受益人；对属于保险责任的，在与被保险人或者受益人达成赔偿或者给付保险金的协议后十日内，履行赔偿或者给付保险金义务。保险合同对赔偿或者给付保险金的期限有约定的，保险人应当按照约定履行赔偿或者给付保险金义务。”第二十五条规定：“保险人自收到赔偿或者给付保险金的请求和有关证明、资料之日起六十日内，对其赔偿或者给付保险金的数额不能确定的，应当根据已有证明和资料可以确定的数额先予支付；保险人最终确定赔偿或者给付保险金的数额后，应当支付相应的差额。”

### (三) 保险理赔的基本流程

保险理赔的基本流程包括接受损失通知书、审核保险责任、进行损失调查、赔偿给付保险金、损余处理及代位追偿等步骤。

#### 1. 接受损失通知书

保险事故发生后，被保险人或受益人应将事故发生的时间、地点、原因及其他有关情况，以最快的方式通知保险人，并提出索赔请求。发出损失通知书是被保险人必须履行的义务。

发出损失通知书通常有时限要求，险种不同，时限也不同。例如，被保险人在保险财产遭受保险责任范围内的盗窃损失后，应当在24小时内通知保险人，否则保险人有权不予赔偿。此外，有些险种没有明确地规定时限，只要求被保险人在其可能做到的情况下，尽快将事故损失通知保险人。如果被保险人在法律规定或合同约定的索赔时效内未通知保险人，可视为其放弃索赔权利。《中华人民共和国保险法》第二十六条规定：“人寿保险以外的其他保险的被保险人或者受益人，向保险人请求赔偿或者给付保险金的诉讼时效期间为二年，自其知道或者应当知道保险事故发生之日起计算。人寿保险的被保险人或者受益人向保险人请求给付保险金的诉讼时效期间为五年，自其知道或者应当知道保险事故发生之日起计算。”

被保险人发出损失通知的方式可以是口头的，也可以用函电等其他形式，但随后应及时补发正式书面通知，并提供各种必需的索赔单证，如保险单、账册、发票、出险证明书、损失鉴定书、损失清单、检验报告等。如果损失涉及第三者责任时，被保险人还需出具权益转让书给保险人，方便保险人行使代位追偿权。

接受损失通知书意味着保险人受理案件，保险人应立即将保险单与索赔内容详细核对，安排现场查勘等事项，然后将受理案件登记编号，正式立案。

### 2. 审核保险责任

保险人收到损失通知书后，应立即审核该索赔案件是否属于保险人的责任范围，审核内容包括以下几个方面。

(1) 保险单是否仍有效力。

(2) 损失是否由所承保的风险引起。

(3) 损失的财产是否为保险财产。

(4) 损失是否发生在保险单所载明的地点。

(5) 损失是否发生在保险单的有效期内。

(6) 请求赔偿的人是否有权提出索赔。

(7) 索赔是否具有欺诈。

有些审核工作需要配合后期的现场查勘和案情调查工作方能进行。

### 3. 进行损失调查

保险人审核保险责任以后，凡需要发现、提取、保全现场痕迹及物品的案件，应当及时派遣调查人员赶赴现场进行查勘，了解事故情况，以便分析损失原因，确定损失程度。为查明案件情况，还可以对案件当事人、行为人、目击者、知情人等进行调查访问工作，也可以通过专业渠道取得证据资料。现场查勘和案情调查要做到及时、客观、合法、保密，必须由双方共同完成，要形成书面的调查报告。

### 4. 赔偿给付保险金

保险事故发生后，经调查属实并估算赔偿金额后，保险人应立即履行赔偿给付的责任。对于人寿保险合同，只要保险人认定寿险保单是有效的，受益人的身份是合法的，保险事故的确发生了，便可在约定的保险金额内给付保险金。对于财产保险合同，保险人则应根据保险单类别、损失程度、标的价值、保险利益、保险金额、补偿原则等理算赔偿金额后，方可赔付。

保险人对被保险人请求赔偿或给付保险金的要求应按照保险合同的规定办理，如保险合同没有约定，就按照法律规定办理。赔偿的方式通常以货币给付为主，在财产保险中，保险人也可以与被保险人约定其他方式，如恢复原状、修理和重置等。

### 5. 损余处理

一般来说，在财产保险中，受损财产会有一定的残值。如果保险人按全部损失赔偿，其残值应归保险人所有，或是从赔偿金额中扣除残值部分；如果按部分损失赔偿，保险人可将损余财产折价给被保险人以抵充赔偿金额。

### 6. 代位追偿

如果保险事故是由第三者的过失或非法行为所致，第三者须对被保险人的损失承担赔偿责任。保险人可以按保险合同的约定或法律规定，先行赔付被保险人。然后，被保险人应当将向第三者追偿的权利以出具权益转让书的方式转让给保险人，并协助保险人向第三者责任方追偿。如果被保险人已从第三者责任方那里获得了赔偿，保险人只承担不足部分的赔偿责任。

## 第四节　保险资金运用

保险资金运用是保险公司经营管理中的一个重要环节，有效的资金运用将促进保费的下降，并提升保险公司利润及其竞争力。保险资金运用至今已有300余年的历史。据记载，早在1683年初，英国的火险社就拿地租作担保，用以抵偿火险索赔。真正能反映保险公司资金运用本质的则是在20世纪80年代以后。一方面，保险资金运用规模达到了空前势头和水平；另一方面，保险资金运用日益走向全球化和规范化。保险资金运用随着保险业的发展而发展，随着资本市场的成熟而成熟。在当今社会，保险公司的资金运用在各国经济发展中发挥着重要作用，已远远超出为保险公司创造收益的意义。

## 一、保险资金概述

保险资金是保险公司通过各类渠道聚集的各种资金的总和。

我国《保险资金运用管理办法》(2018年)中对保险资金的界定为："本办法所称保险资金，是指保险集团(控股)公司、保险公司以本外币计价的资本金、公积金、未分配利润、各项准备金以及其他资金。"

### (一) 保险资金的构成

保险资金的构成具体包括资本金、非寿险责任准备金、寿险责任准备金、资本公积金、未分配利润及盈余公积金、保险储金、"分离账户"资金和其他资金等。

#### 1. 资本金

资本金也称为自有资本金、开业资本金或备用资本金，是保险企业成立时所有者投入的资金，一般表现为保险企业的注册资本。《中华人民共和国保险法》第六十九条规定，在我国设立保险公司注册资本的最低限额为人民币2亿元，且保险公司的注册资本必须为实缴货币资本。《中华人民共和国保险法》第九十七条还规定，保险公司应当按照其注册资本总额的20%提取保证金，存入国务院保险监督管理机构指定的银行，除公司清算时用于清偿债务外，不得动用。

保险公司资本金的一大特性是备用资本金，当发生特大自然灾害、其他各种准备金不足以支付时，可动用资本金来承担给付责任。但在正常情况下，保险公司的资本金除按规定上缴部分保证金以外，绝大部分处于闲置状态，从而成为保险投资资金的重要来源。

#### 2. 非寿险责任准备金

非寿险责任准备金是保险企业为在保险合同有效期内履行经济赔偿义务，而将保险费予以提存形成的各种准备金，包括未到期责任准备金、未决赔款准备金和总准备金。

1) 未到期责任准备金

未到期责任准备金是指保险企业在年终会计决算时，把属于未到期责任部分的保费提存出来，用于将来赔偿的准备金。留在当年的部分属于当年的收入，称之为已赚保费；转入第二年度的部分属于下一年度的收入，称之为未赚保费，其对应的就是未到期责任准备金。在我国，非寿险业务应以当年自留保费的50%提取未到期责任准备金。未到期责任准备金是财产保险公司可运用保险资金的主要来源。

2) 赔款准备金

当会计年度结束时，在年内发生的赔案中，总有一部分未能结案，包括未决赔案、已决未付赔案和已发生未报告赔案。保险人对这三种赔案要分别提取未决赔款准备金、已决未付赔款准备金和已发生未报告赔款准备金，这三种准备金合称赔款准备金。

(1) 未决赔款准备金。

当会计年度结束时，被保险人已提出索赔，但索赔人与保险人之间尚未对这些案件是否属于保险责任以及保险赔付额度等事项达成协议，称为未决赔案。为未决赔案提存的准备金即为未决赔款准备金。

(2) 已决未付赔款准备金。

该准备金是指本会计年度内索赔案件已经理算完结，应赔金额也已确定，但尚未赔付或尚未支付全部款项的已决未付赔案提存的责任准备金。这是赔款准备金中最为确定的部分，只需逐笔计算即可。

(3) 已发生未报告赔款准备金。

该准备金是指为已发生未报告赔案提存的责任准备金。用若干年该项赔款额占这些年份内发生并报告的索赔额的比例来确定提存数。

3) 总准备金

总准备金是按各期保险收益的一定比例提取的，保险公司用于满足年度超常赔付、巨额损失赔付以及巨灾损失赔付需要的责任准备金。

总准备金不用于平时的赔付，也不得用于分红、转增资本等。只有在承保业务亏损并且当年投资利润也不足以弥补时才可动用。在发生巨灾前，总准备金长期处于闲置状态，因此可以作为长期的资金来源。

### 3. 寿险责任准备金

寿险责任准备金是经营人寿保险业务的保险公司为保障未来时期履行寿险合同的给付责任，从寿险保费中提存的责任准备金。

寿险责任准备金等于投保人所缴纳的纯保费及其所产生的利息减去当年应分摊的死亡成本后的余额——现金价值。

寿险业务保险期很长，被保险人从投保到受领保险金要经过几年，十几年，甚至几十年才能实现。虽然从动态上讲，寿险资金每年、每月甚至每日都要流进、流出，但相当部分的保险资金被长期闲置。由于寿险公司的危险不会太集中且不易发生危及公司生存的巨灾，因此，寿险公司的保险基金可供长期投资。

### 4. 资本公积金

资本公积金是由于保险企业实收资本大于注册资本、资产评估增值以及接受捐赠所形成的自有资金。资本公积金中以货币形态形成的部分可用于对外投资。

### 5. 留存收益

留存收益包括盈余公积金和未分配利润等。

盈余公积金是保险企业从税后利润中按法律规定或根据企业自身发展而提取的企业基金。

未分配利润是保险企业当年的损益以及历年积存的留待以后年度分配的利润。

### 6. 保险储金

储金是保险企业开办的到期还本的储金保险的本金。储金是一种返还式的保险形式，它以客户存入资金的利息充当保险费。在保险期间若发生保险事故，保险公司给予赔付；若未发生保险事故，则到期偿还本金。这笔存入的资金可以作为保险公司的一项可运用资金。

### 7. “分离账户”资金

“分离账户”是长期寿险和投资基金相结合的保险创新品种，保险企业按预定的投资方案运用保险客户缴纳的资金，并根据实际收益率提取责任准备金和调整保险赔付的额度。

#### 8. 其他资金

其他资金主要包括保险企业各种资产的风险准备金以及对关联企业的应付账款、应付税金和企业债务等。它可以作为一种补充的资金运用来源。

### (二) 保险资金的性质

#### 1. 负债性

保险资金中的各种准备金、储金、应付账款等都属于保险公司的负债，通常列于资产负债表的负债方。虽然暂时处于闲置状态，但主要用于将来的补偿或给付，具有负债性。

#### 2. 稳定性

首先，资本金是保险公司的自有资金，是股东对保险公司的投资，一般不能撤回。

其次，保险公司的责任准备金，虽然属于保险公司的负债，但只要是承保业务持续往复，保险公司始终会拥有一大笔沉淀下来的资金。尤其是寿险公司，其责任准备金多为中长期资金。

#### 3. 社会性

首先，保险资金主要来源于社会上各种保险客户缴纳的保险费，具有广泛的社会性，成为全社会共同后备资金的一个重要组成部分。

其次，保险资金的运用做到了取之于民、用之于民，也充分体现了其社会性。

总而言之，保险资金是以等价有偿原则而建立起来的一种社会后备基金。

## 二、保险资金运用的原则和意义

保险资金运用又称为保险投资，是指保险企业在组织经济补偿的过程中，将积聚的保险资金的暂时闲置部分用于投资，使资金增值，以求稳定经营、分散风险的一种经营活动。

保险资金是保险企业偿付能力的保证，从一定意义上讲只能运用于补偿被保险人的经济损失和人寿保险合同的给付。但由于其保费收取在前、保险金支付在后的特点所致的时间差，以及保险费收入负债结构的特殊性，形成了暂时闲置的资金，使保险资金运用既有可能，也有必要。

保险资金的运用可以为经济建设直接提供资金，同时增强保险企业经营的活力，扩大保险公司承保和偿付能力，降低保险费率，以便更好地服务于被保险人。

### (一) 保险资金运用的原则

保险资金运用的主要原则包括安全性原则、收益性原则、流动性原则和社会性原则。

#### 1. 安全性原则

保险资金运用的安全性是指回收保险资金运用本金及预定收益的可靠程度，它是由保险资金的性质决定的。保险资金运用的安全性原则是保险资金来源对保险资金运用的最基本的要求，也是保险资金运用实践应遵循的首要准则。

#### 2. 收益性原则

保险资金运用的收益性原则是指保险资金运用必须以获得一定的收益为目标，保证一定的收益能力。这也是保险企业进行保险资金运用的目的。

#### 3. 流动性原则

保险资金运用的流动性原则是指在不损失资产价值的前提下，保险资金运用所形成的资产必须具有迅速变现的能力。因此，在保险资金运用过程中所形成的资产必须包含有相应比例的流动性资产，以便在保险企业出现临时性的现金需求时，能够迅速变现，而不至于引起额外的损失。保险资金运用的流动性原则是由保险基金运动的特点决定的。财产保险由于资金期限短，并且其保险事故发生的随机性高，使得财险资金运用对流动性的要求要远远高于寿险资金运用对流动性的要求。

#### 4. 社会性原则

由于保险资金的大部分来源于广泛的社会经济单位缴纳的保险费，因此保险资金运用必须兼顾自身经济利益和社会公共利益，使保险资金运用发挥更大的社会效益。

保险资金运用的四个原则是相互联系、相互制约的。

首先，保险资金运用中保险企业自身的经济利益和社会公共利益之间既有相一致的一面，也有相抵触的一面。保险企业在资金运用中需从长短期两个角度，合理安排，兼顾自身利益和社会利益。其次，安全性、收益性和流动性之间也是既矛盾又统一的关系。一方面，三者是统一的，收益性和流动性以资金运用的安全性为前提，没有一定收益性和流动性的资金运用也使安全性失去了现实意义；另一方面，三者之间又存在一定的替代性，一般来说，安全性高和流动性高的资金运用收益较低，反之亦然。因此，保险企业在资金运用实践中必须根据自身的实际情况，在三者之间实现合理的平衡。

### (二) 保险资金运用的意义

#### 1. 保险资金运用对企业自身的意义

(1) 保险资金运用有利于保险企业维持业务平衡，实现资产和负债的匹配。

(2) 保险资金运用是保险企业提高经济效益的重要渠道。

(3) 保险资金运用有利于加快保险基金的积累，提高保险企业的偿付能力。

(4) 保险资金运用有利于提高保险企业的竞争力，促进其直接业务的发展。

#### 2. 保险资金运用对保险业发展的作用

(1) 保险资金运用有助于扩大保险在社会经济生活中的影响，提高人们的保险意识。

(2) 保险资金运用有助于降低保险费率水平，扩大保险市场规模，促进保险业的发展壮大。

#### 3. 保险资金运用对宏观经济的作用

(1) 保险资金运用有利于维持总供给和总需求的均衡，促进经济增长。

(2) 保险资金运用有利于金融资源合理配置。

(3) 保险资金运用有助于证券市场的活跃和稳定。

## 三、保险资金运用的组织模式

保险资金运用的绩效与保险公司的组织模式有着密切的联系，选择一个好的组织模式，不仅能够保证保险资金运用的投资回报，而且也是防范和化解保险企业经营风险的有效手段。从国外保险企业组织模式的发展历程和经验来看，保险资金交由专业的投资公司来运作是保证保险资金运用绩效的有效途径；同时，将保险资金交由与保险公司同属一个集团或控股公司下的投资子公司来运作，使保险资金风险在保险公司可控的范围内，这也是防范和化解金融风险的有效途径。

### (一) 专业化控股投资模式

专业化控股投资模式是指在一个集团或控股公司下设财险子公司、寿险子公司和投资子公司。在集团或控股公司的协调下，将财险子公司和寿险子公司的资金交由专业投资子公司实行专业化投资管理；集团或控股公司负责日常资金安全与正常运作的计划、协调和风险监控，代理股东管理控股资产，不经营具体业务；投资子公司受财险子公司和寿险子公司委托，代其理财(如图8-3所示)。例如，美国国际集团、加拿大宏利保险集团、美国安泰、瑞士丰泰保险公司等都是采用了专业化控股投资模式。

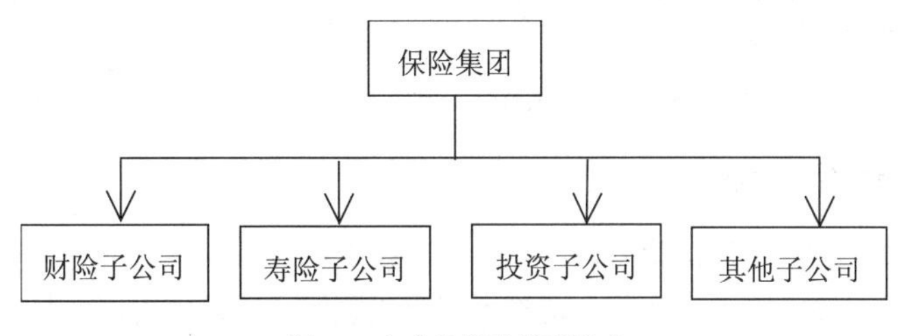


图8-3　专业化控股投资模式

专业化控股投资模式的优点在于可以通过建立集团或控股公司总部的双重双层风险监控体系，有效防范投资风险；在投资经营方面透明度高，不易产生关联交易；对市场变化反应快，资金进出速度快，子公司之间独立运作，可以有效防止集团或控股公司操纵进行内部交易。专业化控股投资模式的缺点是对集团或控股公司总部的控制力度有较高的要求，在这种模式下，保险公司与投资公司之间的关系相对于集中统一投资模式而言，显得较为松散。

### (二) 集中统一投资模式

集中统一投资模式是指在一个集团或控股公司下设财险子公司、寿险子公司和投资子公司，财险子公司和寿险子公司的保险资金统一上划到集团或控股公司，再由集团或控股公司将保险资金下拨到专业投资子公司，专业投资子公司将财险、寿险子公司资金分别设立账户，独立进行投资(如图8-4所示)。日本东京海上与火灾保险公司、德国安联保险集团、法国安盛—巴黎联合保险公司、英国皇家太阳联合保险集团等都是采用了集中统一投资模式。

集中统一投资模式的优点与专业化控股投资模式有相似之处，且有利于形成较大的投资规模，有利于稳健经营。集中统一投资模式的缺点在于对投资技能和相关管理人才的要求很高。

### (三) 内设投资部门投资模式

内设投资部门投资模式是指在保险公司内部设立专门的投资管理部门，如投资部或投资管理中心，由该部门负责整个公司的保险投资活动(如图8-5所示)。

这种模式的优点在于保险公司可以直接掌握并控制保险投资活动，因为投资部门仅仅是公司内设的一个部门；缺点是内置投资机构容易产生内部暗箱操作，导致较大的风险。西方国家一些投资失败导致保险公司经营失败的个案通常都是以这种模式运作保险投资的结果。

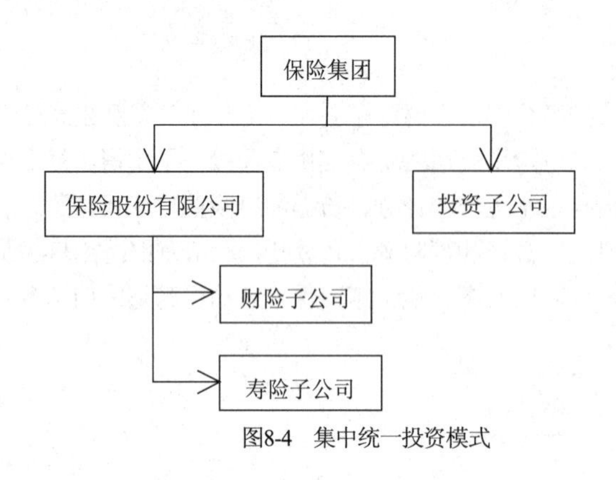

图8-4　集中统一投资模式

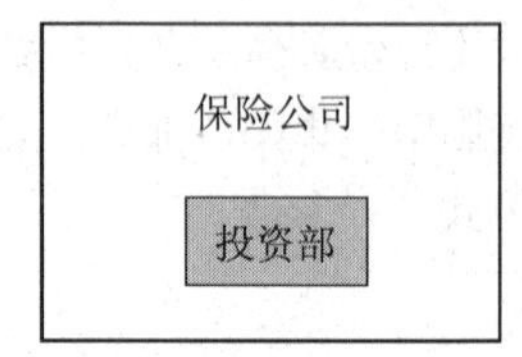

图8-5　内设投资部门投资模式

### (四) 委托外部机构投资模式

委托外部机构投资模式是指保险公司自己不进行投资和资产管理，而是将全部的保险资金委托给外部的专业投资公司进行管理。保险公司按照保险投资资金的规模向其委托的投资公司支付管理费用(如图8-6所示)。

这种模式的优点在于通过将保险资金交给专业的投资公司运作，提高了保险投资的专业性，并使得保险公司能够集中力量开拓保险业务。但在这种模式下保险公司对于资金运用的控制是几种模式中最弱的，保险公司承担的风险较大，不仅要承担投资失败的风险，还要承担外部投资机构的操作风险，如交易作弊、非法挪用资金等。因此，这种模式容易使其他行业、其他性质的风险波及保险公司。

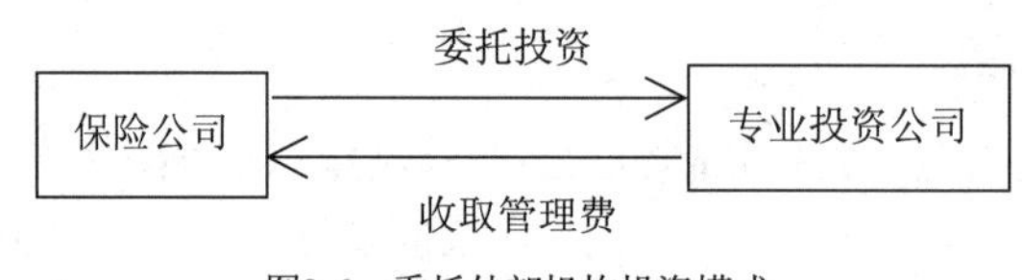

图8-6　委托外部机构投资模式

保险资金运用组织模式的多样化，以及各种模式所具有的优缺点，决定了保险公司在确定自己的投资模式时，需要根据资本市场的情形和公司自身的情况进行选择。欧美国家的保险公司较为普遍地选择了专业化控股投资模式和集中统一投资模式。尤其是欧洲保险业往往采取集团或控股的组织形式，形成金融集团，将银行、证券、保险等专业公司纳入同一集团或控股公司的管控之下，形成保险投资的规模效益和协同竞争的优势，从而赢得了保险投资与保险业务的稳健发展。

## 四、保险资金运用的形式

### (一) 存款

存款包括银行存款和信托存款。

#### 1. 银行存款

银行存款具有非常高的安全性和流动性，但收益性较差，因此，银行存款主要用于应付保险企业的日常支付或用于匹配流动性较高的负债，也经常被保险企业用于等待更好的投资机会。由于保险公司在银行的存款数额巨大，可以采用协议存款的形式获得高于普通银行存款的利息。银行存款所面临的风险主要是利率风险。

2. 信托存款

信托存款是指保险企业委托他人运用的资金。信托存款的安全性、流动性和收益性与受托人的信用和资金运用能力以及信托协议的约定有关，采用信托的方式运用资金非常灵活。这种方式适合那些自身运用保险资金的能力不足的中小保险企业。

从国内外保险公司资金运用的实践来看，储蓄存款往往不是保险资金运用的主要形式，各保险公司的储蓄存款一般只是留作必要的、临时性的机动资金。

### (二) 有价证券

有价证券是指具有一定票面金额，代表股本所有权或债权的凭证。有价证券属于金融资产，持有人具有收益的请求权。有价证券作为各国保险资金运用的主要形式，可以分为债券、股票、证券投资基金三大类。

1. 债券

债券是社会各类主体为筹措资金而向债券投资者出具的，承诺按一定利率定期支付利息和到期归还本金的债务凭证。债券是各国保险资金首选的工具，其违约风险低、流动性高的特点非常适合保险资金。债券投资所面临的风险主要是利率风险、信用风险和流动性风险。

债券按不同的方式划分，可以分为多种类型。按发行人不同可以分为政府债券、金融债券和企业债券；按利率不同可以分为固定利率债券和浮动利率债券。债券的类型不同，所适用匹配的保单资金也不同。如固定利率债券最适用于匹配寿险企业的固定责任保单；而浮动利率债券一般用于匹配浮动利率负债。

2. 股票

股票是股份有限公司发行的用以证明投资者身份和权益，并据以获得股息和红利的所有权凭证。

保险企业一般选择投资上市公司的股票。由于股票本金的非返还性及股票价格的波动性，股票一般被认为是一种高风险、高收益的投资工具，但其流动性较强，适用于匹配自有资金和部分“分离账户”资金。

股票所面临的风险主要有市场风险、利率风险、购买力风险等系统性风险以及管理风险、流动性风险等非系统风险。各国对保险公司进行股票投资的比例都有所限制。

3. 证券投资基金

证券投资基金是指通过发行基金证券集中投资者的资金，交由专家从事股票、债券等金融工具的投资，投资者(基金份额持有人)按其所持份额分享其收益并承担相应风险的一种投资方式。证券投资基金的投资对象可以是上市公司股票、债券、银行同业拆借、金融期货、黄金及不动产等。证券投资基金的流动性较强，风险要小于股票大于债券，其收益一般也大于债券投资。

证券投资基金同样也要承担系统性风险和非系统性风险，但证券投资基金可以通过多样化的投资组合来分散非系统性风险，因此其所承担的风险主要是系统性风险。

### (三) 贷款

贷款是指保险企业作为信用机构，将资金贷放给某些单位或个人，按一定的期限获取利息的资金运用方式。贷款也是保险资金运用的主要形式之一。

贷款按贷款条件不同可分为信用贷款、经济担保贷款和抵押贷款。保险企业经常采用的贷款方式主要是抵押贷款，包括寿险保单贷款、不动产和安全性良好的有价证券抵押贷款等。保险公司在这种贷款行为中充当信用机构的角色。这种贷款面临的风险主要是系统风险。

### (四) 不动产投资

不动产投资是指保险企业将资金运用于购买土地、建筑物或修建住宅、商业建筑和基础设施建设等方面的投资。

保险企业对不动产的投资大体分为两类：一类是因业务经营所需或其他原因所取得的不动产，包括办公楼及附属建筑、因实施抵押权或为受领债务清偿而取得的不动产、因赠与而取得的不动产；另一类是为了取得利益而投资所取得的不动产，如投资于可改良或可开发的地产，从事正常与营业无关的商业性房地产买卖等。作为保险资金运用方式的不动产投资主要指的是后一种情况。

不动产投资的特点是投资期限一般比较长，一旦投资项目选择准确就可能获得长期、稳定且较高的收益回报，但其流动性较弱、单项投资占用资金额度大，且因投资期限较长而存在着难以预知的潜在风险。因此各国保险法规对保险企业的不动产投资都加以严格限制。

不动产投资主要用于匹配长期负债。如基础设施建设的保值增值功能有利于寿险公司控制通货膨胀风险，这是存款和债券等都不具备的，尤其适合需要长期投资的寿险资金。当然，由于投资期限较长，利率风险和信用风险仍然是潜在的隐患，但总的来说，寿险资金运用于基础设施投资将在总体上保证寿险资金风险分布的合理化。

### (五) 其他资金运用方式

#### 1. 项目投资

项目投资一般是长期投资，投资风险性和项目管理的技术性要求较高，但其预期收益率也很高。这种投资方式一般适合资金规模大，具备专业投资优势的大型保险企业。

#### 2. 货币市场投资

保险资金货币市场投资主要包括票据贴现和同业拆借等。近些年来，随着金融市场的发展和完善，也可以投资于金融租赁和金融衍生工具等。

#### 3. 直接投资

保险企业将其所拥有的保险资金直接投资到生产经营中去，或建立独资的非保险企业或与其他公司合伙建立企业，以获取投资收益。保险资金直接投资面临的主要风险是市场风险等多种系统性风险。

#### 4. 海外投资

海外投资是近年新开放的投资方式，有利于完善保险企业的投资结构，分散系统性风险。

## 五、保险资金运用策略

保险资金运用策略是指在保险资金运用过程中，保险企业针对不同性质的保险资金在投资规模、投资结构和投资形式等方面所进行的决策。

### (一) 保险资金运用的总策略

保险资金运用的总策略是首先让资产在期限、结构、收益率等方面与负债进行大致相应的匹配，然后对市场环境的特点和各种影响因素做出积极的反应，从而在资金保值的基础上取得资金的增值。

在进行保险资金运用时，在投资安排上首先按资金的可运用期限将投资分为短期、中期和长期三部分，满足保险经营中资金流动和保险赔付的基本需要，保证在保险投资时资金数量和结构的相对稳定性，然后根据资金性质选择相应的投资工具和投资策略，取得相应的投资收益。这样，即使在发生巨额赔付时保险企业也能够将资产逐级变现，并在变现过程中将资产损失降到最低限度，保持投资组合的相对稳定。

#### (二) 财险、寿险投资策略的区别

财险和寿险在资金来源、结构等方面的差异，必然导致它们投资策略的不同。

##### 1. 资金运用规模和流动性要求不同

从资金规模来看，财险公司可投资资金的初始规模和存量规模都比较小，因而总体上其资金运用规模也相对较小，而且财险保险费收入与赔款支出都比较频繁，其资金积累的存量规模也有很大的不确定性。这种不确定性一方面要求财险资产流动性必须较高；另一方面也会制约财险公司的投资规模。而寿险公司正好相反，其资金的初始规模和存量规模都较大，且资金存量的来源稳定，因而资金运用规模也相应较大，流动性要求相应较低。

##### 2. 资金运用的期限结构不同

从期限结构来看，财险从保险费收入到支出之间的时间间隔较短，资金很难进行长期运用，因而是以短期投资为主；而寿险大多是长期性险种，寿险公司从收取保险费到给付之间时间间隔较长，因此资金运用以长期投资为主。

##### 3. 对投资收益率的要求不同

财险主要是进行风险责任范围内的赔款，可以通过谨慎选择保险标的和合理制定保险费率来实现这一要求，因而对投资收益率的要求不是很高；而寿险具有给付和储蓄的双重功能，寿险资金必然要求较高的投资收益率。

##### 4. 风险约束不同

从风险结构来看，财险的高潜在负债风险必然要求在投资时小心谨慎，寿险则可根据保险单契约基本上确定赔付时间及数量，因而投资约束相对较小。虽然长期投资经常会遇到流动性风险的问题，但只要进行合理的流动性管理，这一风险就可以降到最小限度。

总而言之，财险公司在投资时主要应注意资金的期限结构和风险结构的管理，并追求合理的投资收益；而寿险公司则主要追求较高的投资收益，并兼顾资金的期限结构和风险结构的管理。

从实际情况来看，财险的短期资金运用比例一般超过50%，而寿险低于20%。在证券投资上，寿险的比例略低于财险。但具体到每一证券的投资比例，因各国金融市场发展水平和保险投资监管程序的不同而存在差异。

### 六、我国保险资金运用

在我国，保险资金运用必须以服务保险业为主要目标，坚持稳健审慎和安全性原则，符合偿付能力监管要求，根据保险资金性质实行资产负债管理和全面风险管理，实现集约化、专业化、规范化和市场化。保险资金运用应当坚持独立运作。保险集团(控股)公司、保险公司的股东不得违法违规干预保险资金运用工作。

### (一) 我国保险资金运用的发展历程及政策演变

从1979年保险业复业至今，我国保险资金运用主要经历了以下四个重要发展阶段。

#### 1. 第一阶段："探索起步"时期(1980—2003年)

20世纪80年代至90年代中期，我国保险资金运用刚刚起步，保险资金分散在总公司、分公司和各级机构，投资业务简单粗放，人员参差不齐，投资领域没有限制，市场混乱无序，保险企业积累了大量不良资产。1995年，《中华人民共和国保险法》出台，严格将保险资金投资范围限定在银行存款、国债和金融债等领域，保险资金运用由大乱转为大治，安全性为上，但同时也带来投资渠道单一、投资能力低下、体制机制滞后等问题。

#### 2. 第二阶段："拓渠道和严管控"时期(2003—2012年)

2003年7月，首家保险资产管理公司成立，标志着保险资金运用开启集中化、专业化运作。此后，股票、企业债、未上市股权、不动产等投资渠道陆续放开。2008年全球金融危机爆发，金融市场大幅波动，保险资金运用风险加大，监管部门实施一系列严格管控风险的监管措施。

#### 3. 第三阶段："市场化改革"时期(2012—2017年)

2012年，一方面我国金融市场创新发展提速，另一方面保险机构自主发展动力不足，市场竞争力较弱，投资收益率持续偏低。在此背景下，保险资金运用市场化改革启动，"放开前端、管住后端"，进一步拓宽投资范围和领域，把更多决策权、选择权和风险责任交给市场主体。在这一期间，行业规模快速增长，市场活力明显增强，但行业所面临的内外部风险形势日趋复杂。

#### 4. 第四阶段："规范发展和严格监管"时期(2017年至今)

在这一阶段，保险业深刻反思过去一段时期个别保险机构激进经营和激进投资问题，坚决打击乱象，切实防范风险，及时弥补监管短板和风险漏洞。深入贯彻落实全国第五次金融工作会议精神，紧紧围绕服务实体经济、防控金融风险、深化金融改革三项任务，不断加强和改进保险资金运用监管工作，保持保险资金运用稳健有序发展。

### (二) 我国保险资金运用方式及投资禁区

《国务院关于保险业改革发展的若干意见》中规定："在风险可控的前提下，鼓励保险资金直接或间接投资资本市场，逐步提高投资比例，稳步扩大保险资金投资资产证券化产品的规模和品种，开展保险资金投资不动产和创业投资企业试点。支持保险资金参股商业银行。支持保险资金境外投资。根据国民经济发展的需求，不断拓宽保险资金运用的渠道和范围，充分发挥保险资金长期性和稳定性的优势，为国民经济建设提供资金支持。"

#### 1. 我国保险资金运用的方式

根据我国《保险资金运用管理办法》的规定，我国保险资金运用限于下列形式。

(1) 银行存款。

保险资金办理银行存款的，应当选择符合下列条件的商业银行作为存款银行：①资本充足率、净资产和拨备覆盖率等符合监管要求；②治理结构规范、内控体系健全、经营业绩良好；③最近三年未发现重大违法违规行为；④信用等级达到中国银保监会规定的标准。

(2) 买卖债券、股票、证券投资基金份额等有价证券。

保险资金投资的债券，应当达到中国银保监会认可的信用评级机构评定的、且符合规定要求的信用级别，主要包括政府债券、金融债券、企业(公司)债券、非金融企业债务融资工具以及符合规定的其他债券。

保险资金投资的股票，主要包括公开发行并上市交易的股票和上市公司向特定对象非公开发行的股票。保险资金开展股票投资，分为一般股票投资、重大股票投资和上市公司收购等，中国银保监会根据不同情形实施差别监管。保险资金投资全国中小企业股份转让系统挂牌的公司股票，以及以外币认购及交易的股票，由中国银保监会另行规定。

保险资金投资证券投资基金的，其基金管理人应当符合下列条件：①公司治理良好、风险控制机制健全；②依法履行合同，维护投资者合法权益；③设立时间一年(含)以上；④最近三年没有重大违法违规行为，设立未满三年的，自其成立之日起没有重大违法违规行为；⑤建立有效的证券投资基金和特定客户资产管理业务之间的防火墙机制；⑥投资团队稳定，历史投资业绩良好，管理资产规模或者基金份额相对稳定。

保险资金可以投资资产证券化产品。此处的资产证券化产品是指金融机构以可特定化的基础资产所产生的现金流为偿付支持，通过结构化等方式进行信用增级，在此基础上发行的金融产品。

保险资金可以投资创业投资基金等私募基金。此处的创业投资基金是指依法设立并由符合条件的基金管理机构管理，主要投资创业企业普通股或者依法可转换为普通股的优先股、可转换债券等权益的股权投资基金。

保险资金可以投资设立不动产、基础设施、养老等专业保险资产管理机构，专业保险资产管理机构可以设立符合条件的保险私募基金，具体办法由中国银保监会制定。

(3) 投资不动产。

保险资金投资的不动产，是指土地、建筑物以及其他附着于土地上的定着物，具体办法由中国银保监会制定。

(4) 投资股权。

保险资金投资的股权，应当为境内依法设立和注册登记，且未在证券交易所公开上市的股份有限公司和有限责任公司的股权。

保险集团(控股)公司、保险公司购置自用不动产、开展上市公司收购或者从事对其他企业实现控股的股权投资，应当使用自有资金。

保险集团(控股)公司、保险公司对其他企业实现控股的股权投资，应当满足有关偿付能力监管规定。保险集团(控股)公司的保险子公司不符合中国银保监会偿付能力监管要求的，该保险集团(控股)公司不得向非保险类金融企业投资。实现控股的股权投资应当限于下列企业：①保险类企业，包括保险公司、保险资产管理机构以及保险专业代理机构、保险经纪机构和保险公估机构；②非保险类金融企业；③与保险业务相关的企业。

(5) 国务院规定的其他资金运用形式。

此外，保险资金从事境外投资的，应当符合中国银保监会、中国人民银行和国家外汇管理局的相关规定。

### 2. 我国保险资金运用的比例限制

2014年2月19日，保监会发布实施《关于加强和改进保险资金运用比例监管的通知》(以下简称《通知》)。《通知》系统整合了现行监管比例政策，建立了以保险资产分类为基础，多层次比例监管为手段，差异化监管为补充，动态调整机制为保障的比例监管新体系。

(1)《通知》将保险公司投资资产(不含独立账户资产)划分为流动性资产、固定收益类资产、权益类资产、不动产类资产和其他金融资产五大类资产。

① 流动性资产。流动性资产是指库存现金和可以随时用于支付的存款，以及期限短、流动性强、易于转换为确定金额现金，且价值变动风险较小的资产。

② 固定收益类资产。固定收益类资产是指具有明确存续到期时间、按照预定的利率和形式偿付利息和本金等特征的资产，以及主要价值依赖于上述资产价值变动的资产。

③ 权益类资产。权益类资产包括上市权益类资产和未上市权益类资产。上市权益类资产是指在证券交易所或符合国家法律法规规定的金融资产交易场所(统称交易所)公开上市交易的、代表企业股权或者其他剩余收益权的权属证明，以及主要价值依赖于上述资产价值变动的资产。未上市权益类资产是指依法设立和注册登记，且未在交易所公开上市的企业股权或者其他剩余收益权，以及主要价值依赖于上述资产价值变动的资产。

④ 不动产类资产。不动产类资产指购买或投资的土地、建筑物及其他依附于土地上的定着物等，以及主要价值依赖于上述资产价值变动的资产。

⑤ 其他金融资产。其他金融资产是指风险收益特征、流动性状况等与上述各资产类别存在明显差异，且没有归入上述大类的其他可投资资产。

(2) 设立大类资产监管比例。

为防范系统性风险，针对保险公司配置大类资产制定保险资金运用上限比例。

① 投资权益类资产的账面余额，合计不高于本公司上季末总资产的30%，且重大股权投资的账面余额，不高于本公司上季末净资产。账面余额不包括保险公司以自有资金投资的保险类企业股权。

② 投资不动产类资产的账面余额，合计不高于本公司上季末总资产的30%。账面余额不包括保险公司购置的自用性不动产。保险公司购置自用性不动产的账面余额，不高于本公司上季末净资产的50%。

③ 投资其他金融资产的账面余额，合计不高于本公司上季末总资产的25%。

④ 境外投资余额，合计不高于本公司上季末总资产的15%。

(3) 设立集中度风险监管比例。

为防范集中度风险，针对保险公司投资单一资产和单一交易对手制定保险资金运用集中度上限比例。

① 投资单一固定收益类资产、权益类资产、不动产类资产、其他金融资产的账面余额，均不高于本公司上季末总资产的5%。投资境内的中央政府债券、准政府债券、银行存款，重大股权投资和以自有资金投资保险类企业股权，购置自用性不动产，以及集团内购买保险资产管理产品等除外。

投资上市公司股票，有权参与上市公司的财务和经营政策决策，或能够对上市公司实施控制的，纳入股权投资管理，遵循保险资金投资股权的有关规定。

单一资产投资是指投资大类资产中的单一具体投资品种。投资品种分期发行，投资单一资产的账面余额为各分期投资余额合计。

② 投资单一法人主体的余额，合计不高于本公司上季末总资产的20%。投资境内的中央政府债券、准政府债券和以自有资金投资保险类企业股权等除外。

单一法人主体是指保险公司进行投资而与其形成直接债权或直接股权关系的具有法人资格的单一融资主体。

(4) 设立风险监测比例。

为防范资产的流动性、高波动性等风险，针对流动性状况、融资规模和类别资产等制定监测比例，主要用于风险预警。保险公司存在以下情形的，应当向中国保监会报告，并列入重点监测。

① 流动性监测。投资流动性资产与剩余期限在1年以上的政府债券、准政府债券的账面余额合计占本公司上季末总资产的比例低于5%，财产保险公司投资上述资产的账面余额合计占本公司上

季末总资产的比例低于7%，未开展保险经营业务的保险集团(控股)公司除外。其他流动性风险指标，执行中国保监会相关规定。

② 融资杠杆监测。同业拆借、债券回购等融入资金余额合计占本公司上季末总资产的比例高于20%。

③ 类别资产监测。投资境内的具有国内信用评级机构评定的AA级(含)以下长期信用评级的债券，账面余额合计占本公司上季末总资产的比例高于10%，或投资权益类资产的账面余额合计占本公司上季末总资产的比例高于20%，或投资不动产类资产的账面余额合计占本公司上季末总资产的比例高于20%，或投资其他金融资产的账面余额合计占本公司上季末总资产的比例高于15%，或境外投资的账面余额合计占本公司上季末总资产的比例高于10%。

集团内购买的单一保险资产管理产品，账面余额占本公司上季末总资产的比例高于5%。

中国保监会将根据情况，制定资产负债匹配风险、市场风险、信用风险等风险监测比例。

对于违反监管比例有关规定的，中国保监会责令限期改正。对于超出或不符合监测比例有关规定的，保险公司应当于该事项发生后5个工作日内向中国保监会报告。中国保监会认定需要披露的，保险公司应当披露相关信息，具体规定由中国保监会另行制定。对于不按规定履行相关报告或披露义务的，中国保监会采取对高管人员进行监管谈话，列示保险公司不良记录，以及其他进一步监管措施。

**案例8-3**

### 突破保险资金运用比例上限，三家保险企业被银保监会下令整改

作为各类要素市场的重要机构投资者，保险资金近年来十分活跃，在支持资本市场建设和实体经济高质量发展方面亦是功不可没。然而，保险资金运用在呈现总体稳健审慎的同时，部分业务、部分资产、部分公司还存在一些潜在风险。

近期，就有三家保险企业因违反了《关于加强和改进保险资金运用比例监管的通知》的规定，而被银保监会下令整改，这三家公司分别是中融人寿、珠江人寿和北大方正人寿。

具体来看，2019年二季度末，中融人寿其他金融资产占上季末总资产的25.03%，北大方正人寿其他金融资产占上季末总资产的27.22%，珠江人寿不动产类资产占上季末总资产的30.72%，三者均违反了《关于加强和改进保险资金运用比例监管的通知》的有关规定。

《关于加强和改进保险资金运用比例监管的通知》规定，为防范系统性风险，针对保险公司配置大类资产制定保险资金运用上限比例。投资其他金融资产的账面余额，合计不高于本公司上季末总资产的25%。投资不动产类资产的账面余额，合计不高于本公司上季末总资产的30%。

依据《中华人民共和国保险法》第一百六十四条、《保险资金运用管理办法》第六十八条相关规定，银保监会对上述三家保险企业采取以下监管措施：自接到行政监管措施决定书之日起，相关公司不得新增超过监管比例的大类资产投资；相关公司要加强资产负债管理，提高风险管理能力，改善资产负债匹配状况，及时进行风险预警和制定应对措施，防范资产负债错配风险；相关公司应当自收到行政监管措施决定书之日起十五日内将整改情况报告银保监会。整改完成并经同意后，方可开展相关投资业务。

银保监会表示，当事人如不服上述决定，可以在收到本决定书之日起六十日内向中国银保监会申请行政复议，也可以在收到本决定书之日起六个月内向有管辖权的人民法院提出诉讼。复议、诉讼期间上述决定不停止执行。

(资料来源：www.21jingji.com)

3. 我国保险资金投资禁区

1) 出于风险控制需要禁止投资的品种

如存款于非银行金融机构、买入被交易所实行“特别处理”(ST)和“警示存在终止上市风险的特别处理”(PT)的股票、使用短期拆借资金投资高风险和流动性差的资产、将保险资金运用形成的投资资产用于向他人提供担保或者发放贷款(个人保单质押贷款除外)等。

保险资金参与衍生产品交易(如掉期和互换等业务)，应仅限于对冲风险，不得投机和放大交易。

2) 其他法律禁止投资的品种

如挪用受托或托管资金、混合管理不同托管账户资金、利用相关信息牟取非法利益、非法转移保险利润等。

3) 出于宏观调控需要禁止投资的品种

如投资不符合国家产业政策项目的企业股权和不动产、直接从事房地产开发建设等。

4) 中国银保监会禁止的其他投资行为

中国银保监会可以根据有关情况对保险资金运用的禁止性规定进行适当调整。

## 本章小结

1. 保险经营是保险组织为了在实现保险的基本职能和派生职能的同时取得最佳经济效益，对其各个环节进行计划、组织、指挥和协调活动的综合全过程。保险经营除贯彻一般商品经营原则，如经济核算原则、随行就市原则、薄利多销原则外，还应遵循一些特殊的经营原则，包括风险大量原则、风险选择原则和风险分散原则。

2. 保险市场上一般存在两类不同功能的经营性组织：一类是承担保险经营责任的保险人；另一类是提供保险销售服务及其他服务的保险中介机构。按照财产所有制的关系不同，保险人的组织形式可以分为：国营保险组织、私营保险组织、合作保险组织、个人保险组织和自我保险安排等特殊形态的保险组织。保险中介是指介于保险人之间、保险人和投保人之间或者独立于保险人与被保险人，专门从事保险中介服务并依法获取佣金的单位或个人。保险中介组织一般分为保险代理人、保险经纪人和保险公估人三类。

3. 保险经营通常包括承保业务经营和投资业务经营，其中，保险公司的承保业务经营环节主要包括保险产品开发、展业、承保、再保险、防灾防损及理赔等几个方面。

4. 保险资金运用又称为保险投资，是指保险企业在组织经济补偿的过程中，将积聚的保险资金的暂时闲置部分用于投资，使资金增值，以求稳定经营、分散风险的一种经营活动。保险资金运用是保险公司经营管理中的一个重要环节，有效的资金运用将促进保费的下降，并提升保险公司利润及其竞争力。保险资金运用的组织模式包括专业化控股投资模式、集中统一投资模式、内设投资部门投资模式、委托外部机构投资模式等。保险资金的运用方式主要有储蓄存款、有价证券、贷款、不动产投资、项目投资、直接投资和海外投资等。

# 课后知识拓展

## 互联网保险产品创新

2015年以来，伴随着网络信息技术的发展，在“互联网+”战略驱动下，互联网保险行业发展迅速，迸发出大量产品创新。互联网保险产品数量众多，品种齐全。财险主要有退运险、车险、账号被盗险以及虚拟资产被盗险等；寿险包含投资类保险、意外险，年金保险；另类创新型险种也陆续上线，如赏月险、摇号险等。这些保险产品的共性是表达简明清晰，易于消费者理解，许多产品的保费都很便宜，期限较短，多数在一年以内，保险责任简单明了。

互联网保险产品与传统保险产品相比优势在于：首先，两者销售渠道不同。传统保险通过实体售卖，互联网保险则是在网络平台中售卖，各保险企业致力于在投保、缴费、承保、理赔实现全过程的网络信息化。其次，互联网保险产品与传统保险产品的商业模式创新不同。保险公司在基础平台中上线的产品价格可以设置得较低，在“上层变现”这一环节实现盈利。保险公司也可以充分利用高新技术改良传统定价方法，实现商业模式化升级。再次，互联网保险有效利用“云”端保险。保险公司依靠“阿里云”“金融云”可以在营销策略、销售渠道、产品介绍甚至平台运营的全部过程实现网络化。最后，互联网保险可以有效减少盲目性。消费者在网络中能够很方便地获得各保险公司的保险品种、可以浏览其他客户的评价，消费者自会对比各家保险的价格，保障范围，理赔方法等，对比出针对性最强的保险产品，有效降低了盲目性。

但互联网保险的产品创新也存在一定的问题。第一，部分互联网保险产品顾客满意度低。一些保险公司为了宣传自己，赚取利润，未经过科学合理的市场调研，就弄出了一些表面是“创新”的保险产品，但实际上就是传统的保险产品。例如在世界杯期间推出的一些产品，包括“世界杯遗憾险”“吃货险”以及“足球流氓险”等用来博得关注，但这些产品本质就是期限较短的医疗保险，推出产品的目的并不是售卖保险，而是进行宣传，打造声势，吸引眼球，顾客体验不好，满意度低，最终都没有取得良好的实际效益。第二，部分互联网保险产品不符合保险原则。我国采用事后备案制对保险产品进行监管，这种监管形式是为了鼓舞保险业进行产品创新。基于此，一些保险企业开发出满足消费者需求的保险产品，但也存在违规的产品。例如“贴条险”就是典型违背保险原则的，它的保险标的物是由违法行为造成的损失，该产品严重背离保险精神，保险公司涉嫌违法。第三，互联网保险产品销售平台混乱。前几年，“**恋爱险”在网络中热度很高，但保监会叫停“**恋爱险”，因为它不是正规保险公司开发出来的，只是第三方平台利用明星恋情设计出的吸引眼球的产品，并且该产品还有“博彩”色彩。这充分体现了互联网保险产品出售平台的运营杂乱，不规范。

总的来说，近年来互联网保险快速崛起，市场中出现了大量的互联网保险新险种，虽满足了多样性的市场需求，但也确实存在创新水平低、产品设计不规范、违背保险原则以及风险防控能力弱等问题。互联网保险业的繁荣发展需要依靠高质量的互联网保险产品，不然只能是外在的虚假繁荣，无法稳步前进，保险产品如何有效创新成为保险业发展的关键。

(资料来源：杨洋，我国互联网保险产品创新研究，环渤海经济瞭望，2020年第4期)

### 2019年我国保险资金运用情况

**1. 资产配置结构变化不大，债券投资仍是配置主力**

根据中国银保监会公布的数据，2019年保险资金运用余额为185 270.58亿元，较年初增长12.91%。其中，银行存款25 227.42亿元，占比13.62%，比2018年降1.23%；债券64 032亿元，占比34.56%，比2018年微增0.2%；股票和证券投资基金24 365.23亿元，占比13.15%，比2018年增加1.44%，其中股票投资占比8.06%，证券投资基金投资占比5.09%；包含另类投资在内的其他类资产71 646.35亿元，占比38.67%，且其中保险资产管理公司产品投资7979.27亿元，占比为4.31%，长期股权投资1.97万亿元、占比10.65%。

2019年保险资金运用余额相比2018年同期：债券投资占比仍保持较高比例，相比2018年同期微增0.2%，仍是保险资金运用中占比最高的资产；股票和证券投资基金类资产占比提升1.43%；银行存款类资产相比2018年同期降低了1.23%，一定程度上反映了保险资金配置结构的优化；虽然包含非标资产投资在内的其他类资产的占比变化不大，但实际中保险公司合意的非标资产在不断减少，保险负债端的刚性成本与资产端收益率持续下滑存在矛盾。

**2. 保险资金运用收益略升，权益低占比高贡献**

2019年保险资金运用收益累计实现收益8824.13亿元，同比增加29.08%；投资收益率4.94%，较2018年上升0.61%。从收益结构上看，配置占比34.56%的债券投资仍为保险资金运用收益的第一大贡献资产，收益贡献达30.25%，其次为占比15.87%的贷款，收益贡献占整个资金运用收益的比例为15.81%，银行存款贡献占比10.08%，而投资占比仅8.06%的股票投资对整体收益的贡献达14.86%。

2019年权益市场大好的行情下，以股票和证券投资基金为代表的权益资产配置部分为保险资金运用创造了较高的收益贡献，但权益资产配置在保险资金运用中的占比还较为有限，2019年证券投资基金投资收益551.49亿元、股票投资收益为1 202.72亿元。2019年保险资金债券投资收益为2 613.39亿元，与2018年的投资占比和投资收益基本保持持平。此外，组合类保险资产管理产品实现收益299.59亿元，同比上升5.01%。

**3. 另类投资稳健发行，积极对接实体经济**

在保险公司资金运用中，另类投资也始终是资产配置的重要方向，也是保险资金对接实体经济、支持经济发展的重要投资工具。保险产品中占比最大的寿险类产品的期限通常在15年以上，分红险的期限一般也在10年以上，规模大、期限长、来源稳定的特征使得保险资金具备满足国家大型基础设施和重大项目建设对长期资金需求的天然优势。据中国保险资产管理业协会数据，截至2019年12月底，累计发起设立各类债权、股权投资计划1 311只，合计备案(注册)规模29 938.04亿元；累计注册保险私募基金22只，合计规模1 863.10亿元。2019年全年，29家保险资产管理机构注册债权投资计划和股权投资计划共255只，合计注册规模4 636.65亿元。其中，基础设施债权投资计划154只，注册规模3 358.44亿元；不动产债权投资计划97只，注册规模1 225.81亿元；股权投资计划 4只，注册规模52.40亿元。同期，5家保险私募基金管理机构共注册5只保险私募基金，合计注册规模1 050.00亿元。

2019年保险资管机构注册的债权投资计划、股权投资计划规模相比2018年微增，增幅为1.97%。具体来看，保险资管机构注册的股权投资计划规模连续下降，一方面与2018年保监会发布的《关于保险资金设立股权投资计划有关事项的通知》中明确不得借由股权投资计划开展明股实债和通道业务有关，另一方面是由于保险资管机构更青睐于通过成立有限合伙企业或设立私募投资基金的形式进行股权投资。2019年基础设施债权计划的注册数量和注册规模相比2018年同期仍取得14.20%的增幅，而不动产债权计划的注册规模微降，体现出保险资金在支持基础设施建设、支持实体经济的发展态势。

(资料来源：2019年保险资产管理行业年度报告)

# 习 题

## 一、名词解释

1. 保险经营　2. 自我保险安排　3. 专属保险公司　4. 保险代理人
5. 保险经纪人　6. 保险公估人　7. 非寿险责任准备金　8. 保险展业
9. 核保　10. 保险理赔　11. 资本金　12. 保险产品开发
13. 寿险责任准备金　14. 资本公积金　15. 保险资金运用

## 二、单项选择题

1. 现代保险企业制度最典型的组织形式是(　　)。
   A. 相互保险公司　B. 相互保险社　C. 保险合作社　D. 股份保险公司
2. (　　)对应于保险事故发生后进行赔偿或给付保险金。
   A. 纯费率　B. 毛费率　C. 总费率　D. 附加费率
3. 保险代理人的一切过错应当由下列哪位承担？(　　)
   A. 投保人　B. 保险代理人　C. 保险人　D. 被保险人
4. 下列原则不属于保险经营特殊原则的是(　　)。
   A. 风险选择原则　B. 风险分散原则　C. 风险大量原则　D. 经济核算原则
5. 直接销售渠道是指保险公司通过(　　)向保险消费者提供各种保险商品的销售和服务。
   A. 保险人　B. 保险公司业务员
   C. 保险代理人　D. 保险经纪人
6. 保险投资基本原则的矛盾集中体现在(　　)。
   A. 安全性和收益性的矛盾　B. 流动性、安全性与收益性的矛盾
   C. 安全性和流动性的矛盾　D. 流动性和收益性的矛盾

## 三、多项选择题

1. 保险产品设计包括(　　)三个层次的设计。
   A. 核心产品　B. 产品内涵　C. 产品形象　D. 附加产品
2. 承保风险控制措施一般应包括(　　)。
   A. 规定免赔额　B. 控制保险金额
   C. 进行保险业务搭配　D. 对投保人进行分类
3. 保险理赔的内容包括下列哪些？(　　)
   A. 确定保险标的的损失是否属于保险责任　B. 最终确定被保险人应得的赔偿金额
   C. 确定保险标的的损失程度和损失金额　D. 确定造成保险标的损失的真正原因

4. 保险人在续保时一般应注意的问题有(　　)。

A. 如果保险标的的危险程度有增加或减少时，应对保险费率做相应调整

B. 及时对保险标的进行再次审核

C. 考虑通货膨胀因素的影响，随着生活费用指数的变化调整保险金额

D. 根据上一年度保险标的的出险情况，对承保条件与费率进行适当调整

5. 保险公司的展业方式主要有(　　)。

A. 保险代理人展业　　B. 直接展业　　C. 保险公估人展业　　D. 保险经纪人展业

6. 保险投资的一般形式包括(　　)。

A. 银行存款　　B. 不动产投资　　C. 有价证券　　D. 贷款

**四、判断题**

1. 根据市场行情及时调整保险商品的结构和价格以适应市场的需求，这一做法在保险经营中被称为经济核算原则。(　　)

2. 受保险人委托，代表保险人接受保险业务，出立保单，代收保险费的一种保险展业方式，被称为保险经纪人展业。(　　)

3. 寿险和非寿险的费率厘定的依据和方法相同。(　　)

4. 保险防灾防损与全社会防灾防损完全是不相同的。(　　)

5. 保险核保是指保险人对投保人的申请进行审核后同意接受并与之签订保险合同的全过程。其包括承保选择和承保控制。(　　)

6. 从投资的形式来看，与间接投资相比较，直接投资由于投资收益较高、投资周期长和投资风险较大等特点，因此直接投资成为保险公司主要的投资形式。(　　)

**五、简答题**

1. 简述保险经营的基本原则。

2. 试分析保险代理人和保险经纪人的区别。

3. 试比较相互保险社和保险合作社。

# 第九章

# 保险市场和保险监管

【课前导读】

保险市场是保险商品交换关系的总和，与普通商品市场相比既具有特殊性，又遵循市场供求的一般规律。保险市场的供求状况受制于各种因素的影响。为规范保险市场，促进保险业的健康持续发展，需要对保险市场进行监管。通过本章的学习，读者应熟练掌握保险市场的基本构成、模式与类型，保险需求与供给的特征，保险监管的基本概念及意义，了解影响保险市场供给与需求的因素、保险监管的目标、方式和手段；熟练掌握保险监管的基本内容；能够在理解上述理论知识的基础上对国内外保险市场及其监管发展动态进行深入思考。

## 第一节 保险市场概述

### 一、保险市场的概念

从狭义上讲，保险市场就是在一定时间、一定地点交易保险商品的场所，如保险交易所。从广义上讲，保险市场是指保险商品交换关系的总和，它包括促进保险业务交易实现的诸多环节，是包含保险人、保险中介、投保人、被保险人、受益人、保险监管者在内的整个市场运行机制。保险市场的交易对象是保险人为消费者所面临的风险提供的各种保险保障及其他保险服务，即各类保险商品。本章所指的保险市场是广义的保险市场。

### 二、保险市场的构成

#### (一) 保险市场的构成要素

1. 保险市场的主体

保险市场的主体是指保险市场交易活动的参与者。一个完整的保险市场，其市场主体一般由供给方、需求方以及中介方等三类活动主体构成。

1) 保险商品供给方

保险商品供给方是指在保险市场上，提供各类保险商品，承担、分散和转移他人风险的各类保险人。他们以各类保险组织形式出现在保险市场上，如国有形式、私营形式、合营形式和合作形式等。

2) 保险商品需求方

保险商品需求方是指在一定时间、一定地点等条件下，为寻求风险保障而对保险商品具有购买意愿和购买能力的消费者的集合。它由有保险需求的消费者、为满足保险需求的缴费能力和投保意愿三个主要因素构成。由于不同投保人有不同的保险需求和消费行为，这就要求保险供给方按不同的保险需求开发不同的保险商品。

3) 保险市场中介方

保险市场中介方是指充当保险供需双方媒介，帮助保险人和投保人建立保险合同关系的一方。保险市场中介方既包括保险代理人和保险经纪人，也包括独立于保险人和投保人之外，受供求双方委托，以第三者身份处理保险合同当事人委托办理的有关保险业务的公证、估价、鉴定、理算、精算等事项的人，如保险公估人、保险律师、保险理算师、保险验船师等。

#### 2. 保险市场的客体

保险市场的客体是指保险市场上供求双方交易的对象，即保险商品，其形式是保险合同。保险合同实际上是保险商品的载体，其内容是保险事故发生时提供经济保障的承诺。

保险商品是一种特殊形态的商品。首先，保险商品是一种无形商品。它仅仅是保险人对保险消费者的一纸承诺，而且这种承诺只能在约定的事件发生或约定的期限届满时履行，不像一般商品，消费者可以实质性地感受其价值和使用价值。其次，保险商品具有非渴求性。所谓非渴求商品，是指消费者一般不会想到要去主动购买的商品。通常情况下，除了法律有强制性的规定外，很少有人会主动购买保险。因为人们在风险事故发生之前总是存有侥幸心理。最后，保险商品的消费与保险服务具有不可分割性。

保险商品所具有的这些特性，使得保险人必须依靠推销，才能更好地完成保险商品的交易。

#### 3. 保险市场交易价格

保险市场交易价格即保险费率，它是由投保人为了使被保险人能够获得保险保障而向保险人支付的价值(费用)。

在市场经济条件下，价格起着重要的作用，主要表现在：第一，传递信息。商品价格的高低反映了供求状况，价格高，说明商品供不应求；反之，供大于求。第二，激励作用。价格上涨，生产者就会扩大生产，增加供给；价格下跌，生产者就会减少供给，因此，在保险市场上，保险价格是调节市场活动的经济杠杆，是构成保险市场的基本要素。

保险费率的确定要比一般商品定价困难许多。一般商品价格可以依据已发生的成本费用和合理盈利，结合市场供求状况核定。而在保险经营中，损失赔偿支出是事后发生的，不能在收取保费时事先精确测定。因此，保险费率是一个受制于风险损失概率及需求主体预期效用的变量，其确定难度较高。尽管如此，通过长期的市场实践，各类保险已经形成了应有的合理费率水平。

### (二) 保险市场的构成体系

#### 1. 承保体系

承保体系是保险市场的主导环节，具有开发保险服务项目，向市场提供风险损失补偿和经济保障方面服务的功能。

#### 2. 营销体系

营销体系是保险市场的辅助体系，承担着保险产品的市场营销和分配功能。广义的营销体系分为两个部分：一是由保险人通过内部雇员直接完成的销售部分；二是由代理人和经纪人等营销中介机构完成的销售部分。

3. 安全体系

安全体系是保险市场运行的风险防御系统，具有对承保经营的风险损失进行再分散、再保障，从而对于维护保险人的财务稳定、控制经营损失、保证市场安全起着重要的作用。

4. 服务体系

成熟的保险市场必须建筑在能够提供各种配套服务的科学系统之上，为保险业提供可靠的基础性服务，以保证保险经营的科学性和市场运行的公正性。

5. 监控体系

风险交易是最复杂的交易，保险是最专业化的市场，为了保证市场正常地、高效率地运行，完善的市场机构中必须建立监督控制机制，以规范市场主体活动、维护有序竞争、保护消费者的利益。

## 三、保险市场的特征

### (一) 保险市场是直接的风险交易市场

保险市场的交易就表现为投保人为了转嫁风险而向保险人购买保险，保险人集聚和分散风险的过程。风险的客观存在和发展是保险市场形成和发展的基础和前提，“无风险，无保险”，所以说保险市场是直接的风险交易市场。

### (二) 保险市场是非即时结清市场

所谓即时结清市场是指市场交易一旦结束，供需双方立即能知道交易结果的市场。而保险交易活动，由于风险的不确定性，使得保险双方在买卖保险时都不能确定其交易结果，因而需要通过签订保险合同来明确双方的权利与义务。

但是，保险合同的签订并不意味着保险交易的结束，恰恰是保险人履行赔付责任的开始，最终的保险交易结果取决于保险合同约定的保险事故(事件)是否发生。因此，保险市场是非即时结清市场。

### (三) 保险市场是特殊的“期货”交易市场

保险市场上任何一笔保险交易活动的完成，都是保险人对未来风险事故(事件)发生所导致的经济损失或人身损害进行赔偿或给付的承诺。而保险人是否履约取决于保险合同约定时间内是否发生了合同约定范围内的损失或损害，保险双方的损益是根据一定时期后的实际风险情况执行保险合同的结果，保险双方的交易实际上是一种“灾难期货”，因此可以说，保险市场是特殊的“期货”交易市场。

### (四) 保险市场是政府积极干预性市场

由于保险具有广泛性和社会性，直接影响广大公众的利益，政府有责任保证保险人的偿付能力，以保障广大投保人、被保险人和受益人的利益。同时政府的监督管理对保护投保人、被保险人、受益人获得合理的保险条件和费用支付条件是必不可少的。所以即使是在实行自由经济的国家，政府对保险业仍实行严格的监督和控制。

## 四、保险市场模式

保险市场模式也叫保险市场结构，主要反映竞争程度不同的保险市场状态。经济学通常按照以下四个因素来划分市场模式：市场上厂商的数目、各厂商所提供产品的差别程度、保险市场单个厂商对市场价格的控制程度以及厂商进入或退出市场的难易程度。据此，我们可以把保险市场划分为完全竞争模式、完全垄断模式、垄断竞争模式和寡头垄断模式四种。

### (一) 完全竞争模式

完全竞争模式是指在一个保险市场上有数量众多的保险公司，任何公司都可以自由进出市场。从理论上讲，这一模式应具备如下条件：①该市场有大量的保险供需者；②保险产品没有差异；③保险需求信息对称；④自由进入、退出；⑤交易成本为零。在完全竞争模式下，保险市场处于不受任何阻碍和干扰的状态中，同时有大量保险人存在，且所占市场份额比例都很小。因此，任何一个保险人都不能单独左右市场价格，而由保险市场自发地调节保险商品价格。在这种市场模式下，国家保险管理机构对保险企业管理相对宽松，保险行业公会在市场管理中发挥重要作用。

完全竞争市场只是一种理想化的市场。西方发达国家保险业早期发展阶段多为这一类型，但是自由竞争的结果必然导致垄断，自垄断资本主义以后，完全竞争已无现实性。当今保险市场中存在的竞争往往是一种不完全的竞争。

### (二) 完全垄断模式

完全垄断模式是指一个国家或地区的保险市场完全由一家保险公司所控制的市场状况，进入壁垒非常高。这家公司可以是国有企业也可以是私营企业。在完全垄断市场上，由于价值规律、供求规律和竞争规律受到极大的限制，市场上没有竞争，没有替代产品和可供选择的其他保险人，因此这一保险公司可以凭借其垄断地位获得超额利润。

这一市场模式有两种变通形式：一是专业型垄断模式，即在一个保险市场上存在的几家保险公司各自垄断某类保险业务；另一种是地区型垄断模式，即在一个保险市场上，存在的保险公司各自垄断某一地区的保险业务。

### (三) 垄断竞争模式

垄断竞争模式下的保险市场，大小保险公司并存，少数大公司在市场上取得一定的垄断地位。这是一种既有垄断趋势，又有竞争成分的市场模式，是一种常见的市场形态。其主要特点是：①保险供给者数量多，同业之间彼此竞争激烈；②保险供给者提供的保险产品有差别，营销方式也不同；③市场集中度低。

### (四) 寡头垄断模式

寡头垄断模式是指在一个保险市场上，只存在少数几家相互竞争的大型保险公司，这几家大型保险公司在市场上所占的业务、资产、利润等方面的份额都很高，市场的垄断势力很强，进入和退出的壁垒较高。在这种模式的市场中，保险业经营依然以市场为基础，但保险市场具有较高的垄断程度，保险市场上的竞争是国内保险垄断企业之间的竞争，形成相对封闭的国内保险市场。这种市场模式既存在于发达国家，也存在于发展中国家。我国保险市场目前就带有寡头垄断的性质，正在由寡头垄断模式向垄断竞争模式过渡。

## 五、保险市场的类型

### (一) 原保险市场和再保险市场

按保险业务承保的程序不同，可以将保险市场划分为原保险市场和再保险市场。

#### 1. 原保险市场

原保险市场也称为直接业务市场，是指保险人与投保人之间通过订立保险合同而直接建立保险关系的市场。

#### 2. 再保险市场

再保险市场也称分保市场，是指原保险人将已经承保的直接业务的风险通过再保险合同分出给再保险人承担的方式形成保险关系的市场。

### (二) 人身保险市场和财产保险市场

按照保险业务性质不同，保险市场可分为人身保险市场和财产保险市场。

#### 1. 人身保险市场

人身保险市场是指专门为社会公民提供各种人身保险商品的市场。

#### 2. 财产保险市场

财产保险市场是指从事各种财产保险商品交易的市场。

在西方国家，人身保险市场被称为寿险市场，财产保险市场被称为非寿险市场。

### (三) 国内保险市场和国际保险市场

按保险业务活动的空间不同，保险市场可分为国内保险市场和国际保险市场。

#### 1. 国内保险市场

国内保险市场是指专门为本国境内提供各种保险商品的市场，按经营区域范围又可分为全国性保险市场和区域性保险市场。

#### 2. 国际保险市场

国际保险市场是指国际间进行各种保险和再保险业务的市场。

### (四) 自由竞争型保险市场、垄断型保险市场、垄断竞争型保险市场

按保险市场的竞争程度不同，保险市场可分为自由竞争型保险市场、垄断型保险市场和垄断竞争型保险市场。

#### 1. 自由竞争型保险市场

自由竞争型保险市场是指市场上存在数量众多的保险人、保险商品交易完全自由、价值规律和市场供求规律充分发挥作用的保险市场。

#### 2. 垄断型保险市场

垄断型保险市场是指由一家或几家保险人独占市场份额的保险市场，包括完全垄断型保险市场和寡头垄断型保险市场。

#### 3. 垄断竞争型保险市场

垄断竞争型保险市场是指大小保险公司在自由竞争中并存，少数大公司在保险市场中分别具有某种业务的局部垄断地位的保险市场。

# 第二节 保险市场供给与需求

## 一、保险市场供给

### (一) 保险市场供给的含义

保险市场供给是指在一定时期内、一定的费率水平上，保险市场上各家保险公司愿意并且能够提供给全社会的保险商品的数量。

保险市场供给包括供给结构和供给数量两个方面，反映了保险供给质与量两方面的内容。保险市场供给的质是指保险人所提供的险种结构是否合理或每一具体保险险种质量的高低，具体可以通过保险消费者的反馈或保险人为各保险险种所提供的经济保障额度占所有保险商品经济保障总额的比例等指标来衡量。保险市场供给的量是指保险人为某一险种提供的经济保障额度或所有保险人为全社会提供的经济保障总额，我们可以用保险市场上的承保能力来表示，具体衡量指标包括保险公司承保的保险金额等。

保险市场供给具有两种表现形式：一是有形的保险供给，即对被保险人遭受的保险事故所导致的损失给予经济或物质上的补偿；二是无形的或精神方面的保障供给，即保险商品提供经济保障，使被保险人遭受的事故损失得到补偿，一定程度上为投保人和被保险人提供了一种安全感。

### (二) 影响保险市场供给的主要因素

保险供给是以保险需求为前提的，保险需求是制约保险供给的根本因素。在保险需求既定的前提下，保险市场的供给主要受到以下因素的制约。

#### 1. 保险商品的价格

保险商品的价格，即保险费率。在市场经济条件下，决定保险供给的主要因素是保险费率。保险供给与保险费率成正比关系，保险费率提高，就会刺激保险供给增加；反之，保险供给减少。

#### 2. 保险供给者的数量、素质和经营管理水平

保险供给者的数量越多，保险供给量越大。同时，保险供给者的素质和经营管理水平越高，保险经营管理中的险种开发、条款设计、费率厘定、业务选择、风险管理、准备金提存、再保险、理赔、投资等业务环节都会开展得比较好，而这些业务环节经营水平的高低都会影响到保险市场的供给。

#### 3. 保险业的利润率

在市场经济条件下，平均利润率规律支配着一切经济活动，保险资本也同样受到平均利润率规律的支配。如果保险行业平均利润率不断升高，就会吸引更多的社会资本进入保险行业，从而扩大保险供给；反之，如果保险行业平均利润率降低，就会导致许多社会资本退出保险行业，从而减少保险供给。

#### 4. 保险市场的规范程度

行为规范的保险市场信誉度高，会刺激保险需求，进而促进保险供给的增加；而制度不健全、无序的保险市场会抑制保险需求，导致保险供给减少。

#### 5. 政府的监管政策

由于保险行业的特殊性，需要政府对其进行严格监管。政府对保险业发展实施的监管政策直接影响着保险供给。如果政府采取积极的、宽松的宏观保险政策，如对保险供给者实施优惠税率、放宽保险资金运用的限制条件等，保险市场的供给总量就会增加；反之，如果政府采取严格监管的宏观保险政策，如提高保险公司的最低偿付能力指标等，保险市场的供给总量就会较少。

除此之外，保险资本量、保险成本、保险市场竞争、保险互补品及替代品的价格、保险技术等因素的变化都会影响到保险市场供给。

### (三) 保险商品供给弹性

保险商品供给弹性是指保险商品供给对其影响因素变动的反映程度，通常指的是费率弹性，即保险费率变动引起的保险供给量的变动，一般用供给弹性系数$E$来表示，其表达公式如下。

$$E_s = \frac{\Delta S / S}{\Delta P / P}$$

式中，$S$表示保险商品供给量；$\Delta S$表示保险商品供给的变动量；$P$表示保险费率；$\Delta P$表示保险费率的变动量。

经验数据证实了保险供给与保险费率呈正相关关系(如图9-1所示)。$E_S$的取值反映出保险费率对保险产品供给的影响程度，其绝对值越大，说明费率上升导致保险供给的增加量越大。

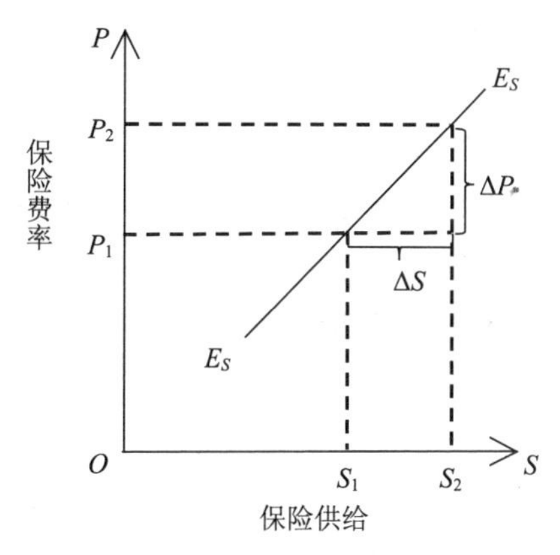


图9-1　保险商品供给与保险费率的关系

## 二、保险市场需求

### (一) 保险市场需求的含义

保险市场需求是指在一定时期内、一定费率水平上，保险消费者(投保人)在保险市场上愿意并且有能力购买的保险商品数量。

保险市场需求由三个要素构成：①有保险需求的人；②能够满足保险需求的购买能力；③购买意愿。这三个要素缺一不可，共同构成现实的保险市场需求，决定市场需求的规模和容量。如果人口众多但收入很低，购买力有限，不能形成很大规模的保险市场需求；而如果购买力很大，但人口很少，也不能形成很大保险市场需求；必须既有众多的人口，又有很强的购买能力，才能形成有潜力的保险市场需求。但是，如果人口众多，购买力强，而保险商品却不适合保险消费者的需要，不能引起人们的购买欲望，对保险市场供给者来说，仍然不能成为现实的保险市场需求。因此，保险市场需求是上述三个要素的统一。

保险市场需求包括保险商品的总量需求和结构需求。其中，保险商品的结构需求是各类保险商品占保险商品需求总量的比重，如财产保险保费收入占全部保费收入的比率、财产保险和人身保险各自内部的结构等。

保险市场需求也有两种表现形式：一是物质方面的需求，即在约定的风险事故发生并导致损失时，它能够对消费者的经济损失予以充分的补偿；二是精神方面的需求，即消费者在投保以后，由于转嫁了风险，心理上感到安全，从而可以消除精神上的紧张和不安。

### (二) 影响保险需求的因素

保险市场需求是一个综合经济现象，众多的经济、社会因素都会对其产生影响。影响保险市场需求的主要因素如下。

1. 风险因素

“无风险，无保险”，风险的客观存在是保险产生、存在与发展的前提条件，从而也就成为产生保险需求的触发条件。消费者面临的风险种类越多，风险可能导致的损失程度越大，消费者的保险需求就会越大。

2. 保险费率

保险费率对保险市场的需求有一定约束力，两者呈反向关系。当保险费率上升时，保险需求减少；当保险费率下降时，保险需求量增加。

3. 保险消费者的货币收入

消费者的收入直接影响到消费者购买力的大小。消费者收入越高，购买力就越大，对保险商品的需求就越强；消费者的收入越低，购买力就越弱，对保险商品的需求量就越小。

4. 社会经济发展水平

保险需求的产生与社会经济发展水平密切相关。经济单位和个人对保险的需求来自对现有财产和人身保障的需要。经济发展水平越高，社会财富越多，保险需求也就越大。

5. 文化传统

文化传统控制着人们的思想意识，而保险需求在一定程度上受人们风险意识的直接影响。风险意识越强，对保险的需求就越大；反之则越小。

6. 经济制度

在市场经济条件下，企业和个人都需自担风险，而参加保险就是避免风险，减轻损失最好的方法。所以，经济制度会对保险的需求产生影响。

除此之外，人口因素、利率、社会保障体系的完善程度、科技进步、互补品及替代品的价格等因素都会影响到保险市场需求。

(三) 保险商品需求弹性

保险商品需求弹性是指保险商品需求对其影响因素变动的反映程度，通常用需求弹性系数表示。即：

$$E_d = \frac{\Delta D / D}{\Delta f / f}$$

其中，$D$表示保险商品需求量，$\Delta D$表示保险商品需求的变动量；$f$表示影响保险商品需求的某一因素；$\Delta f$表示影响保险商品需求的该因素的变动量。如保险费率和消费者收入是影响保险需求的两个最重要的因素，则$f$表示保险费率时称$E_d$为费率弹性；$f$表示消费者收入时，称$E_d$为收入弹性。

1. 保险需求的费率弹性

保险需求的费率弹性是指由于保险费率的变动而引起的保险需求量的变动，它反映了费率变动对保险需求的影响程度。用公式表示为：

$$E_P = \frac{\Delta D / D}{\Delta P / P}$$

式中，$D$表示保险需求；$\Delta D$表示保险需求变动；$P$表示保险费率；$\Delta P$表示保险费率的变动。

经验数据表明保险需求与保险费率呈负相关关系(如图9-2所示)，所以保险需求的费率弹性为负值，但经济学中一般用其绝对值表示。

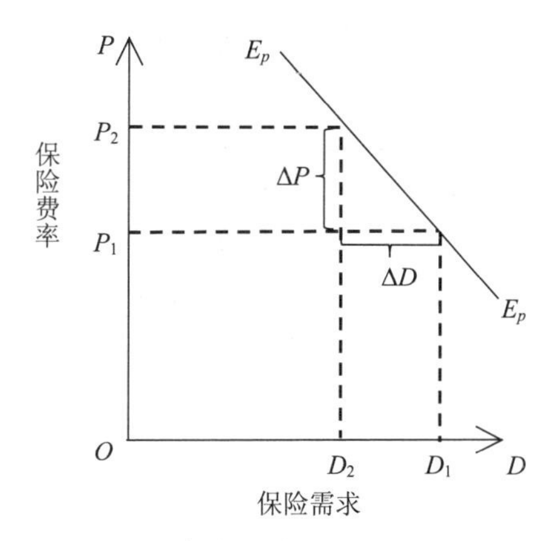


图9-2　保险需求与保险费率的关系

2. 保险需求的收入弹性

保险需求的收入弹性是指保险消费者货币收入变动所引起的保险需求量的变动，它反映了保险需求量对保险消费者货币收入变动的反应程度。用公式表示为：

$$E_i = \frac{\Delta D / D}{\Delta I / I}$$

式中，$D$表示保险需求，$\Delta D$表示保险需求变动； $I$表示货币收入；$\Delta I$表示货币收入的变动。

经验数据表明，保险需求与消费者收入呈正相关关系(如图9-3所示)，且保险需求的收入弹性大于一般商品。其原因在于：①保险商品尤其是人寿保险带有很强的储蓄性，而储蓄与消费者的货币收入是呈正方向变化的，因而随着消费者货币收入的增加，必然带动储蓄性保险需求量的增加；②人们的消费结构会随着货币收入的增加而变化，一些高额财产、文化娱乐和旅游等精神消费支出比例会由此而增大，那么与其具有互补作用的保险会随着消费者货币收入的增加而增加，如汽车保险、家财险、旅游意外伤害保险等的需求会随之增加；③对于大多数中低收入的消费者而言，保险属于高端消费，当他们的货币收入增加时，必然会引致对保险商品的更多需求。

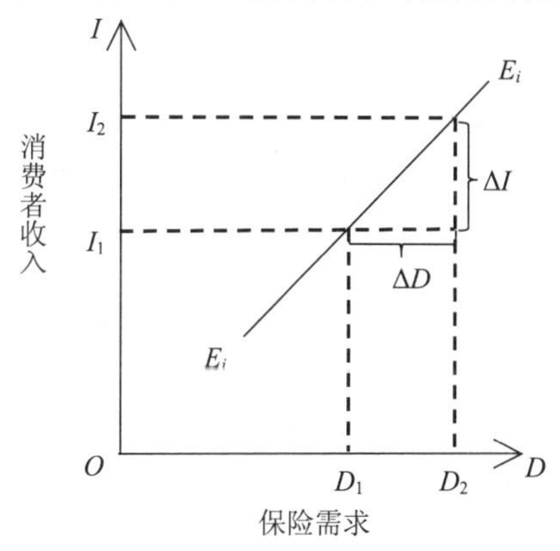


图9-3　保险需求与消费者收入的关系

3. 保险需求的交叉弹性

保险需求的交叉弹性是指相关的其他商品的价格变动引起的保险需求量的变动，它取决于其他商品对保险商品的替代程度和互补程度，反映了保险需求量对替代商品或互补商品价格变动的反应程度。用公式表示为：

$$E_x = \frac{\Delta D / D}{\Delta P_g / P_g}$$

式中，$D$表示保险需求；$\Delta D$表示保险需求变动；$P_g$表示替代商品或互补商品的价格；$\Delta P_g$表示替代商品或互补商品价格的变动。

一般而言，保险需求与替代商品的价格呈正方向变动，即交叉弹性为正，且交叉弹性愈大替代性也愈大。例如，储蓄和保险互为替代商品，如果储蓄成本越低、收入越高，保险需求就会减少；反之保险需求增加。保险需求与互补商品价格呈反方向变动，即交叉弹性为负。例如，汽车和汽车保险具有互补性，如果汽车价格提高，汽车销量会降低，对汽车保险的需求量就会减少。

## 三、保险市场的供需平衡

保险市场的供需平衡，是指在一定费率水平下，保险供给恰好等于保险需求的状态。此时保险市场达到均衡，如图9-4所示的$E$点。$E$点所对应的保险费率即为均衡费率。

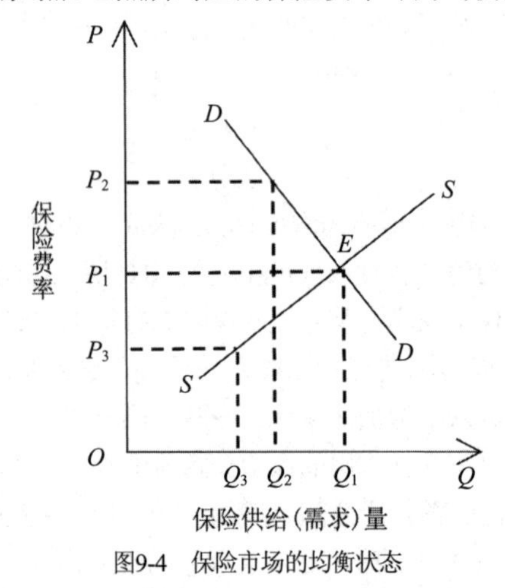


图9-4　保险市场的均衡状态

保险市场供需平衡包括供求的总量平衡和结构平衡两个方面。总量平衡是指供给和需求的总规模平衡。结构平衡是指供给的结构和需求的结构匹配，具体表现在市场提供的险种与消费者需求的险种相适应、保险费率与消费者承受能力相适应以及保险产业结构与国民经济产业结构相适应等。

# 第三节　保险监管

保险产品、保险经营以及保险市场的特性，要求政府对保险市场进行适度干预，通过保险监管机构对保险市场进行监督管理，以保障消费者的合法权益，促进保险业持续健康协调发展。

## 一、保险监管概述

### (一) 保险监管的概念及特征

#### 1. 保险监管的概念

按照监管主体划分，保险监管有广义和狭义之分。广义的保险监管是指政府监管机构、保险行业自律组织、保险机构内部监管部门及社会力量对保险市场及保险主体的组织和经营活动的监督与管理。狭义的保险监管是指保险监管机构依法对保险市场及其主体的监督管理，是政府授权监管机构干预保险市场的一系列制度安排。本章我们研究的是狭义保险监管。

本章所定义的保险监管是指国家保险监督管理部门依照法律、行政法规的规定对在境内注册登记的从事保险活动的公民、法人和其他组织及其行为进行监督与管理。

国家对保险业的监督，主要是通过制定各种保险法律、法规，由专司保险监管职能的机构依据法律和行政授权对保险业进行宏观指导与管理，以保证保险法规的贯彻执行。在市场经济条件下，保险监管实际上体现的是国家对保险业的干预行为。

#### 2. 保险监管的特征

1) 监管内容具有全面性

保险监管的内容不仅涉及保险企业组织的设立、变更和终止，保险企业高级管理人员、专业技术人员、业务人员的资格和行为，还涉及保险条款、保险费率、财务运作、资金运用、偿付能力、市场行为及公司治理等内容。

2) 监管对象具有广泛性

保险行业自律组织只对其成员实行管理，而政府监管机构对所有的保险企业及其成员，以及保险代理人、保险经纪人及保险公估人等中介组织均有权监管。

3) 监管主体及其权限具有法定性

保险监管主体及其权限通常都是由保险法等相关法律法规明确规定的，且法定监管主体只能依据法律规定的权限行使监管权，不能超过权限范围。

4) 监管结果具有强制性

保险监管具有强制性规范的性质。保险监管机构的审批权、核定权、检查权、禁止权、撤销权、整顿权、行政处罚权和处分权等权力的行使，均具有法律效力和强制性。

### (二) 保险监管的意义

#### 1. 严格的保险监管是有效地保护与保险活动相关的行业和公众利益的需要

保险业具有极强的公众性和社会性。首先，保险保障是社会经济补偿制度的一个重要组成部分，对社会经济的稳定和人民生活的安定负有很大的责任。其次，保险公司的资金主要来源于保险消费者所缴纳的保险费，是保险公司对其客户即社会公众的负债，而不是保险公司的资产，保险经营的这一特征要求不能任由保险公司被市场力量支配而自生自灭。再次，保险业是经营风险的特殊行业，保险经营与风险密不可分，保险事故的随机性、损失程度的不可知性、理赔的差异性使得保险经营本身存在着不确定性，加上激烈的同业竞争和保险道德风险及欺诈的存在，使得保险成了高风险行业。保险公司经营亏损或倒闭不仅会直接损害公司自身的存在和利益，还会严重损害广大被保险人的利益，危害相关产业的发展，从而影响社会经济的稳定和人民生活的安定。保险业的公众性和社会性决定了国家对其监管的必要性。

#### 2. 严格的保险监管是培育、发展和规范保险市场的需要

保险市场有一个产生、发育和走向成熟的过程，它伴随商品经济的发展而发展。国家对保险业的严格监管有利于依法规范保险活动，创造和维护平等的竞争环境，防止盲目竞争和破坏性竞争，有利于保险市场的发育、成熟。

#### 3. 严格的保险监管是保护投保人利益的需要

保险技术是非常复杂和专业的，保险承保范围涵盖财产、责任、利益及人的生命和身体等多个

方面，保险险种的设计、保险费率的确定以及为调整保险关系而形成的保险法规、保险条款和保险惯例都涉及很多专门术语和专业技术，很难为一般投保人所能完全了解，因而需要保险监管机构对保险险种的设立、保险单条款及费率水平等进行审核，以保护投保人的利益。

### (三) 保险监管目标

#### 1. 保护保险消费者的合法权益

这是保险监管的基本目标，也是保险监管机构的基本职责。这一目标要求当保险市场中的各主体发生利益冲突时，应以保险消费者的利益为重。其主要原因在于，在保险公司、保险中介和保险消费者三者之间存在信息的不对称，保险消费者处于相对弱势地位，为了防止保险消费者的利益因为其不知情等因素受到保险公司或保险中介机构的侵害，保险监管机构应在维护公平的前提下对供给者的行为进行必要的制约，从而实现对消费者利益的保护。具体可从保险产品的可获得性、费率条款的公平性、保险公司的市场行为、偿付能力和公司治理等方面进行监管，确保其不损害保险消费者的合法权益。

#### 2. 防范保险行业的经营风险

保险经营所具有的高负债性和社会性等特点使得个别保险机构的经营风险可能扩散到整个保险市场乃至全社会，因而对保险行业和保险机构的经营风险防范始终是保险监管的重要目标。保险监管通过规范保险机构的市场行为、规制保险机构的公司治理结构并监管其偿付能力，从而实现经营风险的最小化。

#### 3. 维护公平竞争的市场秩序

市场经济要鼓励竞争，没有竞争就没有市场的活力、繁荣和公平。但竞争必须有规则，没有规则或不按规则进行的竞争是不公平的竞争，结果必然是少数人侵犯多数人的利益。因此，这一目标也可以理解为第一目标的延伸。保险监管机构要制定和维护公平竞争的规则，形成有序竞争的市场秩序，完善保险市场的进入和退出机制，进而提高保险市场的运行效率。

#### 4. 维护保险体系的安全与稳定，促进保险业健康持续发展

维护保险体系的整体安全与稳定是维护被保险人合法权益、维护公平竞争的市场秩序的客观要求和自然延伸。保险具有损失补偿、资金融通和社会管理的功能，因此保险体系的安全和稳定，对国民经济和社会生活具有重要影响。而促进保险行业持续健康发展，也是符合我国保险业初级发展阶段的重要保险监管目标。该目标的实现要求既不能以损害保险消费者的合法权益为代价，也不能压制竞争和效率，而应当追求保险业整体的安全稳定和健康持续发展。

### (四) 保险监管机构

保险监管一般是由立法机构、司法机构和行政机构分层次运作的。立法机构是保险监管机制中的第一个层次。立法机构要通过颁布法律，建立保险监管的法律基础和法律体系，明确执行保险法律的监管机构及其法定的职责范围。司法机构是保险监管机制中的第二个层次。法院在保险监管活动中扮演着重要角色：一是解决保险人和保单持有人之间的争议；二是通过颁布支持保险监管机构的命令和判定违反保险法律行为的民事或刑事责任，以保证保险法律的实施；三是处理保险人和保险中介人的有关申诉，如要求调整甚至撤销不适当的保险法规或监管机构颁布的监管规章。行政机构是保险监管机制中的第三个层次。保险监管的具体职责由国家行政机构来履行，由于保险所特有的复杂性，立法机构往往要授权具体的行政机构来实施对保险业的监督。经立法机构授权执行保险监管的机构一般都享有广泛的行政权、准立法权和准司法权。

由上述可知，保险监管机构主要是指依法履行保险监管职责的行政机构，即所谓的监管主体，它一般由财政部、商务部或司法部等政府部门来担任。多数国家都是在有关的政府部门中设立一个专门的内设机构具体负责保险监管事宜，根据所属部门制定的政策实施日常监管，也有一些国家设有专门的保险监管机构。

**1. 保险监管机构的类型**

从世界范围来看，全世界的保险监管机构虽然形式多样，但按其基本设置可以分为如下几类。

1) 设立独立的保险监管部门

国家设立一个独立的政府部门，该部门的职责仅为保险监管。如美国，在各州设有保险监督官办公室，不隶属于其他政府部门，仅负责保险监管。

2) 由某一政府部门负责保险监管

该部门虽为保险监管部门，但还承担其他职责，保险监管一般也不是该部门最主要的职责。如日本曾由大藏省负责保险监管。

3) 由金融监管部门统一对金融业进行监管

由于金融业混业经营趋势日益凸显，与此相适应，一些国家(如英国、德国等)实行了一体化的监管模式，由统一的金融监管部门实施对金融业(包括保险业)的监管。

**2. 我国保险监管机构的变迁**

我国的保险监管职能在1998年之前一直是由中国人民银行承担。1998年11月18日，中国保险监督管理委员会成立，自此，我国的保险监管开始走上了专业化和规范化的道路。2003年，保监会由国务院直属副部级事业单位升格为国务院直属正部级事业单位。保监会及其派出机构(各地保监局)构成覆盖全国的保险监管网络。2009年，中国保监会以国务院监督管理机构的名义被写入修订后的《中华人民共和国保险法》。

2018年3月21日，中共中央印发《深化党和国家机构改革方案》，方案第二部分第三条规定，组建中国银行保险监督管理委员会，不再保留原有的银监会和保监会。方案第三十七条阐明了上述调整的目的和重大意义：“金融是现代经济的核心，必须高度重视防控金融风险、保障国家金融安全。为深化金融监管体制改革，解决现行体制存在的监管职责不清晰、交叉监管和监管空白等问题，强化综合监管，优化监管资源配置，更好统筹系统重要性金融机构监管，逐步建立符合现代金融特点、统筹协调监管、有力有效的现代金融监管框架，守住不发生系统性金融风险的底线，将中国银行业监督管理委员会和中国保险业监督管理委员会的职责整合，组建中国银行保险监督管理委员会，作为国务院直属事业单位。”

## 二、保险监管的模式、方式与手段

### (一) 保险监管模式

**1. 严格监管模式和松散监管模式**

1) 严格监管模式

严格监管模式的监管核心是对市场行为和偿付能力的监管。这种类型的监管是对市场行为、偿付能力和信息披露要求都相当严格的一种监管方式。监管部门对保单的费率、条款、保单利率、红利分配等均有明文规定并在产品投放市场前进行严格和系统的监督。

2) 松散监管模式

松散监管模式的监管核心是对偿付能力的监管。在这种监管形式下，保险公司在确定费率和保险条件时拥有很大的空间，监督者的精力集中于公司的财务状况和偿付能力上，只要公司能保证这一点，公司的经营一般不会受到更多干预。在欧洲，英国和荷兰等国家长期使用这一制度。

#### 2. 统一监管模式、一级多元辅助监管模式和二级多元制衡监管模式

1) 统一监管模式

统一监管模式是指保险监管业务集中于中央某一机构，该机构不仅负责监管跨区域保险公司，也监管只从事区域业务的保险公司。

2) 一级多元辅助监管模式

一级多元辅助监管模式是指保险监管由不同的中央政府机构管理。如法国，直接承保业务由商业部负责，再保险业务由财政部负责，两机构各司其职又相互合作。

3) 二级多元制衡监管模式

二级多元制衡监管模式一般运用于联邦制国家。比如，美国、加拿大，其中央和地方政府在各自领域和职责范围内享有同等的保险监管权力。

#### 3. 市场行为监管模式和偿付能力监管模式

1) 市场行为监管模式

市场行为监管模式是保险监管机构对保险公司的保险经营活动过程进行的监管，包括对保险公司的设立、费率厘定、保单条款的设计、保险资金运用及再保险等经营行为的监管。市场行为监管的核心是保险费率的监管。

2) 偿付能力监管模式

对保险公司的偿付能力进行监管一般是通过设立偿付能力指标体系进行监控，对于偿付能力指标符合监管规定的公司，监管机构并不干预其正常经营。

### (二) 保险监管的方式

#### 1. 公告管理方式

公告管理方式又称公示主义，是指国家对保险业的实体并不加以任何直接管理，仅规定保险企业必须按照政府规定的格式和内容，定期将资产负债、营业结果以及其他有关事项呈报监管机构，并予以公告的宽松的监管方式。这种方式适合于保险业自律能力较强的国家。

在这种监管模式之下，国家很少对保险业进行过多干预，更多由保险机构和保险行业自律组织进行自我监督约束。公告监管的优点是最大限度地促进保险市场竞争，通过充分竞争提高保险市场的运行效率；缺点在于一般公众由于信息劣势和非专业性，对保险机构的优劣评判标准不易掌握，因此不利于切实有效地保护保险消费者的利益。

#### 2. 规范管理方式

规范管理方式又称准则主义，是指国家通过颁布一系列涉及保险行业运作的法律法规，要求所有保险市场参与主体共同遵守，并在形式上实行监督的管理方式。这种方式适合于保险法规比较严密和健全的国家。

这种方式与公告监管相比，更注重保险经营形式上的合法性，并不涉及保险业经营管理的实质。由于这种监管方式仅从形式出发，难以适应所有保险机构，加之保险技术性强，涉及的事项复杂多变，所以难以起到严格有效的监管作用。

#### 3. 实体管理方式

实体管理方式也称为批准主义，是指监管部门根据相关法律法规所赋予的权力，对保险业实行

全方位、全过程的监督管理。这种监管方式是所有保险监管方式中最为严格的一种。

实体监管的内容涉及保险机构的设立、经营、资金运用乃至倒闭清算等方面。实体监管方式是在规范监管方式的基础上发展而来的。规范监管的基础是立法，而实体监管的基础除了完备的法律体系外，还包括严格的执法和高素质的行政管理人员。与规范监管相比，实体监管回避了许多形式上的监管内容，追求更有效率的监管方式。目前大多数国家都是采用实体监管方式。在金融监管有所放松的趋势下，实体监管也在逐步放宽。例如，许多国家已逐步放宽了保险费率管理和条款审定等。

### (三) 保险监管手段

#### 1. 法律手段

作为保险监管手段的法律，一般是指有关经济方面的法律和保险法规。保险法规包括保险法律、规定、法令和条例等多种形式。国家通过保险法规对保险公司的开业资本金、管理人员、保险公司经营范围、保险费率、保险条款等重大事项做出明确规定。

#### 2. 经济手段

经济手段是指国家运用财政、税收、信贷等多种经济杠杆来管理保险业的方法。运用经济手段管理保险市场，一般是充分发挥市场、价格、竞争的作用，通过调整经营者利益或损失的方法来实现鼓励或抑制相关保险活动的目的。例如，为促进农业保险业务发展，国家采取财政补贴或税收减免等政策予以扶持。

#### 3. 行政手段

行政手段是指依靠行政机构的权力，通过下达行政命令和行政规定、发出指示等形式强制干预保险活动。市场经济并非绝对排斥国家和政府的行政管理，有时还要凭借这些行政力量为保险市场运行创造良好的外部环境和社会条件，及时纠正干扰保险市场正常秩序的不良倾向。但是，过分集中化、行政化管理会阻碍保险业务的拓展和保险经营者的积极性发挥，因此，在行使行政手段时一定要把握好尺度。

## 三、保险监管的内容

保险监管的对象主要包括保险人和保险中介。鉴于这两类市场主体的不同作用和地位，各国均把保险监管的重点放在对保险人的监督管理方面，对保险人进行监管的具体内容主要包括三个方面：偿付能力监管、市场行为监管和公司治理结构监管。

### (一) 偿付能力监管

#### 1. 保险公司的偿付能力

偿付能力是指保险公司对保单持有人履行赔付义务的能力。

从保险监管角度看，保险公司的偿付能力一般分为核心偿付能力、实际偿付能力和最低偿付能力。

依据我国《保险公司偿付能力管理规定(征求意见稿)》[①]，保险公司核心偿付能力是指保险公司的核心资本，即保险公司在持续经营和破产清算状态下均可以吸收损失的资本。保险公司实际偿付能力是指保险公司的实际资本，即保险公司在持续经营或破产清算状态下可以吸收损失的财务资源。保险公司最低偿付能力是指保险公司的最低资本，即基于审慎监管目的，为使保险公司具有适

① 《保险公司偿付能力管理规定》自2008年9月1日起施行，2017年公布了新的《保险公司偿付能力管理规定(征求意见稿)》，2020年7月再次发布征求意见稿。

当的财务资源应对各类可量化为资本要求的风险对偿付能力的不利影响，所要求保险公司应当具有的资本数额。核心资本、实际资本、最低资本的计量标准等具体监管规则由中国银保监会另行规定。

### 2. 保险公司偿付能力监管环节

保险公司偿付能力监管是指保险监管机构对保险公司的偿付能力实行的监督和管理。它是保险监管的核心内容，包括偿付能力评估和偿付能力不足的处理两个环节。

1) 偿付能力评估

偿付能力评估是对保险公司偿付能力的充足情况进行估测。保险公司偿付能力的充足情况一般用偿付能力充足率来表示，偿付能力充足率即资本充足率。在我国，具体的偿付能力监管指标包括：①核心偿付能力充足率，即核心资本与最低资本的比值，衡量保险公司高质量资本的充足状况；②综合偿付能力充足率，即实际资本与最低资本的比值，衡量保险公司资本的总体充足状况；③风险综合评级，即对保险公司偿付能力综合风险的评价，衡量保险公司总体偿付能力风险的大小。

保险公司同时符合以下三项监管要求的，为偿付能力达标公司：①核心偿付能力充足率不低于50%；②综合偿付能力充足率不低于100%；③风险综合评级在B类及以上。不符合上述任意一项要求的，为偿付能力不达标公司。

2) 偿付能力不足的处理

偿付能力不足的处理是指保险监管机构对偿付能力不足的保险公司采取一定的整改措施进行处理的行为。

《中华人民共和国保险法》第一百三十八条规定，对偿付能力不足的保险公司，国务院保险监督管理机构应当将其列为重点监管对象，并可以根据具体情况采取下列措施：①责令增加资本金、办理再保险；②限制业务范围；③限制向股东分红；④限制固定资产购置或者经营费用规模；⑤限制资金运用的形式、比例；⑥限制增设分支机构；⑦责令拍卖不良资产、转让保险业务；⑧限制董事、监事、高级管理人员的薪酬水平；⑨限制商业性广告；⑩责令停止接受新业务。

### 3. 偿付能力监管体系

一个完善的偿付能力监管体系应包括全面准确的数据收集系统、适当的偿付能力边界、资产负债评估及风险预警体系。

2003年，中国保监会启动了偿付能力监管制度体系建设工作，到2007年底，基本搭建起具有中国特色的第一代偿付能力监管制度体系。2008年之后，中国保监会结合国际金融危机和我国保险市场发展情况，不断完善、丰富偿付能力监管制度，提高了制度的科学性和有效性。第一代偿付能力监管制度体系推动保险公司树立了资本管理理念，提高了经营管理水平，在防范风险、促进我国保险业科学发展方面起到了十分重要的作用。

在国际金融保险监管改革不断深化和我国保险市场快速发展的背景下，为了进一步加强偿付能力监管，更加有效地提高行业防范风险的能力，中国保监会决定启动中国第二代偿付能力监管制度体系建设工作，2012年3月29日，中国保监会印发了《中国第二代偿付能力监管制度体系建设规划》。

第二代偿付能力监管制度体系采用三支柱的整体框架：

第一支柱为资本充足要求，主要是定量监管要求，包括资产负债评估标准、实际资本标准、最低资本标准、资本充足率标准和监管措施等。

第二支柱为风险管理要求，主要是与偿付能力相关的定性监管要求，包括公司全面风险管理要求、监管部门对公司资本计量和风险管理的监督检查等。

第三支柱为信息披露要求，主要是与偿付能力相关的透明度监管要求，包括对监管部门的报告要求和对社会公众的信息公开披露要求。

### (二) 保险公司市场行为监管

市场行为监管是指对保险公司的经营活动过程所进行的监管，主要包括保险机构监管、保险业务监管和财务监管。

#### 1. 保险机构监管

国家对保险机构的监管主要体现在对保险机构组织形式、设立许可、市场退出机制及外资保险公司的管理等方面。其依据主要是保险法。

(1) 保险机构的组织形式。各国或地区对保险机构的组织形式根据本国国情的不同都有特别规定。如美国规定的保险组织形式是股份有限公司和相互公司两种；日本规定的保险组织形式是株式会社(股份有限公司)、相互会社(相互公司)以及互济合作社三种；英国除股份有限公司和相互保险社以外，还允许劳合社采用个人保险组织形式；我国的保险组织形式有股份有限公司和国有独资公司两种。

(2) 保险机构申请设立的许可。当今世界各国普遍规定创设一个保险公司必须得到主管机关的批准。申请人申请设立时必须向主管机关递交有关文件，以证明申请人具备从事保险经营的资格。设立监管包括申请设立至营业开始，其过程一般需要经历四个程序：申请核准、营业登记、缴存保证金、领取营业执照。

(3) 保险机构的停业解散监管。政府对保险机构进行监管的基本目的是避免保险公司破产，以保护被保险人的合法权益。对经营不当、财务发生危机的保险公司，政府一般会采取扶助政策，利用各种措施帮助其渡过难关，使其能够继续正常营业。但是，保险公司若违法经营或有重大失误，以至于不得不破产时，政府会以监督者身份责令其停业或发布解散令，选派清算员，直接介入清算程序。具体监管措施包括整顿、接管、解散与清算等。

(4) 外资保险机构的监管。外资保险机构是指外国保险机构在本国设立的分公司、独资公司及合资公司。发达国家一般对外资保险机构限制较少，而发展中国家为保护民族保险业、维护本国利益，对外资保险机构的开业条件、经营业务范围、投资方向和纳税等均有严格要求。

**案例9-1**

**安邦集团被接管案例**

安邦保险集团股份有限公司(以下简称安邦集团)原董事长、总经理吴小晖因涉嫌经济犯罪，被依法提起公诉。

鉴于安邦集团存在违反法律法规的经营行为，可能严重危及公司偿付能力，为保持安邦集团照常经营，保护保险消费者合法权益，依照《中华人民共和国保险法》有关规定，中国保监会决定于2018年2月23日起，对安邦集团实施接管，接管期限一年。

2017年6月以来，中国保监会根据监管工作安排，派出工作组进驻安邦集团，深入开展现场检查，强化公司现场监管，督促公司改善经营管理。

目前，安邦集团经营总体稳定，业务运行基本平稳，保险消费者及各利益相关方合法权益得到了有效保护。

经监管检查发现，安邦集团存在违反相关法律法规问题，保监会已依法责令安邦集团调整吴小晖董事长、总经理职务。

保监会依照法律规定，会同人民银行、银监会、证监会、外汇局等有关部门成立接管工作组，全面接管安邦集团经营管理，全权行使安邦集团三会一层职责。接管不改变安邦集团对外的债权债务关系。

接管期间，接管工作组将在监管部门指导下，依法依规采取切实有效措施，保持公司照常经营，确保保险消费者合法权益得到充分保障，并依法维护各利益相关方合法权益。

接管过程中，接管工作组将积极引入优质社会资本，完成股权重整，保持安邦集团民营性质不变。

(资料来源：www.cbirc.gov.cn)

2. 保险业务监管

保险业务监管主要包括经营范围的监管、保险条款和费率的监管、再保险监管等内容。

(1) 经营范围监管。经营范围监管是指政府通过法律或行政命令，规定保险机构所能经营的业务种类和范围，一般表现为两个方面：一是金融业间的兼业问题，即是否允许保险人兼营保险以外的金融业务，或非保险机构经营保险业务；二是保险业内不同业务的兼营问题，即同一保险人是否可以同时经营性质不同的保险业务。

(2) 保险条款监管。保险条款是保险人与投保人关于双方权利与义务的约定，是保险合同的核心内容。由于保险的专业性以及保险合同的附和性，对保险条款的监管有利于保护投保人和被保险人的利益；另一方面也可以避免保险人因竞争压力而对投保人做出不合理的承诺，确保保险公司的偿付能力。对保险条款的监管，主要是通过保险条款的审批和备案进行操作。

(3) 保险费率监管。对保险费率的监管也是保险监管的重要内容之一。各国保险监管机构对保险费率监管的目标都是要保证保险费率的充足性、合理性和公平性。保险费率的监管方式因保险业务的性质不同而不同，即使同一性质的保险业务，不同国家也有不同的做法。归纳起来，保险费率的监管方式大致可以分为强制费率、规章费率、事先核定费率、事先报批费率和自由竞争费率等。多数国家并不直接管理人寿保险费率，各保险公司的人寿保险费率因竞争而有高有低，但间接控制普遍存在。至于财产保险费率的厘定和调整，各国监管机构大多规定必须先经过核定，方可使用。

《中华人民共和国保险法》第一百三十五条规定：“关系社会公众利益的保险险种、依法实行强制保险的险种和新开发的人寿保险险种等的保险条款和保险费率，应当报国务院保险监督管理机构批准。国务院保险监督管理机构审批时，应当遵循保护社会公众利益和防止不正当竞争的原则。其他保险险种的保险条款和保险费率，应当报保险监督管理机构备案。”

(4) 再保险监管。对再保险业务进行监管，有利于保险公司分散风险，保持经营稳定。一般而言，经济发达国家的保险业比较发达，保险市场比较成熟和完善，政府对再保险业务的限制较少；而发展中国家由于保险业相对落后，为控制保险公司的经营风险、防止保费过度外流、扩大本国保险市场的承保能力、减少对外国公司再保险的依赖，一般都对法定再保险做出了规定。

3. 财务监管

保险公司的财务监管即对其资产和负债的监管，其中资产监管又涉及保险公司的资产认定和资金运用两个方面；负债监管则主要是对准备金的监管。

(1) 资产认定监管。由于不同国家使用不同的会计准则，甚至规定保险业采用不同于一般行业的会计准则，因此，各国资产认定标准和监管方式有所区别。在美国非保险企业采用一般公认会计准则(GAAP)，保险企业采用法定会计准则(SAP)。我国对保险公司资产的认定遵循“实际价值”原则，即以保险公司账面资产在清偿时的实际价值为确定实际资产的依据。

(2) 资金运用监管。承保业务和投资业务是现代保险业的两大支柱，各国监管当局都把保险资金运用监管作为资产监管的主要内容。资金运用监管一般强调安全性、流动性和收益性相结合的原则，其主要内容包括规定资金运用的范围、形式及投资形式的比例限度等。

(3) 准备金监管。保险准备金是保险公司未来清偿债务的资金准备，如果计提不充足，就不能保证被保险人得到及时的赔付。因此，各国监管机构都会对保险公司的准备金提存做出限制性规定。对准备金的监管主要体现在提取准备金的种类和数额上，其内容因险种而异。

### (三) 保险公司治理结构监管

#### 1. 公司治理结构的概念

公司治理结构又称为法人治理结构或者公司治理等，它是一种联系并规范股东(财产所有者)、董事会、高级管理人员权利和义务分配，以及与此有关的聘选、监督等问题的制度框架。

公司治理结构不仅包括了治理机构设置和运行机制，还涉及外部的资本市场、公司控制权市场、产品市场、经理人市场和相关者利益兼顾等。治理机构设置方面包括股权结构、董事会、监事会、管理层等。运行机制方面包括用人机制、监督机制和激励机制等。

#### 2. 保险公司治理结构监管的概念及目的

保险公司治理结构监管是指保险监管机构对保险公司公司治理中的相关问题进行监督管理的整体规范。

2004年，国际保险监督官协会在约旦年会上提出，把公司治理结构监管纳入保险监管体系。保险监督官协会和经合组织先后发布了一系列相关指导文件，如《保险公司治理结构核心原则》等，并提出了偿付能力、市场行为和治理结构为三支柱的监管模式。

2006年，中国保监会颁发了《关于规范保险公司治理结构的指导意见(试行)》，对规范我国保险公司治理结构进行了规定。

保险公司治理结构监管是保险监管发展到一定阶段的产物，也是“三支柱”保险监管体系中“治本”性的监管。良好的公司治理结构能够增强保险经营的透明度，显示保险公司履行其对股东和投保人的受托责任的可靠性。保险公司治理机构监管旨在对保险公司治理结构的构建和完善提供指导性的框架，促使保险公司建立有效的治理机制和内控制度，实现增强投资者信心、保护保险消费者利益、防范风险、确保整个保险市场稳定运行的治理目标。

#### 3. 保险公司治理结构监管的内容

在保险公司治理结构监管中，首先要求明确保险公司的治理主体及其权责，区分和保护各治理主体的利益，如保险公司董事会的构成与职责，高级管理人员及重要岗位人员的任职资质与权责等。

其次是对保险公司内部治理机制的监管，主要包括对高管薪酬激励和大股东治理的监管。

此外，保险公司信息披露中，监管部门要求所有与公司经营状况、财务状况、所有权状况和公司治理有关的重大信息都应准确及时地传递给各治理主体。监管部门的主要职责是制定保险公司信息披露标准，监控所披露信息的质量，并采取必要的措施确保其符合监管要求。

#### 4. 我国的公司治理结构监管

2006年，中国保监会颁发了《关于规范保险公司治理结构的指导意见(试行)》，对规范我国保险公司治理结构进行了规定。其主要内容如下所示。

(1) 资格管理和培训。保险公司股东的资质以及董事、监事和高级管理人员的任职资格，应当按规定报保监会审查。保险公司董事、监事和高级管理人员怠于履行职责或存在重大失职行为的，保监会可以责令保险公司予以撤换或取消其任职资格。保险公司董事、监事和高级管理人员应当加强相关知识和技能的学习，并按照规定参加培训。

(2) 非现场检查。保险公司股东大会、董事会的重大决议，应当在决议做出后30日内报告保监会。此外，保险公司董事会应当每年向保监会提交内控评估报告、风险评估报告和合规报告。

(3) 现场检查。保险公司应当积极配合保监会的治理结构检查，并按照要求进行整改。

(4) 沟通机制。保监会认为有必要的，可以列席保险公司股东大会、董事会及其专业委员会的会议，可以直接向保险公司股东反馈监管意见。

# 本 章 小 结

1. 保险市场是指保险商品交换关系的总和，包括促进保险业务交易实现的诸多环节，是包含保险人、保险中介、投保人、被保险人、受益人、保险监管者在内的整个市场运行机制。

2. 保险市场由保险市场的主体、保险市场的客体及保险市场交易价格三个构成要素组成。保险市场的主体一般由供给方、需求方以及中介方等三类构成。保险市场的客体即保险商品，其形式是保险合同。保险市场交易价格即保险费率。

3. 保险市场模式也叫保险市场结构，主要反映竞争程度不同的保险市场状态。我们可以把保险市场划分为完全竞争模式、完全垄断模式、垄断竞争模式和寡头垄断模式四种。

4. 保险市场供给是指在一定时期内、一定的费率水平上，保险市场上各家保险公司愿意并且能够提供给全社会的保险商品的数量。保险市场需求是指在一定时期内、一定费率水平上，保险消费者(投保人)在保险市场上愿意并且有能力购买的保险商品数量。保险市场的供需平衡，是指在一定费率水平下，保险供给恰好等于保险需求的状态。此时保险市场达到均衡，对应的保险费率即为均衡费率。

5. 保险监管是指国家保险监督管理部门依照法律、行政法规的规定对在境内注册登记的从事保险活动的公民、法人和其他组织及其行为进行监督与管理。保险监管的重点放在对保险人的监督管理方面，对保险人进行监管的具体内容主要包括三个方面：偿付能力监管、市场行为监管和公司治理结构监管。

# 课后知识拓展

### 安联集团发布《2020年全球保险业发展报告》

全球保险巨头德国安联集团研究部门最新发布的《2020年全球保险业发展报告》显示：全球保险业在2019年实现保费增长4.4%，实现四年来的最大增长。这一增长主要是由寿险增长推动，寿险保费较2018年增长4.4%。财产险的增长率从2018年的5.4%降至4.3%。这是自2015年以来，2019年寿险业务的增长首次超过了财险业务，尽管增幅非常小。2019年，全球保费收入总计3.906万亿欧元(寿险：2.3990万亿欧元，财险：1.5070万亿欧元)。

2019年亚洲保费收入(日本除外)的增长率为6.8%，是前一年的两倍多。寿险和财险这两个领域对保费增长都有贡献：寿险增长6.5%；财险增长7.5%。2019年亚洲地区保费总额达到9470亿欧元，其中近一半保费来自中国。

不过2020年突如其来的新冠肺炎疫情给全球经济按下了暂停键，这也对全球保险需求造成冲击。报告预计，2020年全球保费收入将萎缩3.8%，寿险业务可能受到的冲击将超过财险业务，增长率分别为-4.4%和-2.9%。与新冠肺炎疫情前的增长趋势相比，疫情将使全球保费减少约3600亿欧元(寿险2500亿欧元，财险1100亿欧元)。

与全球相比，亚洲保险市场略好，但仍将是一个挑战：2020年，亚洲(日本除外)总保费收入预计将下降0.7%，其中寿险将萎缩1.8%，而财险仍将维持1.9%的小幅增长。

从长期前景来看，亚洲保险市场则更为乐观，将恢复“正常”的增长，到2030年平均年增长率可以达到8.1%；寿险和财险预计将以相同的速度增长。这几乎是目前全球市场增长速度(4.4%)的两倍。

“在疫情之后，商业模式的数字化、亚洲核心战略以及关注环境、社会和治理的理念将成为保险行业重要的增长驱动。”安联首席经济学家卢睿德(Ludovic Subran)表示；“亚洲企业在科技方面领先，而欧洲同行在环境、社会和治理的理念上领先。但我们认为，全球保险业的主导地位将由亚洲决定——亚洲家庭将成为最重要的消费者，推动全球保险需求。”

《2020年全球保险业发展报告》预计，中国保险行业将在2021年强劲复苏，寿险和非寿险行业将实现两位数增长，未来10年中国的保费收入将平均增长9.5%。而在人口老龄化的背景下，寿险将继续成为长期较强的业务线，未来10年寿险增长率将达到9.8%，而财险业务为8.8%。

中国保险市场规模不容小觑，但在保险密度和保险渗透力方面，中国在亚洲国家中的排名居中，与马来西亚和泰国排名靠近。2019年，中国保险业总保费收入占国民生产总值(GDP)的3.7%，人均保险支出(不含医疗保险)仅为317欧元，仅为新加坡人均保费支出的6.5%(新加坡：4888欧元/人)。

中德安联首席执行官陈良表示：“自2020年二季度开始，整个中国保险行业逐渐回暖，我们看到疫情后，更多的消费者愿意主动了解、购买、体验各种保险产品和服务，更多的人愿意加入保险行业。我非常看好未来的中国保险行业的发展。”

“不断增长的风险意识和社会保障需求将继续推动中国保险业未来几年的增长。”报告合著者、安联集团经济学家米凯拉·格里姆(Michaela Grimm)表示：“到2030年，我们预计中国保费将增长7770亿欧元，相当于英国、法国、德国和意大利市场规模的总和。中国保险业将在这场危机中变得比以往更加强大。”

(资料来源：http://finance.sina.com.cn)

# 习 题

## 一、名词解释

1. 保险市场　2. 保险市场供给　3. 保险市场需求　4. 保险监管
5. 保险偿付能力　6. 核心偿付能力充足率　7. 综合偿付能力充足率　8. 公司治理结构

## 二、单项选择题

1. 影响保险需求总量的诸多因素中，(　　)与需求量成反比关系。
   A. 经济发展因素　B. 科学技术因素　C. 风险因素　D. 价格因素
2. 下列有关保险市场表述错误的是(　　)。
   A. 保险市场遵循商品交换的一般规律　B. 市场交易的对象是风险
   C. 保险市场是即时结清市场　D. 保险市场是一种特殊的期货市场

3. 在一个保险市场上，呈现出以大保险公司为主的寡头保险市场结构，其特点是市场被数目不多但规模较大的保险公司所分割。这样的保险市场一般称为(　　)。

A. 寡头垄断型保险市场　　B. 自由竞争型保险市场
C. 完全垄断型保险市场　　D. 垄断竞争型保险市场

4. 由国家通过颁布一系列涉及保险行业运作的法律法规，要求所有的保险人和保险中介人必须遵守，并在形式上监督实行的管理方式，被称为(　　)。

A. 公示主义　　B. 准则主义　　C. 批准主义　　D. 自由主义

5. 根据《中华人民共和国保险法》的规定，凡是依照法律和行政法规实行强制保险的险种及其他关系社会公众利益的险种，保险公司必须报(　　)审批。

A. 国务院　　B. 保险监管机构　　C. 中国人民银行　　D. 保险总公司

## 三、多项选择题

1. 保险市场的构成要素有(　　)。

A. 保险监督　　B. 保险商品　　C. 保险市场主体　　D. 保险价格

2. 影响保险市场供给的因素有许多，主要有(　　)。

A. 保险市场供给者的数量和素质　　B. 保险商品价格
C. 保险资本量　　D. 保险市场规范程度

3. 保险监管的目标(　　)。

A. 维护公平竞争的市场秩序　　B. 维护被保险人的合法权益
C. 维护保险体系的整体安全与稳定　　D. 维护保险公司利益

4. 保险市场供求平衡包括(　　)。

A. 体系平衡　　B. 总量平衡　　C. 结构平衡　　D. 局部平衡

5. 保险监管的主要内容有(　　)。

A. 市场行为监管　　B. 偿付能力监管　　C. 治理结构监管　　D. 经营业务监管

## 四、判断题

1. 中国银行保险监督管理委员会具有政府行政管理部门和保险监管机构的双重职能。(　　)

2. 当保险市场的保险费率偏高时，容易导致保险供给大于保险需求。(　　)

3. 未经保险监管机构批准，任何单位、个人不得在中华人民共和国境内经营或变相经营商业保险业务。(　　)

4. 按保险业务活动的空间进行分类，现代保险市场可分为原保险市场与再保险市场。(　　)

5. 保险公司的偿付能力充足率等于其最低资本与实际资本的比率。(　　)

## 五、简答题

1. 简述保险市场的特征。

2. 什么是保险需求？其构成要素和主要影响因素有哪些？

3. 什么是保险市场行为监管，其主要内容有哪些？

# 第十章

# 社 会 保 险

【课前导读】

社会保险是社会保障制度的核心内容，国家通过发展社会保险事业，建立社会保险制度，设立社会保险基金，能够使劳动者在年老、患病、失业、工伤、生育等情况下获得物质帮助和经济补偿，有利于社会稳定和发展。本章主要阐述了社会保险的相关概念、特征、原则与作用；分析了社会保险与社会保障及商业保险的关系；系统介绍了基本养老保险、基本医疗保险、失业保险、工伤保险和生育保险的主要内容；探讨了社会保险基金的管理运作过程。通过本章的学习，读者应熟练掌握社会保险的相关概念、特点及主要类型；理解社会保险和商业保险的区别与联系；熟悉基本养老保险、基本医疗保险、失业保险、工伤保险和生育保险的基本内容；了解社会保险基金的筹集、待遇给付和投资运作；能够运用社会保险的相关理论知识分析有关案例。

## 第一节　社会保险概述

### 一、社会保险的概念与特征

#### (一) 社会保险的概念

社会保险是指国家通过立法形式强制建立社会保险基金，对劳动者在年老、疾病、死亡、伤残、失业、生育等情况下的基本生活需要给予物质帮助的一种社会保障制度。社会保险是一种特殊的强制性保险，不以营利为目的，一般由法律支撑，要求政府、雇主和雇员三方共同筹款建立社会保险基金。社会保险是现代社会保障体系的核心和主体，它与商业保险共同构成一个全方位的风险保障网络。

#### (二) 社会保险的特征

1. 强制性

社会保险的强制性特点是通过国家立法实施和国家强制征收社会保险费来具体体现的。首先，社会保险是通过国家立法形式强制实行的，是一种采取保险形式的国民收入再分配手段，凡属于法律规定范围内的劳动者都必须无条件地参加社会保险，并按照规定履行缴纳保险费的义务。其次，社会保险的缴费标准、可投保的保险项目种类及保险金的赔付标准等均按照国家和地方的法律法规统一确定，劳动者对于是否参加社会保险、投保的项目种类以及赔付标准等均无权任意选择和修改。

#### 2. 基本保障性

社会保险的保障水平是满足劳动者及其家属基本的生活需要。当劳动者部分或全部丧失劳动能力或失业时，社会保险为其提供切实可靠的基本生活保障，这种保障性特点为劳动者提供了安全感，解决了后顾之忧，从而有利于维护社会安定。

#### 3. 社会性

社会保险的社会性体现在如下三个方面：①实施范围广。它可以把劳动者普遍面临的风险都列入相关的保险项目，并且将符合规定的劳动者全部纳入社会保险范畴，能够使所有劳动者都得到相应的保障。②社会保险基金来源于政府财政拨款、企业缴纳保险费及劳动者个人缴纳保险费等多种渠道，从而体现了明显的社会性。③社会保险在经营管理上也体现了社会性的原则。社会保险的经营主体是政府和政府授权的社会保险机构，它们往往直接接受国家的财政补贴，作为公营事业机构依法代行国家和社会的部分职能，经营管理必须服从国家的发展目标。

#### 4. 公平性

社会保险属于国民收入再分配环节。社会保险费的筹集是由国家、用人单位和个人共同分担，不完全由个人承担；而社会保险保障的是劳动者丧失劳动能力时的基本生活需要，采取的是有利于低收入劳动者的原则；当社会保险基金经营出现亏损时，由国家对亏损部分给予财政补贴。社会保险通过保险费的负担和保险金的给付形成收入的转移，以确保低收入者最低生活水平的维持。总的来说，社会保险体现了社会公平，这与其维持社会生产正常运行、保障社会生活稳定的基本目标是相适应的。

#### 5. 互助性

社会保险的互助性贯穿于整个社会保险基金的筹集、储存和分配过程中。互助性主要表现为：社会保险基金通过在保险范围内进行地区之间、企业之间、强者和弱者之间、老年人和年轻人之间的调剂使用，达到参保劳动者之间的互助共济。

## 二、社会保险的原则和作用

### (一) 社会保险的原则

#### 1. 权利与义务相对应

社会保险在权利和义务的关系层面上不同于社会福利和社会救济，社会保险的参保人必须尽到缴费的义务，才有可能享受到社会保险的给付。可以说，权利和义务相对应是社会保险制度的重要原则。

#### 2. 保障水平和经济发展相适应

社会保险的保障水平既不能太低，也不能太高，要与经济发展水平相适应。保障水平太低，就不能起到基本保障的作用，同时挤占了社会救济的空间；保障水平太高，会导致社会保险基金的滥用，给政府和企业等缴费方造成更高的费用负担，进而影响社会保险制度的良性运行和可持续发展。一般来说，在保障水平上，国家会给予一定的指导性意见，各省、各地区可以根据自身的经济状况在其基础上进行适当调整。

#### 3. 一体化和社会化相一致

完善的社会保险制度应遵循一体化原则，即统一的社会保险项目、统一的社会保险标准、统一的社会保险管理及实施机制。一体化既解决了社会保险的公平性问题，也为社会保险的转移接续提供了便利，有利于劳动者的自由流动。而社会化不仅是指参保面的社会化，还包括社会保险的筹资、服务、监督管理等，都要做到社会化。

#### 4. 普遍性与选择性相统一

社会保险的普遍性原则是其公平正义价值理念的体现，是社会保险发展到一定阶段的必然产物。其具体体现是将尽可能多的劳动者纳入社会保险体系。社会保险的选择性更多地倾向社会保险的差别化，可以照顾不同群体的个性需求，同时在一定程度上减轻政府的财政压力。

#### 5. 保障功能和激励机制相结合

这一原则要求社会成员在主张享受保障权益时必须先尽义务。

### (二) 社会保险的作用

#### 1. 有利于保证社会安定，发挥社会稳定器的作用

劳动者由于老、弱、病、残、孕等原因而丧失工作能力或失去工作机会，就无法通过劳动来得到报酬，也就很难维持生活。当为数众多的劳动者面临这种风险和收入损失得不到及时救助时，就会形成一种社会不安定因素。社会保险制度的存在，使劳动者可以获得基本的生活保障，从而在很大程度上消除社会不安定因素，同时缓解社会矛盾，促进社会稳定。

#### 2. 有利于保证劳动力再生产的顺利进行

劳动者在劳动过程中不可避免地会遇到疾病、意外伤害及失业的威胁，影响身体健康和正常的劳动收入，从而使劳动力再生产过程处于不稳定的状态。社会保险使劳动者在遇到上述情况时可以获得必要的经济补偿和生活保障，使劳动力再生产得以顺利进行。

#### 3. 有利于调节社会成员收入差距，促进社会财富公平分配

在市场经济条件下，人们的收入水平由其在经济活动中拥有的生产要素的市场稀缺程度、要素价格以及他们的能力和工作业绩等决定。但由于人们拥有的要素的质和量不同，工作能力也有高低，因此人们之间的收入是有差距的。社会保险通过保险基金的筹集，在分配原则上以公平为主，兼顾效率，对社会个人消费品分配实行直接干预，将高收入者的一部分收入转移给低收入者，使低收入者的基本生活得到保证，从而实现人们对社会公平的普遍要求，在一定程度上调节了劳动者个人收入上过大的差距，缓解了社会矛盾，为市场经济的高效运行营造了一个良好的社会环境。

#### 4. 有利于促进经济稳定发展

社会保险对经济发展的促进作用主要表现在两个方面：一是通过社会保险可以将财富的一部分转移到广大低收入者手中，增强他们的购买力，从而刺激社会需求，有利于经济发展；二是通过社会保险积聚起来的雄厚的社会保险基金可以对经济发展起到一定的支撑作用。社会保险具有储蓄性的特点，通过政府、企业和劳动者三方出资形成了规模巨大的社会保险基金，为了使这笔基金能够保值增值，在分配使用之前必然要加以运用，从而对国家基础产业的成长、金融市场的发展与完善等方面起到较大的促进作用。

## 三、社会保险与相关制度的比较

### (一) 社会保险与社会保障的比较

社会保障是以全体国民为对象，当其面临劳动能力丧失、失业、突发性灾害或其他法定经济损失时，由政府或社会采取一系列公共措施为其提供保护，以便稳定社会经济和政治秩序，并且在此基础上通过完善各种公益性服务和津贴制度，提高整个社会的福利水平。

(1) 社会保险是社会保障体系的构成部分。我国社会保障体系包括社会救助、社会保险、社会福利、社会优抚四大部分，因此，社会保障的概念更大，范围更广，包括了社会保险在内。社会保险是社会保障体系的主体部分之一，也是社会保障体系最重要的一部分。

(2) 社会保障的对象比社会保险更广。社会保障面向全体社会成员，享受的条件是老弱病残等没有固定收入或有固定收入但不能维持最低生活需要的城乡居民。而社会保险一般只面对有工资收入的劳动者，享受的条件是暂时或永久丧失劳动能力的劳动者。

(3) 社会保险和社会保障的经费来源不同。社会保险经费来自国家、企业事业单位、个人三方面，而其他社会保障的经费则来自政府的财政拨款或社会的援助。

(4) 社会保险实行缴费制度，只有先从事劳动并由特定的主体履行了缴费义务才能享受社会保险，而其他社会保障的享受并不要求承担劳动和缴费的义务。

### (二) 社会保险与商业保险的区别与联系

#### 1. 社会保险与商业保险的区别

(1) 经营主体和目的不同。社会保险一般由政府举办，是以社会安定为宗旨，不以营利为目的；而商业保险由专营的保险公司举办，是以盈利为经营目的，同时为社会提供丰富的保险产品。

(2) 实施方式不同。社会保险一般是以法律或行政法规规定，采取强制方式实施；商业保险的实施主要采取自愿方式，只有少数险种是强制性的。

(3) 管理方式不同。社会保险是维持国民基本生活需要的制度，一般是由政府直接管理或政府的权威职能部门统一管理；商业保险采用商业化管理方式，经营主体只要符合《中华人民共和国保险法》要求的条件并得到国务院保险监督管理机构的批准，就可以经营商业保险业务。

(4) 保障程度不同。社会保险是政府为解决有关社会问题而对国民实行的一种基本经济保障，保障的是国民最基本的经济生活，保障程度较低；商业保险遵循市场经营原则，实行多投多保、少投少保的保险原则，可以提供充分的保障。

(5) 保障关系不同。社会保险不遵循对等原则，而是更有利于低收入阶层。相对于缴纳的保险费而言，低收入者获得了更高的保障，即社会保险实际上通过一定方式把高收入者的保障部分地转移给了低收入者。而商业保险遵循的是对等原则，被保险人获得的保障程度取决于其自身缴纳保险费的多少。

(6) 保障对象不同。社会保险主要以劳动者为保障对象；商业保险的保障对象既可以是财产及其有关利益，也可以是人的生命或身体。

(7) 保险费的负担不同。社会保险的保险费一般是由国家、经济组织和个人三方共同承担；商业保险的保险费则是由投保方自己负担。

(8) 保险金额的确定不同。商业保险中财产保险的保险金额由保险利益的价值决定，人身保险的保险金额主要是由投保人的需要及其支付能力所决定。而社会保险的保险金额是由国家统一规定的，一般只能保障基本的生活费和基本的医疗保健费用等。

2. 社会保险与商业保险的联系

1) 社会保险与商业保险互为补充

(1) 保障范围相互补充。商业保险只对那些有经济条件参加保险的人提供保障，被保险人的经济负担相对较重。而社会保险具有普遍性的特点，面向全体劳动者，尤其是使那些难以承担商业保险经济负担的劳动者也能获得保障机会。

(2) 保障项目相互补充。社会保险的种类限定在较窄的范围内，主要是养老、医疗、失业、工伤、生育等方面，而商业保险的种类非常多，弥补了社会保险的不足。当然，社会保险的项目中也有商业保险不宜承保的险种，从而弥补了商业保险的不足。

(3) 保障水平相互补充。社会保险的保障水平不高，只提供基本生活保障；而商业保险的保障水平可以满足收入和消费水平不同的投保人的个性需求，从而满足社会成员更高层次的风险保障需求。

2) 社会保险与商业保险相互制约

在保险资源一定的情况下，社会保险和商业保险其中一方的发展往往给另一方带来压力，甚至制约另一方的发展。国外的实践证明，社会保障水平高的福利型国家，人们对商业保险的需求较弱，影响了商业保险业的发展；而那些社会保障水平低的国家，人们对商业保险的需求较强，从而促进了商业保险业的迅速发展。可见，商业保险的发展以社会保险只能保障人们的基本生活水平为条件；社会保险的发展也只能以商业保险仅仅保障那些具有投保能力的人们为条件。

3) 社会保险与商业保险在经营技术方面相互借鉴并相互推动。社会保险与商业保险在管理技术、投资经验等方面可以相互借鉴，从而有助于各自的健康发展。

案例10-1

**用人单位能用商业保险代替社会保险吗?**

2018年10月，吴先生进入一家私营公司工作，当时公司并没有为其办理社会保险。半年以后，公司决定与他签订3年期的劳动合同，此时，吴先生提出要公司为自己办理社会保险，公司负责人说公司将给予员工特殊的待遇——为其购买商业保险而不是社会保险，且该商业保险的保险额度比社会保险更高。请问该公司的做法是否合法？吴先生是否能要求公司为其补办社会保险并补缴保险费？

**【分析】**：

根据《中华人民共和国劳动法》第七十二条规定，用人单位和劳动者必须依法参加社会保险，缴纳社会保险费。由此可见，参加社会保险是法律法规的强制性规定，任何不参加社会保险的约定都是无效的，以任何理由不缴纳社会保险费都属于违法行为。本案中用人单位为员工购买的商业保险可以视作用人单位给员工提供的一种福利，是该公司自主自愿的行为，它不等同于社会保险，更不能替代社会保险，因此该公司的做法是不合法的。吴先生可以要求公司为其补办社会保险并及时补缴保险费。

# 第二节 社会保险的主要类型

我国社会保险主要包括五种类型：基本养老保险、基本医疗保险、失业保险、工伤保险和生育保险。

## 一、基本养老保险

基本养老保险是国家和社会根据一定的法律和法规，为解决劳动者在达到国家规定的解除劳动义务的劳动年龄界限，或因年老丧失劳动能力退出劳动岗位后的基本生活而建立的一种社会保险制度。

基本养老保险是社会保障制度的重要组成部分，是社会保险五大险种中最重要的险种之一。建立基本养老保险制度的目的是为保障老年人的基本生活需求，为其提供稳定可靠的生活来源。通过建立基本养老保险制度，使老年人老有所养，是应对人口老龄化的一项重要措施，有利于社会稳定；有利于新老更替，实现就业结构的合理化；能够激励年轻人奋进，提升工资标准，为退休后的生活提供保障，从而进一步有利于促进经济发展。

### (一) 基本养老保险的特征

基本养老保险以保障退休人员的基本生活为原则。它具有强制性、互济性和社会性。它的强制性体现为由国家立法并强制实行，企业和个人都必须参加而不得违背；互济性体现为基本养老保险费用一般由国家、用人单位和个人三方共同负担，统一使用、支付，使职工退休以后得到生活保障并实现广泛的社会互济；社会性则体现为基本养老保险影响很大，享受的人群广泛且时间较长，费用支出庞大。

### (二) 基本养老保险的参保对象

根据《中华人民共和国社会保险法》的规定："职工应当参加基本养老保险，由用人单位和职工共同缴纳基本养老保险费。无雇工的个体工商户、未在用人单位参加基本养老保险的非全日制从业人员以及其他灵活就业人员可以参加基本养老保险，由个人缴纳基本养老保险费。公务员和参照公务员法管理的工作人员养老保险的办法由国务院规定。"

具体而言，基本养老保险的参保人员包括：各种类型的企业事业单位职工、个体工商户及其雇工、未在用人单位参保的非全日制从业人员以及其他灵活就业人员等。

### (三) 基本养老保险的缴费标准

(1) 企业事业单位：坚持社会统筹与个人账户相结合原则，保险费由单位和职工共同负担。其中，单位缴费比例为单位上月工资总额的20%左右，职工个人缴费比例为本人上月应发基本工资的8%。具体由社保经办机构核定，各省市实际情况略有不同。

(2) 无雇工的个体工商户、未在用人单位参保的非全日制从业人员以及其他灵活就业人员缴费比例为20%左右，其中8%计入个人账户。参加基本养老保险的个人劳动者是按照当地平均工资作为缴费基数，在规定范围内(60%~300%)可高可低，多交多受益。具体由社保经办机构负责核定。

用人单位缴纳的基本养老保险费，记入基本养老保险统筹基金；职工缴纳的基本养老保险费记入个人账户；无雇工的个体工商户、未在用人单位参加基本养老保险的非全日制从业人员以及其他灵活就业人员缴纳的基本养老保险费，分别记入基本养老保险统筹基金和个人账户。

### (四) 基本养老保险金的给付标准

基本养老金由统筹养老金和个人账户养老金组成，根据个人累计缴费年限、缴费工资、当地职工平均工资、个人账户金额、城镇人口平均预期寿命等因素确定。

职工按月领取养老金必须是达到法定退休年龄，并且已经办理退休手续；所在单位和个人依法参加了养老保险并履行了养老保险的缴费义务；个人缴费至少满15年。职工符合养老金领取条件的，给付统筹养老金的月标准为省(自治区、直辖市)或市(地)上年度职工月平均工资的20%；个人账户养老金由个人账户基金支付，月发放标准根据本人账户储存额除以120。个人账户基金用完后，由社会统筹基金支付。

参加基本养老保险的个人，达到法定退休年龄时累计缴费不足15年的，可以缴费至满15年，按月领取基本养老金，也可以转入新型农村社会养老保险或者城镇居民社会养老保险，按照国务院规定享受相应的养老保险待遇。

参加基本养老保险的个人，因病或者非因工死亡的，其遗属可以领取丧葬补助金和抚恤金；在未达到法定退休年龄时因病或者非因工致残完全丧失劳动能力的，可以领取病残津贴。所需资金从基本养老保险基金中支付。

国家建立基本养老金正常调整机制。根据职工平均工资增长、物价上涨情况，适时提高基本养老保险待遇水平。

个人跨统筹地区就业的，其基本养老保险关系随本人转移，缴费年限累计计算。个人达到法定退休年龄时，基本养老金分段计算、统一支付。具体办法由国务院规定。

#### (五) 新型农村社会养老保险和城镇居民社会养老保险

新型农村社会养老保险实行个人缴费、集体补助和政府补贴相结合。新型农村社会养老保险待遇由基础养老金和个人账户养老金组成。参加新型农村社会养老保险的农村居民，符合国家规定条件的，按月领取新型农村社会养老保险。国家建立和完善城镇居民社会养老保险制度。省、自治区、直辖市人民政府根据实际情况，可以将城镇居民社会养老保险和新型农村社会养老保险合并实施。

## 二、基本医疗保险

基本医疗保险是为补偿劳动者因疾病风险造成的经济损失而建立的一项社会保险制度。通过用人单位和个人缴费，建立医疗保险基金，参保人员患病就诊发生医疗费用后，由医疗保险经办机构给予一定的经济补偿，以避免或减轻劳动者因患病、治疗等所带来的经济风险。

我国基本医疗保险由城镇职工基本医疗保险、新型农村合作医疗和城镇居民基本医疗保险制度构成。

### (一) 基本医疗保险的特征

#### 1. 对象的普遍性

基本医疗保险的参保对象是全体居民，从刚出生的孩子到老人，从城镇居民到农村居民，不管是身体健康者还是重病患者，所有人员都有权参加而且必须参加基本医疗保险，没有缴费能力的居民可以由政府补助参保。

#### 2. 涉及面的广泛性

基本医疗保险系统包括医疗机构、参保人、用人单位、社会保险经办机构、政府等，涉及面广。在运行过程中，政策制定部门要掌握医疗服务的需求和供给，引导医疗保险供需双方行为，确保医疗保险和卫生资源的合理利用，管理难度较大。

#### 3. 赔付的短期性和经常性

基本医疗保险承保的是疾病风险，而疾病特别是门诊疾病的发生率非常高，所以赔付具有短期性和经常性。

#### 4. 补偿形式的特殊性

基本医疗保险的补偿额与参保人缴纳的保险费数额没有直接联系，一般与所在地区的基本医疗保险保障水平、疾病状况、医疗需求等有关，大多遵循损失补偿原则，不是定额给付，操作起来非常复杂。

#### 5. 保险费测算的复杂性

发病率的不确定性以及疾病治疗方案的多样性等多方面因素共同决定了基本医疗保险保险费的测算非常复杂。

### (二) 我国基本医疗保险的制度框架

我国现阶段建立了职工基本医疗保险制度、新型农村合作医疗制度和城镇居民基本医疗保险制度。其中，职工基本医疗保险由用人单位和职工按照国家规定共同缴纳基本医疗保险费，建立医疗保险基金，参保人员患病就诊发生医疗费用后，由医疗保险经办机构给予一定的经济补偿，以避免或减轻劳动者因患病、治疗等所带来的经济风险。新型农村合作医疗和城镇居民基本医疗保险实行个人缴费和政府补贴相结合，待遇标准按照国家规定执行。

按照《国务院关于建立城镇职工基本医疗保险制度的决定》的要求，城镇职工基本医疗保险制度框架包括以下六个部分。

#### 1. 建立合理负担的共同缴费机制

基本医疗保险费由用人单位和个人共同缴纳，体现国家社会保险的强制特征和权利与义务的统一。医疗保险费由单位和个人共同缴纳，不仅可以扩大医疗保险资金的来源，更重要的是明确了单位和职工的责任，增强个人自我保障意识。这次改革中，国家规定了用人单位缴费率和个人缴费率的控制标准：用人单位缴费率控制在职工工资总额的6%左右，具体比例由各地确定，不同地区和用人单位的缴费比例会有一些不同；职工缴费率一般为本人工资收入的2%。

#### 2. 建立统筹基金与个人账户

基本医疗保险基金由社会统筹使用的统筹基金和个人专项使用的个人账户基金组成。个人缴费全部划入个人账户，单位缴费按30%左右划入个人账户，其余部分建立统筹基金。个人账户专项用于本人医疗费用支出，可以结转使用和继承，个人账户的本金和利息归个人所有。

#### 3. 建立统账分开、范围明确的支付机制

统筹基金和个人账户确定各自的支付范围，统筹基金主要支付大额和住院医疗费用，个人账户主要支付小额和门诊医疗费用。统筹基金要按照“以收定支、收支平衡”的原则，根据各地的实际情况和基金的承受能力，确定起付标准和最高支付限额。

#### 4. 建立有效制约的医疗服务管理机制

基本医疗保险支付范围仅限于规定的基本医疗保险药品目录、诊疗项目和医疗服务设施标准内的医疗费用；对提供基本医疗保险服务的医疗机构和药店实行定点管理；社会保险经办机构与基本医疗保险服务机构(定点医疗机构和定点零售药店)要按协议规定的结算办法进行费用结算。

#### 5. 建立统一的社会化管理体制

基本医疗保险实行一定统筹层次的社会经办，原则上以地级以上行政区(包括地、市、州、盟)为统筹单位，也可以县为统筹单位，由统筹地区的社会保险经办机构负责基金的统一征缴、使用和

管理，保证基金的足额征缴、合理使用和及时支付。

#### 6. 建立完善有效的监管机制

基本医疗保险基金实行财政专户管理；社会保险经办机构要建立健全规章制度；统筹地区要设立基本医疗保险社会监督组织，加强社会监督。要进一步建立健全基金的预决算制度、财务会计制度和社会保险经办机构内部审计制度。

## 三、失业保险

失业是指在劳动年龄之内，具有劳动能力，有就业要求的部分人员尚未能就业的一种社会现象。

失业保险是指国家通过立法强制实行的，由用人单位缴费、职工个人缴费及国家财政补贴等渠道筹集资金建立失业保险基金，对因失业而暂时中断生活来源的劳动者提供物质帮助以保障其基本生活，并通过专业训练、职业介绍等手段为其再就业创造条件的制度。失业保险是社会保障体系的重要组成部分，它在国民经济运行中发挥着润滑剂的作用，具有保障失业人员基本生活水平、保障劳动者再就业、促进社会稳定的功能。由于失业保险的强制性和政策性，因此我国商业保险尚未进入失业保险领域。

### (一) 失业保险的特征

(1) 强制性。失业保险要求用人单位和职工必须参保，缴纳失业保险金。

(2) 预防性。失业保险可以预防职工一旦失业，生活陷入困境的情况出现。此外，人力资源和社会保障部也会采取一定的措施预防职工失业或保障职工再就业。

(3) 互济性。众人投保，失业者得惠。

(4) 补偿性。失业保险能够对劳动者失业期间的收入损失起到一定的补偿作用，保障劳动者失业后的基本生活水平。

(5) 公正性。所有劳动者均有参保的资格，失业后有获取保障的权利，权利与义务对等。

### (二) 我国失业保险制度的主要内容

#### 1. 失业保险的参保对象

根据我国《失业保险条例》的规定，城镇企业事业单位及其职工都应缴纳失业保险费。城镇企业事业单位失业人员享受失业保险待遇。此处所称城镇企业，是指国有企业、城镇集体企业、外商投资企业、城镇私营企业以及其他城镇企业。

#### 2. 失业保险基金的来源

失业保险基金由下列各项构成。

(1) 城镇企业事业单位及其职工缴纳的失业保险费。根据《失业保险条例》对失业保险费缴纳的规定，城镇企业事业单位应按照本单位工资总额的2%缴纳失业保险费。单位职工按照本人工资的1%缴纳失业保险费。城镇企业事业单位招用的农民合同制工人本人不缴纳失业保险费。各省、自治区、直辖市人民政府根据本行政区域失业人员数量和失业保险基金数额，报经国务院批准后，可以适当调整本行政区域失业保险费的费率。

(2) 失业保险基金的利息。征缴的失业保险费按规定存入银行或购买国债，取得的利息收入并入基金，这是保证基金不贬值的重要措施。

(3) 财政补贴。

(4) 依法纳入失业保险基金的其他资金，包括按规定加收的滞纳金及应当纳入失业保险基金的其他资金。

#### 3. 失业保险的给付内容

(1) 失业保险金，即失业保险经办机构按照规定支付给符合条件的失业人员的基本生活费用。失业保险金的标准，按照低于当地最低工资水平、高于城市居民最低生活保障标准的水平，由省、自治区、直辖市人民政府确定，一般按月支付。

(2) 领取失业保险金期间的医疗补助金，即支付给失业人员领取失业保险金期间发生的医疗费用的补助。

(3) 失业人员在领取失业保险金期间死亡的丧葬补助金和供养其配偶及直系亲属的抚恤金。

(4) 领取失业保险金期间接受职业培训、职业介绍的补贴。

#### 4. 失业保险金的领取条件

具备下列条件的失业人员，可以领取失业保险金。

(1) 按照规定参加失业保险，所在单位和本人已按照规定履行缴费义务满1年的。

(2) 非因本人意愿中断就业的。

(3) 已办理失业登记，并有求职要求的。

失业人员在领取失业保险金期间，按照规定同时享受其他失业保险待遇。

#### 5. 失业保险金的领取期限

失业人员失业前所在单位和本人按照规定累计缴费时间满1年不足5年的，领取失业保险金的期限最长为12个月；累计缴费时间满5年不足10年的，领取失业保险金的期限最长为18个月；累计缴费时间10年以上的，领取失业保险金的期限最长为24个月。重新就业后，再次失业的，缴费时间重新计算，领取失业保险金的期限可以与前次失业应领取而尚未领取的失业保险金的期限合并计算，但是最长不得超过24个月。

#### 6. 停止领取失业保险金的相关规定

失业人员在领取失业保险金期间有下列情形之一者，停止领取失业保险金，并同时停止享受其他失业保险待遇。

(1) 重新就业的。

(2) 应征服兵役的。

(3) 移居境外的。

(4) 享受基本养老保险待遇的。

(5) 被判刑收监执行的。

(6) 无正当理由，拒不接受当地人民政府指定的部门或者机构介绍的工作的。

(7) 有法律、行政法规规定的其他情形的。

### 四、工伤保险

工伤是指职工在工作过程中因工作原因受到事故伤害或者患职业病。

工伤保险又称职业伤害保险，是通过社会统筹的办法，集中用人单位缴纳的工伤保险费，建立工伤保险基金，对劳动者在生产经营活动中遭受意外伤害或职业病，并由此造成死亡、暂时或永久丧失劳动能力时，给予劳动者法定的医疗救治以及必要的经济补偿的一种社会保障制度。这种补偿既包括医疗、康复所需费用，也包括保障基本生活的费用。

### (一) 工伤保险的原则和作用

#### 1. 工伤保险的原则

1) 无责任补偿原则

无责任补偿原则又称无过失补偿原则，是指只要劳动者在生产和工作过程中遭遇工伤事故，无论事故的责任归于用人单位还是职工个人或第三者，用人单位均应承担保险责任。待遇给付与责任追究相分离，不能因为保险事故责任的追究影响保险给付，但本人犯罪或故意行为造成的伤害除外。

2) 损失补偿原则

同其他社会保险相比，工伤保险具有明显的经济补偿作用。

3) 个人不缴费原则

工伤事故属于职业性伤害，是在劳动过程中，劳动者为用人单位创造财富而付出的代价，工伤保险待遇属于用人单位运行成本的特殊组成部分。因此个人不必缴费，由用人单位负担全部保险费。

4) 待遇标准从优原则

工伤保险是对劳动者为用人单位付出的身体损失进行补偿，在给付标准上，一般是按照从优原则确定的，较养老、医疗、失业等项目的待遇优厚。而且，劳动者只要是因工负伤、残疾或患职业病，则不论年龄和工龄长短，都享受同等的待遇。

5) 损失补偿与事故预防及职业康复相结合的原则

从单纯经济补偿向事故预防、医疗健康及职业康复相结合的转变，是现代工伤保险的显著标志之一。工伤保险除了被动式的生活保障功能以外，还具有积极的、主动式的功能，这主要表现在工伤保险除了为负伤、残疾和因工死亡职工提供必要的医疗、生活补助之外，还应在加强安全生产、预防事故发生、减少职业危害、及时抢救治疗、有效的职业康复等方面发挥积极作用。

#### 2. 工伤保险的作用

(1) 工伤保险作为社会保险制度的一个组成部分，是国家通过立法强制实施的，是国家对职工履行的社会责任，也是职工应该享受的基本权利。工伤保险的实施是人类文明和社会发展的标志和成果。

(2) 实行工伤保险保障了工伤职工医疗以及其基本生活、伤残抚恤和遗属抚恤，在一定程度上解除了职工和家属的后顾之忧。工伤补偿体现出国家和社会对职工的尊重，有利于提高他们的工作积极性。

(3) 建立工伤保险有利于促进安全生产，保护和发展社会生产力。工伤保险与生产单位改善劳动条件、防病防伤、安全教育、医疗康复、社会服务等工作紧密相连，对提高生产经营单位和职工的安全生产，防止或减少工伤、职业病，保护职工的身体健康，至关重要。

(4) 工伤保险保障了受伤害职工的合法权益，有利于妥善处理事故和恢复生产，维护正常的生产、生活秩序，维护社会安定。

### (二) 工伤保险的参保对象

根据我国《工伤保险条例》第二条的规定，我国境内的企业事业单位、社会团体、民办非企业单位、基金会、律师事务所、会计师事务所等组织和有雇工的个体工商户(简称用人单位)应当依据条例规定参加工伤保险，为本单位职工或者雇工(简称职工)缴纳工伤保险费。

我国境内的企业事业单位、社会团体、民办非企业单位、基金会、律师事务所、会计师事务所等组织的职工和个体工商户的雇工，均有按条例规定享受工伤保险待遇的权利。

### (三) 工伤保险的缴费比例

工伤保险费由用人单位缴纳，由于不同行业的工伤风险程度不同，工伤保险的缴费比例也不一样，即工伤保险实行差别费率。对于工伤事故发生率较高的行业，工伤保险费的征收费率高于一般标准，一方面是为了保障这些行业的职工发生工伤时，工伤保险基金可以足额支付工伤职工的工伤保险待遇；另一方面，是通过高费率征收，使企业有风险意识，加强工伤预防工作，使伤亡事故率降低。根据工伤风险程度不同可以将所有行业划分为三类，其工伤保险缴费费率详情如下。

(1) 风险较小行业，如证券业，银行业，保险业等，缴费比例为用人单位职工工资总额的0.5%。

(2) 中等风险行业，如房地产业，环境管理业，娱乐业，农副食品加工业等，缴费比例为用人单位职工工资总额的1%。

(3) 风险较大行业，如炼焦及核心燃料加工业，石油加工，化学原料及化学制品制造业等，缴费比例为用人单位职工工资总额的2%。

### (四) 工伤保险事故的认定

#### 1. 应当认定为工伤的情形

根据《工伤保险条例》第十四条的规定，职工有下列情形之一的，应当认定为工伤。

(1) 在工作时间和工作场所内，因工作原因受到事故伤害的。

(2) 工作时间前后在工作场所内，从事与工作有关的预备性或者收尾性工作受到事故伤害的。

(3) 在工作时间和工作场所内，因履行工作职责受到暴力等意外伤害的。

(4) 患职业病的。

(5) 因工外出期间，由于工作原因受到伤害或者发生事故下落不明的。

(6) 在上下班途中，受到非本人主要责任的交通事故或者城市轨道交通、客运轮渡、火车事故伤害的。

(7) 法律、行政法规规定应当认定为工伤的其他情形。

#### 2. 视同工伤的情形

根据《工伤保险条例》第十五条的规定，职工有下列情形之一的，视同工伤。

(1) 在工作时间和工作岗位，突发疾病死亡或者在48小时之内经抢救无效死亡的。

(2) 在抢险救灾等维护国家利益、公共利益活动中受到伤害的。

(3) 职工原在军队服役，因战、因公负伤致残，已取得革命伤残军人证，到用人单位后旧伤复发的。

职工有上述第(1)项、第(2)项情形的，按照条例的有关规定享受工伤保险待遇；有上述第(3)项情形的，按照条例的有关规定享受除一次性伤残补助金以外的工伤保险待遇。

#### 3. 不得认定为工伤或视同工伤的情形

根据《工伤保险条例》第十六条规定，职工符合条例第十四条、第十五条的规定，但是有下列情形之一的，不得认定为工伤或者视同工伤。

(1) 故意犯罪的。

(2) 醉酒或者吸毒的。

(3) 自残或者自杀的。

### (五) 工伤保险的待遇

#### 1. 工伤保险的待遇标准

参加工伤保险的用人单位职工发生工伤，经劳动保障行政部门认定工伤或做出劳动能力鉴定，以下项目符合规定的从工伤保险基金中支付。

(1) 工伤医疗费：治疗工伤、职业病所发生的符合国家规定的相关目录或标准的全部费用。

(2) 辅助器具配置费。

(3) 一次性伤残补助金。

(4) 伤残津贴。

(5) 评残后的生活护理费。生活护理费按照生活完全不能自理、生活大部分不能自理或者生活部分不能自理3个不同等级支付，其标准分别为统筹地区上年度职工月平均工资的50%、40%或者30%。

(6) 丧葬补助金，为6个月的统筹地区上年度职工月平均工资。

(7) 供养亲属抚恤金。按照职工本人工资的一定比例发给由因工死亡职工生前提供主要生活来源、无劳动能力的亲属。标准为：配偶每月40%，其他亲属每人每月30%，孤寡老人或者孤儿每人每月在上述标准的基础上增加10%。核定的各供养亲属的抚恤金之和不应高于因工死亡职工生前的工资。供养亲属的具体范围由国务院劳动保障行政部门规定。

(8) 一次性工亡补助金，标准为上一年度全国城镇居民人均可支配收入的20倍。

(9) 康复性治疗费用。

(10) 职工住院治疗工伤的伙食补助费，以及经医疗机构出具证明，报经办机构同意，工伤职工到统筹地区以外就医所需的交通、食宿费用从工伤保险基金支付，基金支付的具体标准由统筹地区人民政府规定。

(11) 伤残等级为五至十级且与用人单位解除了劳动关系的工伤职工，由工伤保险基金以解除劳动关系时统筹地上年度职工月平均工资为基数，支付一次性工伤医疗补助金。具体标准由省、自治区、直辖市人民政府规定。

(12) 劳动能力鉴定费。

用人单位依照条例规定应当参加工伤保险而未参加的，由社会保险行政部门责令改正；未参加工伤保险期间用人单位职工发生工伤的，由该用人单位按照条例规定的工伤保险待遇项目和标准支付费用。

#### 2. 停止工伤保险待遇的情形

根据《工伤保险条例》第四十条的规定，工伤职工有下列情形之一的，停止享受工伤保险待遇。

(1) 丧失享受待遇条件的。

(2) 拒不接受劳动能力鉴定的。

(3) 拒绝治疗的。

## 五、生育保险

生育保险是国家通过立法，在怀孕和分娩的妇女劳动者暂时中断劳动时，由国家和社会提供医疗服务、生育津贴和产假的一种社会保险制度。该保险费由用人单位缴纳。

### (一) 生育保险参保对象

我国境内的国家机关、企业事业单位、有雇工的个体经济组织以及其他社会组织(简称用人单位)及其职工或者雇工(下称职工)，应当参与生育保险。用人单位缴纳生育保险费，职工不缴纳生育保险费。

### (二) 生育保险基金

生育保险基金由用人单位缴纳的生育保险费、生育保险基金的利息收入和依法纳入生育保险基金的其他资金构成，按照“以支定收，收支平衡”的原则筹集和使用。

用人单位按照本单位职工工资总额的一定比例缴纳生育保险费，缴费比例一般不超过0.5%，具体缴费比例由各统筹地区根据当地实际情况测算后提出，报省、自治区、直辖市批准后实施。超过工资总额0.5%的，应当报人力资源社会保障部备案。

生育保险基金存入财政专户并实行预算管理，执行国家社会保险基金管理办法。

### (三) 生育保险待遇

职工所在用人单位依法为其缴纳生育保险费的，职工可以按照国家规定享受生育保险待遇；职工未就业配偶按照国家规定享受生育医疗费用待遇。所需资金从生育保险基金中支付。

生育保险待遇包括生育医疗费用和生育津贴。

生育医疗费用包括生育的医疗费用、计划生育的医疗费用和法律、法规规定的应当由生育保险基金支付的其他项目费用。参加生育保险的人员在协议医疗服务机构发生的生育医疗费用，符合生育保险药品目录、诊疗项目及医疗服务设施标准的，由生育保险基金支付。需急诊、抢救的，可在非协议医疗服务机构就医。

生育津贴是女职工按照国家规定在享受产假、计划生育手术休假以及法律、法规规定的其他情形期间获得的工资性补偿，按照职工所在用人单位上年度职工月平均工资的标准计发。生育津贴支付期限按照《女职工劳动保护特别规定》中关于产假等的规定执行。

因用人单位未依法为职工缴纳生育保险费，造成职工不能享受生育保险待遇的，由用人单位按照规定的项目和标准支付其生育保险待遇。

按照国家规定由公共卫生服务项目或者基本医疗保险基金等支付的生育医疗费用，生育保险基金不再支付。

### (四) 生育保险和职工基本医疗保险的合并

2019年3月，国务院办公厅公布《关于全面推进生育保险和职工基本医疗保险合并实施的意见》，生育保险基金并入职工基本医疗保险基金，统一征缴，统筹层次一致。这也意味着从2016年启动的生育保险和基本医疗保险合并实施经试点后正式落地。

#### 1. 统一参保登记

参加职工基本医疗保险的在职职工同步参加生育保险。完善参保范围，促进实现应保尽保。

#### 2. 统一基金征缴和管理

生育保险基金并入职工基本医疗保险基金，统一征缴，统筹层次一致。按照用人单位参加生育保险和职工基本医疗保险的缴费比例之和确定新的单位费率，个人仍不缴纳生育保险费。同时，根据职工基本医疗保险基金支出情况和生育待遇的需求，按照收支平衡的原则，建立费率确定和调整机制。

#### 3. 统一医疗服务管理

两项保险合并实施后实行统一定点医疗服务管理，执行基本医疗保险、工伤保险、生育保险药品目录以及基本医疗保险诊疗项目和医疗服务设施范围。

促进生育医疗服务行为规范，强化监控和审核。将生育医疗费用纳入医保支付方式改革范围，推动住院分娩等医疗费用按病种、产前检查按人头等方式付费。生育医疗费用原则上实行医疗保险经办机构与定点医疗机构直接结算。充分利用医保智能监控系统，强化监控和审核。

4. 统一经办和信息服务

经办管理统一由基本医疗保险经办机构负责，实行信息系统一体化运行。

5. 确保职工生育期间生育保险待遇不变

参保人员生育医疗费用、生育津贴等各项生育保险待遇按现行法律法规执行，所需资金从职工基本医疗保险基金中支付。

6. 确保制度可持续

各地要增强基金统筹共济能力，增强风险防范意识和制度保障能力，合理引导预期，完善生育保险监测指标，根据生育保险支出需求建立费率动态调整机制。

# 第三节 社会保险基金及其管理

## 一、社会保险基金概述

### (一) 社会保险基金的概念

社会保险基金是国家为举办社会保险事业而筹集的，用于支付劳动者因暂时或永久丧失劳动能力或劳动机会时所享受的保险金和津贴的资金。

社会保险基金按照保险类型确定资金来源，逐步实行社会统筹。用人单位和劳动者必须依法参加社会保险，缴纳社会保险费。

### (二) 社会保险基金的特点

1. 基金建立的法律强制性

社会保险制度不同于商业保险，社会保险基金是依据国家法律、法规强制设立的，严格按照法律的规定筹集、运营、管理和运作，所以社会保险基金的建立具有明显的法律强制性。

2. 基金来源的广泛性

社会保险基金的来源比较广泛，在有些国家，社会捐赠也构成社会保险基金的来源之一。在我国，社会保险基金来源于政府、企业事业单位和个人，政府方面的来源主要包括财政补贴和税收优惠等方面。

3. 基金使用的严格性

社会保险基金跟其他保险基金一样，是一种负债性基金，收取的保险费是用于未来赔付的，且社会保险基金一旦出现差错，将会引发一系列社会问题，甚至危及社会稳定。因此，有必要对社会保险基金的运用做严格规定，其本金和收益只能用于被保险人的各项保险给付，不能挪作他用。另外，社会保险基金遵循专款专用原则，基金之间不可以相互挤占。

4. 给付责任的长期性

社会保险基金特别是基本养老保险基金的给付责任是长期的，可能需要连续给付几十年时间。

5. 基金的保值、增值性

社会保险基金除了满足当期社会保险待遇给付外，还有相当一部分资金存储起来，以备未来发放。这些储存起来的资金如果不加以运用，就会面临通货膨胀导致贬值的风险，出现收不抵支。因此社会保险基金需要通过适当方式进行运营以获取保值增值性。

6. 基金的互助共济性

社会保险基金建立在大数法则的基础上，通过集中众多参保单位和个人的保险费形成基金，在参保人员遇到年老、疾病、伤残、失业和生育风险时为其提供经济补偿，体现了社会成员之间的互助共济、共担风险的原则。基金的互助共济性主要体现在两个方面：一是未出险的参保人对出险参保人的帮助；二是统筹基金中高缴费参保人对低缴费参保人的帮助。

### (三) 我国社会保险基金的种类

我国社会保险基金主要包含五大类，分别是：基本养老保险基金、基本医疗保险基金、工伤保险基金、失业保险基金和生育保险基金。除基本医疗保险基金与生育保险基金合并建账及核算外，其他各项社会保险基金按照社会保险险种分别建账，分账核算。社会保险基金执行国家统一的会计制度。社会保险基金应专款专用，不允许任何组织和个人以任何形式侵占或者挪用。

## 二、社会保险基金管理

社会保险基金管理是社会保险管理工作的核心。它包括社会保险基金的筹集、支付、投资运行等环节。社会保险的保障功能是通过社会保险基金的运转体现的，通过社会保险基金管理可以真实地掌握社会保险基金的活动过程，为社会保险方面的决策提供依据。加强社会保险基金管理，可以节约社会保险的运行成本，减轻企业负担。在保证社会保险基金正常支付与安全性的前提下，通过合理的投资组合，将积累的社会保险基金投入经济活动，使社会保险基金最大限度地增值。鉴于该基金的特殊性质，社会保险基金一般都由政府部门及政府委托的有资格的机构负责管理运作。

### (一) 社会保险基金管理在社会保险制度中的作用

1. 社会保险基金管理是保证社会保险制度顺利实施的基础

社会保险制度的实施有赖于社会保险基金的合理运行。社会保险基金运行要经过筹资、运营等若干环节，这几个环节相互关联，相互制约，任何一个环节出了问题都会影响到基金的顺利流动。通过实施基金管理，对基金的需要量进行科学预测和全面规划，合理分配资金，规范基金运行程序，就可以确保基金的顺利运行，及时为劳动者提供保障和服务。

2. 社会保险基金管理是维护劳动者权益的必要手段

社会保险基金是为保障劳动者遇到劳动风险时基本生活需要而积累的一项专用基金。为保障劳动者的权益，社会保险基金只能用于社会保险项目的支出而不能挪作他用。然而，由于社会保险基金的所有权与管理权存在一定程度的分离，社会保险基金在实际运行中可能会被挪用、侵蚀。实施社会保险基金管理，就是要健全各种社会保险基金管理法规，建立科学的社会保险基金财务、会计、审计等制度，完善监督机制，从而在制度和机制上保证社会保险基金的安全，保护劳动者的权益。

3. 社会保险基金管理是提高社会保险基金自我发展能力的重要手段

要使社会保险基金充分发挥保障功能，满足劳动者的未来基本生活需要，就必须使基金具有保值增值能力，在动态的经济环境中，只有实施有效的投资管理，确保社会保险基金运营获得较高收益，使投资收益高于通货膨胀率，才能不断提高社会保险基金的自我发展能力。

### (二) 社会保险基金的管理途径

社会保险基金管理主要有财政集中型管理、多元分散型管理和专门机构型管理三种途径。

#### 1. 财政集中型管理

财政集中型管理是指以建立社会保险预算或直接列入财政预算的方式管理社会保险基金。前者强调社会保险预算与政府一般预算项目分离，作为专项预算，在政府预算中保持相对独立性，不能直接动用社会保险基金弥补政府财政赤字。后者则将社会保险收支与政府预算融为一体，当社会保险收大于支时，政府可将其用于安排其他支出，或将其用来弥补财政赤字；当社会保险收不抵支时，则通过财政预算拨款予以弥补。社会保险基金管理的这种方式侧重于通过向一级市场购买国债、定向认购社会保险特种债券，或直接列入财政预算，这些都体现了国家财政集中管理的特性。财政集中型基金管理方式具有风险低、保障收益高和易于操作等优点，但也存在通货膨胀时基金贬值的隐患。在预期通货膨胀率较高的情况下，国家应提高国债利率以保障基金价值不遭贬值。因此，财政集中的管理途径有助于保障基金实现安全投资营运，但在保值增值方面存在某些局限性。同时，积累的社会保险基金可能被用于弥补财政赤字，将社会保险责任的兑现推给未来政府承担。

#### 2. 多元分散型管理

多元分散型管理是指社会保险基金委托银行、信托公司、基金管理组织等金融机构管理营运，通过金融机构进行信托投资，并规定最低收益率。这种基金管理途径具有手续简便、收益能够保证的特点。在实际操作中，为降低社会保险基金的风险，一般采取委托人不具体指定投资对象和范围的信托投资方式，由金融机构全权经营管理，并承担风险，基金可以获得利息收益外的年终分享利润。为使社会保险基金获得较大投资回报和分散风险，有一些国家则采用委托多家金融机构进行投资的方法，这就逐渐形成了较为完善的多元分散型基金管理途径。

#### 3. 专门机构型管理

专门机构型管理是指由相对独立的社会保险基金管理公司和社会保障银行等专门机构负责社会保险基金的管理和投资营运。作为对社会保险基金进行管理的专门机构，其董事会由财政、金融、劳动、工会、社会保险机构等有关方面代表组成，在严格规范、严格监控的条件下，集中管理社会保险基金，负责投资营运和投资组合，并实现保值增值的目标。

### (三) 社会保险基金的筹集

社会保险基金的顺利筹集是社会保险制度正常运行的前提和基础，而在社会保险基金的筹集过程中，应始终贯彻收支平衡(包括横向平衡和纵向平衡)的基本原则。

#### 1. 社会保险基金的筹集模式

社会保险基金的筹集模式是指通过特定的方式来筹集社会保险资金，以实现收支平衡和制度稳定运行的机制。适当的筹集模式，能促进社会保障制度的有效运行。社会保险基金主要有三种筹集模式：现收现付制、完全积累制和部分积累制。

1) 现收现付制

现收现付制是指社会保障机构根据当期所需支付的保险金来收取当期的保险费用，从而使保险基金收支保持大体平衡的一种筹资模式。这种模式一般以支定收，不留积累，也不承担资金长期的保值增值风险，是一种以横向平衡为指导原则的基金筹集方式。这种筹集模式要求先做出当年或近几年内某项社会保障措施所需支付的费用预算，然后按一定比例分摊到参加社会保险的单位和个人，当年提取当年支付。

该制度的主要优点是：①现收现付制费率计算简单，操作简便，管理成本相对比较低；②依靠需求变动及时调整征税比例或缴费额度，保持收支平衡；③可以有效避免通货膨胀造成的货币贬值风险及在长期发展过程中可能出现的经济或政治风险；④在人口结构稳定、经济繁荣、劳动者工资增长较快的时期，这一模式可以适度减轻社会保险负担。

该制度的不足之处在于：①采用以支定收，不设准备金，需要经常调整收支；②这种制度受人口年龄结构影响较大，每年筹集的资金和支付的保险费会随着人口老龄化和有资格享受保险金的人数不断增长而相应增加，因此其抗人口老龄化的能力较弱；③从分配上看，由在职一代缴费赡养退休一代，并且在职一代所缴纳的社会保险费不断增长，某种程度上容易引发代际矛盾，不利于保持社会的稳定；④不断增高的保险费会增加企业和劳动者的负担，降低企业的竞争力，对劳动力供求也会产生消极影响，会部分阻碍经济发展。

虽然人们对现收现付制颇有争议，但它在各国仍占主导地位。在全世界已经建立社会养老保险制度的国家和地区中绝大部分采用了这种模式。

2) 完全积累制

完全积累制是一种以远期纵向平衡为原则，用长期积累的基金来保障未来社会保险支出的筹资模式。其实质是个体一生中的代内再分配制度。

这种模式一般要求劳动者从参加工作开始，就按工资总额的一定比例由雇主和雇员或只有其中一方定期交纳保险费，记入个人账户，作为长期储存积累及保值增值的基金，所有权归个人，到满足规定领取条件时，一次性领取或按月领取。

该模式的主要优点是：①由个人缴纳其社会保险费，且资金记入个人账户，透明度高，未来收益与投保期间的缴费高度正相关，激励功能明显；②能够保障保险资金的稳定以及一定的给付水平；③制度建立初期缴费率较高，筹资见效快，长期内费率相对稳定，具有较强的抗人口老龄化能力，即受人口年龄结构影响比较小；④积累的预筹资金可以进入资本市场进行运营，保值增值的同时也能够促进资本市场的发展。

同时，该模式也存在着一些不足之处：①无再分配功能，财富不能发生转移，不利于缓解贫富差距，远离了社会保障制度的初衷；②实行个人账户制度要获取大量的私人信息，管理成本较高；③个人账户上基金的积累是一个长达几十年的过程，隐藏着一定的风险，尤其是保值增值功能不确定。

目前世界上采取完全积累制的国家只有少数几个。以智利和新加坡为代表的完全积累制的巨大成功，以及人口老龄化的巨大压力和福利国家的普遍危机，促使人们对完全积累制的认识不断加深，因此有越来越多的人倾向支持这种模式。

3) 部分积累制

部分积累制是分段调整平均缴费率的一种资金筹集模式，它是对现收现付制与完全积累制的整合，保险费一部分采取现收现付方式，满足当前需要；另一部分采取积累方式以满足未来支付需要的增长。这种筹资模式是对原有两种模式的综合和创新，是一种兼容横向平衡原则和远期纵向平衡原则的筹资模式。

部分积累制是一种介于现收现付制和完全积累制之间的混合模式。它的保险费高于现收现付模式，但又低于完全积累模式。面临人口老龄化的国家常采用这种混合模式，其具体形式有：①在原有现收现付模式之下，提高费率水平，把相对多的保险费积累起来，用于以后的保险金支付；②在建立个人账户的基础上实行社会统筹；③实行多层次的社会保险模式，第一层次是基本保险，采用现收现付模式，而在企业补充保险和个人储蓄保险层次下实行完全积累模式。

部分积累制能够有效应对人口老龄化的挑战，若能解决基金的投资运营问题，还可有助于经济的发展。但究竟应该选择哪种混合模式，以及怎样实现在新旧两种模式之间的平稳过渡，是现实中面临的难题。

#### 2. 我国社会保险基金的筹集

1) 我国社会保险基金的筹集模式

当前我国社会保险基金筹集模式采取的是部分积累制，因为这种模式符合我国国情。我国人口老龄化问题不断加剧，现收现付制将给我国社会保险基金带来严重的财务危机。另外，我国社会保险基金的个人账户几乎是空账运行，实行完全积累也是不现实的。

2) 我国社会保险基金的资金来源

我国社会保险基金的资金来源于政府、企业事业单位和个人三部分，大致可以分为以下四个方面。

(1) 由参保人按其工资收入(无法确定工资收入的按当地职工平均工资)的一定百分比缴纳的保险费。

(2) 由参保人所在单位按本单位职工工资总额的一定百分比缴纳的保险费。

(3) 政府对社会保险基金的财政补贴。

(4) 社会保险基金的银行利息或投资回报及社会捐赠等。

3) 我国社会保险基金筹集的现状

按照有关规定，我国的社会保险基金主要是由地方税务部门或社会保险业务经办机构采用社会保险费的形式进行筹集的，不同的征收形式下账户的设置及管理都不同：主要包括收入户和财政专户两个账户，前者由经办机构管理，后者由地方财政部门管理。实行经办机构征收社会保险费的地区，经办机构开设收入户暂存单位和个人的缴费收入及由此形成的利息收入等，并定期或定额转入财政专户；实行税务机关征收社会保险费的地区，不设收入户，缴费收入直接存入财政专户。就筹资而言，财政专户的主要用途是接受税务机关或社会保险经办机构征收的社会保险费收入和接受财政部门拨付的财政补贴收入。

在我国的大部分地区，已经实施了社会统筹和个人账户相结合的模式，社会统筹实行现收现付制，用于支付已经退休的老年人的退休金，但由于该部分人缺少个人积累，所以社会统筹资金在弥补这一部分缺口。随着人口老龄化越来越严重，这部分缺口也越来越大，社会统筹资金收不抵支，侵占了个人账户的资金，使个人账户空账运行，从而背上了沉重的负担。

### (四) 社会保险基金投资

社会保险基金投资是指社会保险基金管理机构或受其委托的机构，用社会保险基金购买特定的(国家政策或法律许可的)金融资产或实际资产，以使社会保险机构能在一定时期获得适当预期收益的基金运营行为。

社会保险基金的收入和支付在时间上的差异性决定了社会保险基金在不断提存和赔付过程中，总会有一定数量的资金处于暂时闲置的状态，这就为社会保险基金的投资提供了可能性。而社会保险基金的价值形式是货币资金，在市场经济条件下，通货膨胀、货币贬值几乎是一种普遍现象，如果社会保险基金长期呆滞不动，待将来执行给付职能时，原有资金数量就不够用于支付补偿的数额，会出现入不敷出的现象，社会保险基金就不能充分实现其经济补偿的职能。因此，为使社会保险基金更充分有效地发挥其社会保障功能，需要对其进行必要的投资和管理。

### 1. 社会保险基金投资的原则

1) 安全性原则

社会保险基金投资的安全性原则是指保证社会保险基金投资的本金及时、足额地回收，并取得预期的投资收益。对社会保险基金来说，投资安全往往被认为是第一位的，但这并不是说社会保险基金投资不能有任何投资风险。一般来说，投资风险与收益相伴而生且呈现很高的正相关关系。预期收益越高，投资要冒的风险就越大；反之，没有风险的投资也是没有收益的，即使有也很少。所谓社会保险基金的安全投资应当是根据基金性质和收益需要预先确定一种合适的风险与收益标准，在进行投资时，严格以此标准为依据，既不要为追求过高的收益而冒很大的风险，也不能为了安全不顾收益。

2) 流动性原则

社会保险基金的支付具有经常性和波动性，所以要求能够迅速地融通、变现和周转。如果资金由于投资而冻结于某项固定用途无法及时脱手变现，不仅无法应付财务的紧急需要，同时也有违设立基金和提留积累金的宗旨。所以，在投资时应有妥善的规则和精确的计算，考虑社会保险基金收入与支出数量变化的趋势，保障现款的额度和融通的灵活性。

3) 收益性原则

在安全性原则的前提下，力求理想的投资收益是社会保险基金投资的又一重要原则。因为只有满足了这一原则要求，社会保险基金才能抵御通货膨胀的影响，实现保值、增值，进而达到增强社会保险基金实力，减轻国家、企业和劳动者个人社会保险费用负担，提高社会保险待遇水平的目的。

4) 社会效益原则

社会保险基金投资还应兼顾社会效益。凡能促进经济健康发展，与社会发展、人民利益密切相关的项目都可以考虑投资；反之，关系不大或无关的就要少投资或不投资，特别是在发展中国家，社会保险基金的投资最好能和整个国家的经济发展规划与社会发展计划结合起来，使之与国家前进的方向相一致。

5) 遵循国家法律和政策的原则

社会保险基金的任何经营活动，都必须遵循国家有关的政策和法令，在此前提下，为了实现投资收益的最大化，对于投资方向、模式、结构、区域、数额等可以有一定的自由选择权和决定权。

需要指出的是，上述投资原则在实际运行时往往难以同时兼顾，甚至可能存在一定的矛盾。社会保险基金投资要在首要原则—安全性原则的前提下，保持一定的流动性，同时尽量增加收益，使安全性、流动性、收益性有机统一起来。

### 2. 社会保险基金的投资渠道

1) 储蓄存款

储蓄存款，即社会保险基金专营管理部门保险基金存入银行或其他信用机构，以此获得一定利息收入的投资形式。这种投资方式风险小，利息收入比较稳定，能够很好地满足社会保险基金安全性和流动性的要求，但收益率较低。储蓄存款包括活期存款、定期存款和协议存款等。

2) 购买国债

国债是国家发行的债券，有政府财力做后盾，信誉高，一般可以认为是无风险的，符合安全性原则；同时国债利率高于银行存款，利息所得免税，但其流动性不如银行存款。在发达国家，社会保险基金购买国债非常普遍，在资产配置中占有较大的比例。

3) 购买企业债券和金融债券

企业债券和金融债券利率水平相比国债更高，但是由于其发行主体为处于市场竞争中的企业或金融机构，一旦发行债券的企业或金融机构倒闭，那么该公司债券或金融债券将一文不值，会给投资人带来巨大损失，因此如果选择不当，该种投资方式存在一定风险。国外的社会保险基金一般会选择投资于那些信誉评级高、效益好的企业或金融机构发行的债券，且债券一般都有发行担保，相对风险较低。

4) 购买股票或证券投资基金

购买股票或证券投资基金，即利用社会保险基金积累期较长、较稳定的特点，进行资本投资，购买股票或证券投资基金，以取得投资收益。西方发达国家的社保基金投资之所以能取得较高收益，其中一个很重要的原因就是股票在投资组合中占有较大比重。

5) 发放贷款

发放贷款是指社会保险基金投资经办机构委托金融机构发放贷款，以获取盈利的投资行为。此外，社会保险基金还可以把资金“借”给国家进行项目开发，由政府在预算中支出，列专门项目偿付利息和本金。采取这种方法实现社会保险基金的保值、增值，可以将社会保险与国家预算直接结合起来，既可以保证基金的增值，又可以直接体现社会保险与政府责任的本质联系，还可以缓解国家在开发某些大型项目时的财政紧张状况。

6) 海外投资

海外投资主要是指将社会保险基金投资于海外证券市场。一般情况下，这种投资途径能够获得较高的收益率，还可以通过资产组合的国际多样化来减少国内资产组合的风险，但是社会保险基金海外投资需要承担国际政治经济关系变化而带来的风险，而且我们对国外证券市场的了解程度肯定比不上对国内证券市场的了解程度，由此也可能带来较大的投资风险。

#### 3. 我国社保基金的投资运作

社保基金是社会保险基金、社会统筹基金、个人账户基金(基本养老保险体系中个人账户上的基金)、企业年金(企业补充保障基金)和全国社会保障基金的统称，它是由全国社会保障基金理事会管理的。全国社会保障基金理事会是负责管理运营全国社会保障基金的独立法人机构。它由财政部管理，承担基金安全和保值增值的主体责任，作为基金投资运营机构，不再明确行政级别。

根据国务院批准的《全国社会保障基金投资管理暂行办法》，我国社保基金投资运作的基本原则是：在保证基金资产安全性、流动性的前提下，实现基金资产的增值。

社保基金的投资范围限于银行存款、买卖国债和其他具有良好流动性的金融工具，包括上市流通的证券投资基金、股票、信用等级在投资级以上的企业债、金融债等有价证券。其中银行存款和国债的投资比例不低于50%，企业债、金融债不高于10%，证券投资基金、股票投资的比例不高于40%。

理事会直接运作的社保基金的投资范围限于银行存款、在一级市场购买国债，其他投资需委托社保基金投资管理人管理和运作并委托社保基金托管人托管。社保基金委托单个社保基金投资管理人进行管理的资产不得超过年度社保基金委托总资产的20%。

社保基金投资管理人是指依法规定取得社保基金投资管理业务资格、根据合同受托运作和管理社保基金的专业性投资管理机构。社保基金托管人是指依法取得社保基金托管业务资格、根据合同安全保管社保基金资产的商业银行。

### (五) 社会保险待遇的给付

社会保险待遇的给付是指社会保险经办机构根据社会保险制度规定的条件、标准和方式将社会保险金支付给被保险人或其受益人、法定继承人，以保障他们的基本生活需要。

1. 社会保险待遇给付的原则

1) 统筹范围内支付的原则

统筹范围内支付应把握两点：一是基金必须是支付给统筹范围内所有参加社会保险的保险对象；二是基金的支付必须在统筹地区范围内，不得跨统筹范围支付。

2) 专款专用的原则

社会保险基金是用于保障社会保险对象的社会保险待遇。它是按照国家法律、法规的有关规定而筹集的专项资金，除了这种特定用途外，任何地区、部门、单位和个人均不得挤占挪用。将社会保险基金用于其他任何方面开支都是对保险对象合法利益的侵占，都是违法行为。

3) 统一性的原则

社会保险基金的支出要严格按照国家政策规定的项目和标准开支，要维护国家的整体利益，保持各项政策执行的统一性，任何地区、部门、个人不得以任何借口擅自增加支出项目，提高开支标准。

4) 适度性的原则

社会保险基金的支付既要维持合理的支付水平，满足保险对象最基本的生活和医疗需要，又不能超越生产力发展水平及各方面的承受能力，盲目扩大支付规模，提高待遇水平。

2. 社会保险待遇的给付对象

从给付对象上看，可以是劳动者本人，也可以是其法定供养的直系亲属或继承人。一般情况下，保险金的给付对象都是劳动者本人，在特殊情况下或个别项目上，如丧葬补贴费、抚恤金等，给付对象是受益人或继承人。

3. 社会保险待遇的给付方式

社会保险金的给付从周期上看有定期给付和一次性给付两种。

一般长期性保障都是采取定期给付方式，如养老保险和残疾金等定期给付，一般定为每周或每月一次，给付额相等。养老保险金的发放之所以采取定期按月支付的办法，一是因为养老金是职工在退休以后工资的延续，具有与工资报酬同样的维持基本生活需要的性质，故采取如同工资一样的发放办法；二是因为养老金是维持退休职工生活需要的货币资金，按月领取，不断延续，不致因职工某些特殊的需要而占用养老金，造成职工基本生活来源的中断。

短期性保障则多采用一次性给付方式，如短期病假生活补贴、生育补贴、死亡丧葬费等。对于企业来说这种一次性补偿是实现生产正常运行的前提，对于职工而言则是为了保证今后较长时期基本生活不发生困难所必需的。

4. 社会保险待遇的给付标准

从给付标准上看，有薪酬比例制和绝对金额制两种。薪酬比例制的保险金给付标准是以被保险人在停止工作前某一时期的平均工资收入或某一时点上的绝对工资收入为基数，根据被保险人的资格条件的不同，乘以一定的百分比而确定的。其中的工资基数又分为工资总收入和标准工资收入两种；计发保险金的百分比又有固定、累退、累进三种方式。此外，对于保险金给付的工资基数，一些国家还规定有最高和最低的界限，超过最高界限的不作为计发基数，低于最低界限的则给予保证性的给付。绝对金额制指将不同的被保险人领取的保险金按一定的标准划分，给付一个确定的金额。

## 三、社会保险基金监管

社会保险基金监管是指由国家行政监管机构、专职监督部门等为防范和化解风险，根据国家法规和政策规定，对社会保险经办机构、运营机构或其他有关中介机构的管理过程及结果进行的评审、认证和鉴定。

### (一) 社会保险基金监管的主体和客体

在收支两条线管理体制下，劳动保障、财政、审计等职能部门是社保基金监管的主体，对不同的监督对象发挥不同的监督作用，社会监督、舆论监督则是对基金监管的有效补充，共同维护基金安全。在我国，主要是由财政部会同人力资源和社会保障部拟订社保基金管理运作的有关政策，对社保基金的投资运作和托管情况进行监督。中国证券监督管理委员会(以下简称中国证监会)和中国人民银行按照各自的职权对社保基金投资管理人和托管人的经营活动进行监督。

基金监管的客体，是指依法应当接受基金监管当局监管的机构和个人。

### (二) 社会保险基金监管的内容

社会保险基金监管贯穿于社会保险基金活动的全过程，主要包括对征缴各项社会保险费、支付各项社会保险待遇和管理各项社会保险结余基金情况以及相关财务活动的监督检查。

#### 1. 社会保险基金征缴的监管

社会保险基金征缴监管主要是监督企业缴费行为，有无少报参保人数，少报工资总额、故意少缴或不缴社会保险费；经办机构征缴的社会保险费是否及时足额缴入收入户管理，有无不入账，搞体外循环或被挤占挪用；收入户资金是否按规定及时足额转入财政专户等。

#### 2. 社会保险基金支付的监管

社会保险基金支付监管主要是指对经办机构是否按规定的项目、范围和标准支付基金，有无多头支、少支或不支，有无挪用支出户基金，受益人有无骗取保险金等行为进行监督。

#### 3. 社会保险基金结余的监督

社会保险基金结余的监督主要是指有无挤占挪用基金及非法动用基金的行为；结余基金收益状况是否合理；是否按规定及时足额拨入支出户等。

#### 4. 社会保险基金财务监督

社会保险基金管理的核心是财务管理。社会保险经办机构在经办社会保险业务中，按照国家社会保险政策、法规，合理组织、筹集、支付、运营社会保险基金，这就形成了社会保险基金的运动，从而构成了基金的财务活动。为了做好社会保险基金财务管理，财政部会同劳动保障部制定了《社会保险基金财务制度》，使基金财务管理进一步迈向规范化和制度化。

# 本章小结

1. 社会保险是指国家通过立法形式强制建立社会保险基金，对劳动者在年老、疾病、死亡、伤残、失业、生育等情况下的基本生活需要给予物质帮助的一种社会保障制度。它具有强制性、基本保障性、社会性、公平性和互助性等特征。

2. 我国社会保险主要包括五种类型：基本养老保险、基本医疗保险、失业保险、工伤保险和生育保险。

3. 基本养老保险是国家和社会根据一定的法律和法规，为解决劳动者在达到国家规定的解除劳动义务的劳动年龄界限，或因年老丧失劳动能力退出劳动岗位后的基本生活而建立的一种社会保险制度。基本养老保险费一般由用人单位和个人共同负担。

4. 基本医疗保险是为补偿劳动者因疾病风险造成的经济损失而建立的一项社会保险制度。基本医疗保险由职工基本医疗保险、新型农村合作医疗和城镇居民基本医疗保险制度构成。基本医疗保险的参保对象是全体居民。职工基本医疗保险费一般由用人单位和个人共同负担。

5. 失业保险是指国家通过立法强制实行的，由用人单位缴费、职工个人缴费及国家财政补贴等渠道筹集资金建立失业保险基金，对因失业而暂时中断生活来源的劳动者提供物质帮助以保障其基本生活，并通过专业训练、职业介绍等手段为其再就业创造条件的制度。失业保险费一般由用人单位和个人共同负担。

6. 工伤保险又称职业伤害保险，是通过建立工伤保险基金，对劳动者在生产经营活动中遭受意外伤害或职业病，并由此造成死亡、暂时或永久丧失劳动能力时，给予劳动者法定的医疗救治以及必要的经济补偿的一种社会保障制度。工伤保险费由用人单位缴纳。

7. 生育保险是国家通过立法，在怀孕和分娩的妇女劳动者暂时中断劳动时，由国家和社会提供医疗服务、生育津贴和产假的一种社会保险制度。该保险费由用人单位缴纳。

8. 社会保险基金是国家为举办社会保险事业而筹集的，用于支付劳动者因暂时或永久丧失劳动能力或劳动机会时所享受的保险金和津贴的资金。社会保险基金管理是社会保险管理工作的核心。它包括社会保险基金的筹集、支付、投资运行等环节。

# 课后知识拓展

### 职工基本医疗保险和城镇居民医疗保险的区别

一、参保人群不同

职工基本医疗保险与基本养老保险、工伤保险、失业保险和生育保险同属于社会保险的基本险项，是通过国家法律法规强制推行的，参保人群包括在岗职工、从事个体经营的灵活就业人员等。而城镇居民医疗保险的主要参保对象是职工基本医疗保险和新农村合作医疗保险以外的城镇居民，包括学生儿童、重度残疾人、非从业人员以及女性年满55周岁，男性年满60周岁的老年人等。

二、缴费方式不同

职工基本医疗保险费用是由用人单位和职工共同缴纳的，通常情况下用人单位缴纳6%，职工个人缴纳2%，职工缴纳的部分，用人单位每月从职工工资中扣除，不过缴费比例各地会有所不同。而城镇居民医疗保险缴费包括个人缴费和政府补贴，2020年个人缴费标准是每人每年280元，政府补贴不低于550元，所以总体来说，城镇居民医疗保险个人年缴费额度要比职工基本医疗保险缴费额度低很多。

三、享受待遇不同

根据《中华人民共和国社会保险法》第二十七条规定，达到法定退休年龄的职工累计缴费时间符合国家规定年限的，退休之后可以直接享受终身医疗保险待遇，而未达到规定年限的，需要补缴费用至国家规定年限。全国各地医疗保险的缴费年限并不统一，具体情况要咨询当地社保局。一般来说，职工医疗保险缴费年限满25年，退休后就可以直接享受医疗保险待遇；而城镇居民医疗保险采取年度缴费，也就说城镇居民交一年医疗保险便可以享受一年医疗保险待遇，即便城镇居民达到法定退休年龄之后，也必须每年缴纳医疗保险才能享受医保报销待遇，另外，由于城镇居民医疗保险的缴费标准比较低，因此报销的比例没有职工基本医疗保险报销得高。

参加职工基本医疗保险的在岗职工在医保报销范围内的住院费用，报销比例可分为三档：最低起付线至5000元的部分报销75%；5000元至1万元的部分报销80%；1万元以上的部分报销85%；退休人员的报销比例会相应提高10%。

而参加城镇居民医疗保险的人，在报销范围内，最低起付线以上都按55%报销，而且每年度最高累计报销金额为3万元。

综上所述，职工基本医疗保险和城镇居民医疗保险虽然都是医保范畴，但是二者的区别还是很大的，建议符合条件且有经济条件的人首选职工基本医疗保险，虽然缴费标准高，但是报销比例大，就医时能够节省更多的费用。

(资料来源：www.baidu.com)

### 人社部2019年度公报公布 全年三项社会保险基金收入合计59130亿元

2020年6月5日，人力资源和社会保障部发布《2019年度人力资源和社会保障事业发展统计公报》。公报显示，全年基本养老保险、失业保险、工伤保险三项社会保险基金收入合计59130亿元，比上年增加2040亿元，增长3.6%；基金支出合计54492亿元，比上年增加5285亿元，增长10.7%。

(一) 养老保险

年末全国参加基本养老保险人数为96754万人，比上年末增加2461万人。全年基本养老保险基金总收入57026亿元，基金总支出52342亿元。年末基本养老保险基金累计结存62873亿元。

年末全国参加城镇职工基本养老保险人数为43 488万人，比上年末增加1586万人。其中，参保职工31177万人，参保离退休人员12310万人，分别比上年末增加1074万人和513万人。全年城镇职工基本养老保险基金收入52919亿元，基金支出49 228亿元。年末城镇职工基本养老保险基金累计结存54623亿元。2019年，企业职工基本养老保险基金中央调剂比例提高到3.5%，基金调剂规模为6303亿元。

年末城乡居民基本养老保险参保人数53266万人，比上年末增加874万人。其中，实际领取待遇人数16032万人。2019年共为2529.4万建档立卡贫困人口、1278.7万低保对象、特困人员等贫困群体代缴城乡居民养老保险费近42亿元，为2885.5万贫困老人发放养老保险待遇，6693.6万贫困人员从中受益。全国5978万符合条件的建档立卡贫困人员参加基本养老保险，基本实现贫困人员基本养老保险应保尽保。全年城乡居民基本养老保险基金收入4107亿元，基金支出3114亿元。年末城乡居民基本养老保险基金累计结存8249亿元。

年末全国有9.6万户企业建立了企业年金，参加职工2548万人。年末企业年金基金累计结存17985亿元。

(二) 失业保险

年末全国参加失业保险人数为20543万人，比上年末增加899万人。年末全国领取失业保险金人数为228万人，比上年末增加5万人。全年共为461万名失业人员发放了不同期限的失业保险金，比上年增加9万人。失业保险金月人均水平1393元，比上年增长10.0%。全年共为领取失业保险金人员代缴基本医疗保险费98亿元，比上年增长6.1%。全年发放稳岗补贴惠及职工7290万人，发放技能提升补贴惠及职工122万人。

全年失业保险基金收入1284亿元，基金支出1333亿元。年末失业保险基金累计结存4625亿元。

(三) 工伤保险

年末全国参加工伤保险人数为25 478万人，比上年末增加1604万人。截至2019年末，全国新开工工程建设项目工伤保险参保率为99%。全年认定(视同)工伤113.3万人，评定伤残等级60.7万人。全年有194万人次享受工伤保险待遇。

全年工伤保险基金收入819亿元，基金支出817亿元。年末工伤保险基金累计结存1783亿元(含储备金262亿元)。

(资料来源：www.mohrss.gov.cn)

# 习　题

## 一、名词解释

1. 社会保险　2. 社会保障　3. 基本养老保险　4. 基本医疗保险
5. 失业保险　6. 工伤保险　7. 生育保险　8. 社会保险基金

## 二、单项选择题

1. 现阶段我国法定的社会保险有几种？(　　)
A. 四种　B. 五种　C. 三种　D. 二种

2. 我国现行的社会保险主要保障劳动者在什么情况下的基本生活不受影响？(　　)
A. 年老、失业、下岗、疾病、工伤　B. 年老、失业、下岗、工伤、生育
C. 年老、失业、患病、工伤、生育　D. 以上都不对

3. 社会保险是基于(　　)建立起来的保险制度。
A. 经济利益　B. 个人利益　C. 公共利益　D. 企业利益

4. 工伤保险实行(　　)，是指由于不同行业(或企业)具有不同的危险等级，对它们单独确定工伤保险的缴费率。
A. 浮动费率　B. 统一费率　C. 差别费率　D. 标准费率

5. 我国社保基金对股票和证券投资基金的投资比例不得高于(　　)。
A. 40%　B. 50%　C. 10%　D. 20%

## 三、多项选择题

1. 现代社会保障基金筹集的模式有哪几种？(　　)。
A. 部分积累制　B. 社会统筹制　C. 完全积累制　D. 现收现付制

2. 下列选项属于社会保险特征的是(　　)。
A. 逐利性　B. 公平性　C. 强制性　D. 基本保障性

3. 由用人单位和个人共同缴纳保险费的社会保险类别有(　　)。
A. 基本养老保险　B. 失业保险　C. 工伤保险　D. 生育保险

4. 各国在支付失业津贴时一般会要求失业者符合以下条件(　　)。
A. 失业者已退休　B. 失业前参加了失业保险并履行了缴费义务
C. 有就业愿望并接受职业培训或职业介绍　D. 非自愿或非本人过错被解雇

5. 我国社会保险基金的资金来源包括(　　)。

A. 政府的财政补贴　　B. 社会保险基金的投资回报

C. 税收　　D. 用人单位和个人缴纳的保险费

**四、判断题**

1. 社会保险本质上是国民收入的再分配，它通过资金筹资和待遇给付，缩小着社会成员发展结果的不公平。(　　)

2. 社会保险与商业保险都是基于对特定风险损失分担的保险机制。(　　)

3. 基本医疗保险制度是指当劳动者因工作原因遭受意外伤害或职业病，劳动者或其遗属可以获得免费医疗救治和经济补偿的保险制度。(　　)

4. 一般情况下，各国的生育保险覆盖范围是已婚的女性劳动者，不包括男性劳动者的未就业配偶。(　　)

5. 社会保险等同于社会保障。(　　)

**五、简答题**

1. 社会保险和商业保险区别表现在哪些方面?

2. 试比较社会保险和社会保障。

3. 社会保险基金的投资渠道有哪些?

**六、案例分析题**

1. 某公司招聘了几名外地员工，其中员工A表示，由于他的工资比较低，不想参加社保，如果以后生病的话他自己负责，也不会找公司的麻烦，而且他表示可以跟公司签约承诺自己的决定。请问员工A的说法或行为对吗？如果A签约不参加社保，该合同是否有效？为什么？

# 参考文献


[1] 魏华林，林宝清. 保险学[M]. 4版. 北京：高等教育出版社，2017.
[2] 刘平. 保险学原理与应用[M]. 3版. 北京：清华大学出版社，2018.
[3] 孙蓉，兰虹. 保险学原理[M]. 4版. 成都：西南财经大学出版社，2015.
[4] 马宜斐，段文军. 保险原理与实务[M]. 4版. 北京：中国人民大学出版社，2019.
[5] 彭爱美. 保险法与实务[M]. 北京：清华大学出版社，2015.
[6] 张旭升，龙卫洋. 保险学原理与实务[M]. 北京：电子工业出版社，2018.
[7] 孙祁祥. 保险学[M]. 4版. 北京：北京大学出版社，2017.
[8] 牟晓伟. 保险学原理与实务[M]. 上海：上海财经大学出版社，2019.
[9] 王朝华，刘东，吴晓雅. 保险学原理与实务[M]. 北京：对外经贸大学出版社，2017.
[10] 张洪涛. 保险学[M]. 4版. 北京：中国人民大学出版社，2014.
[11] 许飞琼. 保险学概论[M]. 北京：中国金融出版社，2019.
[12] 张虹，陈迪红. 保险学原理[M]. 北京：清华大学出版社，2018.
[13] 林义. 社会保险[M]. 4版. 北京：中国金融出版社，2016.
[14] 孙树菡，朱丽敏. 社会保险[M]. 北京：中国人民大学出版社，2019.
[15] 中国金融博物馆. 图说中国保险史[M]. 北京：中国金融出版社，2018.
[16] 熊敏鹏. 社会保障学[M]. 2版. 北京：机械工业出版社，2015.
[17] [美] 道弗曼. 风险管理与保险原理[M]. 齐瑞宗，译. 北京：清华大学出版社，2009.
[18] 廖秋林. 保险案例100题[M]. 西安：西北大学出版社，2000.
[19] 庄建非，胡菲. 全球再保险市场现状及特点分析[J]. 今日财富，2018(9).
[20] 杨倩雯. 中国保险70年：从保险大国走向保险强国[N]. 第一财经，2019-08-15.
[21] 瑞士再保险公司. 2020年全球经济和保险市场展望[R]. www.swissre.com，2020.
[22] 郑艺. 信息化提升现代保险业“软实力”——保险业信息化历程及成果回顾[J]. 金融电子化，2019(10): 70-71.
[23] 李洪，孙利君. 我国互联网保险发展现状、风险及防范对策[J]. 管理现代化，2020,40(02): 97-99.
[24] 郭金龙. 保险业发展处在黄金期[J]. 中国金融，2013(02): 53-54.
[25] 项俊波. 经济新常态下我国现代保险业的发展[J]. 保险研究，2015(02): 3-13.
[26] 王绪瑾，王浩帆. 改革开放以来中国保险业发展的回顾与展望[J]. 北京工商大学学报(社会科学版). 2020, 35(02): 91-104.
[27] 查子轩，吕引生. 环强险时代，专业化保险经纪大有可为[J]. 环境经济，2019(08): 50-53.
[28] 王绪瑾. 把握中国保险业发展的战略机遇期[J]. 中国保险，2017(12): 6-10.

[29] 李青青. 浅谈互联网保险现状与创新思路[N]. 中国保险报，2018-12-19(004).
[30] 锁凌燕. 关于完善我国保险市场体系的一些思考[N]. 中国保险报，2016-08-02(007).
[31] 孙健. 从中央经济工作会议看保险资金支持经济建设[N]. 金融时报，2017-01-07(002).
[32] 黄星刚，杨敏. 互联网保险能否促进保险消费——基于北大数字普惠金融指数的研究[J]. 宏观经济研究，2020(05):28-40.
[33] 马丽娟. 创新与合规：互联网保险破茧成蝶的两道关[N]. 中国保险报，2018-12-18(006).
[34] 浅秋. 2018年度互联网保险创新企业50强[J]. 互联网周刊，2018(24): 48-49.
[35] 朱俊生，朱双双. 我国互联网保险的创新与发展[J]. 清华金融评论，2016(12): 93-97.
[36] 李真，王丰莹. 2019年保险资产管理行业年度报告[R]. 华宝证券，2020.
[37] 杨洋. 我国互联网保险产品创新研究[J]. 环渤海经济瞭望. 2020(4).
[38] 姚进. 首个行业信用体系建设规划出台 保险业将建“红黑榜”[N]. 经济日报，2015-02-27.
[39] www.cbirc.gov.cn.
[40] www.stats.gov.cn.
[41] www.iachina.cn.
[42] www.mohrss.gov.cn.
[43] www.swissre.com.
[44] www.finance.sina.com.cn.
[45] www.xinhuanet.com.
[46] www.chinacourt.org.
[47] www.finance.huanqiu.com.
[48] www.21jingji.com.
[49] www.sohu.com.
[50] www.ce.cn.

# 附　录

# 中华人民共和国保险法

(1995年6月30日第八届全国人民代表大会常务委员会第十四次会议通过，根据2002年10月28日第九届全国人民代表大会常务委员会第三十次会议《关于修改〈中华人民共和国保险法〉的决定》第一次修正，2009年2月28日第十一届全国人民代表大会常务委员会第七次会议修订，根据2014年8月31日第十二届全国人民代表大会常务委员会第十次会议《关于修改〈中华人民共和国保险法〉等五部法律的决定》第二次修正，根据2015年4月24日第十二届全国人民代表大会常务委员会第十四次会议《关于修改〈中华人民共和国计量法〉等五部法律的决定》第三次修正)。

## 目　录



## 第一章　总则

第一条 为了规范保险活动，保护保险活动当事人的合法权益，加强对保险业的监督管理，维护社会经济秩序和社会公共利益，促进保险事业的健康发展，制定本法。

第二条 本法所称保险，是指投保人根据合同约定，向保险人支付保险费，保险人对于合同约定的可能发生的事故因其发生所造成的财产损失承担赔偿保险金责任，或者当被保险人死亡、伤残、疾病或者达到合同约定的年龄、期限等条件时承担给付保险金责任的商业保险行为。

第三条 在中华人民共和国境内从事保险活动，适用本法。

第四条 从事保险活动必须遵守法律、行政法规，尊重社会公德，不得损害社会公共利益。

第五条 保险活动当事人行使权利、履行义务应当遵循诚实信用原则。

第六条 保险业务由依照本法设立的保险公司以及法律、行政法规规定的其他保险组织经营，其他单位和个人不得经营保险业务。

第七条 在中华人民共和国境内的法人和其他组织需要办理境内保险的，应当向中华人民共和国境内的保险公司投保。

第八条 保险业和银行业、证券业、信托业实行分业经营、分业管理，保险公司与银行、证券、信托业务机构分别设立。国家另有规定的除外。

第九条 国务院保险监督管理机构依法对保险业实施监督管理。

国务院保险监督管理机构根据履行职责的需要设立派出机构。派出机构按照国务院保险监督管理机构的授权履行监督管理职责。

# 第二章 保险合同

## 第一节 一般规定

第十条 保险合同是投保人与保险人约定保险权利义务关系的协议。

投保人是指与保险人订立保险合同，并按照合同约定负有支付保险费义务的人。

保险人是指与投保人订立保险合同，并按照合同约定承担赔偿或者给付保险金责任的保险公司。

第十一条 订立保险合同，应当协商一致，遵循公平原则确定各方的权利和义务。

除法律、行政法规规定必须保险的外，保险合同自愿订立。

第十二条 人身保险的投保人在保险合同订立时，对被保险人应当具有保险利益。

财产保险的被保险人在保险事故发生时，对保险标的应当具有保险利益。

人身保险是以人的寿命和身体为保险标的的保险。

财产保险是以财产及其有关利益为保险标的的保险。

被保险人是指其财产或者人身受保险合同保障，享有保险金请求权的人。投保人可以为被保险人。

保险利益是指投保人或者被保险人对保险标的具有的法律上承认的利益。

第十三条 投保人提出保险要求，经保险人同意承保，保险合同成立。保险人应当及时向投保人签发保险单或者其他保险凭证。

保险单或者其他保险凭证应当载明当事人双方约定的合同内容。当事人也可以约定采用其他书面形式载明合同内容。

依法成立的保险合同，自成立时生效。投保人和保险人可以对合同的效力约定附条件或者附期限。

第十四条 保险合同成立后，投保人按照约定交付保险费，保险人按照约定的时间开始承担保险责任。

第十五条　除本法另有规定或者保险合同另有约定外，保险合同成立后，投保人可以解除合同，保险人不得解除合同。

第十六条　订立保险合同，保险人就保险标的或者被保险人的有关情况提出询问的，投保人应当如实告知。

投保人故意或者因重大过失未履行前款规定的如实告知义务，足以影响保险人决定是否同意承保或者提高保险费率的，保险人有权解除合同。

前款规定的合同解除权，自保险人知道有解除事由之日起，超过三十日不行使而消灭。自合同成立之日起超过二年的，保险人不得解除合同；发生保险事故的，保险人应当承担赔偿或者给付保险金的责任。

投保人故意不履行如实告知义务的，保险人对于合同解除前发生的保险事故，不承担赔偿或者给付保险金的责任，并不退还保险费。

投保人因重大过失未履行如实告知义务，对保险事故的发生有严重影响的，保险人对于合同解除前发生的保险事故，不承担赔偿或者给付保险金的责任，但应当退还保险费。

保险人在合同订立时已经知道投保人未如实告知的情况的，保险人不得解除合同；发生保险事故的，保险人应当承担赔偿或者给付保险金的责任。

保险事故是指保险合同约定的保险责任范围内的事故。

第十七条　订立保险合同，采用保险人提供的格式条款的，保险人向投保人提供的投保单应当附格式条款，保险人应当向投保人说明合同的内容。

对保险合同中免除保险人责任的条款，保险人在订立合同时应当在投保单、保险单或者其他保险凭证上作出足以引起投保人注意的提示，并对该条款的内容以书面或者口头形式向投保人作出明确说明；未作提示或者明确说明的，该条款不产生效力。

第十八条　保险合同应当包括下列事项：

(一) 保险人的名称和住所；

(二) 投保人、被保险人的姓名或者名称、住所，以及人身保险的受益人的姓名或者名称、住所；

(三) 保险标的；

(四) 保险责任和责任免除；

(五) 保险期间和保险责任开始时间；

(六) 保险金额；

(七) 保险费以及支付办法；

(八) 保险金赔偿或者给付办法；

(九) 违约责任和争议处理；

(十) 订立合同的年、月、日。

投保人和保险人可以约定与保险有关的其他事项。

受益人是指人身保险合同中由被保险人或者投保人指定的享有保险金请求权的人。投保人、被保险人可以为受益人。

保险金额是指保险人承担赔偿或者给付保险金责任的最高限额。

第十九条　采用保险人提供的格式条款订立的保险合同中的下列条款无效：

(一) 免除保险人依法应承担的义务或者加重投保人、被保险人责任的；

(二) 排除投保人、被保险人或者受益人依法享有的权利的。

第二十条 投保人和保险人可以协商变更合同内容。

变更保险合同的，应当由保险人在保险单或者其他保险凭证上批注或者附贴批单，或者由投保人和保险人订立变更的书面协议。

第二十一条 投保人、被保险人或者受益人知道保险事故发生后，应当及时通知保险人。故意或者因重大过失未及时通知，致使保险事故的性质、原因、损失程度等难以确定的，保险人对无法确定的部分，不承担赔偿或者给付保险金的责任，但保险人通过其他途径已经及时知道或者应当及时知道保险事故发生的除外。

第二十二条 保险事故发生后，按照保险合同请求保险人赔偿或者给付保险金时，投保人、被保险人或者受益人应当向保险人提供其所能提供的与确认保险事故的性质、原因、损失程度等有关的证明和资料。

保险人按照合同的约定，认为有关的证明和资料不完整的，应当及时一次性通知投保人、被保险人或者受益人补充提供。

第二十三条 保险人收到被保险人或者受益人的赔偿或者给付保险金的请求后，应当及时作出核定；情形复杂的，应当在三十日内作出核定，但合同另有约定的除外。保险人应当将核定结果通知被保险人或者受益人；对属于保险责任的，在与被保险人或者受益人达成赔偿或者给付保险金的协议后十日内，履行赔偿或者给付保险金义务。保险合同对赔偿或者给付保险金的期限有约定的，保险人应当按照约定履行赔偿或者给付保险金义务。

保险人未及时履行前款规定义务的，除支付保险金外，应当赔偿被保险人或者受益人因此受到的损失。

任何单位和个人不得非法干预保险人履行赔偿或者给付保险金的义务，也不得限制被保险人或者受益人取得保险金的权利。

第二十四条 保险人依照本法第二十三条的规定作出核定后，对不属于保险责任的，应当自作出核定之日起三日内向被保险人或者受益人发出拒绝赔偿或者拒绝给付保险金通知书，并说明理由。

第二十五条 保险人自收到赔偿或者给付保险金的请求和有关证明、资料之日起六十日内，对其赔偿或者给付保险金的数额不能确定的，应当根据已有证明和资料可以确定的数额先予支付；保险人最终确定赔偿或者给付保险金的数额后，应当支付相应的差额。

第二十六条 人寿保险以外的其他保险的被保险人或者受益人，向保险人请求赔偿或者给付保险金的诉讼时效期间为二年，自其知道或者应当知道保险事故发生之日起计算。

人寿保险的被保险人或者受益人向保险人请求给付保险金的诉讼时效期间为五年，自其知道或者应当知道保险事故发生之日起计算。

第二十七条 未发生保险事故，被保险人或者受益人谎称发生了保险事故，向保险人提出赔偿或者给付保险金请求的，保险人有权解除合同，并不退还保险费。

投保人、被保险人故意制造保险事故的，保险人有权解除合同，不承担赔偿或者给付保险金的责任；除本法第四十三条规定外，不退还保险费。

保险事故发生后，投保人、被保险人或者受益人以伪造、变造的有关证明、资料或者其他证据，编造虚假的事故原因或者夸大损失程度的，保险人对其虚报的部分不承担赔偿或者给付保险金的责任。

投保人、被保险人或者受益人有前三款规定行为之一，致使保险人支付保险金或者支出费用的，应当退回或者赔偿。

第二十八条 保险人将其承担的保险业务，以分保形式部分转移给其他保险人的，为再保险。

应再保险接受人的要求，再保险分出人应当将其自负责任及原保险的有关情况书面告知再保险接受人。

第二十九条 再保险接受人不得向原保险的投保人要求支付保险费。

原保险的被保险人或者受益人不得向再保险接受人提出赔偿或者给付保险金的请求。

再保险分出人不得以再保险接受人未履行再保险责任为由，拒绝履行或者迟延履行其原保险责任。

第三十条 采用保险人提供的格式条款订立的保险合同，保险人与投保人、被保险人或者受益人对合同条款有争议的，应当按照通常理解予以解释。对合同条款有两种以上解释的，人民法院或者仲裁机构应当作出有利于被保险人和受益人的解释。

## 第二节　人身保险合同

第三十一条 投保人对下列人员具有保险利益：

(一) 本人；

(二) 配偶、子女、父母；

(三) 前项以外与投保人有抚养、赡养或者扶养关系的家庭其他成员、近亲属；

(四) 与投保人有劳动关系的劳动者。

除前款规定外，被保险人同意投保人为其订立合同的，视为投保人对被保险人具有保险利益。

订立合同时，投保人对被保险人不具有保险利益的，合同无效。

第三十二条 投保人申报的被保险人年龄不真实，并且其真实年龄不符合合同约定的年龄限制的，保险人可以解除合同，并按照合同约定退还保险单的现金价值。保险人行使合同解除权，适用本法第十六条第三款、第六款的规定。

投保人申报的被保险人年龄不真实，致使投保人支付的保险费少于应付保险费的，保险人有权更正并要求投保人补交保险费，或者在给付保险金时按照实付保险费与应付保险费的比例支付。

投保人申报的被保险人年龄不真实，致使投保人支付的保险费多于应付保险费的，保险人应当将多收的保险费退还投保人。

第三十三条 投保人不得为无民事行为能力人投保以死亡为给付保险金条件的人身保险，保险人也不得承保。

父母为其未成年子女投保的人身保险，不受前款规定限制。但是，因被保险人死亡给付的保险金总和不得超过国务院保险监督管理机构规定的限额。

第三十四条 以死亡为给付保险金条件的合同，未经被保险人同意并认可保险金额的，合同无效。

按照以死亡为给付保险金条件的合同所签发的保险单，未经被保险人书面同意，不得转让或者质押。

父母为其未成年子女投保的人身保险，不受本条第一款规定限制。

第三十五条 投保人可以按照合同约定向保险人一次支付全部保险费或者分期支付保险费。

第三十六条 合同约定分期支付保险费，投保人支付首期保险费后，除合同另有约定外，投保人自保险人催告之日起超过三十日未支付当期保险费，或者超过约定的期限六十日未支付当期保险费的，合同效力中止，或者由保险人按照合同约定的条件减少保险金额。

被保险人在前款规定期限内发生保险事故的，保险人应当按照合同约定给付保险金，但可以扣减欠交的保险费。

第三十七条 合同效力依照本法第三十六条规定中止的，经保险人与投保人协商并达成协议，在投保人补交保险费后，合同效力恢复。但是，自合同效力中止之日起满二年双方未达成协议的，保险人有权解除合同。

保险人依照前款规定解除合同的，应当按照合同约定退还保险单的现金价值。

第三十八条 保险人对人寿保险的保险费，不得用诉讼方式要求投保人支付。

第三十九条 人身保险的受益人由被保险人或者投保人指定。

投保人指定受益人时须经被保险人同意。投保人为与其有劳动关系的劳动者投保人身保险，不得指定被保险人及其近亲属以外的人为受益人。

被保险人为无民事行为能力人或者限制民事行为能力人的，可以由其监护人指定受益人。

第四十条 被保险人或者投保人可以指定一人或者数人为受益人。

受益人为数人的，被保险人或者投保人可以确定受益顺序和受益份额；未确定受益份额的，受益人按照相等份额享有受益权。

第四十一条 被保险人或者投保人可以变更受益人并书面通知保险人。保险人收到变更受益人的书面通知后，应当在保险单或者其他保险凭证上批注或者附贴批单。

投保人变更受益人时须经被保险人同意。

第四十二条 被保险人死亡后，有下列情形之一的，保险金作为被保险人的遗产，由保险人依照《中华人民共和国继承法》的规定履行给付保险金的义务：

(一) 没有指定受益人，或者受益人指定不明无法确定的；

(二) 受益人先于被保险人死亡，没有其他受益人的；

(三) 受益人依法丧失受益权或者放弃受益权，没有其他受益人的。

受益人与被保险人在同一事件中死亡，且不能确定死亡先后顺序的，推定受益人死亡在先。

第四十三条 投保人故意造成被保险人死亡、伤残或者疾病的，保险人不承担给付保险金的责任。投保人已交足二年以上保险费的，保险人应当按照合同约定向其他权利人退还保险单的现金价值。

受益人故意造成被保险人死亡、伤残、疾病的，或者故意杀害被保险人未遂的，该受益人丧失受益权。

第四十四条 以被保险人死亡为给付保险金条件的合同，自合同成立或者合同效力恢复之日起二年内，被保险人自杀的，保险人不承担给付保险金的责任，但被保险人自杀时为无民事行为能力人的除外。

保险人依照前款规定不承担给付保险金责任的，应当按照合同约定退还保险单的现金价值。

第四十五条 因被保险人故意犯罪或者抗拒依法采取的刑事强制措施导致其伤残或者死亡的，保险人不承担给付保险金的责任。投保人已交足二年以上保险费的，保险人应当按照合同约定退还保险单的现金价值。

第四十六条 被保险人因第三者的行为而发生死亡、伤残或者疾病等保险事故的，保险人向被保险人或者受益人给付保险金后，不享有向第三者追偿的权利，但被保险人或者受益人仍有权向第三者请求赔偿。

第四十七条 投保人解除合同的，保险人应当自收到解除合同通知之日起三十日内，按照合同约定退还保险单的现金价值。

## 第三节 财产保险合同

第四十八条 保险事故发生时，被保险人对保险标的不具有保险利益的，不得向保险人请求赔偿保险金。

第四十九条 保险标的转让的，保险标的的受让人承继被保险人的权利和义务。

保险标的转让的，被保险人或者受让人应当及时通知保险人，但货物运输保险合同和另有约定的合同除外。

因保险标的转让导致危险程度显著增加的，保险人自收到前款规定的通知之日起三十日内，可以按照合同约定增加保险费或者解除合同。保险人解除合同的，应当将已收取的保险费，按照合同约定扣除自保险责任开始之日起至合同解除之日止应收的部分后，退还投保人。

被保险人、受让人未履行本条第二款规定的通知义务的，因转让导致保险标的危险程度显著增加而发生的保险事故，保险人不承担赔偿保险金的责任。

第五十条 货物运输保险合同和运输工具航程保险合同，保险责任开始后，合同当事人不得解除合同。

第五十一条 被保险人应当遵守国家有关消防、安全、生产操作、劳动保护等方面的规定，维护保险标的的安全。

保险人可以按照合同约定对保险标的的安全状况进行检查，及时向投保人、被保险人提出消除不安全因素和隐患的书面建议。

投保人、被保险人未按照约定履行其对保险标的的安全应尽责任的，保险人有权要求增加保险费或者解除合同。

保险人为维护保险标的的安全，经被保险人同意，可以采取安全预防措施。

第五十二条 在合同有效期内，保险标的的危险程度显著增加的，被保险人应当按照合同约定及时通知保险人，保险人可以按照合同约定增加保险费或者解除合同。保险人解除合同的，应当将已收取的保险费，按照合同约定扣除自保险责任开始之日起至合同解除之日止应收的部分后，退还投保人。

被保险人未履行前款规定的通知义务的，因保险标的的危险程度显著增加而发生的保险事故，保险人不承担赔偿保险金的责任。

第五十三条 有下列情形之一的，除合同另有约定外，保险人应当降低保险费，并按日计算退还相应的保险费：

(一) 据以确定保险费率的有关情况发生变化，保险标的的危险程度明显减少的；

(二) 保险标的的保险价值明显减少的。

第五十四条 保险责任开始前，投保人要求解除合同的，应当按照合同约定向保险人支付手续费，保险人应当退还保险费。保险责任开始后，投保人要求解除合同的，保险人应当将已收取的保险费，按照合同约定扣除自保险责任开始之日起至合同解除之日止应收的部分后，退还投保人。

第五十五条 投保人和保险人约定保险标的的保险价值并在合同中载明的，保险标的发生损失时，以约定的保险价值为赔偿计算标准。

投保人和保险人未约定保险标的的保险价值的，保险标的发生损失时，以保险事故发生时保险标的的实际价值为赔偿计算标准。

保险金额不得超过保险价值。超过保险价值的，超过部分无效，保险人应当退还相应的保险费。

保险金额低于保险价值的，除合同另有约定外，保险人按照保险金额与保险价值的比例承担赔偿保险金的责任。

第五十六条 重复保险的投保人应当将重复保险的有关情况通知各保险人。

重复保险的各保险人赔偿保险金的总和不得超过保险价值。除合同另有约定外，各保险人按照其保险金额与保险金额总和的比例承担赔偿保险金的责任。

重复保险的投保人可以就保险金额总和超过保险价值的部分，请求各保险人按比例返还保险费。

重复保险是指投保人对同一保险标的、同一保险利益、同一保险事故分别与两个以上保险人订立保险合同，且保险金额总和超过保险价值的保险。

第五十七条 保险事故发生时，被保险人应当尽力采取必要的措施，防止或者减少损失。

保险事故发生后，被保险人为防止或者减少保险标的的损失所支付的必要的、合理的费用，由保险人承担；保险人所承担的费用数额在保险标的损失赔偿金额以外另行计算，最高不超过保险金额的数额。

第五十八条 保险标的发生部分损失的，自保险人赔偿之日起三十日内，投保人可以解除合同；除合同另有约定外，保险人也可以解除合同，但应当提前十五日通知投保人。

合同解除的，保险人应当将保险标的未受损失部分的保险费，按照合同约定扣除自保险责任开始之日起至合同解除之日止应收的部分后，退还投保人。

第五十九条 保险事故发生后，保险人已支付了全部保险金额，并且保险金额等于保险价值的，受损保险标的的全部权利归于保险人；保险金额低于保险价值的，保险人按照保险金额与保险价值的比例取得受损保险标的的部分权利。

第六十条 因第三者对保险标的的损害而造成保险事故的，保险人自向被保险人赔偿保险金之日起，在赔偿金额范围内代位行使被保险人对第三者请求赔偿的权利。

前款规定的保险事故发生后，被保险人已经从第三者取得损害赔偿的，保险人赔偿保险金时，可以相应扣减被保险人从第三者已取得的赔偿金额。

保险人依照本条第一款规定行使代位请求赔偿的权利，不影响被保险人就未取得赔偿的部分向第三者请求赔偿的权利。

第六十一条 保险事故发生后，保险人未赔偿保险金之前，被保险人放弃对第三者请求赔偿的权利的，保险人不承担赔偿保险金的责任。

保险人向被保险人赔偿保险金后，被保险人未经保险人同意放弃对第三者请求赔偿的权利的，该行为无效。

被保险人故意或者因重大过失致使保险人不能行使代位请求赔偿的权利的，保险人可以扣减或者要求返还相应的保险金。

第六十二条 除被保险人的家庭成员或者其组成人员故意造成本法第六十条第一款规定的保险事故外，保险人不得对被保险人的家庭成员或者其组成人员行使代位请求赔偿的权利。

第六十三条 保险人向第三者行使代位请求赔偿的权利时，被保险人应当向保险人提供必要的文件和所知道的有关情况。

第六十四条 保险人、被保险人为查明和确定保险事故的性质、原因和保险标的的损失程度所支付的必要的、合理的费用，由保险人承担。

第六十五条 保险人对责任保险的被保险人给第三者造成的损害，可以依照法律的规定或者合同的约定，直接向该第三者赔偿保险金。

责任保险的被保险人给第三者造成损害，被保险人对第三者应负的赔偿责任确定的，根据被保险人的请求，保险人应当直接向该第三者赔偿保险金。被保险人怠于请求的，第三者有权就其应获赔偿部分直接向保险人请求赔偿保险金。

责任保险的被保险人给第三者造成损害，被保险人未向该第三者赔偿的，保险人不得向被保险人赔偿保险金。

责任保险是指以被保险人对第三者依法应负的赔偿责任为保险标的的保险。

第六十六条 责任保险的被保险人因给第三者造成损害的保险事故而被提起仲裁或者诉讼的，被保险人支付的仲裁或者诉讼费用以及其他必要的、合理的费用，除合同另有约定外，由保险人承担。

## 第三章　保险公司

第六十七条 设立保险公司应当经国务院保险监督管理机构批准。

国务院保险监督管理机构审查保险公司的设立申请时，应当考虑保险业的发展和公平竞争的需要。

第六十八条 设立保险公司应当具备下列条件：

(一) 主要股东具有持续盈利能力，信誉良好，最近三年内无重大违法违规记录，净资产不低于人民币二亿元；

(二) 有符合本法和《中华人民共和国公司法》规定的章程；

(三) 有符合本法规定的注册资本；

(四) 有具备任职专业知识和业务工作经验的董事、监事和高级管理人员；

(五) 有健全的组织机构和管理制度；

(六) 有符合要求的营业场所和与经营业务有关的其他设施；

(七) 法律、行政法规和国务院保险监督管理机构规定的其他条件。

第六十九条 设立保险公司，其注册资本的最低限额为人民币二亿元。

国务院保险监督管理机构根据保险公司的业务范围、经营规模，可以调整其注册资本的最低限额，但不得低于本条第一款规定的限额。

保险公司的注册资本必须为实缴货币资本。

第七十条 申请设立保险公司，应当向国务院保险监督管理机构提出书面申请，并提交下列材料：

(一) 设立申请书，申请书应当载明拟设立的保险公司的名称、注册资本、业务范围等；

(二) 可行性研究报告；

(三) 筹建方案；

(四) 投资人的营业执照或者其他背景资料，经会计师事务所审计的上一年度财务会计报告；

(五) 投资人认可的筹备组负责人和拟任董事长、经理名单及本人认可证明；

(六) 国务院保险监督管理机构规定的其他材料。

第七十一条 国务院保险监督管理机构应当对设立保险公司的申请进行审查，自受理之日起六个月内作出批准或者不批准筹建的决定，并书面通知申请人。决定不批准的，应当书面说明理由。

第七十二条 申请人应当自收到批准筹建通知之日起一年内完成筹建工作；筹建期间不得从事保险经营活动。

第七十三条 筹建工作完成后，申请人具备本法第六十八条规定的设立条件的，可以向国务院保险监督管理机构提出开业申请。

国务院保险监督管理机构应当自受理开业申请之日起六十日内，作出批准或者不批准开业的决定。决定批准的，颁发经营保险业务许可证；决定不批准的，应当书面通知申请人并说明理由。

第七十四条 保险公司在中华人民共和国境内设立分支机构，应当经保险监督管理机构批准。

保险公司分支机构不具有法人资格，其民事责任由保险公司承担。

第七十五条 保险公司申请设立分支机构，应当向保险监督管理机构提出书面申请，并提交下列材料：

(一) 设立申请书；

(二) 拟设机构三年业务发展规划和市场分析材料；

(三) 拟任高级管理人员的简历及相关证明材料；

(四) 国务院保险监督管理机构规定的其他材料。

第七十六条 保险监督管理机构应当对保险公司设立分支机构的申请进行审查，自受理之日起六十日内作出批准或者不批准的决定。决定批准的，颁发分支机构经营保险业务许可证；决定不批准的，应当书面通知申请人并说明理由。

第七十七条 经批准设立的保险公司及其分支机构，凭经营保险业务许可证向工商行政管理机关办理登记，领取营业执照。

第七十八条 保险公司及其分支机构自取得经营保险业务许可证之日起六个月内，无正当理由未向工商行政管理机关办理登记的，其经营保险业务许可证失效。

第七十九条 保险公司在中华人民共和国境外设立子公司、分支机构，应当经国务院保险监督管理机构批准。

第八十条 外国保险机构在中华人民共和国境内设立代表机构，应当经国务院保险监督管理机构批准。代表机构不得从事保险经营活动。

第八十一条 保险公司的董事、监事和高级管理人员，应当品行良好，熟悉与保险相关的法律、行政法规，具有履行职责所需的经营管理能力，并在任职前取得保险监督管理机构核准的任职资格。

保险公司高级管理人员的范围由国务院保险监督管理机构规定。

第八十二条 有《中华人民共和国公司法》第一百四十六条规定的情形或者下列情形之一的，不得担任保险公司的董事、监事、高级管理人员：

(一) 因违法行为或者违纪行为被金融监督管理机构取消任职资格的金融机构的董事、监事、高级管理人员，自被取消任职资格之日起未逾五年的；

(二) 因违法行为或者违纪行为被吊销执业资格的律师、注册会计师或者资产评估机构、验证机构等机构的专业人员，自被吊销执业资格之日起未逾五年的。

第八十三条 保险公司的董事、监事、高级管理人员执行公司职务时违反法律、行政法规或者公司章程的规定，给公司造成损失的，应当承担赔偿责任。

第八十四条 保险公司有下列情形之一的，应当经保险监督管理机构批准：

(一) 变更名称；

(二) 变更注册资本；

(三) 变更公司或者分支机构的营业场所；

(四) 撤销分支机构；

(五) 公司分立或者合并；

(六) 修改公司章程；

(七) 变更出资额占有限责任公司资本总额百分之五以上的股东，或者变更持有股份有限公司股份百分之五以上的股东；

(八) 国务院保险监督管理机构规定的其他情形。

第八十五条 保险公司应当聘用专业人员，建立精算报告制度和合规报告制度。

第八十六条 保险公司应当按照保险监督管理机构的规定，报送有关报告、报表、文件和资料。

保险公司的偿付能力报告、财务会计报告、精算报告、合规报告及其他有关报告、报表、文件和资料必须如实记录保险业务事项，不得有虚假记载、误导性陈述和重大遗漏。

第八十七条 保险公司应当按照国务院保险监督管理机构的规定妥善保管业务经营活动的完整账簿、原始凭证和有关资料。

前款规定的账簿、原始凭证和有关资料的保管期限，自保险合同终止之日起计算，保险期间在一年以下的不得少于五年，保险期间超过一年的不得少于十年。

第八十八条 保险公司聘请或者解聘会计师事务所、资产评估机构、资信评级机构等中介服务机构，应当向保险监督管理机构报告；解聘会计师事务所、资产评估机构、资信评级机构等中介服务机构，应当说明理由。

第八十九条 保险公司因分立、合并需要解散，或者股东会、股东大会决议解散，或者公司章程规定的解散事由出现，经国务院保险监督管理机构批准后解散。

经营有人寿保险业务的保险公司，除因分立、合并或者被依法撤销外，不得解散。

保险公司解散，应当依法成立清算组进行清算。

第九十条 保险公司有《中华人民共和国企业破产法》第二条规定情形的，经国务院保险监督管理机构同意，保险公司或者其债权人可以依法向人民法院申请重整、和解或者破产清算；国务院保险监督管理机构也可以依法向人民法院申请对该保险公司进行重整或者破产清算。

第九十一条 破产财产在优先清偿破产费用和共益债务后，按照下列顺序清偿：

(一) 所欠职工工资和医疗、伤残补助、抚恤费用，所欠应当划入职工个人账户的基本养老保险、基本医疗保险费用，以及法律、行政法规规定应当支付给职工的补偿金；

(二) 赔偿或者给付保险金；

(三) 保险公司欠缴的除第(一)项规定以外的社会保险费用和所欠税款；

(四) 普通破产债权。

破产财产不足以清偿同一顺序的清偿要求的，按照比例分配。

破产保险公司的董事、监事和高级管理人员的工资，按照该公司职工的平均工资计算。

第九十二条 经营有人寿保险业务的保险公司被依法撤销或者被依法宣告破产的，其持有的人寿保险合同及责任准备金，必须转让给其他经营有人寿保险业务的保险公司；不能同其他保险公司达成转让协议的，由国务院保险监督管理机构指定经营有人寿保险业务的保险公司接受转让。

转让或者由国务院保险监督管理机构指定接受转让前款规定的人寿保险合同及责任准备金的，应当维护被保险人、受益人的合法权益。

第九十三条 保险公司依法终止其业务活动，应当注销其经营保险业务许可证。

第九十四条 保险公司，除本法另有规定外，适用《中华人民共和国公司法》的规定。

# 第四章 保险经营规则

第九十五条 保险公司的业务范围：

(一) 人身保险业务，包括人寿保险、健康保险、意外伤害保险等保险业务；

(二) 财产保险业务，包括财产损失保险、责任保险、信用保险、保证保险等保险业务；

(三) 国务院保险监督管理机构批准的与保险有关的其他业务。

保险人不得兼营人身保险业务和财产保险业务。但是，经营财产保险业务的保险公司经国务院保险监督管理机构批准，可以经营短期健康保险业务和意外伤害保险业务。

保险公司应当在国务院保险监督管理机构依法批准的业务范围内从事保险经营活动。

第九十六条 经国务院保险监督管理机构批准，保险公司可以经营本法第九十五条规定的保险业务的下列再保险业务：

(一) 分出保险；

(二) 分入保险。

第九十七条 保险公司应当按照其注册资本总额的百分之二十提取保证金，存入国务院保险监督管理机构指定的银行，除公司清算时用于清偿债务外，不得动用。

第九十八条 保险公司应当根据保障被保险人利益、保证偿付能力的原则，提取各项责任准备金。

保险公司提取和结转责任准备金的具体办法，由国务院保险监督管理机构制定。

第九十九条 保险公司应当依法提取公积金。

第一百条 保险公司应当缴纳保险保障基金。

保险保障基金应当集中管理，并在下列情形下统筹使用：

(一) 在保险公司被撤销或者被宣告破产时，向投保人、被保险人或者受益人提供救济；

(二) 在保险公司被撤销或者被宣告破产时，向依法接受其人寿保险合同的保险公司提供救济；

(三) 国务院规定的其他情形。

保险保障基金筹集、管理和使用的具体办法，由国务院制定。

第一百零一条 保险公司应当具有与其业务规模和风险程度相适应的最低偿付能力。保险公司的认可资产减去认可负债的差额不得低于国务院保险监督管理机构规定的数额；低于规定数额的，应当按照国务院保险监督管理机构的要求采取相应措施达到规定的数额。

第一百零二条 经营财产保险业务的保险公司当年自留保险费，不得超过其实有资本金加公积金总和的四倍。

第一百零三条 保险公司对每一危险单位，即对一次保险事故可能造成的最大损失范围所承担的责任，不得超过其实有资本金加公积金总和的百分之十；超过的部分应当办理再保险。

保险公司对危险单位的划分应当符合国务院保险监督管理机构的规定。

第一百零四条 保险公司对危险单位的划分方法和巨灾风险安排方案，应当报国务院保险监督管理机构备案。

第一百零五条 保险公司应当按照国务院保险监督管理机构的规定办理再保险，并审慎选择再保险接受人。

第一百零六条 保险公司的资金运用必须稳健，遵循安全性原则。

保险公司的资金运用限于下列形式：

(一) 银行存款；

(二) 买卖债券、股票、证券投资基金份额等有价证券；

(三) 投资不动产；

(四) 国务院规定的其他资金运用形式。

保险公司资金运用的具体管理办法，由国务院保险监督管理机构依照前两款的规定制定。

第一百零七条 经国务院保险监督管理机构会同国务院证券监督管理机构批准，保险公司可以设立保险资产管理公司。

保险资产管理公司从事证券投资活动，应当遵守《中华人民共和国证券法》等法律、行政法规的规定。

保险资产管理公司的管理办法，由国务院保险监督管理机构会同国务院有关部门制定。

第一百零八条 保险公司应当按照国务院保险监督管理机构的规定，建立对关联交易的管理和信息披露制度。

第一百零九条 保险公司的控股股东、实际控制人、董事、监事、高级管理人员不得利用关联交易损害公司的利益。

第一百一十条 保险公司应当按照国务院保险监督管理机构的规定，真实、准确、完整地披露财务会计报告、风险管理状况、保险产品经营情况等重大事项。

第一百一十一条 保险公司从事保险销售的人员应当品行良好，具有保险销售所需的专业能力。保险销售人员的行为规范和管理办法，由国务院保险监督管理机构规定。

第一百一十二条 保险公司应当建立保险代理人登记管理制度，加强对保险代理人的培训和管理，不得唆使、诱导保险代理人进行违背诚信义务的活动。

第一百一十三条 保险公司及其分支机构应当依法使用经营保险业务许可证，不得转让、出租、出借经营保险业务许可证。

第一百一十四条 保险公司应当按照国务院保险监督管理机构的规定，公平、合理拟订保险条款和保险费率，不得损害投保人、被保险人和受益人的合法权益。

保险公司应当按照合同约定和本法规定，及时履行赔偿或者给付保险金义务。

第一百一十五条 保险公司开展业务，应当遵循公平竞争的原则，不得从事不正当竞争。

第一百一十六条 保险公司及其工作人员在保险业务活动中不得有下列行为：

(一) 欺骗投保人、被保险人或者受益人；

(二) 对投保人隐瞒与保险合同有关的重要情况；

(三) 阻碍投保人履行本法规定的如实告知义务，或者诱导其不履行本法规定的如实告知义务；

(四) 给予或者承诺给予投保人、被保险人、受益人保险合同约定以外的保险费回扣或者其他利益；

(五) 拒不依法履行保险合同约定的赔偿或者给付保险金义务；

(六) 故意编造未曾发生的保险事故、虚构保险合同或者故意夸大已经发生的保险事故的损失程度进行虚假理赔，骗取保险金或者牟取其他不正当利益；

(七) 挪用、截留、侵占保险费；

(八) 委托未取得合法资格的机构从事保险销售活动；

(九) 利用开展保险业务为其他机构或者个人牟取不正当利益；

(十) 利用保险代理人、保险经纪人或者保险评估机构，从事以虚构保险中介业务或者编造退保等方式套取费用等违法活动；

(十一) 以捏造、散布虚假事实等方式损害竞争对手的商业信誉，或者以其他不正当竞争行为扰乱保险市场秩序；

(十二) 泄露在业务活动中知悉的投保人、被保险人的商业秘密；

(十三) 违反法律、行政法规和国务院保险监督管理机构规定的其他行为。

## 第五章　保险代理人和保险经纪人

第一百一十七条 保险代理人是根据保险人的委托，向保险人收取佣金，并在保险人授权的范围内代为办理保险业务的机构或者个人。

保险代理机构包括专门从事保险代理业务的保险专业代理机构和兼营保险代理业务的保险兼业代理机构。

第一百一十八条 保险经纪人是基于投保人的利益，为投保人与保险人订立保险合同提供中介服务，并依法收取佣金的机构。

第一百一十九条 保险代理机构、保险经纪人应当具备国务院保险监督管理机构规定的条件，取得保险监督管理机构颁发的经营保险代理业务许可证、保险经纪业务许可证。

第一百二十条 以公司形式设立保险专业代理机构、保险经纪人，其注册资本最低限额适用《中华人民共和国公司法》的规定。

国务院保险监督管理机构根据保险专业代理机构、保险经纪人的业务范围和经营规模，可以调整其注册资本的最低限额，但不得低于《中华人民共和国公司法》规定的限额。

保险专业代理机构、保险经纪人的注册资本或者出资额必须为实缴货币资本。

第一百二十一条 保险专业代理机构、保险经纪人的高级管理人员，应当品行良好，熟悉保险法律、行政法规，具有履行职责所需的经营管理能力，并在任职前取得保险监督管理机构核准的任职资格。

第一百二十二条 个人保险代理人、保险代理机构的代理从业人员、保险经纪人的经纪从业人员，应当品行良好，具有从事保险代理业务或者保险经纪业务所需的专业能力。

第一百二十三条 保险代理机构、保险经纪人应当有自己的经营场所，设立专门账簿记载保险代理业务、经纪业务的收支情况。

第一百二十四条 保险代理机构、保险经纪人应当按照国务院保险监督管理机构的规定缴存保证金或者投保职业责任保险。

第一百二十五条 个人保险代理人在代为办理人寿保险业务时，不得同时接受两个以上保险人的委托。

第一百二十六条 保险人委托保险代理人代为办理保险业务，应当与保险代理人签订委托代理协议，依法约定双方的权利和义务。

第一百二十七条 保险代理人根据保险人的授权代为办理保险业务的行为，由保险人承担责任。

保险代理人没有代理权、超越代理权或者代理权终止后以保险人名义订立合同，使投保人有理由相信其有代理权的，该代理行为有效。保险人可以依法追究越权的保险代理人的责任。

第一百二十八条 保险经纪人因过错给投保人、被保险人造成损失的，依法承担赔偿责任。

第一百二十九条 保险活动当事人可以委托保险公估机构等依法设立的独立评估机构或者具有相关专业知识的人员，对保险事故进行评估和鉴定。

接受委托对保险事故进行评估和鉴定的机构和人员，应当依法、独立、客观、公正地进行评估和鉴定，任何单位和个人不得干涉。

前款规定的机构和人员，因故意或者过失给保险人或者被保险人造成损失的，依法承担赔偿责任。

第一百三十条 保险佣金只限于向保险代理人、保险经纪人支付，不得向其他人支付。

第一百三十一条 保险代理人、保险经纪人及其从业人员在办理保险业务活动中不得有下列行为：

(一) 欺骗保险人、投保人、被保险人或者受益人；

(二) 隐瞒与保险合同有关的重要情况；

(三) 阻碍投保人履行本法规定的如实告知义务，或者诱导其不履行本法规定的如实告知义务；

(四) 给予或者承诺给予投保人、被保险人或者受益人保险合同约定以外的利益；

(五) 利用行政权力、职务或者职业便利以及其他不正当手段强迫、引诱或者限制投保人订立保险合同；

(六) 伪造、擅自变更保险合同，或者为保险合同当事人提供虚假证明材料；

(七) 挪用、截留、侵占保险费或者保险金；

(八) 利用业务便利为其他机构或者个人牟取不正当利益；

(九) 串通投保人、被保险人或者受益人，骗取保险金；

(十) 泄露在业务活动中知悉的保险人、投保人、被保险人的商业秘密。

第一百三十二条 本法第八十六条第一款、第一百一十三条的规定，适用于保险代理机构和保险经纪人。

# 第六章　保险业监督管理

第一百三十三条 保险监督管理机构依照本法和国务院规定的职责，遵循依法、公开、公正的原则，对保险业实施监督管理，维护保险市场秩序，保护投保人、被保险人和受益人的合法权益。

第一百三十四条 国务院保险监督管理机构依照法律、行政法规制定并发布有关保险业监督管理的规章。

第一百三十五条 关系社会公众利益的保险险种、依法实行强制保险的险种和新开发的人寿保险险种等的保险条款和保险费率，应当报国务院保险监督管理机构批准。国务院保险监督管理机构审批时，应当遵循保护社会公众利益和防止不正当竞争的原则。其他保险险种的保险条款和保险费率，应当报保险监督管理机构备案。

保险条款和保险费率审批、备案的具体办法，由国务院保险监督管理机构依照前款规定制定。

第一百三十六条 保险公司使用的保险条款和保险费率违反法律、行政法规或者国务院保险监督管理机构的有关规定的，由保险监督管理机构责令停止使用，限期修改；情节严重的，可以在一定期限内禁止申报新的保险条款和保险费率。

第一百三十七条 国务院保险监督管理机构应当建立健全保险公司偿付能力监管体系，对保险公司的偿付能力实施监控。

第一百三十八条 对偿付能力不足的保险公司，国务院保险监督管理机构应当将其列为重点监管对象，并可以根据具体情况采取下列措施：

(一) 责令增加资本金、办理再保险；

(二) 限制业务范围；

(三) 限制向股东分红；

(四) 限制固定资产购置或者经营费用规模；

(五) 限制资金运用的形式、比例；

(六) 限制增设分支机构；

(七) 责令拍卖不良资产、转让保险业务；

(八) 限制董事、监事、高级管理人员的薪酬水平；

(九) 限制商业性广告；

(十) 责令停止接受新业务。

第一百三十九条 保险公司未依照本法规定提取或者结转各项责任准备金，或者未依照本法规定办理再保险，或者严重违反本法关于资金运用的规定的，由保险监督管理机构责令限期改正，并可以责令调整负责人及有关管理人员。

第一百四十条 保险监督管理机构依照本法第一百三十九条的规定作出限期改正的决定后，保险公司逾期未改正的，国务院保险监督管理机构可以决定选派保险专业人员和指定该保险公司的有关人员组成整顿组，对公司进行整顿。

整顿决定应当载明被整顿公司的名称、整顿理由、整顿组成员和整顿期限，并予以公告。

第一百四十一条 整顿组有权监督被整顿保险公司的日常业务。被整顿公司的负责人及有关管理人员应当在整顿组的监督下行使职权。

第一百四十二条 整顿过程中，被整顿保险公司的原有业务继续进行。但是，国务院保险监督管理机构可以责令被整顿公司停止部分原有业务、停止接受新业务，调整资金运用。

第一百四十三条 被整顿保险公司经整顿已纠正其违反本法规定的行为，恢复正常经营状况的，由整顿组提出报告，经国务院保险监督管理机构批准，结束整顿，并由国务院保险监督管理机构予以公告。

第一百四十四条 保险公司有下列情形之一的，国务院保险监督管理机构可以对其实行接管：

(一) 公司的偿付能力严重不足的；

(二) 违反本法规定，损害社会公共利益，可能严重危及或者已经严重危及公司的偿付能力的。

被接管的保险公司的债权债务关系不因接管而变化。

第一百四十五条 接管组的组成和接管的实施办法，由国务院保险监督管理机构决定，并予以公告。

第一百四十六条 接管期限届满，国务院保险监督管理机构可以决定延长接管期限，但接管期限最长不得超过二年。

第一百四十七条 接管期限届满，被接管的保险公司已恢复正常经营能力的，由国务院保险监督管理机构决定终止接管，并予以公告。

第一百四十八条 被整顿、被接管的保险公司有《中华人民共和国企业破产法》第二条规定情形的，国务院保险监督管理机构可以依法向人民法院申请对该保险公司进行重整或者破产清算。

第一百四十九条　保险公司因违法经营被依法吊销经营保险业务许可证的，或者偿付能力低于国务院保险监督管理机构规定标准，不予撤销将严重危害保险市场秩序、损害公共利益的，由国务院保险监督管理机构予以撤销并公告，依法及时组织清算组进行清算。

第一百五十条　国务院保险监督管理机构有权要求保险公司股东、实际控制人在指定的期限内提供有关信息和资料。

第一百五十一条　保险公司的股东利用关联交易严重损害公司利益，危及公司偿付能力的，由国务院保险监督管理机构责令改正。在按照要求改正前，国务院保险监督管理机构可以限制其股东权利；拒不改正的，可以责令其转让所持的保险公司股权。

第一百五十二条　保险监督管理机构根据履行监督管理职责的需要，可以与保险公司董事、监事和高级管理人员进行监督管理谈话，要求其就公司的业务活动和风险管理的重大事项作出说明。

第一百五十三条　保险公司在整顿、接管、撤销清算期间，或者出现重大风险时，国务院保险监督管理机构可以对该公司直接负责的董事、监事、高级管理人员和其他直接责任人员采取以下措施：

(一) 通知出境管理机关依法阻止其出境；

(二) 申请司法机关禁止其转移、转让或者以其他方式处分财产，或者在财产上设定其他权利。

第一百五十四条　保险监督管理机构依法履行职责，可以采取下列措施：

(一) 对保险公司、保险代理人、保险经纪人、保险资产管理公司、外国保险机构的代表机构进行现场检查；

(二) 进入涉嫌违法行为发生场所调查取证；

(三) 询问当事人及与被调查事件有关的单位和个人，要求其对与被调查事件有关的事项作出说明；

(四) 查阅、复制与被调查事件有关的财产权登记等资料；

(五) 查阅、复制保险公司、保险代理人、保险经纪人、保险资产管理公司、外国保险机构的代表机构以及与被调查事件有关的单位和个人的财务会计资料及其他相关文件和资料；对可能被转移、隐匿或者毁损的文件和资料予以封存；

(六) 查询涉嫌违法经营的保险公司、保险代理人、保险经纪人、保险资产管理公司、外国保险机构的代表机构以及与涉嫌违法事项有关的单位和个人的银行账户；

(七) 对有证据证明已经或者可能转移、隐匿违法资金等涉案财产或者隐匿、伪造、毁损重要证据的，经保险监督管理机构主要负责人批准，申请人民法院予以冻结或者查封。

保险监督管理机构采取前款第(一)项、第(二)项、第(五)项措施的，应当经保险监督管理机构负责人批准；采取第(六)项措施的，应当经国务院保险监督管理机构负责人批准。

保险监督管理机构依法进行监督检查或者调查，其监督检查、调查的人员不得少于二人，并应当出示合法证件和监督检查、调查通知书；监督检查、调查的人员少于二人或者未出示合法证件和监督检查、调查通知书的，被检查、调查的单位和个人有权拒绝。

第一百五十五条　保险监督管理机构依法履行职责，被检查、调查的单位和个人应当配合。

第一百五十六条　保险监督管理机构工作人员应当忠于职守，依法办事，公正廉洁，不得利用职务便利牟取不正当利益，不得泄露所知悉的有关单位和个人的商业秘密。

第一百五十七条　国务院保险监督管理机构应当与中国人民银行、国务院其他金融监督管理机构建立监督管理信息共享机制。

保险监督管理机构依法履行职责，进行监督检查、调查时，有关部门应当予以配合。

# 第七章　法律责任

第一百五十八条 违反本法规定，擅自设立保险公司、保险资产管理公司或者非法经营商业保险业务的，由保险监督管理机构予以取缔，没收违法所得，并处违法所得一倍以上五倍以下的罚款；没有违法所得或者违法所得不足二十万元的，处二十万元以上一百万元以下的罚款。

第一百五十九条 违反本法规定，擅自设立保险专业代理机构、保险经纪人，或者未取得经营保险代理业务许可证、保险经纪业务许可证从事保险代理业务、保险经纪业务的，由保险监督管理机构予以取缔，没收违法所得，并处违法所得一倍以上五倍以下的罚款；没有违法所得或者违法所得不足五万元的，处五万元以上三十万元以下的罚款。

第一百六十条 保险公司违反本法规定，超出批准的业务范围经营的，由保险监督管理机构责令限期改正，没收违法所得，并处违法所得一倍以上五倍以下的罚款；没有违法所得或者违法所得不足十万元的，处十万元以上五十万元以下的罚款。逾期不改正或者造成严重后果的，责令停业整顿或者吊销业务许可证。

第一百六十一条 保险公司有本法第一百一十六条规定行为之一的，由保险监督管理机构责令改正，处五万元以上三十万元以下的罚款；情节严重的，限制其业务范围、责令停止接受新业务或者吊销业务许可证。

第一百六十二条 保险公司违反本法第八十四条规定的，由保险监督管理机构责令改正，处一万元以上十万元以下的罚款。

第一百六十三条 保险公司违反本法规定，有下列行为之一的，由保险监督管理机构责令改正，处五万元以上三十万元以下的罚款：

(一) 超额承保，情节严重的；

(二) 为无民事行为能力人承保以死亡为给付保险金条件的保险的。

第一百六十四条 违反本法规定，有下列行为之一的，由保险监督管理机构责令改正，处五万元以上三十万元以下的罚款；情节严重的，可以限制其业务范围、责令停止接受新业务或者吊销业务许可证：

(一) 未按照规定提存保证金或者违反规定动用保证金的；

(二) 未按照规定提取或者结转各项责任准备金的；

(三) 未按照规定缴纳保险保障基金或者提取公积金的；

(四) 未按照规定办理再保险的；

(五) 未按照规定运用保险公司资金的；

(六) 未经批准设立分支机构的；

(七) 未按照规定申请批准保险条款、保险费率的。

第一百六十五条 保险代理机构、保险经纪人有本法第一百三十一条规定行为之一的，由保险监督管理机构责令改正，处五万元以上三十万元以下的罚款；情节严重的，吊销业务许可证。

第一百六十六条 保险代理机构、保险经纪人违反本法规定，有下列行为之一的，由保险监督管理机构责令改正，处二万元以上十万元以下的罚款；情节严重的，责令停业整顿或者吊销业务许可证：

(一) 未按照规定缴存保证金或者投保职业责任保险的；

(二) 未按照规定设立专门账簿记载业务收支情况的。

第一百六十七条 违反本法规定，聘任不具有任职资格的人员的，由保险监督管理机构责令改正，处二万元以上十万元以下的罚款。

第一百六十八条 违反本法规定，转让、出租、出借业务许可证的，由保险监督管理机构处一万元以上十万元以下的罚款；情节严重的，责令停业整顿或者吊销业务许可证。

第一百六十九条 违反本法规定，有下列行为之一的，由保险监督管理机构责令限期改正；逾期不改正的，处一万元以上十万元以下的罚款：

(一) 未按照规定报送或者保管报告、报表、文件、资料的，或者未按照规定提供有关信息、资料的；

(二) 未按照规定报送保险条款、保险费率备案的；

(三) 未按照规定披露信息的。

第一百七十条 违反本法规定，有下列行为之一的，由保险监督管理机构责令改正，处十万元以上五十万元以下的罚款；情节严重的，可以限制其业务范围、责令停止接受新业务或者吊销业务许可证：

(一) 编制或者提供虚假的报告、报表、文件、资料的；

(二) 拒绝或者妨碍依法监督检查的；

(三) 未按照规定使用经批准或者备案的保险条款、保险费率的。

第一百七十一条 保险公司、保险资产管理公司、保险专业代理机构、保险经纪人违反本法规定的，保险监督管理机构除分别依照本法第一百六十条至第一百七十条的规定对该单位给予处罚外，对其直接负责的主管人员和其他直接责任人员给予警告，并处一万元以上十万元以下的罚款；情节严重的，撤销任职资格。

第一百七十二条 个人保险代理人违反本法规定的，由保险监督管理机构给予警告，可以并处二万元以下的罚款；情节严重的，处二万元以上十万元以下的罚款。

第一百七十三条 外国保险机构未经国务院保险监督管理机构批准，擅自在中华人民共和国境内设立代表机构的，由国务院保险监督管理机构予以取缔，处五万元以上三十万元以下的罚款。

外国保险机构在中华人民共和国境内设立的代表机构从事保险经营活动的，由保险监督管理机构责令改正，没收违法所得，并处违法所得一倍以上五倍以下的罚款；没有违法所得或者违法所得不足二十万元的，处二十万元以上一百万元以下的罚款；对其首席代表可以责令撤换；情节严重的，撤销其代表机构。

第一百七十四条 投保人、被保险人或者受益人有下列行为之一，进行保险诈骗活动，尚不构成犯罪的，依法给予行政处罚：

(一) 投保人故意虚构保险标的，骗取保险金的；

(二) 编造未曾发生的保险事故，或者编造虚假的事故原因或者夸大损失程度，骗取保险金的；

(三) 故意造成保险事故，骗取保险金的。

保险事故的鉴定人、评估人、证明人故意提供虚假的证明文件，为投保人、被保险人或者受益人进行保险诈骗提供条件的，依照前款规定给予处罚。

第一百七十五条 违反本法规定，给他人造成损害的，依法承担民事责任。

第一百七十六条 拒绝、阻碍保险监督管理机构及其工作人员依法行使监督检查、调查职权，未使用暴力、威胁方法的，依法给予治安管理处罚。

第一百七十七条 违反法律、行政法规的规定，情节严重的，国务院保险监督管理机构可以禁止有关责任人员一定期限直至终身进入保险业。

第一百七十八条 保险监督管理机构从事监督管理工作的人员有下列情形之一的，依法给予处分：

(一) 违反规定批准机构的设立的；

(二) 违反规定进行保险条款、保险费率审批的；

(三) 违反规定进行现场检查的；

(四) 违反规定查询账户或者冻结资金的；

(五) 泄露其知悉的有关单位和个人的商业秘密的；

(六) 违反规定实施行政处罚的；

(七) 滥用职权、玩忽职守的其他行为。

第一百七十九条 违反本法规定，构成犯罪的，依法追究刑事责任。

## 第八章 附则

第一百八十条 保险公司应当加入保险行业协会。保险代理人、保险经纪人、保险公估机构可以加入保险行业协会。

保险行业协会是保险业的自律性组织，是社会团体法人。

第一百八十一条 保险公司以外的其他依法设立的保险组织经营的商业保险业务，适用本法。

第一百八十二条 海上保险适用《中华人民共和国海商法》的有关规定；《中华人民共和国海商法》未规定的，适用本法的有关规定。

第一百八十三条 中外合资保险公司、外资独资保险公司、外国保险公司分公司适用本法规定；法律、行政法规另有规定的，适用其规定。

第一百八十四条 国家支持发展为农业生产服务的保险事业。农业保险由法律、行政法规另行规定。

强制保险，法律、行政法规另有规定的，适用其规定。

第一百八十五条 本法自2009年10月1日起施行。